Empty Mirror:
Subject, Object and Visual Culture

空 镜
主客体之辨
与视觉文化研究

高 燕 著

复旦大学出版社

目　录

引言 ································· 1

上编　审美活动的主体与客体

达到自由的审美境界：后现代视野中的庄子之"游" ········ 11
《精神现象学》中的"主体"思想及其当代意义 ············ 24
世界、内心与"主体间"：再现、表现与呈现的美学范畴史论 ······ 54
从忠实的镜像到超真实的幻象
　　——20世纪模仿理论的演变 ···················· 153
审美活动的主客体融合：阐释学美学、接受美学和对话理论
　　述论 ································ 168
"移情说"的主客体关系 ························· 285

下编　视觉文化的理论与批评

视觉隐喻与世界的图像化
　　——当代视觉文化的思想根源 ··················· 299
海德格尔对视觉中心主义的消解 ···················· 318
加达默尔对视觉存在论的反思 ····················· 338
艺术史中视觉思维的审美呈现 ····················· 366

媒介叙事与世界的景观化 ················· 379
电影空间论 ··························· 390
视觉文化与镜像认知
　　——以电视剧《空镜子》为中心 ········· 401

参考文献 ····························· 414
后记 ································· 431

引　言

　　人的存在始终是在对世界的探寻、与他人的交往和对自我的认知这三重维度中展开。其中,对自我的认知构成人之存在的内在主体因素,对世界的探寻和与他人的交往构成人之存在的外在客体因素。主体的确立需要借助世界和他人进行镜像观照,客体的存在需要主体加以认知和表达。主体和客体都是人之存在不可或缺的参照系,对主客体关系的思考贯穿于中西方思想之中,成为哲学思辨和审美创造的重要问题。

　　西方传统的形而上学思想正是奠基于主客二分的思维模式之上。主体和客体分立认识活动的两端,主体对客体拥有绝对主导权,客体屈从并受制于主体。对主体和客体差异的区分确立形而上学主张非此即彼的二元对立的根本前提预设,对主体优先地位的强调奠定形而上学追求本质和中心的基本思维指向。

　　在形而上学思想传统的影响下,人对自我的探究也随着主客关系的变化经历了主体观念的演变。从与客体共存的主客统一的主体,到与客体区分的独立主体,再到以理性为本质的自我意识的主体,主体在与客体分离和对自我意识中理性的强化过程中完成了向主体性的转变。这一转变肇始于笛卡尔,经康德推进,至黑格尔完成,构成近代哲学深化自我认知的基本理路。近代哲学推崇的主体性,关注的是以理性为核心的原子式的主体,通过在意识领域中最大限度地发掘自我的自主潜能,从内在体验和外在参照两个方向提升了主体的地位。但是,由于将自我限定在与世界无关、与他人无涉的封闭式语境中,近代哲学的主体性在确立全能自我的同时也导致唯我式自我的崩溃。

近代哲学的主体性主要面临三个方面的困境:从自我与世界的关系看,作为人类生存根基的世界从人的生存中被剥离出来,成为人类为满足物质欲望而肆意进行开发、掠夺、利用的客体对象,两者由双向的依存关系蜕变为单向的经济利益关系。其后果是现代科技异化为独立于人的操纵力量,在征服自然界的同时,造成严重的生态灾难。从自我和他人的关系看,他人不是在平等交往关系中确认自我的独立主体,而是被自我思维和建构的异质他者,二者由共处的主体之间的对话关系退化为自我独尊的单子主体的内心独白。其结果是工具理性极度膨胀,破坏了人的生活世界,自我成为蜗居在主体意识中的不及物动词。从自我的整体存在看,自我由理性和感性、意识和身体并存的完整存在缩减为理性和意识独在的片面存在,造成人被抹杀了生存的多样性、丰富性而沦为空洞乏味的单面人。

现代哲学正是从批驳近代哲学的主体性悖论入手,展开主客体之辨的思想图景。尼采对非理性的张扬,海德格尔对世界作为人之存在场域的重视,加达默尔、哈贝马斯、罗蒂等人以对话理论为核心对主体间性(intersubjectivity,又译"交互主体性")的开拓,德里达消解主体在场形而上学的努力,等等,他们通过重新考察主客体关系和勘定主体观念,试图清理传统形而上学的思想遗害,为人类获得完整均衡的自我存在开辟新的认知路径。

现代哲学主张恢复人与世界的亲缘关系,重建自我和他人的平等对话,完善主体的灵肉、理性-感性的平衡结构,这些诉求在中国传统思想中早有思考。庄子从大道运化、天人合一的视角消解了以主客二分为基础的二元对立思维模式,从分析"机械""机事""机心"对道的损害,批判了唯科学主义,最后对"乘天地之正,而御六气之辩"的逍遥游的推崇,指明人在自由的审美境界中获得完整存在的方式。可见,中西方思想在对待主客体及其关系的问题上,虽有各自不同的思考方式和价值判断,但在追求完整自我这一终极点上,可以构成某种对话和参照。

哲学思辨领域中对主客体及其相互关系的持续探讨也同样构成美学思想的问题域。传统形而上学基于主客二分和对主体的强调,得出主体优于客体的全称判断,由此衍生出一系列二元对立的相关审美范畴,如自然和艺术家、作者和读者、再现和表现、模仿和创造、理念和形式、原型和摹本、现实和图像、理解和阐释,等等。可以说,这些二元对立的审美范畴涵盖了从审美创造到审美接受的全部审美活动,而对它们之间孰优孰劣的论争也推动着美学观念的更迭。从主客体关系的角度审理美学范畴史和观念史中的思想演变和逻辑演绎,既能从哲学的视域推动相关美学问题的研究,也能从美学的角度深化哲学对人自身的认识。

无论哲学还是美学,对主客体之辩的研究都还停留在理论推演和抽象概括的层面。如果仅仅止步于理论话语的表述,我们对主客体关系的认识就会因理念的能指与审美创作的所指之间的错位而无法获得充实和完善。基于此,我们有必要进入具体的审美经验层面,在为现实经验寻求理论表达的同时,也为主客体之辩的理念演绎提供经验支持。

现代世界一个引人注目的现象就是,图像取代现实,成为当今时代的新现实。伴随着图像时代的到来,图像在当代生活世界中被突出和强化,甚至构成现代人的生存境域,视觉观看也由是成为现代人们的基本生活样态和主导存在方式。由于视觉观看预设了观看活动中主体与客体的区分、对立以及观看行为中主体对客体的支配,因此,以图像为现实表征和以视觉观看为思维指向的当代视觉文化就成为理解当代主客体之辩的重要经验领域。

审视当代视觉文化中的视觉认知方式,有助于我们从审美实践的角度揭示主客体关系的当代运作机制,也为我们理解自身存在提供现实途径。

本书由十三篇论文修改整合而成,是本人近十五年来围绕美学理论和审美实践中的主体和客体关系进行的写作。全书分为上编"审美活动的主体与客体"和下编"视觉文化的理论与批评"两部分。上编主要在中西思想史的视野中探讨美学范畴和美学思想不同发展阶段上体现出来的主客体关系,下编集中于当代视觉文化的理论阐释和实践分析。以下对各编的理论设定和论述思路做一个概述。

上编:审美活动的主体与客体

审美活动中的主体和客体及其相互关系构成美学理论的基本问题。审美主体选择怎样的立场看待审美对象并采取何种方式进行审美创造?主体自身需要具备哪些能力素养和心理状态才能从事审美?审美对象自身具有怎样的性质和存在状态?审美对象如何被他人接受和理解?审美活动如何实现主客交融的审美境界?《达到自由的审美境界:后现代视野中的庄子之"游"》围绕庄子思想中的核心观念"游",探讨"游"的审美生存论意义,并与西方后现代主义的"游戏"进行跨文化对话,指出"游"所蕴含的深刻思想与后现代主义之间的契合之处,为我们在当代审美语境中理解主客体关系提供中西参照的视野。《〈精神现象学〉中的"主体"思想及其当代意义》着重考察黑格尔思想中的"主体"观念,表明黑格尔在辩证的方法论原则指导下,将主体置于世界-他人-自我的全面关系中进行理解,超越了近代哲学单纯强调理性和意识的主体性原则,在一定程度上校正了近代哲学唯我论主体性的偏执,并为现代哲学和美学思想转而关注主体间性开拓了理论路径,推动了对人的完整认识。归纳起来,西方的哲学思想在认识自我时,经历了从对外部世界的强调到对主体内心的关注、再到超越主客对立的渴望。这一自我认知的发展过程也同样渗透于美学思想之中,并借助审美范畴和审美理论典型地展现出来。本书接下来的两部分论述就是从美学史的角度审理西方哲学思想的自我认知如何获得审美体现。《世界、内心与"主体间":再现、表现与呈现的美学范畴史论》选取贯穿于西方美学史的重要审美范畴"再现""表现""呈现"进行阐释,再现强调客体以及客体对主体的制约作用,表现强调主体以及主体对客体的把握,呈现强调主体与客体对立的消除以及主客体交融,这三个范畴都是在区分主体和客体的二元对立的思维模式下展开,它们侧重点各有不同,从而形成各自独特的外延和不断丰富、变化的内涵。《从忠实的镜像到超真实的幻象——20世纪模仿理论的演变》在现代美学的论域中延续并在模仿领域具体深化了这一论题。《审美活动的主客体融合:阐释学美学、接受美学和对话理论述论》则是通过论述阐释学美学、接受美学和对话理论的演变,在现当代美学的论域中侧重推进主客体融合。《"移情说"的主客体关系》将关注点转向审美活动中主体的心理要素,从审美心理学的角度研讨实现主客体融合的主客观条件。

下编:视觉文化的理论与批评

现代生活的基本特征就是视觉取代听觉成为感知的主导方式。在前现代时期,社会中主体和客体的关系主要由主体决定。主体为实现自身存在主动去接触客体,在对客体的认识和领会中获得自我理解。对客体的优势使主体有可能根据自身需要去选择相关的客体并能够全神贯注于其上,从而保证听觉活动的专注和投入。进入现代社会以来,客体开始摆脱对主体的依从并独立存在。由资本主义机械化大生产制造出的数量惊人、形式各异的产品充斥着新的视觉空间,构成不断涌现、变化、流动的现实。客体之间的关系已经先于客体与主体的关系而存在。不同客体相互交织、渗透,构成主体处身其中的社会-空间整体。面对从四面八方涌现出来的物品,主体由于失去选择客体的权利而只能被动地观看和接受它们。当代兴起并繁盛的视觉文化即是以视觉能力为主导的现代生活的审美表征。

当代视觉文化的主客体关系具有不同于以往的新特征。传统的视觉图像理论建立在摹本与原型的区分以及原型的先验性之上,世界通过视觉模仿以真实的面貌被再现出来。无论再现方式如何变化,原型对摹本的决定作用始终处于支配地位。然而在当代视觉文化中,"仿真"和"超现实"的概念打破原型与摹本之间的对立,不仅使二者的界限消失,而且使它们的关系发生逆转。摹本脱离现实,成为比真实还要真实的超现实,整个现实世界被融入摹本的符号流中。摹本构成的自我指涉的世界重新成为人们生活的新现实。与之相应,在这个视觉符号的世界中,主体不再具有优势地位,丧失对客体的统治权,沦为受客体诱惑和支配的对象。当代视觉文化的运思范畴和学理机制与西方传统形而上学之间是怎样的关系?如何理解当代视觉文化中的视觉感知机制及其与后现代思想的关联?当代视觉文化如何运用图像展现方式影响、制约人的生存和思想方式?人如何在当代视觉文化中实现自我认知?从以上问题出发,《视觉隐喻与世界的图像化——当代视觉文化的思想根源》直接深入到视觉文化背后,探究作为视觉文化理论主导的视觉隐喻与西方传统思想、后现代思想之间的本体关联,为视觉文化研究提供思想框架和理论视野。

《海德格尔对视觉中心主义的消解》和《加达默尔对视觉存在论的反思》从现代西方美学中最具影响力的两位思想家海德格尔和加达默尔入手,通过阐释他们对视觉文化的理论反思,揭示主导视觉文化的视觉思维在西方思想中的理论脉络和当代形态演变。以下各章则对艺术作品和视觉文化现象进行批评分析。《艺术史中视觉思维的审美呈现》探讨从古典时期至 19 世纪之前的西方艺术史,分析视觉思维在艺术史的不同发展阶段上的不同审美呈现,深化对视觉思维和视觉文化关系的全面认识。《媒介叙事与世界的景观化》《电影空间论》和《视觉文化与镜像认知——以电视剧〈空镜子〉为中心》则聚焦于当代的景观社会、图像媒介和视觉文化,对重大社会文化现象和影视作品展开批判性分析。

"空镜"既是本书研究的对象之一,也是主客体关系的一个隐喻,正如博德里亚尔所言:"影像不再能让人想象现实,因为它就是现实。影像也不再能让人幻想实在的东西,因为它就是其虚拟的实在。"在照镜子的时候,主体"没有在幻象中脱离自己,而是不得不出现在无数的屏幕上。在这些屏幕画面上,不仅没有实物,而且连其影像也不见了。实在被赶走了。"[①] 当代视觉文化借助镜像更加突出了主客体关系,故用来作为书名。

由于本书各章是相对独立的专题论文,某些章节偶有少量重复之处,但论述重点和主题各不相同,所以收入书中时未做改动,敬请读者谅解。

---

① 博德里亚尔《完美的罪行》,王为民译,北京:商务印书馆,2000 年,第 8—9 页。

上编　审美活动的主体与客体

达到自由的审美境界：
后现代视野中的庄子之"游"

"游"是贯穿庄子思想的核心概念，不仅在庄子的整体思想中占有重要位置，而且在整个中国文化史和艺术史上具有重大意义。目前学术界虽然不乏对"游"的研究，但现有研究或者是在庄子思想的框架内确定"游"的内涵，或者是在与西方思想的横向比较中揭示"游"所包蕴的现代精神，很少有人触及在当前现代性和后现代主义的对抗、冲突的背景中发掘"游"的后现代意义，寻求"游"与审美现代性的内在契合。本章试图在具体把握庄子的"游"的基础上，在后现代主义的语境中重新审视"游"，为我们开启现代性方案和借鉴后现代主义策略提供思想资源和精神支持。

一、"游"的内涵

（一）"游"的含义

《庄子》全书中多次提到"游"和"遊"。"游"和"遊"同音不同字，跟行走有关的多作"遊"，跟水有关的不能写作"遊"；尽管如此，二者的意义时常相通，常可通用，《玉篇·辵部》："遊，遨游。与游同。"《集韵·尤韵》："逰，行也，或从斿。通作游。"故本章统以"游"字书写。《庄子》一书里，"游"有多种含义，冯宽平对此作了细考[①]。虽然"游"的意义

---

① 详见冯宽平《〈庄子〉里的"遊"和"藏"》，《青海民族学院学报》1995年第2期。

不尽相同,但归结起来,在《庄子》的话语中①,"游"的最重要含义是指作为存在的个体精神在摆脱是非、功利、得失等所有的外在束缚后,遵循万物的自然本性对之进行审美观照,以获得对世界的创造性理解和重构,并从中体会到欣喜和愉悦,最后达到极度的超脱和自由的精神境界和情感状态。所以,"游"属于艺术审美领域的范畴,正如徐复观所概括的:"'游,戏也。'旌旗所垂之旒,随风飘荡而无所系缚,故引伸为游戏之游,此为庄子所用游字之基本意义。……而在游戏中所得到的快感,是不以实际利益为目的。这都合于艺术的本性。"②

(二)"游"在庄学中的地位

归纳起来,我们可以把思想的指向划分为三个领域:政治社会领域(社会)、科学技术领域(自然)和精神心灵领域(人生)。庄子对前两个领域持否定的态度,而寻求精神的解脱和心灵的澄明自由则是庄子思想的根本出发点和最终落脚点。"游"正是从人生存在和感性审美的角度去追求自由,所以,"游"是庄子哲学的根本目的在人生、审美层次的呈现和展示。对"游"的关注可以抓住庄子思想的核心。

在庄子思想中,居于最高地位的是"道",其次是"游"。"游"和"道"密切相关。道属于本体论层次的概念,是对人生和世界的总体把握和观照,是一种宇宙观、世界观;游属于生存论层次的概念,是对个体生存,特别是个体的精神与心灵状态的关注和体悟。

---

① 《庄子》一书包含了一部分伪托、增添的章节,不能完全视为庄子本人的思想,但本章关注的并非作者的真实性,而是此书中的思想及其对中国后世实际产生的影响,因此行文时或用《庄子》,或径称庄子,均指《庄子》一书。又,本书凡引《庄子》均只注篇名,文字从陈鼓应《庄子今注今译》,北京:中华书局,1983年。
② 徐复观《中国艺术精神》,沈阳:春风文艺出版社,1987年,第54—55页。

从不同的角度看,游就具有不同的内涵。

首先,在哲学本体论的层次上,道表达了对宇宙和人生意义的整体追求,因而是一种最高存在。游是道在生存领域的展现,它追求个体的精神超脱和心灵自由,是一种诗意的生存状态,而这正与审美关注的领域重合,所以游是作为审美范畴存在的。相对于道而言,游是在审美领域、个体生存领域向道的回归,是达道的方式、手段。如:

> 若夫乘天地之正,而御六气之辩,以游无穷者,彼且恶乎待哉!(《逍遥游》)
> 乘云气,骑日月,而游乎四海之外。(《齐物论》)
> 游心于淡,合气于漠。(《应帝王》)

归依于道,是包括人在内的万事万物的最高旨归。而游是道在个体生存领域的体现,因此,存在着的万事万物必须通过游这种方式才能体道。不论是形体之游(游无穷、游四海之外),还是心灵之游(游心);无论游于自然世界(游乎四海之外),还是游于虚无世界(游无穷),其最终目的都是清除一切有待于外物的"成心",天人合一,在与道的融合中获得精神和形体的极大自由。

其次,在审美生存论的层次上,游是个体体道的最高境界。只有与道相通,才能毫无羁绊地畅游于有形、无形的境域里。进入了游的境界,也就进入了道的境界。从此意义上讲,游是最终目的,是个体存在的旨归:

> 吾师乎!吾师乎!鳖万物而不为义,泽及万世而不为仁,长于上古而不为老,覆载天地刻雕众形而不为巧。此所游已。(《大宗师》)
> 故圣人有所游。(《德充符》)

正如徐复观在《中国艺术精神》中指出的:"庄子思想的出发点及

其归宿点,是由老子想求得精神的安定,发展而为要求得到精神的自由解放,以建立精神自由的王国。……而这种自由解放,不可能求之于现世。也不能如宗教家的廉价地构想,求之于天上、未来;而只能是求之于自己的心。心的作用、状态,庄子即称之为精神;即是在自己的精神中求得自由解放;而此种得到自由解放的精神,在庄子本人说来,是'闻道'、是'体道'、是'与天为徒',是'入于廖天一';而用现代的语言表达出来,正是最高地艺术精神的体现;也只能是最高地艺术精神的体现。"①

(三) 达到"游"的途径

在庄子看来,并非所有的人都能达到"游"的境界。即使是"定乎内外之分,辩乎荣辱之境"的宋荣子和"御风而行"的列子,也由于"有所待"而为世俗所累,不能超然自得。只有至人、神人和圣人才能"乘天地之正,而御六气之辩",摆脱一切负累,畅游于纯然至乐的自由境界。要想进入这种"无待"的自由境界,就必须做到"心斋""坐忘"。"若一志,无听之以耳而听之以心,无听之以心而听之以气!耳止于听,心止于符。气也者,虚而待物者也。唯道集虚。虚者,心斋也。"(《人间世》)断绝人的心耳感官而使心灵活动达到纯精的境地。这里的"气"不同于老子的纯生理之气,是"高度修养境界的空灵明觉之心"②,是心灵达到的一种境界、状态。"堕肢体,黜聪明,离形去知,同于大通,此谓坐忘。"(《大宗师》)"肢体"是生理欲望得以产生、存在的根源和载体。"聪明"是人的理性认知,它使心灵在技术主义的分析和概括中被表象蒙蔽,在丧失本性的同时也达不到物的真理。无论是世俗的荣辱、

---

① 徐复观《中国艺术精神》,第53—54页。
② 陈鼓应《庄子今注今译》上册,第117页。

得失、利害,还是理性的认知,都是蒙蔽事物本性和心灵纯洁的翳障,必须加以清除。然后才能与万物交融,"同则无好也,化则无常也"(《大宗师》),保持心灵空明的状态,体性悟道,"虚室生白",获得自由自觉的审美愉悦。

二、对"游"的后现代阐释

庄子的游中蕴含的深刻思想,在许多方面与后现代主义的运思理路相契合。考察二者的相通之处,既有助于我们深入理解庄子的思想,也有助于我们在运用后现代主义的策略时获得新的视角。

后现代主义是在与现代性的冲突、对立中展开其理论建构的。以理性和主体性为内核,张扬正义进步的现代性方案并未实现它允诺的美丽新世界,在构成个体生存的自然、社会和人生三个维度上都遭到巨大失败:科学技术在实用功利的指导下,虽然完成了对自然界的征服,同时也异化为独立于人的操纵力量,造成生态环境恶化、物种灭绝、能源匮乏,自然界正在以同样的方式报复人类对它的暴力利用;工具理性的极度膨胀和扩张破坏了人的生活世界,在由符号、模型和传媒主宰的信息时代,真实的世界正在被符号的世界分裂、取代,整个世界都碎片化而处在幻象的不断流动中[①];个体也无法诗意地栖居,人与社会、自然和他人日渐疏离,理想式微,信仰和意义失落,人被抹杀了生存的多样性而沦为可怜的"单面人"。现代性的理论和实践遭到后现代主义的

[①] 博德里亚尔(Jean Baudrillard,又译鲍德里亚、波德里亚)认为,现实世界已经成为幻象的世界,"影像不再能让人想象现实,因为它就是现实。影像也不再能让人幻想实在的东西,因为它就是其虚拟的实在"。《完美的罪行》,王为民译,北京:商务印书馆,2000年,第8页。

怀疑与否定,"从哲学上说,后现代思想的典型特征是小心避开绝对价值、坚实的认识论基础、总体政治眼光、关于历史的宏大理论和'封闭的'概念体系。它是怀疑论的,开放的,相对主义的和多元论的,赞美分裂而不是协调,破碎而不是整体,异质而不是单一。它把自我看作是多面的,流动的,临时的和没有任何实质性整一的"①。游戏的特质正好符合了后现代主义的挑战策略,因而成为后现代主义理论的一个重要品格。庄子的游虽然不能等同于后现代主义的游戏,但在内在精神上却有相通之处。这也是我们对庄子的游进行后现代阐释得以可能的前提条件。

(一) 对二元对立思维模式的消解

在"游"的境界中,个体与自然融为一体,统一于"道"。道是游企及的最高状态。道化运万物,万物复归于道。

首先,在道的层面上,由于万物的根柢在于道,"复通为一"(《齐物论》),"将旁礴万物以为一"(《逍遥游》),所以,人与自然是统一、和谐的,各种事物之间也是统一、和谐的。这样,自然事物不再是外在于我们的存在,主客观的对立消失了,在澄明虚静的心境中个体获得与自然万物的交融。"万物尽然,而以是相蕴。"(《齐物论》)需要指出的是,"道"既不是哲学意义上的抽象的精神存在,也不是宗教意义上的超然的实体存在,而是化于具体事物中的"无所不在"(《知北游》)。道的具体存在状态决定了这一性质:道虽然是万物产生的根源,但"不见其形,有情而无形"(《齐物论》)。它只存在于大化生机的不息流动之中,它使万物适得其性,获得存在的敞亮;同时,万物只有在自然而然、顺乎本性的时

---

① 伊格尔顿《后现代主义的幻象·致中国读者》,华明译,北京:商务印书馆,2000年,第1页。

候,才能蕴涵道。理性认知和逻辑语言都无法表达道,道只存在于精纯虚白的自由心灵的直觉体悟中。

其次,道的性质是指获得澄明的存在状态的万物是相通的,并不否弃个体的差异[①]。"游乎无何有之宫"(《知北游》)、"游心于淡",也不是对现实世界的否定,而是在肯定现实的前提下用无所待的空明心境体察事物。所以,无论是哲学层面的道,还是审美领域的游,都必须顺应事物的自然本性。"彼至正者,不失其性命之情。故合者不为骈,而枝者不为岐;长者不为有余,短者不为不足。是故凫胫虽短,续之则忧;鹤胫虽长,断之则悲。故性长非所断,性短非所续,无所去忧也。"(《骈拇》)任何个体事物都是自足的、彼此相区别的存在。

我们不能把道理解为西方传统的逻各斯,因为逻各斯是存在指向的中心,成为中心便被他者期待,而一旦对道有所待,道就堕落到它所否定的形而上学的圈套里。道的这种性质决定了游的自由是没有任何负累的绝对自由。游心于道,并不是受道的限制,游的意义仅在于游的过程中自由自在的状态,而没有任何终极目的。另一方面,道并不否定个体的差异性存在,否则,就会违逆事物本性而使道"亏"。由此,在审美领域体现道的游,也必须在肯定现实世界的差异性存在的前提下,才能畅达自由的审美愉悦。在否定逻各斯中心主义和强调差异这一点上,庄子的游与后现代主义的游戏构成了对话。

西方传统的思维模式总是建立在对象性认识的基础之上,这一认识背后隐藏着深刻的逻各斯中心主义:在纷繁复杂的现象界之外存在着一个终极的本源,它是评判和度量一切价值的标准,人类最崇高的甚至唯一的使命就是剥开现象的外衣去把握存在

[①] 《庄子·秋水》:"以道观之,物无贵贱;以物观之,自贵而相贱。"

的真理。对真理、本质的强调造成了二元对立的思维模式：感性与理性，客体与主体，符号与意义，肉体与精神，边缘与中心，差异与同一，等等。其中，后者是评判一切意义与价值的公约数，对前者拥有绝对权威。后者对前者的倾轧造成了此张力结构的不平衡性。这决定了置身于此扭曲结构中的人也必须以前者为毕生追求的终极目标，人的自由就是压抑和抛弃此世的感官欲求以达到来世精神超脱的自由。人的自然本性由是遭受着人为的撕裂和压制。现代性在张扬理性和主体性的同时自然也延续了这一思维模式，因而遭到后现代主义对它的强烈批判和深度消解。其基本思路就是用游戏精神对抗总体性和同一性。

不同于一般性的活动预设了从事活动的主体，游戏不是外涉的，而是自足的。所以，"游戏的真正主体显然不是那个除其他活动外也进行游戏的东西的主体性，而是游戏本身"①。游戏活动本身作为游戏的真正主体，意味着"人们可以将游戏称为先验所指的缺席，这种先验所指作为游戏的无限性，即作为对存在-神学和在场形而上学的动摇而存在"②。在游戏中没有一个先验的意图或中心，只有无数的作为可能性的意图，游戏者参与游戏的过程就是他自由选择可能的意图的过程。在游戏中，游戏者有选择各种可能性的自由，以及为实现此种可能的意图而进行计划和安排的自由，但这种种自由最终都要服从游戏规则。游戏规则并不是先验存在的，而是内在于游戏之中，"它永远不是法规。法规是必要的，规则是命运决定的。对于规则而言，没有什么要理解的"③。游戏的最终目的不在于可能的意图的实现，而在于实现意图的过

---

① 加达默尔《真理与方法》上卷，洪汉鼎译，上海：上海译文出版社，1999年，第134页。
② 德里达《论文字学》，汪堂家译，上海：上海译文出版社，1999年，第69页。
③ 博德里亚尔《完美的罪行》，第90页。

程。游戏者的每一次游戏都通过自我表现揭示了游戏被遮蔽的内涵。从此意义上说,游戏是一个无中心的增殖结构,其中,重复不是单纯的复现,而是不断的自我更新。其美学意义正如王岳川评价的那样:"总体上看,解释-接受理论消解本文'原意'的中心指向性,张扬接受者理解和阐释的权力,将一种复归原意的本源性溯源转换成接受者的对本文的重新创意的多维性,使包括世界与人在内的本文世界的所谓确定的意义,成为流动的不断变化增殖的寻绎不确定意义的过程。"①

(二) 对唯科学主义的批判

心斋和坐忘是进入游的境界的必经之途,其目的是要排除一切世俗之心,求得心灵的坦荡纯净。在庄子看来,世俗之心的产生根源于理性认知。《秋水》篇说:"计人之所知,不若其所不知;其生之时,不若未生之时;以其至小求穷其至大之域,是故迷乱而不能自得也。由此观之,又何以知毫末之足以定至细之倪!又何以知天地之足以穷至大之域!"世界本是浑然一体的,以主客二分为思维指向的理性认知必然会造成对世界的割裂,对物性的扭曲②。而且,以有限的理性认识去把握无限的生活世界,必然会导致错误的结论,从而也使认识主体迷失本性。以理性认知为思维指向的科学并不涉及终极关怀,"意义"的问题与它无涉,所以科学宣称的普遍有效性是一种幻想,一旦落实到人生的意义和目标问题上则无能为力。人类的进步观念——相信人类只要凭借不断的努力就能永无止境地改善人类自身及其生存的外部环境——现已遭到怀疑。

---

① 王岳川《后现代文学:价值平面上的语言游戏》,《文学评论》1993 年第 5 期。
② 《庄子·应帝王》里的寓言说,"中央之帝为混沌",却被人"日凿一窍,七日而混沌死"。此即昭示道是虚无、混沌的状态。

庄子早就敏锐地感受到人性的尊严受到理性和科技的侵蚀而丧失的痛苦:"一受其成形,不化以待尽。与物相刃相靡,其行进如驰,而莫之能止,不亦悲乎! 终身役役而不见其成功,苶然疲役而不知其所归,可不哀邪!"(《齐物论》)在理性的支配下,人的自然心性也受到破坏,精神被世俗欲望蒙蔽。丧失了灵魂的肉体成为游走在世上的影子:

> 大知闲闲,小知间间;大言炎炎,小言詹詹。其寐也魂交,其觉也形开,与接为构,日以心斗。缦者,窖者,密者。小恐惴惴,大恐缦缦。其发若机栝,其司是非之谓也;其留如诅盟,其守胜之谓也;其杀若秋冬,以言其日消也;其溺之所为之,不可使复之也;其厌也如缄,以言其老洫也;近死之心,莫使复阳也。(《齐物论》)

在理性认识高度发达的西方社会,这种痛苦尤为明显。马克斯·韦伯指出,作为一个文明人:

> 置身于被知识、思想和问题不断丰富的文明之中,只会感到"活得累",却不可能"有享尽天年之感"。对于精神生活无休止生产出的一切,他只能捕捉到最细微的一点,而且都是些临时货色,并非终极产品。所以在他看来,死亡便成了没有意义的现象。既然死亡没有意义,这样的文明生活也就没了意义,因为正是文明的生活,通过它的无意义的"进步性",宣告了死亡的无意义。[①]

比较这两段话,我们可以看出:虽然时代环境不同,文化传统和民族背景相异,但人们对工具理性的恶性膨胀而戕害人性的感受却

---

① 韦伯《学术与政治:韦伯的两篇演说》,冯克利译,北京:生活·读书·新知三联书店,1998年,第30页。

是多么惊人的相似。建立在理性基础上的技术和计算使人的生活日益精确化、标准化,人的一切——从外在的行为到内在的情感——都可以通过计算来加以衡量和表达,这就意味着作为标识人的个体性和独特性的隐秘、幽深的情感之差异性也被理性通过计算的方式象征性地夷平了,这分别在两个不同的方向上导致了灾难性的后果,也即西美尔所说,对外,"人们对于事物的微妙差别和独特性质不再能够作出感受同样细微的反应,而是用一种一律的方式,因而也是单调无味的,对其中的差异不加区别的方式,去感受所有一切"。对内,"假如生命缺少内在差异,以至于人们害怕天堂里持久的幸福会变成持久的无聊,那么,不管生命在何种高度、以何种深度流淌,对于我们来说,都显得空洞和无谓"①。

庄子的深刻之处在于,他看到了理性和科技带来的危害,但并不是简单地否定它们,而是在以纯白之心畅游于道的自由状态中消解这种危害。抱瓮灌畦的老翁正是采取了这一策略才能清醒地认识到:"有机械者必有机事,有机事者必有机心。机心存于胸中,则纯白不备;纯白不备,则神生不定;神生不定者,道之所不载也。"(《天地》)消除机械造成的危害的最好办法,不是直接去消灭机械,而是在自由的心境中洞彻机械的危害,彻底断绝机心,因为危害道的根本在于机心,只要机心存在,就会产生机事。庄子的这一思想不同于传统的思维方式,后者在否定某种观点时总是想从根本上消除它。庄子则认为,与其直接去推翻某一观点,不如去揭示它的荒谬与矛盾之处,让它在自身的冲突中自行消解。这一思维方式的有效性在两千多年后的德里达那里得到了验证。德里达正是从这一思路出发来建构他的解构理论。他并不是要

---

① 西美尔《金钱、性别、现代生活风格》,顾仁明译,上海:学林出版社,2000年,第9、104页。

消除形而上学和理性主义,这实际上也不可能,因为"显然,要想动摇形而上学,不借助形而上学的概念是不行的。我们的全部语言、语法和词法,无一不与形而上学的历史息息相关。同时,我们所能够宣称的任何消解性命题,无一不是已经堕入到它们试图加以拒斥的那种形式、逻辑或潜在的假定之中"①。真正可行的策略是在游戏中将任何本体或本质的观念问题化、悬疑化,致力于揭示它们内部隐含的矛盾和冲突,取消其还原的可能性,使之仅仅成为结构上和策略上的运用,而不再具有形而上学的含义。

(三) 达到自由的审美境界

在解除一切内在的束缚和外在的压抑后,个体就能够在赏会入微的体道中获得"天地与我并生,而万物与我为一"(《齐物论》)的审美自由。庄子讲心斋、坐忘,讲体道、悟道,最终目的还是要让生命获得解放。"乘天地之正,而御六气之辩"(《逍遥游》)、"乘云气,骑日月"(《齐物论》)、"乘夫莽眇之鸟,以出六极之外"(《应帝王》)、"登天游雾,挠挑无极"(《大宗师》),在庄子的游中充盈着人格的力量。所以,荀子批评他"蔽于天而不知人"②,是没有真正了解庄子的思想。

后现代主义与现代性的对抗也是要寻求个体的自由和解放。达成此目的的途径就是要借助游戏。因为游戏在表现形式上需要观赏者。加达默尔认为,"观赏者的存在是由他'在那里的同在'(Dabeisein)所规定的。'同在'的意思比起那种单纯的与某个同时存在那里的他物的'共在'(Mitanwesenheit)要多。同在就是参

---

① 德里达《人文科学谈话中的结构、符号和活动》,朱立元总主编《二十世纪西方美学经典文本》第三卷,上海:复旦大学出版社,2001年,第476页。
② 《荀子·解蔽》,《二十二子》本,上海:上海古籍出版社影印本,1986年,第340页上栏。

与(Teilhabe)。……所以观赏是一种真正的参与方式"①。可见,这种观赏不是超然的旁观,而是对游戏的一种认同:"这样一种同在具有忘却自我的特性,并且构成观赏者的本质,即忘却自我地投入某个所注视的东西。但是,这里的自我忘却性(Selbstvergessenheit)完全不同于某个私有的状态,因为它起源于对那种事物的完全专注,而这种专注可以看作为观赏者自身的积极活动。"②这种对对象的忘我专注意味着:观照者与游戏之间有密切的联系,观照者是游戏的组成部分;观照者因游戏产生的忘我专注是持续的、引人回味的;在对游戏的专注中,观照者自身得到展现。在此意义上,观照者对游戏的参与就是完全的审美活动。在这种作为审美的游戏活动中,观照者的心灵获得自由,正如胡伊青加指出的:"在接受游戏的时候,你就接受了心灵[mind]……只有当心灵的激流冲破了宇宙的绝对控制的时候,游戏才成为可能,才成为可思议的、可理解的东西。"③这样,游戏的世界就脱离了实用功利性,转而纯粹地展示存在及其本质。其结果,可以借用加达默尔的话:"在这些把实在理解为游戏的情况里所出现的,是那种属于游戏的实在的东西,我们把这种东西称之为艺术的游戏。"④个体在游戏中实现了存在的敞亮,得到了极大的审美愉悦和自由。

---

① 加达默尔《真理与方法》上卷,第 161 页。
② 加达默尔《真理与方法》上卷,第 163 页。
③ 胡伊青加《人:游戏者——对文化中游戏因素的研究》,成穷译,贵阳:贵州人民出版社,1998 年,第 4 页。
④ 加达默尔《真理与方法》上卷,第 146 页。

《精神现象学》中的"主体"思想及其当代意义

人类从诞生之日起就从未停止过对自我的追问。作为人类精神产物的一切文化样态，归根结底都是对人自身的理解和阐释。哲学作为一切学科的基础，更应承担起对人本身的考问。从古希腊思想家苏格拉底强调"认识你自己"，到现代德国哲学家卡西尔做出"认识自我乃是哲学探究的最高目标"的论断[①]，人类的自我认知始终是哲学沉思的首要对象。由笛卡尔肇始的近代哲学确立主体性原则，对人自身的认识达到空前程度，但对单子式自我的极端强调又导致唯我论矛盾。其中，黑格尔从他确立的哲学观点和方法原则出发，对人的认识在一定程度上校正了近代哲学中主体性的偏执，并为现代哲学试图克服以纯粹意识为旨归的认识论，转而关注不同主体间关系的尝试开拓了理论视野，指明了思想路径。本章拟以《精神现象学》为中心，重新考察黑格尔思想中有关人的内涵，揭示它对当代社会的启示意义。

一、近代社会中人的存在状况及其文化表征

黑格尔对人的生存的关注源于他对人类存在的危机感。在

---

① 卡西尔《人论》，甘阳译，上海：上海译文出版社，1985年，第3页。

黑格尔所处的近代社会,人的生存状况发生深刻危机,这种危机渗透到人与世界、他人、自身的全部关系之中。

就人与世界而言,在以工具理性为核心的自然科学推动下,人类切断了和世界的生存联系,把外部自然和世界当作可以无限满足自己物质欲望的宝库。在此过程中,世界不再是人类的存在赖以获得现实形式的根基,而是蜕化为和人对立、分裂的物质实体;人也由"在世界之中"转为"在世界之外"。当独立的世界丧失和人类的亲缘关系时,它的强大伟力有时甚至会反过来威胁人、压迫人、控制人,导致人和世界处在极度的紧张关系中。

就人与人的关系看,每个人作为自我都是一个自律的实体,处在封闭的内在世界中。自我的所有活动都是在做一个从"我"出发再回到"我"的圆圈运动。我的世界和他人的世界是独立自足、互不涉及的绝缘体。他人的存在对我而言只能是由我的主观意向构造出来的用以自我确认的工具、支配物和附属者。如此,人与人的平等交流、沟通成为天方夜谭。自我和他人由依赖、互助变为压制、敌对。

再从个人来看,人不仅与世界分裂,与他人隔绝,甚至与之对立,就连人自身也处在撕裂的痛苦中。人生而就是感性和理性、肉体和灵魂的统一存在,但近代哲学高扬的主体性片面抬高理性的地位,人为割裂二者的统一,使人在二者的对抗张力中备受煎熬。而且,现代技术用整齐划一的计算方式夷平人的感性差异,人被抹杀生存的多样性,最终沦为可怜的单面人。

由此观之,人类在不断追求自我实现的努力过程里,竟然悖论式地陷入不可自拔的生存危机之中。俄狄浦斯式的命运悲剧在人类身上再次重演。现代主义文学艺术凭借其敏锐的感受力,生动而深刻地描绘了这种存在之殇:现代世界与人类剥离后,它的四季轮回、阴晴雨雪从人类的生存空间中不可逆地隐退,呈现为神秘莫测、怪异恐怖和虚无缥缈,就像卡夫卡笔下的"城堡",纵使测量员 K 使尽浑身解数都无法接近;而人类则只愿也只能委身于城市的车水马龙之中,时刻被密集的人流、逼仄的街道、喧嚣的汽笛、匆匆的步履和机械复制的广告招贴画包围,目不暇接、头晕目眩、不知所措已成为一种生活常态,古典时代对宁静、优雅、高贵之物的审美早已蜕变成对腐败、堕落、世俗之物的审丑,也即波德莱尔所谓的"恶之花";即使现代世界中仍有古典美存在,也只能如庞德在地铁车站里看到的"人群中这些脸庞的隐现",倏忽即逝,灵光般难以把捉,给本雅明视线中那些无所事事的"游荡者"徒添惆怅和感慨罢了;当人类从自然中放逐,又不见容于人造的城市环境时,他别无选择地将自我囚禁于内心的孤独,成为加缪小说里彻头彻尾的"局外人",感知、想象和情感的丰富复杂被阉割为理性的单一主导,忍受着如艾略特笔下"荒原"般的贫瘠和乏味,无调性的人生在了无生趣中患上重度自闭症,或者如行尸走肉般只能做出蒙克式的"尖叫"表情,却发不出任何真正的声音,或者将自我的身心二重存在缩略为乔伊斯式的意识流独白,又或者异化为卡夫卡笔下的甲虫和黑泽明镜头中受核辐射的怪物。疏离陌生感、孤独无助感、绝望负罪感,后世这些现代主义文艺对人类处境的总体描绘早已被黑格尔预见并感受到,他从哲学思辨的高度探讨人类"异化"的原因和可能的对策,建构起富于启发性的主体思想。

二、透视主体存在的方法论原则

任何科学研究都需要在一定的原则和方法之下进行,脱离参照系的思维不可想象。在阐述黑格尔的主体观念之前,有必要先了解他的整体哲学观和方法论原则。正是在其指导之下，黑格尔关于主体的思想才获得不同于他人的突破。

《精神现象学》开篇的序言明确指出：必须破除以前哲学那种非此即彼的本质主义二元对立的思维模式，代之以有机统一的观点，即矛盾对立的各个因素不是彼此独立，它们的运动发展构成有机整体，在此整体中矛盾的诸因素获得存在的同一性[①]。它不仅是该书的观点和方法论原则，也是黑格尔整个哲学的基本观点和方法论原则，更是我们去理解黑格尔心目中关于人的本质和存在样态时所应采取的立场和方法准则。

黑格尔建构主体思想时所确立的基本观点和方法，是通过分析意识的运动展开的。对此，本章认为有以下三点必须强调。

第一，矛盾的各个因素不是绝对对立，相互无涉，而是整体的发展环节，此整体是普遍性与特殊性、整体与部分、内容与形式的有机统一。"如果以为只认识自在或本质就够了而可以忽略形式，以为有了绝对原则或绝对直观就不需要使本质实现或使形式展开，乃是一个大大的误解。"[②]黑格尔试图克服康德道德律的至上性造成的二元论，在本质与形式、主体与客体、自然与自由、可能与现实之间追求辩证的统一，所有这些统一又是建立在黑格尔试图使意识与存在同一的最终努力之上。

在这一点上，黑格尔区别于费希特。虽然，费希特也试图克服康德的二元论，但他只将自我意识作为主体-客体，而黑格尔强调绝对作为本体的客观性。费希特明确说："自在之物是一种纯

---

① 黑格尔在《精神现象学》序言中批评道，把真理和错误视为固定不变的人，"对一个哲学体系的矛盾"，"不知道把这种矛盾从其片面性中解放出来或保持其无片面性，并且不知道在看起来冲突矛盾着的形态里去认识其中相辅相成的环节"。贺麟等译，北京：商务印书馆，1979年，上卷，第2页。

② 黑格尔《精神现象学》上卷，第12页。

粹的虚构,不具有任何实在性。"①他从批判康德划分"自我"和"物自体"(又译"物自身""自在之物")出发,认为"物自体"被动、盲目,不具有自我认知能力,与之相反,自我意识不仅能认识客体对象,还能进行自我认知。当"物自体"按照康德所说独立存在时,它不能认识自我,也即无法自我实现存在,只能由意识在认知中完成其存在;当意识独立存在时,无需依赖他者,其存在就能被自身实现。在此意义上,对"物自体"的意识和对"自我"的意识都属于自我意识,二者都统一于自我意识。因此,作为"非我"的客观对象只不过是作为"自我"的主观意识的结果,"非我应当在同一的意识中被设定",自我与非我的设定和对立是在绝对自我之中进行,不存在独立于意识的绝对自在之物②。通过将"物自体"建构为和"自我"统一的自我意识,费希特完成对康德二元论的改造,实现了意识的一元论。可以说,费希特在统一"自我"和"非我"时更强调自我意识的主观性和本原行动,黑格尔则在辩证关系中强调自我意识仍具有客观性。

　　第二,整体的同一性不能抹杀各个因素之间的差异,正是这种差异导致的矛盾运动保证了整体的真正生命。针对同一、差异和对立的矛盾,黑格尔提出了著名的命题:**"一切事物本身都自在地是矛盾的"**,并且认为"这个命题比其他命题更加能表述事物的

---

① 费希特《知识学新说·第一导论》,沈真译,梁志学主编《费希特著作选集》卷二,北京:商务印书馆,1994年,第661页。
② 详见费希特《全部知识学的基础》,王玖兴译,北京:商务印书馆,1986年,第6—40页。又,费希特《评〈埃奈西德穆〉》认为,在我们精神中寻找到的绝对必然性,人们会疑惑是应该在我们之内或我们之外寻找,康德的自在之物就是其间的一个过渡,"但问题恰恰在于从外到内或从内到外的过渡。批判哲学的工作恰恰在于表明,我们不需要这类过渡,在我们精神中出现的一切东西都完全可以根据精神本身得到解释和理解"。《费希特著作选集》卷一,梁志学译,北京:商务印书馆,1990年,第433页。

真理和本质"①。"**同一本身就是绝对的非同一**","**真理只有在同一与差异的统一中,才是完全的**,所以真理唯在于这种统一"②。差异与同一彼此依存,差异的克服导向同一,同一中蕴含差异才是真正的同一。由此,黑格尔批驳了谢林所谓的无差别的绝对同一性。

谈到"同一""绝对",自然要提谢林哲学。谢林不满于费希特将哲学的本原归结于绝对自我而否定客观自然的重要性,也不接受康德赋予"自我"和"物自体"为双重本原的二元论做法,认为这都无法说明表象世界和客观世界之间的双向转换过程,从而既损害精神的真理性和确定性,也损害自然的实在性和确定性。他提出哲学的最高本原不应囿于主体、客体或二者的结合,而应建基于超越二者的"绝对"之上:

> 自然科学和先验哲学一样,都不认为存在是本原,而认为唯一实在的东西存在于自身本来既是原因又是结果的一个绝对之中,即存在于主体和客体的绝对同一性之中,这种同一性我们称之为自然,而级次最高的同一性又正是自我意识。③

绝对的无意识发展和创造产生客观自然,构成其本体论层面;绝对的有意识创造产生自我意识,构成其认识论层面。在绝对这个终极本原上,客观自然和自我意识都是其不同的表现形式,在本质上是无差别的同一。相应地,作为同一种活动,客观自然和自我意识的产物也必然一致符合,不存在任何差异。谢林认为,客观事物和自由决定者(绝对的主观事物)之间的和谐有一种更高

---

① 黑格尔《逻辑学》下卷,杨一之译,北京:商务印书馆,1976年,第65页。
② 黑格尔《逻辑学》下卷,第32、33页。
③ 谢林《先验唯心论体系》,梁志学等译,北京:商务印书馆,1976年,第22页。

的东西凌驾其上,并起决定作用:

> 如果这种更高的东西无非是绝对的主观事物与绝对的客观事物、有意识的东西与无意识的东西之间的同一性的根据,而这两者正是为了表现出来,才在自由行动中分离开的,那么,这种更高的东西本身就既不能是主体,也不能是客体,更不能同时是这两者,而只能是绝对的同一性,这种同一性决不包含任何二重性,并且正因为一切意识的条件都是二重性,所以它绝对不能达到意识。①

谢林当作哲学本原的"绝对"就是主体和客体、意识和自然、思维和存在、普遍和特殊、可能和现实之间无差别的"绝对同一"。黑格尔批评谢林的同一性原则很幼稚:"无论是把'在绝对中一切同一'这一知识拿来对抗那种进行区别的、实现了的或正在寻求实现的知识,或是把它的绝对说成黑夜,就像人们通常所说的一切牛在黑夜里都是黑的那个黑夜一样,这两种做法,都是知识空虚的一种幼稚表现。"②他批评谢林缺乏辩证的眼光,没有看到任何同一都不可能是绝对的无差别,必然包含对立和矛盾,哲学的任务应该是通过扬弃分离,实现同一和非同一的结合。

第三,差异在矛盾运动中达到最终整体时,这一过程不是直接完成的,而是需要经过许多中介的相对环节,此中介是各个差异自身的转化,也是整体的组成部分。黑格尔从辩证的视角出发,提出"中介不是别的,只是运动着的自身同一,换句话说,它是自身反映,自为存在着的自我的环节"③。虽然,中介是未完成的同一,但作为同一的组成要素,本身具有同一的一切性质。差异

---

① 谢林《先验唯心论体系》,第 250 页。
② 黑格尔《精神现象学》上卷,第 10 页。
③ 黑格尔《精神现象学》上卷,第 12 页。

经过一系列中介的转换,最终达成同一,差异-中介-同一这三者不可分割,构成最终同一的整体。在此过程中,中介是导向最终同一的必然要素和必备环节,同一由中介转化而来。可以说,中介就是运动着的同一。对中介的忽视、贬抑或排斥,就是对最终同一的割裂和破坏。所以,黑格尔强调:"如果中介或反映不被理解为绝对的积极环节而被排除于绝对真理之外,那就是对理性的一种误解。"①我们应该将同一或者真理认定为一个过程,这个过程的全部要素构成最终的同一或者真理。不存在静止的、一成不变的同一或真理,因为结果只是过程的一个部分,不等于全部过程,也不能代替全部过程。

概言之,黑格尔认为,真理是内在意识与外在世界交互作用的结果,具有主观内容和客观形式有机统一的存在样态;导向真理的各个要素是真理的必然组成,具有和真理同样的价值;各要素在矛盾对立中达成同一,真理就是对立与同一的动态平衡过程,没有绝对静止、一成不变的真理。根据这一基本原则和方法准则考察《精神现象学》中人的思想,我们就能区分黑格尔的思想与前人的不同,准确把握其理论贡献。

三、《精神现象学》中人的内涵

"绝对精神"(绝对知识)是黑格尔整个哲学的核心。它是意识发展的最终目标。意识要达到绝对精神,必须经历一个漫长而曲折的过程,在此过程中的每一个环节和意识的诸种形态都是真理迈向科学体系的有机组成部分。《精神现象学》作为黑格尔哲学体系的导言和第一部分,其主题就是描述人类意识从感性知识

---

① 黑格尔《精神现象学》上卷,第13页。

迈向科学体系，从而达到绝对精神的过程。对意识发展诸环节的描述同时也确立了人的规定性，开辟了人在世存在的广阔空间。在严密的逻辑体系、深邃的思想内涵和晦涩的语言表述之下，涌动的是黑格尔对人和生命的巨大热情与深切关注。

　　人在世界中的存在，必然要涉及与世界、他人和自我的关系。近代哲学中主体性的确立，一方面将自我的一极从三者关系中剥离出来，置于支配地位，造成自我与世界、自我与他人的割裂；另一方面，对意识和理性的无上推崇贬抑了人的物质性存在和感性方面，导致人的自我分裂。黑格尔在《精神现象学》中对人的论述则为实现完整的人提供了建设性意见。本节分别从以下三方面加以分析。

（一）自我与世界

　　人由原初和世界的统一进而被硬性地和世界拆分开来、对立起来，这既造成世界的异己性和世界对人的压迫，也使人失去存在的依托和现实家园，处于失重的痛苦状态中。身处其中的黑格尔对此有切身感受，他描述道："在现代世界情况中，主体……作为一个个人，不管他向哪一方转动，他都隶属于一种固定的社会秩序，显得不是这个社会本身的一种独立自足的既完整而又是个别的有生命的形象，而只是这个社会中的一个受局限的成员。"[①]人与物质世界分离，进而造成人与社会、人与人的分离，对峙中的人反过来遭受世界、社会和他人的驱使和胁迫，丧失独立人格、自由意志和创造精神，异化为没有灵魂的肉体存在；世界也因缺乏人的参与而突显出郁悒、暴戾、狂乱的气质。空洞乏味、盲目被动、乖张狂暴，构成世界和人的总体特性。黑格尔将这种近代社

---

① 黑格尔《美学》第一卷，朱光潜译，北京：商务印书馆，1979年，第247页。

会状况斥为"散文气味",并将之与古代社会中人物一体的诗的状况相对立。他清醒地意识到,从人的自我意识、作为自我意识最高阶段的理性和作为总体的个人这三个不同角度分析,都可以证明人与世界存在天然的亲缘关系。

首先,从人的自我意识看,它是始终关涉世界的生动现实。自我意识通过对世界进行感知和理解,进而形成对世界和人自身的观念。这一观念并非是剥离具体内容的概括,它来自现实世界,反映现实世界,并在现实世界的丰富多样中得以存在。人的自我意识是抽象的观念形式和具体的生活内容结合的产物,脱离了世界的观念因没有来源而无法形成,同样地,没有观念的梳理和过滤,世界也因其杂乱无章而无法被人认知。因此,"进入而充实着这个自我意识的,不是天上的精神、不是知识和行动里的普遍性的精神(在这种精神里,个别性的感觉和享受陷于沉寂),而是地上的精神,地上的精神认为只有像个别意识的现实这样的存在,才算是真正的现实"①。自我意识的内容不是涵盖一切的抽象精神,而就是活生生的、具体的现实精神。

其次,从理性看,它统摄精神和物质、意识和世界。理性不仅是本体论层面上意识的本质特征,也是存在论层面上物质的显现方式。前者与人的生存相关,后者与世界的存在相关,在理性这一支点上,人和世界密不可分。黑格尔认为,当自我意识进入更高的理性阶段时,"理性现在对世界感到一种普遍的兴趣,因为它确知它自己就在世界里,或者说,它确知世界的现在是合乎理性的"②。理性必须自我反思才能成为唯一真理,而反思借以运用的范畴就是存在与意识的同一。所以,理性只有跳出与世界的对立

---

① 黑格尔《精神现象学》上卷,第240页。
② 黑格尔《精神现象学》上卷,第161页。

并进入世界之中反思自我,才能成为真正的理性,同时世界也因理性的融入,摆脱消极被动的存在,达到与人的统一。

最后,就个体的人而言,其生存必须在世界中实现并完成。个人的性格、气质、心理和精神固然是标识其存在的重要因素,但是任何个人都不能脱离自己的生存环境绝对孤立地活着。不仅如此,前述诸种个体要素的形成有赖于外在环境的作用和影响。因此,生存环境同样是理解个人的重要因素。具体来讲,"构成个体性规律之内容的环节,一边是个体自身,另一边是个体所面对着的普遍的无机自然界,如当前的环境,形势,风俗,道德,宗教等等;特定的个体就要根据这些情况才可理解"①。个体性的规律存在于世界中,自我要获得对自身的把握,就必须进入现实世界。

至此,就任何一方面而言,自我都必然是在世界之中的自我。只有在世界中进行体验,自我才能获得确认。在此意义上,自我与世界本然一体,不可分割。笛卡尔把自我看作是以理性为核心的思维实体,自我既与外界无涉,是自律的存在;又不依托物质因素,是纯粹的精神。那么,自我的认识活动只能从自身开始并返回自身,而无法触及世界和他人,对世界、他人的认识只是从自我出发的主观构建。如此,作为纯粹思维实体的自我就在其自身中消解了普遍性,不能成为一切认知的基础和根源。正是看到笛卡尔分裂自我和世界导致这种唯我论的矛盾,黑格尔重新界定世界和自我,恢复了二者的联系②。此后,胡塞尔和海德格尔沿着这一思路分别在《欧洲科学的危机与先验现象学》《存在与时间》中提出"生活世界"和存在的"在世性"。

---

① 黑格尔《精神现象学》上卷,第 202 页。
② 关于这一点,可参看孙向晨的论述,他认为黑格尔在《精神现象学》中关于人的观点实现了从主体性向主体世界的转化。见孙向晨《〈精神现象学〉中的"主体世界"》,《学术季刊》1994 年第 2 期。

(二) 自我与他人

世界不仅是我的存在,也是我与他人的共在。因此,在世界之中确立自身的我必定要遭遇和他人的关系。从笛卡尔的实体性自我到胡塞尔的先验自我,人的自我确定都局限在单子式的自我内部,一旦涉及不同自我之间的关系,即主体间性时,对"他我"的无知便使此关系陷入不可解决的矛盾中。黑格尔从其辩证的方法论原则出发,在界定主体地位时引入他人的概念,沟通了自我与他我的联系,从主体性转入主体间性。

黑格尔从劳动这一实践活动的角度切入,论证了"他人"存在的必然性:"个体的行动内容,当其完全个别化了的时候,它是在它的现实里交叉于一切个体的行动中的。个体满足它自己的需要的劳动,既是它自己的需要的满足,同样也是对其他个体的需要的一个满足,并且一个个体要满足它的需要,就只能通过别的个体的劳动才能达到满足的目的。"①个体的实践活动在满足自己的同时也不自觉地满足了他人的需要,他人的劳动对我来说也是如此。在社会实践这一共同活动中,不同的个体之间形成相互联系、相互依赖、相互制约的网状结构,脱离他人这个前提,自我的需求就不能完全获得满足,自我就不能完整存在;反之亦然。自我和他人就像一枚硬币的两面,缺少任何一方,另一方就是残缺的,甚至无法存在。

既然主体的界定必须依赖他人的在场是一个不争的事实,那么,"他人"是怎样确立的呢?主体和他人的关系又是怎样确立的呢?根据黑格尔的观点,它是通过自我意识向主体的转化实现的,这是一个扬弃的辩证过程。自我意识和它自身之外的另一个自我意识互为存在的前提,两者互相以对方为中介,通过扬弃对

---

① 黑格尔《精神现象学》上卷,第234页。

方返回自身而获得独立。正如在主奴关系中,主人主体身份的确立是通过奴隶对主人的服从完成的。主人以奴隶为中介,克服自身本能,成为自为的存在。但是当奴隶通过恐惧和劳动的环节实现了对本能的超越后,也能成为主人。所以主奴关系不是绝对的,可以相互转化。

通过分析可以看出:第一,主体概念的确立必须有他人在场。"活的实体,只当它是建立自身的运动时,或者说,只当它是自身转化与其自己之间的中介时,它才真正是个现实的存在,或换个说法也一样,它这个存在才真正是主体。"①个体"唯有通过它的对方它才是它自己"②。辩证的视角让黑格尔看到,主体不是一个孤绝独立、自主无依的静态客观存在,他以他人为中介完成自身转化,在与他人互动的每一次关联中都会获得主体意识和主体地位,主体就是自我和他人之间不断相互确认、相互转化而形成的无数主体意识和主体地位的总和,主体的建构是一个不间断的动态连续过程;第二,我和他人处于平等的位置,二者互相以对方为前提和条件。"它们承认它们自己,因为它们彼此相互地承认着它们自己。"③虽然,自我的确立和完成需要借助他人,但是他人的确立和完成同样需要借助自我。因此,他人并不仅仅是自我实现的中介和手段,自我和他人处于平等地位并可以相互转化,二者的主体地位在这种相互关系中分别获得确立。在这一点上,黑格尔的主体不同于近代认识论哲学中的主体,后者一味沉浸在"思"的封闭世界中,要么与他人无涉,要么把他人当作自我辐射的对象,强使他人处于从属地位。对此,德国哲学家弗兰克中肯地评价道:"费希特、谢林和黑格尔绝对没有否认,一个这样被规定的

---

① 黑格尔《精神现象学》上卷,第 11 页。
② 黑格尔《精神现象学》上卷,第 119 页。
③ 黑格尔《精神现象学》上卷,第 124 页。

人格只能在主体相互承认的环境中被给予。但是,费希特和谢林都——不同于黑格尔[或梅阿特(Mead)、哈贝马斯]——还没有前进到这一步,去宣称,那种**缺乏了**主体之相互划界就**决不**可能的东西,因此**通过**交互主体性就已经是可以解释的:只有当自我在此之前已经与主体性相亲近——不管如何地不充分——自我才能够将**另外**一个我(Ego)规定为一个另外的我。"①

(三) 主体性与个体性

自我除了要和世界、他人发生联系外,还要面对自身以及自身内部的不同方面。

当我们用"我"(ich)这个人称代词意谓自身时,"我"到底具有怎样的性质?弗兰克在《个体的不可消逝性》中指出,"我"具有双重语义学的含义:(1)"普遍一般的主体",即"抽象的实体(Entität),此实体是通过分析而从无穷多的单个的意识活动中推导出来的,而所有的人都共同具有这些意识活动";(2)"标记我们的'**个体的人格**'的'**单个性**'和'**绝对的规定性**',在这些'个体的人格'中,每一个都与另一个相对立。"②在此定义中我们可以看到,自我融普遍性和独特性于一体。自我的普遍性源于自我和世界、他人的联系。置身于世界中,在他人的身上确认自身,自我就能与普遍的世界进程共振,体现出一种普遍精神。同时自我又具有不可归约的独特性,以便与他人区分开来,进而确立自己的独立品格。卢梭在《忏悔录》开端就说:"大自然塑造了我,然后把模子打碎了。"③个体的独特性就与此类似,上天创造了每一个个体,然后把模型打碎。如前所述,无论作为单子式的存在还是作为共

---

① 弗兰克《个体的不可消逝性》,先刚译,北京:华夏出版社,2001年,第80页。
② 弗兰克《个体的不可消逝性》,第27页。
③ 卢梭《忏悔录》第一部,黎星等译,北京:商务印书馆,1986年,第1页。

性的存在,自我都不是由相同要素构成的无差别整体,而是由对立、矛盾的不同要素相互制衡形成的同一存在。具体而言,自我既有抽象的意识,又有感性的肉体;既有冷静、客观的理性一面,又有感觉、情感的非理性一面。

然而,自我的整体存在状态不断受到来自思想和现实的双重侵蚀。在思辨层面上,近代哲学用意识取代人的整体存在,将人的丰富性缩减为单维的意识本质。特别是笛卡尔-莱布尼兹以来的唯理论哲学将理性从人的完整性中剥离出来置于本体论地位。从此,理性被赋予先验的自明性进而成为一切存在的基础。人们对借助理性获得对自我和世界的认识确定不疑,理性最终取代上帝的位置,成为终日悬在人类头顶的达摩克利斯之剑。不仅如此,在现实层面上,科学技术的发达以抹杀人的多样性和规范人的差异性为代价。马克斯·韦伯深刻指出:"科学思维的过程构造了一个以人为方式抽象出来的非现实的世界,这种人为的抽象根本没有能力把握真正的生活,却企图用瘦骨嶙峋的手去捕捉它的血气。"[1]科学并非像它宣称的那样绝对客观,事实上,任何一种科学体系都是以不能用逻辑手段证明的公理为前提,在逻辑演绎推动下割裂、分解、选取现实世界,所以科学是一种片面呈现现实世界的主观信仰,它不能为完整的人提供现实依据。更进一步,以理性为核心的技术和计算使人的生活日益精确化、标准化,人的一切——从外在的行为到内在的情感——都可以通过计算来加以衡量和表达,这就意味着作为标识人的个体性和独特性的隐秘、幽深的情感之差异性,也被理性通过计算的方式象征性地夷平了。社会学家西美尔据此指出,这分别在两个

---

[1] 韦伯《学术与政治》,冯克利译,北京:生活·读书·新知三联书店,1998年,第31页。

不同方向上导致灾难性的后果：对外，"人们对于事物的微妙差别和独特性质不再能够作出感受同样细微的反应，而是用一种一律的方式，因而也是单调无味的，对其中的差异不加区别的方式，去感受所有一切"。对内，"假如生命缺少内在差异，以至于人们害怕天堂里持久的幸福会变成持久的无聊，那么，不管生命在何种高度、以何种深度流淌，对于我们来说，都显得空洞和无谓"①。人类越来越无法忍受感官肉体在理性的阴影中被压抑的生命中不能承受之轻。

虽然黑格尔哲学的总体建立在理性之上，但他看到感性欲望存在的合理性。黑格尔明确指出："所谓'纯粹的人性'不外指符合于人的一般概念。但是人的活生生的本性是永远不同于人性的概念，因此那对概念来说只是一种改变、纯粹的偶然性或多余的东西，成为一种必要的东西、有生命的东西、也许是唯一自然的和美丽的东西。"②他不仅不否定人的感性、现实、物理的方面，还把它看成是实现完整的人所必不可少的因素。而且，在其方法论原则指导下，黑格尔看到普遍性与特殊性、主体性与个体性并非互相排斥的两极，而是相辅相成的辩证共在，并进而确定二者的统一才能构成真正的主体。"意识摆脱了所有的对立和一切限制其行动的条件以后，就轻松愉快地从自身开始做起，不再鹜心于他物，而专诚致力于自己。因为个体性自身既然就是现实，那么，个体的活动实质和行动目的就全在行动自身之中。因此，行动就好像是一个自身循环的圆圈运动，这个圆圈在太空之中自由旋转，无拘无束，时而扩大，时而缩小，而以游戏于自身为无上愉快，

---

① 西美尔《金钱、性别、现代生活风格》，顾仁明译，上海：学林出版社，2000年，第9、104页。
② 《黑格尔早期神学著作》，贺麟译，北京：商务印书馆，1988年，第157页。

以只与自身遨游为至高满足。"①主体既参与现实生活,涉及事物的个体性,又在此个体性中与世界进程的普遍性相联系,达到现实社会的个别性和世界进程的普遍性相统一,最后进入自由境界。黑格尔关于真正完整的人是理性与感性、意志与本能统一的思想,正是对近代哲学的主体性原则将人之本质仅仅归于抽象的先验意识的一种有力反驳。

四、黑格尔的"主体"在现代思想中的影响

近代以来,人被褫夺了与世界、他人和自身的关联,面临深刻的生存困境。造成这种状况的主要根源是以西方思想中形而上学传统为原动力的自然科学的发展。形而上学的根本思维指向是非此即彼的二元对立,它强调人与世界、主体与客体、思维与感官相互疏离,这种思维指向成为近代所谓科学方法的公共预设;形而上学的基本思维定势是确立主体对客体的绝对主导地位,强调世界、客体、对象是在时间中的持续存在,主体可以实现对对象的审查、控制和把握,这就为自然科学将整体世界进行拆分、肢解、测量和检验提供了方法论基础;形而上学张扬的本质是冷静而中性的,它排除一切热烈丰富的内心情感,营造的是分析的、线性的、连续一致的封闭世界,其中,人与世界、主体与对象之间本然的亲缘关系被强制变成部分的、有限度的参与关系,这为自然科学保证其所谓的客观性和真理性扫清了现象上的障碍,使自然科学可以按照自己的意愿随意剪裁、规划世界。当近代西方哲学

---

① 黑格尔《精神现象学》上卷,第 261—262 页。

的开创者笛卡尔用"我思故我在"①的理性全能强化传统形而上学中主体对物的支配功能,将自我意识的确定性规定为存在的基础时,自然科学便获得明确的思想资源,它代替宗教成为人类精神文化的膜拜对象。自然科学对理性所预设的外在世界一味探求,导致以目的论为基本思维指向的工具理性恶性膨胀,把人与世界、他人、自我的分裂和对立推向极端。人被割断与世界的亲缘关系,被阻隔与他人的必然联系,甚至被抽去自身的丰富生动性,成为蜗居于理性和意识之中的反身代词。

基于对人类自身的生存危机和造成这种危机的根源有着深刻的认识,黑格尔在自己的哲学研究中始终关注主体问题,并试图为人的存在困境提供一条解决之途。这就使黑格尔对人的认识不同于他那个时代的其他思想家并对后代思想产生极其重要的启示作用。

(一) 从意识性的存在到在世性的存在

虽然,黑格尔哲学仍然陷于唯心主义藩篱,极致推崇自我意识中的理性,但是在辩证方法论的匡正下,他反对笛卡尔哲学将人的存在本质只限定于意识之内,提出,人的自我意识始终关涉世界,世界既是意识的来源,也是意识的内容;作为自我意识最高阶段的理性统摄意识和世界,它既是意识和思维的本质,又是世界的存在方式;作为总体存在的个人,其外在行为习惯和内在心理状态都受生存环境影响和制约。因此,人的存在总是在世界之中的存在,无论主体还是主体的最高本质理性都是思维与存在、

---

① "我思故我在"是对笛卡尔所说"Je pense, donc je suis"(拉丁文为 Ego cogito, ergo sum)的旧译,没有准确传达出"je suis"的意义。对此句的理解可参看王太庆的解释,他认为应译为"我想,所以我是"。见笛卡尔《谈谈方法》,王太庆译,北京:商务印书馆,2000 年,第 27 页注释 1。

意识与物质、自我与世界矛盾对立的同一。与自我意识的涵义相对应,黑格尔所说的世界,也并非如近代认识论哲学所认为的,是与主体相对的自然物理世界,而是包含主体于其中的全部生存状况,是意识不断分化走向绝对精神的经验的全过程。

　　循着黑格尔的这一思路,胡塞尔认为,笛卡尔让精神性的理性脱离物质性的世界成为认知基础,因未区分意识活动与意识内容,仍不能达成真理。"描述现象学"的任务就是借助"反思"揭示意识的先天认知结构,实现从个人特殊经验向经验的本质结构还原,最终超越意识与对象的对立,重新为理性认知寻求确定基础。为此,他用"纯粹意识"重新勘定笛卡尔的"我思"并指出,以往思想关注的是认知活动涉及的两端,即主体和客体,却忽略了认知活动的过程本身,即对象呈现在意识中的方式。事实上,无论主体还是客体,都不可能在认知活动中独当一面。因为,意识并不是消极被动的接受者,意识始终都是意向性的意识,它总是积极主动向客体投射,将对事物的印象综合为统一的经验。此活动就是意识的意向性结构的"构造"活动,也是通过现象还原获得纯粹意识的过程。纯粹意识或者先验意识的意向性构造是知识的来源,它不同于笛卡尔排除一切外在客体的"我思",是主体和客体的统一,也即主体在世界中存在。

　　尽管胡塞尔提出的纯粹意识的意向性结构强调主客体统一,可以避免形而上学的二元对立,但他用以确立认识基础的纯粹意识奠基于先验自我之上,仍然陷于形而上学的本质化立场,无法把哲学建设为严格的科学。基于这种困境,胡塞尔在后期引入"生活世界(Lebenswelt)"的概念[①]。他提出,现象学的困境和人

---

① 除"生活世界"外,胡塞尔也常用"日常生活世界(unsere alltägliche Lebenswelt)""周围世界""这个世界"的表达。见胡塞尔《欧洲科学危机和超验现象学》,张庆熊译,上海:上海译文出版社,2005年,第64—70页。

类的危机都始于近代科学对生活世界的遗忘。近代科学一味追求实证和客观,一方面,用科学世界取代作为本源和基础的生活世界,只关注存在的事实,无视人生的意义和价值,结果便是科学与人无涉,进而导致人的生存危机;另一方面,把生活世界看作自明自在的客观对象,分裂人与世界的统一,置世界于需要科学验证的物的地位,必然造成二元对立的思维模式和本质化的思辨立场,进而导致哲学的危机。要克服这些危机,就需要对自然的生活世界进行先验还原,从经验实在的生活世界进入主观直观的生活世界。不同于科学世界里人与世界分离,在生活世界中,人与世界统一。生活世界既是科学世界的根基,也是人经验反思的基础。诚如倪梁康所释:"生活世界的本质结构就在于,它作为物理自然的环境以一个身体的、动感权能的自我性为中心,而这个自我性本身又始终感知-经验地朝向它的周围世界的个别事物。"[1]胡塞尔从早期的纯粹先验意识结构转变为后期强调生活世界作为意识的来源和基础,对主体的认识也从纯粹主观意识转变为意识与世界结合的主客观一体。

较之胡塞尔仍然偏重纯粹意识的主体观念,海德格尔从生存论的角度深入论证存在的在世性。西方古典时期,人与世界相互敞开,彼此揭示,共同存在。后来,人类为了自己的主导地位而将世界转变为持存的对象领域。直至现代,纯粹自我意识的膨胀导致人从其周围关系中彻底剥离出来,由在世界中存在变为独立自足的主体,并由此获得主宰世界的意识,取得主宰世界的权力。海德格尔认为,人与世界的分离史就是人的存在被遮蔽的历史。在海德格尔之前所有对人的规定,无论将人看作意识,还是当作

---

[1] 倪梁康《胡塞尔现象学概念通释》,北京:生活·读书·新知三联书店,1999年,第272页。对生活世界的解释可详见该书的"生活世界"条,第271—274页。

主体,总是将人与其各种关系区分开来。这种做法不仅背离人之存在的真理,而且损害存在的完整性,导致人之存在从活生生的本真状态沦落为抽象贫乏的虚拟状态。要拯救人之存在的真理,就必须恢复人与世界的原初统一。因为,人之存在与一般存在者不同,它不是既定的现存事实,而是包含着多种可能性;人之存在总是趋向于超越自己,从而实现在世界之中存在。所以,人之存在的真理就在于人与其周遭世界共同存在。

胡塞尔和海德格尔虽在某种程度上接受了黑格尔关于人与世界统一的思想,但并未充分展开其辩证的方面。黑格尔论述人与世界的相互依存具有两个层面上的关系:一是人必然地存在于世界之中,作为自然界进化的产物,人生而存在于世,这是由人的原初本性所规定的;二是人对世界具有主观能动性,人通过将本身的力量外化于自然界,从而为自己创造出生存的世界。人生存于世是基本事实,无法规避,但借助自身的实践能力,人又能摆脱动物式的纯然被动状态并获得积极的能动力量。这两个层面相互交织,既构成人与世界复杂的亲密关系,又明确了人之为人的独特本质。如果说后期胡塞尔提出"生活世界"、海德格尔提出存在的在世性都更强调人与世界第一层面关系的话,即世界对人而言是无法选择的,此在生来就被抛入世界中,那么黑格尔更强调人与世界的动态关系,即世界是人的主体力量外化的产物,通过这种外化活动,人才摆脱了仅仅是世界中的存在物这一被动状态,转而与世界有机地融为一体。

(二)从主体性到主体间性

主体性是近代哲学赋予自我的本质属性,并成为支撑现代性的核心概念之一。其确立可追溯至笛卡尔,他从有意识地反思知识的来源和标准入手研究主体。首先,他明确分离主体的心灵和肉体。主体由心灵和肉体两个实体构成,心灵是有意识的,本质是思想,属于理性;肉体存在于宇宙空间,本质是广延,属于物质。通过本体二元论的划分,理性的心灵有别于物质的肉体,主体的本质在于心灵、思想、理性。其次,与心灵和肉体相对应,他明确区分主体和客观世界。主体的本质是思想,思想的核心是先天赋予的理性,理性是衡量真理的绝对标准;客观物质世界由物质及其广延构成,按照机械规律运动,是主体借助理性进行认识的对象。由于主体对事物的观念不同于客观事物本身,所以作为理性的主体不同于作为物质的客观世界。最后,他明确区分自我和他人。自我是不依赖于身体的思想主体,具有自身同一性。每一个自我都是自足无涉的心灵实体,其存在是自明的确定无疑。在将心灵与肉体、主体与客体、自我与他人剥离开来后,笛卡尔赋予自我的主体性在本质上就是一种原子式的纯粹个体意识。

从笛卡尔至康德,近代哲学一直在推进以理性为核心的原子式的主体性。这种主体性在思维-意识领域肯定并强化自我的自足性、确定性、独立性、能动性、创造性,最大限度地发掘自我的自主潜能,在对内体验和对外参照两个向度上推动人类认识自身。然而,主体性在确立自我的全能地位时,抽离自我赖以生存的世界根基,切断自我与他人共在的普遍基础,使自我在唯我独尊的自闭语境中陷入无可摆脱的困境。可以说,主体性既提升了自我的地位,也导致了唯我式自我的崩溃。正是看到主体性的悖论,黑格尔在论证主体地位时引入他人的概念,证明他人是确立主体的必备因素,主体和他人处于平等地位,可相互转化。

黑格尔对主体和他人关系的论述,在很大程度上矫正了主体性在唯我论上的弊端。后期胡塞尔承接这一思路,从认识过程的角度重新考察主体性,用主体间性替换主体性,力图进一步弥合笛卡尔在主客体之间造成的分裂,让认识论摆脱单子式个体意识不具有普遍性所产生的困境。有别于笛卡尔的"我思"只限定在个体内部，胡塞尔的纯粹意识存在于不同主体之间，由于人所具有的统觉、移情等能力使不同主体之间的共识成为可能，所以纯粹意识具有普遍共识的特征。同时，主体以主体间的方式存在，并保持个体性，主体间性就是个体性之间的共在。通过交互主体性，胡塞尔实现了从个人生活世界向人类共同世界的过渡，完成了从经验实在的自然生活世界向先验意识的主观生活世界的转换①。不过，胡塞尔只在认识论的角度承认自我和他人之间具有主体关系，并不承认自我和世界之间的主体关系。

海德格尔从本体论的角度进一步修正胡塞尔的主体间性观念，证明自我与他人、人与世界之间都具有主体间性关系。海德格尔认为，在自我与他人的关系上，"'他人'并不等于说在我之外的全体余数，而这个我则从这全部余数中兀然特立；他人倒是我们本身多半与之无别、我们也在其中的那些人。这个和他人一起的'也在此'没有一种在一个世界之内'共同'现成存在的存在论性质"②。在人与世界的关系上，"由于这种有共同性的在世之故，世界向来已经总是我和他人共同分有的世界。此在的世界是共同世界。'在之中'就是与他人共同存在。他人的在世界之内的自在存在就是共同此在"③。此在总是与他人共同存在于世界之中。借助他人的存在，此在才能在世界中对自身的存在有所领会。反过来，他人作为另外的此在也必须通过此在领会自己的存在。在与他人的共在中，此在总是向他人敞开，他人的存在也随

---

① 参见倪梁康对 Intersubjektivität（交互主体性）和 rein-seelische und transzendentale Intersubjektivität（纯粹心灵的交互主体性与先验的交互主体性）的解释。倪梁康《胡塞尔现象学概念通释》，第 255—258 页。
② 海德格尔《存在与时间》，陈嘉映等译，北京：生活·读书·新知三联书店，1999年，第 137—138 页。
③ 海德格尔《存在与时间》，第 138 页。

之展开。此在和他人并不是预先设定的存在,而是为着彼此而在世界中展开的存在。与他人在世界中共在规定着此在存在的基本性质和基本方式。所以,主体间性存在于自我、他人和世界之间,是三者各自的主体性共在。

加达默尔在肯定海德格尔现代阐释学的主体原则的基础上,建立起历史间的多元化主体的对话结构,他以理解为中心考察主体间性。首先,既不存在超历史的纯粹主体,也不存在超历史的抽象理解,历史性是人类存在的基本事实和根本特征,它使主体和客体在世界中获得统一①。人的存在与世界统一的整体过程形成历史,不同解释者对历史的参与是理解的中心环节,理解不是建立主体与对象联系的客观活动,也不是主体认识客体的主观意识,而成为历史自身的延续运动。其中,理解者和理解对象都不再是各自独立的部分,而是自始至终处于历史中并以历史作为自己的组成部分。其次,人存在的历史性使自我与他人、社会、制度、文化等获得统一②。领会是对存在可能性的筹划,理解是存在展开的现实样态,由于人在认识自己之前就已经生活在历史之中,也即存在是历史性的,理解和领会也是历史性的。理解的历史性使旧传统与新事物的结合成为可能,理解就是在传统中创造传统。最后,他强调理解以对话为前提,只有在对话中才能实现

---

① 加达默尔把近代主体主义哲学区分主体与客体,造成主体无历史、去情境的做法称为异化,提出"理解甚至根本不能被认为是一种主体性的行为,而要被认为是一种置自身于传统过程中的行动(Einrücken),在这过程中过去和现在经常地得以中介"。加达默尔《真理与方法》上卷,洪汉鼎译,上海:上海译文出版社,1999年,第372页。
② "其实历史并不隶属于我们,而是我们隶属于历史。早在我们通过自我反思理解我们自己之前,我们就以某种明显的方式在我们所生活的家庭、社会和国家中理解了我们自己。……因此个人的前见比起个人的判断来说,更是个人存在的历史实在。"加达默尔《真理与方法》上卷,第355页。

理解,揭示人的存在。他使对话脱离了单纯的人类行为活动,被提升到规定人之存在本质的理解的核心地位,"因此关于某物的相互理解——这是谈话所想取得的目的——必然意味着：在谈话中首先有一种共同的语言被构造出来了。……在成功的谈话中谈话伙伴都处于事物的真理之下,从而彼此结合成一个新的共同体。谈话中的相互理解不是某种单纯的自我表现（Sichausspielen）和自己观点的贯彻执行,而是一种使我们进入那种使我们自身也有所改变的公共性中的转换（eine Verwandlung ins Gemeinsame hin, in der man nicht bleibt, was man war）"①。在对话中,不同个体之间在保持个体性的同时被纳入共同体,具有可以相互理解的主体间的关系。

胡塞尔和海德格尔都是在哲学思辨的层面上论证主体间性,加达默尔为主体间性注入历史语境和话语实践内涵,哈贝马斯则力图转换理论思维。他拒斥传统的意识哲学,从先验意识转到实践领域,从社会学角度提出交往行为理论,把不同主体之间的对话纳入他社会政治和道德伦理批判的框架内,强调用指导对话的交往理性矫正传统理性,以恢复被扭曲和损害的理性的完整性,并完成尚需建设的现代性事业。在他那里,批判阐释学把当代资本主义意识形态看作一个当下存在的精神交往文本,置于当代的交往空间中横向展开,以完成对它的解构。不同主体间的交往对话成为哈贝马斯继续启蒙以来构筑的现代性理想的途径。

而当代美国哲学家罗蒂关注的问题是,在传统哲学的基础性、总体性的本体地位被取消之后,哲学如何在对话中开辟一个新的论域。他宣称:"'哲学'不是这样一种学科的名字：它面对着一些永恒的问题,却不幸不断错误地陈述它们,或依靠笨拙的论

---

① 加达默尔《真理与方法》上卷,第486页。

证工具批评它们。宁可说它是一种文化样式,一种'人类谈话中的声音'(借用 M. 奥克绍特的话),它在某一时期专注一个话题而非另一个话题。"①罗蒂把致力于对话理论的新阐释学称为教化哲学,并以之取代传统的认识论哲学。传统的认识论哲学强调"研究",致力于寻求最终的共同基础,而教化哲学提倡主体间的"对话",意在消解本原和基础。这样,对话不再像认识论哲学表明的那样,以可通约的普遍基础为前提,而是如教化哲学所显示的,成为可通约的共同性的前提。罗蒂更强调将主体间性的对话作为一种应对现代性分裂和后现代主义的解构策略与手段。

如果说主体性(subjectivity)强调的是主体-客体关系中主体的属性,那么主体间性(intersubjectivity)强调的则是主体-主体关系的内在属性,是人的主体性在不同主体之间的延伸。现代哲学试图超越近代意识哲学的困境,其凭借的有力手段之一就是从专注人的思维意识转向考察人与人之间的关系,从抽象的精神领域转向感性的生存际域,从绝对的意识主体的理性思维转向不同主体间的对话与交流。黑格尔将他人引进主体性的规定之中,为现代哲学探究人的本质开启了一条新途径。

(三)从自我的理性存在到自我的感性存在

虽然,一切哲学的核心都可以归结为对人自身的认识,但是哲学对人的认识并非从一开始就明确无疑。诚如勒维纳斯所言:"存在是可以在它的表现中、在它存在进程最基本的现象性中被思想的。"②人作为存在至少有两个层次,即人存在的方式和人存

---

① 罗蒂《哲学和自然之镜》,李幼蒸译,北京:生活·读书·新知三联书店,1987年,第 231 页。
② 勒维纳斯《上帝·死亡和时间》,余中先译,北京:生活·读书·新知三联书店,1997年,第 177 页。

在的本质。前者关涉人与世界、他人的关系,后者关涉人自身各要素在确立人之存在时的作用和地位。尽管黑格尔认定人的存在本质在于绝对精神,但他并不否认感性的合理性。他提出个体性存在应该是理性和感性的统一,这在很大程度上革新了近代以来主体主义哲学对人的认知,并开启现代哲学用感性矫正过度理性、从生存论角度重新发掘人之本质的倾向。梳理西方哲学关于自我认知的发展史,我们就能对此得到清晰认识。

古希腊哲学更多的是把目光锁定在外部世界,人被看作是社会的组成部分,对自然和社会的研究代替对个体生命的研究。苏格拉底强调"认识你自己",要求哲学把目光从自然转向人事,一方面开启了人类智慧对自我认知的追求[①];另一方面,他所关注的个体生命重在改善灵魂,他在讨论美德是否能像知识一样被传授时,提出"智慧"与"理性"的指导作用,最终让知识(理性)承担起人生意义的重负[②],这也是后来尼采猛烈地抨击他为两千多年来西方哲学偏离人生根柢的罪魁祸首的原因。

中世纪的基督教神学用上帝之光笼罩一切。在此岸(尘世)与彼岸(天国)、感性(肉体)与信仰(精神)、人性(罪恶)与神性(神圣)的二元对立中,后者是评判一切意义与价值的公约数,人的自由就是压抑和抛弃此世的感官欲求以达到来世的精神超脱的自

[①] 卡西尔指出:"我们发现,划分苏格拉底和前苏格拉底思想的标志恰恰是在人的问题上。……希腊自然哲学和希腊形而上学的各种问题突然被一个新问题所遮蔽,从此以后这个新问题似乎吸引了人的全部理论兴趣。在苏格拉底那里,不再有一个独立的自然理论或一个独立的逻辑理论,甚至没有像后来的伦理学体系那样的前后一贯和系统的伦理学说。唯一的问题只是:人是什么?"卡西尔《人论》,第6—7页。

[②] 苏格拉底关于美德的讨论见柏拉图《美诺篇》,他指明美德不可教,所以可以教的东西都不是知识。在美德的使用中,智慧和理性的指导至关重要。《柏拉图全集》(增订版)上卷,王晓朝译,北京:人民出版社,2018年,第457—499页。

由。基督教用神义论的思想和忏悔、赎罪的行为原则使人的自信转化成肉体焦虑和良心苦恼,让人的所有自然本能都丧失存在的功能。

欧洲的启蒙运动砸碎了神为人设定的禁锢。在理性的光辉和科学的怀疑精神与进取精神推动下,人摆脱超验本质的控制,开始对自身的发现。理性至上的观念使人们有理由坚信:凭借理性,人类完全有能力开启通向自我和世界的大门。建立在理性与经验的二元张力基础上的自然科学所取得的巨大成就进一步巩固了理性的地位。与此同时,随着自然科学迅猛发展和以数理逻辑为核心的理性的过度张扬,理性已经从人身上剥离出来,它取代上帝成为主导人类的本质。

在现代结构中,世界完成了如马克斯·韦伯所说的"脱魅"过程,即信仰被理性粉碎。这使经验理性的认知成为确定世界的整体性意义的唯一基础,但经验理性本身又不具备此能力。因为个体性的、经验性的知识是经验理性认知的动源,它永远也达不到整体性的认识。同时,超验的神灵世界又被理性切断了根基。于是,整体性意义消失了,代之以分歧意义的冲突。这意味着统括真、善、美的理念崩溃。从此,人的本质无须再由某种外在于人的力量设定,而就应该在人的自身中去寻找,而且只能在人的感性存在中去寻找[①]。

可以说,现代西方哲学对传统认识论哲学的反叛都是从强调感性以对抗过度膨胀的理性入手。正如尼采在《强力意志》中表

[①] "孤独本能对社会束缚的反抗,不仅是了解一般所谓的浪漫主义运动的哲学、政治和情操的关键,也是了解一直到如今这运动的后裔的哲学、政治和情操的关键。在德国唯心主义的影响下,哲学成了一种唯我论的东西,把自我发展宣布为伦理学的根本原理。"罗素《西方哲学史》下卷,马元德译,北京:商务印书馆,1976年,第222页。

明的那样,世界是变动不居、流转不息的状态,根本不可能通过理性来把握,对理性的错误强调只能导致人们试图占有世界的物质欲望极度膨胀,以追求真理自居的科学与理性只不过是人们对变动不居的世界进行总体把握的努力,是一种幻觉而非真实①。从叔本华的生命意志、尼采的强力意志、克罗齐的直觉、柏格森的生命延绵,到弗洛伊德的潜意识和荣格的集体无意识,当众多非理性主义思潮宣称自己开创了认识自我的新时代时,他们并没有意识到备受其责难的黑格尔早在他们之前就已经关注到了这些问题。

综上所述,虽然黑格尔的总体哲学观强调绝对精神,但在其辩证的方法论原则指导之下,他对主体这一具体问题的论述超越了近代哲学单纯强调理性和意识的主体性原则②。在黑格尔思想中,作为主体的人不是纯然的精神实体,而是植根于世界之中,通过他人确立自身,是普遍的主体性和特殊的个体性相统一的现实存在。对人的这一规定,恢复了人与世界的本质联系,给人的生存找到了坚实的根基,使主体之间的认识、交流和沟通成为可能,也让人弥合自身的分裂成为完整的统一体。正是黑格尔对人的

---

① "世界是'流动的',作为某种生成之物,作为一种常新地推移的虚假性,它决不能接近于真理:因为——并没有什么'真理'。""理性乃是表面现象的哲学。"尼采《权力意志——1885—1889年遗稿》,孙周兴译,北京:商务印书馆,2007年,第135、161页。尼采的相关论述还可参见该书第441—442、615、706—707、709、1070—1072页。

② 关于黑格尔主体性的缺点,可参看俞吾金的论述。在分析马克思有关主体性的思想时,俞吾金认为,主体性概念应该有认识论和本体论两个维度,黑格尔从历史意识出发,对本体论维度上的主体性概念做出了宽泛理解,但有神秘化倾向。主体性和人格应该是主体和人的谓语,黑格尔却将这些谓语变成独立的主体,把本体论维度上的主体理解为神秘的精神力量。见俞吾金《马克思主体性概念的两个维度》,《复旦学报》2007年第2期。

本质做出深刻而独具智慧的分析,他才在成为现代和后现代众多哲学家攻击目标的同时,也为他们提供了丰富的思想资源。对人自身的探讨没有止境,在自我丧失、人格分裂、人类异化等问题更为严峻的今天,重新理解黑格尔关于人的观点是极为有益的。这就是今天回到元典、重读《精神现象学》给我们的启示。

世界、内心与"主体间"：
再现、表现与呈现的美学范畴史论

在将"再现"、"表现"和"呈现"作为美学范畴进行研究之前，有必要先确定它的研究范围，包括对美学材料的取舍、术语的运用和相关概念的辨析。

根据《中国大百科全书·哲学Ⅰ》的解释，关于范畴有三点必须确定：一、范畴是对感性经验和理性知识（概念）进行理性化和再理性化后呈现出来的定型的逻辑形式；二、范畴有着丰富的内涵，有时不同的内涵之间可能会差别很大，甚至相反；三、范畴的历史表现形态是多样的，是由多个概念（狭义上的）组成的一个系统①。既然如此，在研究美学范畴时，就必须意识到美学范畴有一个演变进化的过程。相同的思想在不同的历史阶段和不同的发展阶段上，会以不同的名称、概念出现。而同一名称之下，又会产生不同甚至是对立的意义。如"再现"这个范畴，在历史上更多地是以"模仿"的概念出现，有时人们甚至将两个词等同使用。而"呈现"这个范畴包含了"显现""敞开""澄明"等概念。如果仅仅局限于现在已经定型的范畴的名称上，就必然不能透彻了解该范

---

① 范畴是"反映事物本质属性和普遍联系的基本概念，人类理性思维的逻辑形式"。"在认识过程中，范畴使知觉、经验、知识条理化，通过范畴的作用，主体在思维中逼近、复制客体，使认识经过实践检验而走向客观真理。""任何范畴都是包含诸种要素的概念系统，范畴的本质表现在构成它的各个要素之间的关系结构中。"见《中国大百科全书·哲学Ⅰ》，北京：中国大百科全书出版社，1987年，第200页。

畴的历史演变过程和穷尽它的所有内涵。所以,对范畴的研究就包含了范畴思想的演化历程和范畴名称的演化历程两方面。基于此,本章在论述"再现"时,就不再仅仅局限于在"再现"这个名称下的美学思想,而是以它的核心概念"模仿"为主要研究对象。对"呈现"的论述也是在它的几个相关概念中展开的。

一、再现(representation)

作为一个美学范畴,再现、表现和呈现都涉及主体和客体之间的相互关系。由于价值立场和取向不同,就展现为不同的内涵。

就再现而言,它的着眼点在于客体(自然、世界)。客体是中心,是本质,而主体是对客体被动的反映。这里涉及再现的对象、再现物和从事再现的人(艺术家)三个因素及其相互之间的关系,也即美的真实性问题、美的主观和客观的关系问题。当我们说再现时,也就意味着我们将关注点聚焦于客体对象,它决定着我们再现的内容、价值和意义。与客体对象符合一致,决定了再现物存在的正当性。这时,再现仅仅是作为客体对象的承载者而获得存在的理由。而艺术家的使命也局限于从事再现的活动。

自从在古希腊产生开始,模仿(汉字也写作"摹仿")说就显示出它强大的生命力,成为美学理论中的一个重要概念,一直延续到现在。但在不同的语境中,随着观念的转变和理论的变迁,模仿说的内涵也不断发生着变化,正如鲍桑葵所言:"古代美学理论中的'模仿'一词与其说是同艺术独创性相对立,不如说是同工业制作相对立,因此,在涵义上可以有很大的变化和扩大。"[①]

[①] 鲍桑葵《美学史》,张今译,北京:商务印书馆,1985年,第19页。

波兰的美学家和文艺理论家塔达基维奇（W. Tatarkiewicz，又译"塔塔科维兹"）在《西方美学概念史》中专门梳理了模仿的概念。根据他的观点，从公元前5世纪到公元18世纪，模仿理论的发展至少经历了六个阶段：艺术模仿现实的观念始于希腊的古典时代，以柏拉图和亚里士多德为代表；希腊化时代获得人们的普遍认同；中世纪模仿理论被神学所统括，主要由托马斯·阿奎那的亚里士多德学派维持；到了文艺复兴，模仿理论进入新的繁荣期，并获得了明确的表述；17世纪，古典主义把模仿理论扩大化，也导致了它的衰亡；18世纪，模仿理论达到了最极端化的形式，模仿成为所有艺术的普遍属性，不再仅仅是"摹仿的"艺术的性质[①]。

模仿理论在术语和论题上都有变化。模仿说批评常用的术语有反映、表现、摹写、复制、再现或映现。范围上，模仿从模仿的艺术扩展到了非模仿的艺术（绘画到建筑），最后扩展到所有的艺术。形态上，作为一种对事物实际状态的说明，这种理论产生于希腊，后来产生了艺术利用自然的看法，再后来艺术（包括诗）要完成任务，必须模仿自然。

（一）模仿的产生

名词"mimos"（复数 mimoi）的词源不详，至少在荷马和赫西俄德的作品中找不到"mimos"或它的派生词。由 mimos 先派生出动词"mimeisthai"，后又有了名词"mimēsis"和"mimēma"。模仿在希腊文中是"$\mu\tau\mu\sigma\iota\delta$"，在拉丁文中是"imitatio"，它们是同一个术语。根据塔达基维奇的观点，"$\mu\tau\mu\sigma\iota\delta$"这个词最初的含义与巫师所表演的祭祀节目舞蹈、音乐与唱歌有关，是指对内在现实

[①] 塔达基维奇《西方美学概念史》，褚朔维译，北京：学苑出版社，1990年，第374页。关于西方文学作品如何对真实进行了诠释或模仿，详见奥尔巴赫《摹仿论——西方文学中所描绘的现实》，吴麟绶等译，天津：百花文艺出版社，2002年。

的表现，并不具有后来的对外在现实的再造这一含义。

毕达哥拉斯学派从数是世界的本源这一基本哲学立场出发，认为数的规则是统治世界的原则，世界就是对数所体现出来的和谐与秩序的模仿。模仿意味着表现内在"性格"，其主要领域就是音乐。

与宣称人是模仿的动物的赫拉克利特一样，德谟克里特早就认识到艺术模仿自然，而且，他使用了"mimesis"一词。这时，模仿不再是指祭祀活动中三位一体的舞蹈所具有的含义，而是指在动作方法上追随自然。在德谟克里特看来，模仿意味着以自然的天工为榜样，且这适用于所有艺术，不仅指模仿艺术。他的模仿观念还仅仅是指对自然功能方式的模仿。

公元前 5 世纪，苏格拉底在追问了绘画和雕塑与其他艺术的区别后，提出：模仿是对事物现象的抄录，这正是绘画与雕塑的基本功能。模仿即对外在现实的抄录意味着摹本必须忠实地再现蓝本，蓝本的存在样态决定了摹本的性状。苏格拉底同时也意识到，绘画再现所看到的事物时，"从许多人物形象中把那些最美的部分提炼出来，从而使所创造的整个形象显得极其美丽"[①]。这时的模仿概念虽然已摆脱了祭奠仪式的神秘色彩，显露出现实的清新气息，但仍然停留在机械、被动的原样照抄上。

在希腊人的观念中，世界是一元的，神不是只在现实事物上显现的神秘的无形力量，而是就存在于一切现实事物之中。这种万物同质的观念使希腊时期的艺术和美的真实性只依赖现实本

[①] 色诺芬《回忆苏格拉底》第三卷第十章，吴永泉译，北京：商务印书馆，1984 年，第 120 页。按：苏格拉底的思想主要见于色诺芬的《回忆苏格拉底》和柏拉图的对话中，据普遍的观点，柏拉图著作中的对话主要体现了柏拉图本人的思想，而色诺芬的《回忆苏格拉底》则更真实地记录了苏格拉底的思想。所以，此处在论述苏格拉底的美学观点时，只采用色诺芬的《回忆苏格拉底》。

身，与超现实的象征无关。鲍桑葵明确指出，这一阶段的"艺术和美的本质不在于它们同普通感官知觉对象背后的一种看不见的实在具有象征关系，而仅仅在于它们同普通感官知觉对象具有模仿关系"①。模仿活动必然涉及两个方面：被再现的对象和再现的对象。希腊思想的一元论使艺术再现同日常生活的现实在种类和目的上没有区别，因此，现实的真实性决定了艺术的真实性；反之，艺术的审美形象的性质也就是现实事物的性质。在此思想影响下，希腊人对美的分析只集中于美的形式因素，也即被再现的对象本身，对进行再现活动的想象性创造行为则并不关注。这时，"人们普遍的印象倒觉得这个美的世界是模仿性的再现，而不是解释性的独创"②。所以，在再现事物形象这一点上，模仿成为统括一切艺术的审美范畴③。即使柏拉图用理念世界与物质现实对立的二元论思想观照模仿，也未摆脱艺术再现现实事物的形象这一根本观点。他对艺术的批评和否定就是建立在此基础之上的。"模仿"这个词的基本涵义也正契合了这种单向地侧重于现实世界的指向，美国的艺术理论家布洛克通过对模仿与相似的比较表明了这一点："'相似'是双向的或相互的，模仿却是单向的或仅指一方对另一方而言。换句话说，'相似'是一种'对称关系'，模仿则是一种非对称关系。……模仿的目的只有一个：使其看上去与我们日常生活中在周围看到的普通事物——椅子、桌子、树、石头等——完全相似。"④

---

① 鲍桑葵《美学史》，第 25 页。
② 鲍桑葵《美学史》，第 18 页。
③ 参见鲍桑葵的分析："因此，我们将会发现，希腊人的真正的审美分析只施及于希腊美中最形式的因素。关于它的激情，它对人的意义以及它那普通事物的风格则遭到非审美的批判界的非难，并且促使人们把全部艺术表现都归在名实不符的'模仿'名目下。"鲍桑葵《美学史》，第 22 页。
④ H. G. 布洛克《美学新解》，滕守尧译，沈阳：辽宁人民出版社，1987 年，第 42 页。

与现实相关的模仿论为柏拉图和亚里士多德所承认,并基于各自的立场进行了不同的理论演绎。从此,这一概念进入哲学领域并被广泛接受,开始表示外在世界的再造。

柏　拉　图

古典时期的希腊艺术把自然形式看成是最完美的形式,把有机体的比例看成是具有最和谐比例的美学的成分。这时的美学观念发生了变化:从本来的样子到显现的样子,是从对客观形式的描绘向对艺术家关于事物的主观印象的描绘的转折,是由追求美的形式本身向追求由于符合人类视觉的状况而显出美的形式的转折。在古希腊人关于模仿的三重含义中,从在舞蹈和音乐中模仿到在建筑和纺织中模仿,再到在绘画和文学中对外表的模仿,模仿理论彻底摆脱了原初的宗教意蕴,成为对艺术实践的一种理论总结和对美的本质的表述。

通过柏拉图,模仿开始意味着在诗歌、绘画和雕塑中对外部事物的模仿。如果说毕达哥拉斯学派是在照原样再现的意义上理解模仿,德谟克里特是在遵循自然的意义上理解模仿,那么,只有柏拉图是在临摹者模仿原型的意义上去理解模仿。

柏拉图对模仿理论的贡献通过他阐述反对模仿的理由实现,正如鲍桑葵断言的那样,柏拉图的模仿观"就是用明确的形而上学的方式阐述出来的模仿说"[①]。他对模仿的理解包含了古典希腊时代关于模仿的所有观念:他继承了把模仿应用于音乐和舞蹈的习惯做法,同时也把它用于性格和情感的再现,另外,还表示事物的外表的再现。"摹仿"几乎出现在柏拉图的所有重要的著作里[②]。

---

① 鲍桑葵《美学史》,第37页。
② "据亚里斯多德说,毕达哥拉斯学派确实把数看做是万物的本源,万物都（转下页）

在柏拉图看来,真、善、美统一于作为世界本源的理念之中,而现实世界只是理念的摹本和幻象。这种在感性的现实世界之外设立一个抽象的理念世界的做法使存在与存在者在此二元对立中发生断裂,存在被从现实事物即存在者中剥离出来,置身于遥不可及的理念世界。理念世界只有一个,且是我们无法把握的;手工艺人制造的现实世界的东西是对理念这个真实体的摹仿,虽然摹仿"在表面上像能制造一切事物",但"它只取每件事物的一小部分,而那一小部分还只是一种影象","所以摹仿和真实体隔得很远"①。它"不是真实体,只是近似真实体的东西"②;而艺术对作为理念的残缺表现的现象界进行再摹仿,就只能是影子的影子、摹仿的摹仿,和真理"隔着三层"了③。

从模仿的本质就是对现实形象的模仿这一观念出发,柏拉图把艺术分为运用对象、制造对象和再现对象三类,他把制造形象和幻象的"模仿艺术"同那些"制造真实事物"的模仿艺术加以对比。《智者篇》中把艺术划分为产生真实事物和只产生形象两种。后一种又分为在描绘事物的过程中保留它们应有的比例和色彩,与改变它们(此类不是由模仿物而是由幻觉构成)。柏拉图认为,模仿产生的是幻觉。比起现实世界来,艺术在运用模仿的方法时离真理渐行渐远。"从荷马起,一切诗人都只是摹仿者,无论是摹

(接上页)是这个本源的'模仿品'。亚里斯多德接着说,后来,柏拉图又用'参加'一词代替了'模仿'一词;意思是说,万物是靠了参加抽象概念而存在的,并不是抽象概念的再现。这就说明了,'模仿'一词可以被人加以多么大胆的利用,但也说明了,柏拉图对'模仿'一词,整个来说是倾向于作比较严格的使用的。"鲍桑葵《美学史》,第62页。参见亚里士多德《形而上学》:"毕达哥拉斯学派说:事物之存在,'效'于'数';柏拉图更其名而别为之说曰:事物之存在,'参'于'意式'。"吴寿彭译,北京:商务印书馆,1959年,第19页。

① 柏拉图《文艺对话集》,朱光潜译,北京:人民文学出版社,1963年,第72页。
② 柏拉图《文艺对话集》,第69页。
③ 柏拉图《文艺对话集》,第71页。

仿德行，或是摹仿他们所写的一切题材，都只得到影象，并不曾抓住真理。"①

不仅如此，艺术家为讨好观众，只再现出人性中脆弱的情欲部分，使之脱离理智的控制而恣意放纵，从而破坏了人性的平衡，使人沦落为受情欲支配的奴隶。"摹仿诗人既然要讨好群众，显然就不会费心思来摹仿人性中理性的部分，他的艺术也就不求满足这个理性的部分了；他会看重容易激动情感的和容易变动的性格，因为它最便于摹仿。"②所以，以模仿为本质的艺术不仅不能达到真理，而且还纵容人性中罪恶的情欲。背负着这两条罪名的艺术家当然被柏拉图毫不留情地赶出了理想国。正是艺术的虚幻性和煽情性促使柏拉图对艺术作了一个否定性的描述，而这一切的罪魁祸首就是模仿。

于是，柏拉图第一次使模仿这个古老的术语具备了新的用法。在柏拉图之前，虽然艺术模仿或再现现实的概念早已有之，但内涵上则更多地倾向于表现。我们很难找到明确论述艺术再现现实的材料。而且，用来表示通过艺术再现的术语也是不固定的。苏格拉底在其谈话中就使用了不同的术语。其中有些很接近"模仿"一词，但他从未直接使用过它。柏拉图则大量地使用了"mimeisthai"这个词。从意义上讲，那时的希腊人用"模仿"这个词表示性格的表现和一个角色的行动，而不是对现实的模仿。从应用范围上讲，"模仿"一词是用来描绘与僧侣的祭祀活动相联系的音乐和舞蹈，并不用来描述视觉艺术。德谟克里特和赫拉克利特学派用这个词表示"遵循自然"，但仅仅停留在动作功能的模仿上，而不是在重视事物的外表的意义上。柏拉图则把这个术语扩

---

① 柏拉图《文艺对话集》，第 76 页。
② 柏拉图《文艺对话集》，第 84 页。

大,也包含了其他的艺术。比如在《理想国》中"模仿的"诗歌限制在诗人隐藏自己,用旁人名义说话的悲剧和喜剧里。但在《法律篇》中,这个术语已扩大到包括史诗的范围。最后,几乎囊括了绘画、雕塑与诗的整个艺术。

从《理想国》卷十开始,艺术即现实的模仿的概念更加极端,认为模仿就是对外在世界的一种被动的、忠实的抄录。柏拉图的观点近似于19世纪自然主义的观点。他的理论是描述性的而不是规范性的,它不赞成对现实的模仿,因为模仿不是通向真理的正确道路。

亚 里 士 多 德

在亚里士多德的理论中,模仿成为主导性的概念。无论柏拉图还是亚里士多德,都将艺术模仿归于制造形象的技艺名下,与制造物品的技艺对立,而不是与艺术的独创性对立。亚里士多德明确指出:"一般地说,技术活动一是完成自然所不能实现的东西,另一是模仿自然。"①但亚里士多德的模仿理论是在反驳柏拉图关于模仿是被动抄袭的错误观念这一基础上确立的。

首先,亚里士多德坚持认为,艺术家借助模仿所表现的现实既可能如现实一样,也可能超越现实。

柏拉图的理念的根本错误在于割断了存在与存在者的统一性,否认了普遍概念与个别事物的必然联系。所以,模仿事物的外在现象就意味着无法触及本质。而亚里士多德从特殊和普遍的辩证关系入手,强调普遍本质体现在具体现象之中,艺术所模仿的现象完全能够体现出本质。由此,现象与本质、形式与内容的传统表征方式才摆脱了分裂的张力而重新具有了合理性,艺术

---

① 亚里士多德《物理学》,张竹明译,北京:商务印书馆,1982年,第63页。

对现实的模仿也具有了真实性。

亚里士多德列举了模仿的三种方式:"既然诗人和画家或其他形象的制作者一样,是个摹仿者,那么,在任何时候,他都必须从如下三者中选取摹仿对象:(一)过去或当今的事,(二)传说或设想中的事,(三)应该是这样或那样的事。"①第一种是按照自然事物本来的样子去模仿;第二种是按照自然事物为人们所说的样子去模仿;第三种是按照自然事物应当有的样子去模仿。亚里士多德更倾向于按照应然的方式去模仿。

艺术是对现实的模仿,在继承古希腊的这一传统观念上,亚里士多德与柏拉图并无二致。但模仿不是忠实的抄录,而是向现实的自由迈进。这一思想导致亚里士多德与柏拉图虽从同一前提出发却走向了完全不同的道路。在柏拉图看来,艺术家就是神灵借以凭附的媒介,他本身不具有任何创造性,是代神说话的工具,由他制作的艺术品也是对自然世界的被动再现。而且由于艺术家视野的局限性,注定了这种再现是片面的、虚假的。亚里士多德却认为,现象和本质是辩证的统一体,模仿在再现现象的同时也就触及了本质。艺术家"应该对原型有所加工"②,用自己的方式表现现实。模仿的本质就在于通过个别表现普遍,通过特殊表现一般。它不仅仅再现了自然世界的表面现象,而且还揭示出社会生活的本质规律。"做诗的需要,作品应高于原型,以及一般人的观点。就做诗的需要而言,一件不可能发生但却可信的事,比一件可能发生但却不可信的事更为可取。"③所以,模仿不必局限于表面现象的细枝末节,它能够而且应该达到事物一般的、典型的和本质的特征,使事物呈现出它们能够而且应当是的样子,

---

① 亚里士多德《诗学》,陈中梅译注,北京:商务印书馆,1996年,第177页。
② 亚里士多德《诗学》,第180页。
③ 亚里士多德《诗学》,第180页。

模仿使事物比本身更美。"既然悲剧摹仿比我们好的人,诗人就应向优秀的肖像画家学习。他们画出了原型特有的形貌,在求得相似的同时,把肖像画得比人更美。"① 从此,模仿从"逼肖"感官实在的束缚中解脱出来,具有了理想化的功能。

其次,模仿源于人的天性,所以,模仿并不是诱发低俗情欲的卑劣手段,专事模仿的艺术也不是无关宏旨的存在,它们都是人性的需要。

柏拉图认为,在知、情、意这三个人性的组成部分中,情欲最易模仿,也最易打动人。无知的诗人为了省力又讨好观众,自然去模仿情欲的部分。艺术挑动了情欲,使人性脱离理性的控制而丧失平衡,不仅对青年人绝对不宜,而且对所有人都是有害的。对柏拉图来说,模仿就是一种达成目的的工具。亚里士多德则这样分析艺术快感产生的原因:"作为一个整体,诗艺的产生似乎有两个原因,都与人的天性有关。首先,从孩提时候起人就有摹仿的本能。人和动物的一个区别就在于人最善摹仿,并通过摹仿获得了最初的知识。其次,每个人都能从摹仿的成果中得到快感。"② 模仿是所有人都天生具备的能力。作为模仿成果的艺术在满足人的本能需求的同时,还使人获得了知识。这样,模仿不仅是包括绘画、雕塑、诗歌和部分音乐在内的模仿艺术的手段,同时也是它们的目的。艺术家不仅是为了创造美的作品而模仿自然,其目的本身就是模仿。亚里士多德赋予模仿生理和心理的基础,从而使它拥有了存在的正当性。

把模仿归结为人天生就有的本能,模仿不再是产生幻觉的元凶,而是获得知识的必然过程;不再是达至外部世界的媒介物,而

---

① 亚里士多德《诗学》,第113页。
② 亚里士多德《诗学》,第47页。

本身就是中心。从工具到本能,从手段到目的,从制造幻象到获取知识,亚里士多德极大地提升了模仿的地位。

第三,模仿的对象不是如柏拉图所认为的在自然界中的存在,而是还包括了人生社会;不是特殊的事物和事件,而是这些具体事件的构成与和谐。

既然艺术必须通过模仿实现对自然的表现,同时这种模仿行为本身也满足了人性的需求,那么,模仿就成为了艺术的本质。借助模仿概念,亚里士多德从模仿的媒介、对象和方式三个方面对艺术进行了划分,并对个别艺术进行了定义,如关于悲剧的定义:"悲剧是对一个严肃、完整、有一定长度的行动的摹仿,它的媒介是经过'装饰'的语言,以不同的形式分别被用于剧的不同部分,它的摹仿方式是借助人物的行动,而不是叙述,通过引发怜悯和恐惧使这些情感得到疏泄。"①在悲剧的定义中,模仿的范围越过自然界进入了人生社会。如果说苏格拉底第一次把哲学的目光锁定在人类社会生活的话,亚里士多德则明确地将作为美学范畴的模仿纳入了人生之中。

在悲剧的模仿中,事件的组合是成分中最重要的,因为悲剧模仿的不是人,而是行动和生活。不论是模仿自然界还是模仿社会生活,艺术的着眼点都不在于具体现象和特殊事物,而在于事件和现象所组成的体现本质的整体。所以,艺术家在模仿的行为中,不必拘泥于可见的现实,他可以而且应该根据表现本质的需要去再现现实中不可能的事物,只要这个事物对模仿的目标来说是必然的。艺术家在此获得了自由发挥的空间,他们不再是没有灵魂的抄袭者,而是主动的创造者,虽然他们的名称仍然是模仿者。"以上所述表明,用摹仿造就了诗人,而诗人的摹仿对象是行

---

① 亚里士多德《诗学》,第63页。

动的观点来衡量,与其说诗人应是格律文的制作者,倒不如说应是情节的编制者。即使偶然写了过去发生的事,他仍然是位诗人,因为没有理由否认,在过去的往事中,有些事情的发生是符合可然性[和可能发生]的——正因为这样,他才是这些事件的编制者。"①

模仿的对象不再只属于自然界,也包括了社会生活;艺术品中重要的不是艺术家模仿的特殊对象,而是他用这些特殊对象所形成的新的整体。在亚里士多德那里,模仿的范围比以前扩大了。

最后,模仿的本质决定了艺术的本质:诗比历史更深刻。

亚里士多德认为:"诗人的职责不在于描述已经发生的事,而在于描述可能发生的事,即根据可然或必然的原则可能发生的事。历史学家和诗人的区别不在于是否用格律文写作(希罗多德的作品可以被改写成格律文,但仍然是一种历史,用不用格律不会改变这一点),而在于前者记述已经发生的事,后者描述可能发生的事。所以,诗是一种比历史更富哲学性、更严肃的艺术,因为诗倾向于表现带普遍性的事,而历史却倾向于记载具体事件。"②当艺术中的再现不再完全受制于特定的感官现实时,它的意义和价值也就随之摆脱了对再现的形象的依赖,从外部现实转向内在意蕴。如果说外部现实属于自然而外在于艺术,那么内在意蕴则是艺术再现中所独有的。在此意义上讲,模仿具有了自身的独立性。

模仿借以确立自身的这种严肃性和哲理意味源自它能够超出实存的范围而进入可能的领域。艺术再现可能发生的事也就

---

① 亚里士多德《诗学》,第 82 页。
② 亚里士多德《诗学》,第 81 页。

意味着艺术有自己的独立性，它不是亦步亦趋地跟在自然后面的奴隶，也不是对自然机械、被动的反映。艺术不是虚假幻觉的制造者，而是本质真实的承载者。艺术可以根据需要对现实进行改造，用自然无法达到的东西去补充自然，最后源于自然而又高于自然。对亚里士多德而言，艺术不仅是对现实的再现，而且是一种自由的再现。柏拉图只考虑了第一方面的意义，亚里士多德则同时关注到两方面的意义。后来的自然主义正是在柏拉图的意义上把模仿的观念推向了极致。而现实主义则在亚里士多德的意义上发展出了典型的概念。

通过以上分析可以看出，亚里士多德所说的模仿是指：以普遍的、和谐的与令人愉快的方式自由地描绘、表现生活，用现实提供的材料对生活进行再创造，在与自然现实的区别中，模仿具有自己的特点和功能。模仿源于人的本性这一定位，使模仿艺术不仅从其他艺术中分离出来，而且也从道德和真实的束缚中解脱出来，成为自主的存在。在亚里士多德的影响下，模仿理论在许多世纪里更多地涉及诗而不涉及视觉艺术。对他来说，模仿首先是对人的活动的模仿；然而，必须强调的是，亚里士多德对模仿理论的发挥从未脱离过古希腊的传统观点，即模仿、艺术和自然的天然联系。虽然模仿允许创造，但最终还是离不开自然，艺术和自然有相似性。模仿是对自然和人生的再现，由此，模仿才达到完善。

普 罗 提 诺

普罗提诺是新柏拉图学派的著名代表。他站在古代和中世纪的交界处，使美学沿着另外的方向发展。

普罗提诺的哲学思想建立在柏拉图的基础之上，把柏拉图的"理念"改造成"太一"，它是真善美三位一体的纯粹精神。正如太阳辐射光辉于万物一样,太一流溢出理性,理性流溢出灵魂,由灵魂最后流溢出物质世界。太一在流溢的过程中逐渐被削弱,所以每一阶段都比前一阶段具有更少的本质。除了物质之外,由太一放射出来的每个层次都有回归作为神的太一的倾向。就灵魂而言,神是它的家园,它渴望与神重新结合;但由于肉体的屏障,灵魂又处在与神的分离状态中。因此,灵魂只有静观默想,收视反听,才能达到重返神之家园的迷狂境界,再一次体验到绝对善和绝对美。

美是神的性质,但物质世界由于分得了太一的光辉,所以也具有美的性质。根据分得神性的多少,普罗提诺将艺术依次分成五类①,用来感受不同等级美的感官也不一样。对最低级的物体美,仅靠感性感官的接触就可以达到;但对除去物质负累的纯粹理式之美,则只有借助纯粹心灵或理性才能观照。这样,普罗提诺在肯定物质世界的美和强调物质之美来源于神的同时,就把艺术置于此岸世界与彼岸世界之间。"模仿的艺术——绘画、雕塑、舞蹈、哑剧姿势——大部分是尘世的,它们模仿感官所感觉到的原型。既然它们只是模拟形式、运动并再造出眼睛所见到的东西和对称,因此它们不能属于更高一级的活动,只有通过人类理性原则才能间接地达到更高的领域。"②艺术存在于此岸世界,因为它是物质性的,展现了事物的形体;但由于它来自艺术家的心灵,便和彼岸世界有着亲缘关系。正是艺术家的心灵而非艺术本身的物性使艺术成为美的:"归根结底,心灵是这样一种东西,它使

---

① 这五类分别是:(1)生产物理对象的艺术,如建筑;(2)辅助自然的艺术,如医学;(3)模仿自然的艺术,如绘画;(4)改进或修饰人类行为的艺术,如政治学、修辞学;(5)纯理智的艺术,如几何学。
② 普罗提诺《九章书》第五卷第九章,塔塔科维兹《古代美学》,杨力等译,北京:中国社会科学出版社,1990年,第424页。按:《九章书》,又译《九章集》。

得我们称之为美的物体成为美。因为它是某种神圣的东西,似乎就是美的一部分。所以,凡是它所能触及和控制的东西,它都使它们成为美,只要[它所触及的对象]能够分享美。"①

艺术家的心灵赋予艺术以美,同时,心灵也离不开艺术之美。心灵受到肉体的屏蔽而无法抽身与神合而为一,但又抑制不住回归神的冲动。而美既具真实性,又能显示理性,对备受折磨的心灵自然极具亲和力。心灵可以在艺术美中依稀获得和神的亲近。所以,在普罗提诺看来,作家创造出来的艺术品可以成为心灵的镜子。也只有成为心灵和理念的镜子,艺术才具有真正的价值。"因此,我认为,那些企求神祇常在的哲人,通过树立神龛和雕像,显示他们对大自然的颖悟。再生或再现某种东西,用作一面镜子,捕捉其形象。"②

从他的哲学观、美学观和艺术观出发,普罗提诺肯定了模仿的价值。在大多数希腊和罗马人看来,艺术的功能就是模仿,而模仿就是对现实的忠实再现。普罗提诺则反对说:"倘若有人看不起艺术,因为它凭借模仿自然而创作出产品,那么,我们必须首先告诉他,自然同样是模仿的产物。其次,他要认识到,艺术不单单模仿它所目睹的东西,还返回到产生出自然的理念那里。而且,艺术本身有其功绩,因为它具有美,也就弥补了事物的缺陷。"③艺术不是照抄现实的结果,而是艺术家的理念作用于其上的产物。普罗提诺在比较自然物和艺术品时指出,被塑形的艺术品不是对自然的模仿,而是艺术家在心灵中拥有形状的观念并将这种观念诉之于自然物后产生的,它是艺术家的理想的体现者和承载者。"倘若我们回忆起一张艺术家所画的画,我们就会看到,

---

① 普罗提诺《九章书》第一卷第六章,塔塔科维兹《古代美学》,第421页。
② 普罗提诺《九章书》第四卷第三章,塔塔科维兹《古代美学》,第422页。
③ 普罗提诺《九章书》第五卷第八章,塔塔科维兹《古代美学》,第422页。

是艺术家而非他的主题创造出这一形象。"①在艺术家不再再现现实而是表现心中的"内部形式"的意义上,艺术家从被动的模仿者成为主动的创造者。"然而,不能因为艺术作品模仿自然物体而看低它们,因为那些自然物体也是对'原本'的模仿。我们必须承认,艺术作品并非简单地复制看得见的东西,而是回到自然所由产生的那些理念;再者,艺术作品中的很大一部分是纯粹的自身,是美的所在,补充自然的不足。正因为如此,菲狄亚斯并不是根据世界上看得见的模型来塑造宙斯,而是根据宙斯显形所必然会采取的形式来把握。"②普罗提诺的这段话,可以看作是对柏拉图责难模仿艺术的有力反驳。

虽然普罗提诺的全部美学思想都是为证明物质世界的美不在于它自身,而在于分有神或理性的光辉,但在论证中他却提出了关于美和模仿观念的新看法:美离不开心灵;模仿不是忠实的再现,而是艺术家对内在观念的表达,也即模仿是心灵赋予物质以理念的活动;艺术家是创造者而不是模仿者。对柏拉图来说,理念是永恒不变的,到了普罗提诺那里就成为了艺术家的活的理念;在西塞罗看来,艺术家心中的理念属于心理现象,普罗提诺则认为它是形而上学的。从对物质现实的忠实再现到对形而上的理念表达,模仿进一步摆脱了外在的束缚并获得了独立的地位。在此意义上,普罗提诺推进了亚里士多德有关模仿具有深刻严肃性和哲学意味的观念。也正是在此意义上,鲍桑葵评价说,通过普罗提诺,"从此,人们就理解到,艺术不是模仿性的,而是象征性的"③。

---

① 普罗提诺《九章书》第六卷第四章,塔塔科维兹《古代美学》,第 422—423 页。
② 普罗提诺《九章集》,拉曼·塞尔登编《文学批评理论——从柏拉图到现在》,刘象愚等译,北京:北京大学出版社,2000 年,第 15—16 页。
③ 鲍桑葵《美学史》,第 152 页。

在公元前 4 世纪的古希腊，模仿曾有过四种不同的概念：(1) 与祭祀相关，更多地具有表现的意义；(2) 德谟克里特的模仿自然过程；(3) 柏拉图的抄录自然；(4) 亚里士多德的在自然基础上的自由创造①。与典仪有关的原始概念逐渐被人遗忘，而德谟克里特的观念又只在很小的范围内被接受，柏拉图和亚里士多德的概念因得到广泛关注而产生持久性的影响。如西塞罗沿用亚里士多德的概念，把模仿与真实进行对比，认为模仿是艺术家的自然表现。普罗提诺也从他的哲学观出发强调模仿是艺术家的创造。可是，这种辩证的模仿观还不足以征服所有的人。在希腊化和罗马时代，占主导地位的仍是被柏拉图推向极端的概念，即模仿是对现实的抄录，它与想象、创造和艺术家的自由是对立的。可见，这时的模仿还是自然的隶属者，没有获得自身的独立。

把模仿看作对自然的抄录，这种观点之所以能在古希腊得到广泛认同，主要与这一时期的哲学思想密切相关。黑格尔明确指出："在希腊，精神的原则居于首位，自然事物的存在形态不复有独立的效准，只不过是那照澈一切的精神的表现，并被降为精神存在的工具与外形。"②现实世界是变化、短暂、偶然的现象，在现实世界之外还存在一个永恒、必然、自为的精神世界。现实世界仅仅是作为精神世界的表面现象而存在，两个世界之间有不可跨越的鸿沟。将精神世界神秘化、不可知化的后果导致了被罗素称为"正义"观念的产生："这种正义的观念——即不能逾越永恒固定的界限的观念——是一种最深刻的希腊信仰。"③相对于两个世界的存在，人的认识也被分成理智和感官两个部分。借助理智，

---

① 详见塔达基维奇《西方美学概念史》，第 361—365 页。
② 黑格尔《哲学史讲演录》第一卷，贺麟等译，北京：商务印书馆，1959 年，第 160—161 页。
③ 罗素《西方哲学史》上卷，何兆武等译，北京：商务印书馆，1963 年，第 53 页。

我们可以达至作为本质而存在的精神世界。与理智相对的感官就只能停留在现象界，去感受已经存在的东西，却不能体察到存在者背后的存在。对毕达哥拉斯学派而言，"数"的世界就意味着一个不能被感官认识而只能为理智所把握的永恒世界。这个永恒的世界被柏拉图的"理念"进一步强化，成为古希腊哲学思想的一个核心观念。这种观念体现在文学中，如荷马史诗中的神并非绝对权威，神与人都要服从某种冥冥中的存在；体现在科学上，对事物及世界中存在的某种神秘规律的探讨导致了科学的发达。尼采在分析把感官与理性的分裂加于哲学上的后果时，借用巴门尼德的话指出，它导致"一切感官知觉仅仅提供错觉，其主要错觉恰恰在于它造成了一种假象，似乎不存在者也存在着，似乎生成也具有一种存在。凭借经验所认识的那个世界的全部多样性和丰富多彩，它的质的变化，它的上升和下降的秩序，都无情地被当作纯粹假象和幻觉弃置一旁了"[①]。理智存在于所有人身上，但并不是所有人都有能力运用理智达到本质世界。绝大多数人只能用感官感受周围的世界，心灵在展现事物时只是被动的承载工具，它既不能根据自己的需要对现实加以选择，更无法表现隐藏在现象背后的本质。所以，借助感官和心灵，模仿也只能停留在此岸的自然界中发挥镜子式的复现功能。在整个古希腊，人们认为人的头脑是被动的，他所做的一切并不源于他自身而源于一个外在的模式。希腊人把真实看作是全部人类活动中最重要的因素。

模仿理论是希腊古典时代的产物。希腊化时代与罗马时代尽管保持了模仿理论的根本原则，但却提出了保留和相反的意见，这实际有助于推动这一原则的历史发展。

---

① 尼采《希腊悲剧时代的哲学》，周国平译，北京：商务印书馆，1994年，第105页。

(二) 模仿理论的发展

中世纪的基督教神学用上帝之光笼罩一切。在此岸(尘世)与彼岸(天国)、感性(肉体)与信仰(精神)、人性(罪恶)与神性(神圣)的二元对立中,后者对前者的倾轧造成了此张力结构的不平衡。基督教用神义论的思想和忏悔、赎罪的行为原则来挫伤人的自信心,精神就在这种对感官的贬损中得到提升。

在这样一种哲学背景下,模仿理论因被赋予一些新的内涵而得到发展。这个时期的理论家认为,如果艺术是模仿,就应该模仿不可见的世界。不可见的世界是内在的、永恒的,远比可见的世界完善。如果艺术由于自身的性质只能局限于再现可见的世界,它就应当在可见世界之中寻求内在美的印记。因为,可见世界是不可见世界的表征,虽然它要以自身的虚幻、短暂来彰显不可见世界的真实和恒久,但毕竟因为与不可见世界的密切联系而能够浮光掠影地传达它的本质。艺术即使无法直接面对真实世界,至少也要再现存在于可见世界中的真实。要想达到这一目的,采用象征的方法比借助现实直接表现更好一些。

中世纪给予精神以前所未有的关注,认为精神的再现至高无上,比物质的再现更有价值。这时,古典意义上的模仿理论被抛弃,在同一名称下却有着不同的内涵。如果说古典意义上的模仿理论是在强调真实世界的基础上为艺术确立一种创作法则,那么中世纪的模仿理论则更多地是在象征意义上为艺术确定一种解释世界的方式①。这时,模仿理论的关注点便从提升真实世界的价值转向重建并维持真实世界与现实世界的联系。在中世纪,只有托马斯·阿奎那重复了"艺术模仿自然"这一古典的宗旨。

---

① 参见鲍桑葵《美学史》,第189页。

伪 狄 奥 尼 修

普罗提诺认为艺术美不是如一般认为的那样仅仅停留在感官认识的表象上，它对美的模仿是一个追本溯源的过程，是对现象世界理想化的结果。在这一点上，伪狄奥尼修（Pseudo‐Dionysius，又译伪第俄尼修、伪狄奥尼修斯，其著作名为《狄奥尼修书》。）继承了普罗提诺的观点①，他指出：人类的创造就是以可见之美去模仿不可见之美。既然如此，从事创造活动的艺术家当然可以运用可见世界的形式描绘不可见之美，艺术就是对完善的与不可见的美的模仿。

通过模仿，可见之美能够描绘出不可见之美，这是由神的性质和人的性质共同决定的："就我们的心灵而言，除了运用物质手段，不可能进行复制，也不可能观照神明。对有思想的人来说，感觉到的美是不可见的美的影象。嗅到的芳香是理智的反射，物质性的光是非物质性光源的影子。"②作为神的上帝至高无上，不可窥测。凡俗之人要想把握上帝，就必须首先成为上帝，这对人而言完全不可能。但是，人是上帝的创造物，本能地和上帝有亲缘关系，他无法停止把握上帝的追求。所以，就需要有一个既来自上帝又能为人所接近的中介，这个中介就是理智。理智直接从上帝的存在中流溢而出，上帝以理智为中介创造出世界和人。凭借理智，人可以摆脱肉体的障碍，重新沐浴在上帝的神圣光辉中。正是借助理智，凡俗之人和神圣上帝、现世经验与超世存在、可见

---

① 鲍桑葵认为："普罗提诺的深刻见解最后摧毁了把美局限于形式对称，把艺术局限于模仿的理论限制。这一深刻见解基本上由基督教的思想家保存下来，不管是不是直接从他那里继承过来的。"鲍桑葵《美学史》，第173页。

② 《伪第俄尼修的原文》，塔塔科维兹《中世纪美学》，褚朔维等译，北京：中国社会科学出版社，1991年，第43页。

之美与不可见之美建立起必然联系。中世纪的美学家由此认为，神的事物可以用人的事物的模样加以描绘，通过物质现实可以达到精神本体。

现实存在和超验本体、此岸世界和彼岸世界在理智中达到了统一。正是这种统一，使再现现实的艺术和以再现现实为己任的艺术家获得存在的理由。对现实的再现并非像大多数古希腊人认为的那样，是丝毫不差的展现，而是有选择的创造。伪狄奥尼修清醒地看到这一点："这是一种真正的见解与认识：他位于存在物之上，是超现实的，而所有的存在都是多余的。同样，为了以天然材料制作一尊雕像，雕刻家要摆脱那些妨碍他们凝神观照的不必要的材料。只有这样，才能在纯形式中展现美。"[①]现实表象之所以和本质世界有联系，是因为它能够反映本质世界，但这种反映仅仅是部分的反映，并不是一切表象都能够成为本质的表现者。所以，艺术家在再现现实世界时，就不能全部照搬，而是要在纷繁复杂的现象中选取最能体现本质的事物。艺术家的创作过程就是一个去粗取精、提炼归纳、借助现象表现本质的过程。艺术家的活动不再是和工匠一样的制作活动，而是有人的能动性参与其中的创造活动。

在伪狄奥尼修之前，人们也看到了模仿不仅仅是被动的抄袭，它还有主动选择的涵义。伪狄奥尼修则从人与神的关系这一角度明确地论证了模仿中的创造。而且，他在阐述人与神、此岸与彼岸的对应关系时，也使对物质世界的模仿获得了存在的正当性。在中世纪的美学思想中，模仿作为其中的一个范畴，其含义都是在这一框架中被界定的。

---

① 塔塔科维兹《中世纪美学》，第43页。

奥 古 斯 丁

奥古斯丁是思想影响整个中世纪的哲学家、神学家,他对模仿概念的理解融会在他对艺术和美的论述中,而他的美学和艺术思想又是在宗教神学的框架中完成的。所以,在分析奥古斯丁的模仿论之前,有必要先参照他的神学和美学观念。

在奥古斯丁看来,包括艺术在内的一切人类活动都可以归结为努力寻求与上帝的再次融合。上帝是至善至美的存在,对上帝的想往和追求,就是对至善至美的渴望。在对上帝的绝对信仰中,奥古斯丁阐述了他对艺术的看法:"因为艺术家得心应手制成的尤物,无非来自那个超越我们灵魂、为我们的灵魂所日夜想望的至美。创造或追求外界的美,是从这至美取得审美的法则,但没有采纳了利用美的法则。这法则就在至美之中,但他们视而不见,否则他们不会舍近求远,一定能为你保留自己的力量,不会消耗力量于疲精劳神的乐趣。"[①]艺术家的创造,就是以上帝的至美为旨归。也正是上帝的存在,才赋予了艺术品以美的特性。

关于美,奥古斯丁早期认为,美是事物的和谐和适宜的比例[②]。这一观点显然带有毕达哥拉斯学派的影响,但他后来融入了神学的色彩,从而具有了不同的内涵。他认为上帝是至高至善、自身完美的精神实体,是"荟萃众美而成"的整一[③]。整一是上帝的性质,而真善美又统一于上帝,所以美就是整一。在奥古斯丁和其他中世纪的美学家看来,自然事物和艺术品中那种使人感到愉快的整一或和谐,并不是这些事物本身的属性,而是上帝将自己整一的属性熔铸在事物当中,使它们显示出整一的特征。虽

---

① 奥古斯丁《忏悔录》,周士良译,北京:商务印书馆,1963年,第218—219页。
② 奥古斯丁《忏悔录》,第64、66页。
③ 奥古斯丁《忏悔录》,第319页。

然上帝创造的自然世界呈现出可分和多样的形态,但当它们努力仿效上帝的整一时就取得了多样性的统一,从而达到了和谐。所以,和谐就是现实世界所可能达到的最像上帝的那种整一。世俗世界存在的理由就依赖于对神圣世界的摹拟。

从上面的论述可以看出:第一,一切物质存在和世俗之美都被置于上帝的静观中。艺术活动的实质是通过物质展现精神,透过现象反映本质。因此,文学艺术并非如柏拉图所断言的那样,只是与真理绝缘的虚假存在,而是一种表达真理的存在。第二,艺术凭借象征性的模仿实现对真理的表达。美是上帝的名字,上帝的美至高无上、不可复制,但文学艺术存在的根本理由就是要展现上帝之美,这个难题只能采用象征的方式来解决。因为象征是借助具体事物表现特殊的意义,这正好适应了世俗的、物质性的文学艺术企图达到神圣的、精神性的上帝之美的要求。第三,既然文学艺术通过象征来模仿上帝之美,艺术家就有权利根据象征的需要对现实世界进行改造和加工。这样,艺术的虚构不再如柏拉图斥责的是导致艺术远离真实的罪魁祸首。正相反,艺术的虚构是一种为着真实目的的特殊的虚假,在这种虚假的表象下面隐含着本质的真实。于是,艺术家也在努力接近上帝的前提下获得了创造的自由。

在古希腊,人们普遍认为,正是模仿将绘画、雕塑等艺术与其他的艺术门类区分开来。柏拉图在他的对话中就借苏格拉底之口分析了模仿之于绘画和雕塑的本质性关系。亚里士多德更是认为模仿源于人的天性,艺术在对自然的模仿中,既满足了人的天性,也使人得到了知识,从而在人性的角度上肯定了模仿和以模仿为本质的艺术的正当性存在。但是到了神学主宰一切的中世纪,正如奥古斯丁所坚信的那样,上帝成为包括艺术在内的人类所有活动的目的。如果上帝取代模仿和制造幻觉,成为绘画和雕塑的终极指向,那么,它们又怎样与其他人类活动区分开来呢？奥古斯丁认为，绘画和雕塑首先在于安排比例和尺寸，而美正是存在于比例适宜与和谐中，所以，绘画和雕塑的功能就是创造和模仿美这一上帝的性质。这样，在上帝这个交汇点上，艺术的概念和美的概念在奥古斯丁那里获得前所未有的密切关系。尽管奥古斯丁拒绝自古希腊以来人们普遍认同的观点，即模仿是绘画和雕塑等艺术的特性，但他并没有简单地否定艺术模仿和制造幻觉的观念。他看到艺术确实是在模仿自然。艺术作品倾向于成为它们自己尚不能成为的某种事物，这就只能通过虚构和象征，在虚构中表现某种真实，在象征中达到不可企及的本质。这样，在模仿这同一名称下，中世纪的模仿理论便呈现出与古希腊迥然不同的内涵。

首先，模仿与艺术的关系从本体降到了手段。在古希腊，模仿是艺术的本质特征，在奥古斯丁那里，艺术和其他人类活动一样，都是在努力地寻求与上帝最大限度的接近，上帝是艺术的唯一目的。但和其他人类活动不一样，艺术对上帝之美的表现需要通过模仿来完成。

其次，模仿从艺术的领域进入美的领域。在古希腊，模仿还是艺术理论，对模仿的论述都通过艺术分析来完成。但奥古斯丁把模仿理论与艺术致力于美的观点结合起来，认为艺术借助模仿的手段实现对美的追求，就将模仿的概念纳入美学的范畴。

最后，模仿具有创造性。奥古斯丁认为，艺术摹拟自然事物是为了表现上帝之美，它的任务就是在自然事物中发现美的因素，将之加以深化并表现出来。模仿不必拘泥于忠实地再现客观现实。这就将模仿同毕肖现实的自然主义区分开来。

托马斯·阿奎那

作为中世纪最重要的一位经院哲学家，托马斯·阿奎那接受了艺术模仿自然的观念,但意义和范围都有所不同,他认为:"艺术模仿自然,之所以如此的原因在于艺术活动的原则是认识。因此,自然的东西之所以可能为艺术所模仿,是因为由于某种理性的原则,一切自然都指向其目的;这样,自然的作品也就似乎是理性的作品,因为它是以确定的手段达到确定的目的;艺术在其活动上所模仿的正是这种自然。"①

首先,艺术对自然的模仿并不局限于外在的现象,而是对自然的活动方式进行模仿。古希腊的德谟克里特早就在将动物的行为和人类的行为进行类比后指出,模仿针对的不是外在现象而是行为方式。阿奎那则用他的神学观念重新阐释了这一思想。上帝按照预先存在的理念创造世界,作为对上帝行为的模仿,艺术也是存在于艺术家心中的理念外化的结果。上帝按照理念创造万物时,也将理念留在了万物之中,艺术的本性就是对上帝理念的模仿。但上帝的理念是纯粹精神性的、至高无上的,世俗性的艺术根本无法企及,只能借助存在于艺术家心中的理念。在《神学大全》中,阿奎那把人的认识能力分为感觉、天使的理智和人的理智三种,它们分别对应于不同的认识对象:感觉的对象是个体的形式;天使的理智不涉及任何实体性的对象;人的理智关注有形实体中隐含的本质。这就是说,作为精神实体而独立存在的本质相应地也有三种存在方式:存在于由神创造的个别事物中的本质;存在于神的理智中,用于神创造事物的理念;存在于对感性个体形成抽象概念的人的理智中。只有介于感觉和天使的理智之间的人的理智才能达到对万物中体现的上帝之理念的认识,而艺术家心中的理念正是以理智为中介认识上帝之理念的物质化结果。所以,艺术家源于自己的理念对自然进行模仿时,意在

---

① 阿奎那《〈物理学〉诠释》,塔塔科维兹《中世纪美学》,第 318 页。

越过物质表象指向神的理性。

其次,艺术模仿的理念是一般和个别的统一。阿奎那改造了柏拉图的纯粹理念,认为理念在作为制作活动的艺术模仿中,也是一种范例形式①。这样,理念就不再仅仅是君临万物之上的无形体,也不再仅仅是作为模仿对象的物质形式,而是一般本质和个别形体的统一。对理念的这种不同于柏拉图传统的理解导致模仿这一概念的地位也随之发生变化。对柏拉图而言,艺术透过自然界徒劳地去模仿它根本无法企及的理念,只能导致加倍的谬误,和真理隔了三层。而阿奎那的理念则具备了物质形式,艺术在对自然的模仿中完全能够触及真理。所以,柏拉图出于求真的考虑,把诗人放逐出了理想国,而阿奎那出于同样的考虑,保留了艺术模仿自然的观念。

再次,在艺术和自然的关系问题上,阿奎那仍然接受了柏拉图的等级观念,认为艺术低于自然。艺术虽然在方式上模仿自然,但它并不创造自然。因为创造是由无生有的活动,除了万能的上帝外,没有谁可能具备这种能力。尽管艺术旨在由表及里去模仿上帝融会在自然中的理念,但它必须借助自然提供的物质材料。在《神学大全》里,阿奎那以建房为例,认为房子的形式首先存在于建筑师的心中,是被他理解的形式,然后建筑师再根据相似性,将这一观念形式转化为现实的物质形式②。艺术低于自然,这个观点与他秉承古希腊的观念、从技艺的角度去理解艺术是分不开的。艺术是人为创造的,自然是神造的,艺术当然低于自然。

最后,在表述艺术模仿自然的观念时,阿奎那并没有限定艺

---

① 详见陆扬《欧洲中世纪诗学》,上海:上海社会科学院出版社,2000年,第201页。
② St. Thomas Aquinas, *Summa Theologica*, First Part, Question.15, Article.2, trans. Fathers of the English Dominican Province, New York: Benziger Bros., 1947, p.118.

术的范围。他分析美的要素时说:"美有三个条件。第一是完整或完美,因为那些受损的事物与之比较都是丑的。第二是适当的均衡或和谐。最后是明亮或清晰,由此,具有明亮颜色的事物就被称作是美的。"①艺术只要达到了整一、和谐、明晰这三个条件就是美的。艺术模仿自然是指模仿自然的活动方式,不是停留在对自然表象的再现上。包括绘画、雕塑等再现性艺术在内的一切艺术都是为了达到作为上帝属性的美。在上帝对一切的统照中,模仿自然的艺术的范围也被扩大了。

综上所述,中世纪的艺术是其象征性哲学思想的体现。和艺术紧密相连的模仿说也在象征性哲学中被理解和阐释,特别是模仿的核心问题之一:艺术与自然的关系、艺术的真实性。

在艺术和自然的关系上,中世纪的人们和古代人一样,认为自然和艺术中都存在着美。但古希腊人从差异的角度出发,认为艺术之美来源于自然之美,所以,自然比艺术更美、更完善。中世纪的人们除了接受自然美高于艺术美、艺术不应偏离自然的观念之外,更关注两者的联系。他们认为艺术和自然都是被创作出来的作品,虽然前者是由艺术家(人)创作的,后者是由上帝(神)创造的。鲍桑葵指出,中世纪的"基本的观念是,自然和艺术都属于可见的宇宙,如果而且只有在它们出色地象征着神力和善,因此并不诉诸感官兴趣或欲望的时候,它们才是美的"②。但对于艺术怎样表现自然之美的问题,中世纪的艺术家有着不同的见解。早期的艺术家认为艺术只应表现上帝融入自然中的那个永恒内在的美,即使不能彻底摆脱物质性的表现,至少也应借助象征的手段。到了中世纪鼎盛时期,艺术家开始肯定现实世界的存在。转

---

① Aquinas,*Summa Theologica*,First Part,Question.39,Article.8,p.270.
② 鲍桑葵《美学史》,第 175 页。

瞬即逝的感性现实不再是美的符号与象征,而本身就具有了美。

在艺术真实性的问题上,古希腊人认为艺术的职责就是去展现自然,它的真实性就在于在多大程度上符合世界的永恒法则。艺术并不创造什么,即使创造,也微不足道。因为,模仿并无实用的目的。到了希腊化时期,人们开始认识到,艺术形式不仅来自外部世界,也来自艺术家的观念。这样,模仿便由对现实的忠实再现转变为艺术家对现实的自由表现。中世纪,艺术的真实性问题被艺术内容的道德问题所取代。世界是上帝创造的产物,因而是完善的。艺术的价值就是再现这种精神性的完善。但世界的完善隐藏在物质个体中,艺术再现现实世界时,就只有借助抽象的符号和象征手段对之进行改造和变形,使感性的世界精神化。艺术的真实性就有赖于将物质对象再现为精神性的和超验性的符号。这样,模仿作为艺术的功能就被象征代替,而模仿中所包含的忠于摹本的观念也被自由创造的概念取代。因为,真实是普遍的存在,艺术为表达真实无须在意使用怎样的表现方式。由此,艺术家获得了处理现实材料的自主权。这就很容易理解,在中世纪,追求真实的艺术会兼具现实主义和理想主义两种风格。

(三) 模仿理论的成熟

在中世纪,人们更多地使用象征而不是模仿。到了文艺复兴时期,模仿重新回到艺术理论中,成为一个基本概念。近代拉丁文采用罗马拉丁文的"imitatio",由此产生意大利语的"imtitazione"和英语、法语的"imitation",并从此占据了主流。

中世纪,神及其法则成为一切的主宰,人对自身的了解和对世界的认识都必须纳入神设定的先验法则中才能实现。到了文艺复兴时期,人摆脱了神的枷锁,重新获得对自身的认识和信心。人们坚信,自然就是真实的存在,人可以凭借理性实现对自然的认识。

在思想方面，文艺复兴虽没有产生伟大的哲学成就，但"恢复了对柏拉图的研究，因此要求人至少也得有在柏拉图和亚里士多德之间进行选择所必需的独立思考。文艺复兴促进了人们对于这两个人的直接的真正认识，摆脱新柏拉图派和阿拉伯注释家的评注"①。这一时期的模仿论也承袭了柏拉图的"镜子说"。在《理想国》中，柏拉图讨论常用而又简单地制造一切事物的方法时指出："拿一面镜子四方八面地旋转，你就会马上造出太阳，星辰，大地，你自己，其他动物，器具，草木，以及我们刚才所提到的一切东西。"②在柏拉图看来，镜子映现事物只能在外形上毕肖现实，却达不到真正的实体。因为人无法企及作为本质的理念，模仿理念的自然本身就是虚幻的存在，不管艺术怎样竭力去丝毫不差地再现自然，都会由于自然这个再现对象的虚假性而导致艺术自身离真理越来越远。

文艺复兴的艺术家们则站在充分肯定自然现实的真实性这一立场上接过柏拉图的譬喻。在他们的观念中，没有什么比自然更为真实和可信，艺术要想达到真实，唯一的办法就是模仿自然。达·芬奇在《笔记》里称："我们的一切知识都发源于感觉。"他用人的感觉取代中世纪神学家强调的上帝的心灵成为自然万物的源泉。而且，"对一件东西的爱好是由知识产生的，知识愈准确，爱好也就愈强烈。要达到这准确，就须对所应爱好的事物全体所由组成的每一个部分都有透彻的知识"。从这一哲学认识论出发，达·芬奇指出，文艺的真实性正是来自对自然现实的准确把握。他认为，在创作时，"画家的心应该像一面镜子，永远把它所反映事物的色彩摄进来，前面摆着多少事物，就摄取多少形象"③。

---

① 罗素《西方哲学史》下卷，马元德译，北京：商务印书馆，1976年，第14页。
② 柏拉图《文艺对话集》，第69页。
③ 达·芬奇《笔记》，朱光潜译，伍蠡甫、胡经之主编《西方文艺理论名著选编》上卷，北京：北京大学出版社，1985年，第159—161页。

他在论绘画时还把画家尊称为"自然的儿子",把抄袭他人风格的画家贬为"自然的徒孙"①。诗人锡德尼则说:"诗,因此是个模仿的艺术,正如亚理斯多德用 υιυησις 一字所称它的,这是说,它是一种再现,一种仿造,或者一种用形象的表现;用比喻来说,就是一种说着话的画图,目的在于教育和怡情悦性。"②维柯的《新科学》在指出儿童通过模仿他们熟悉的事物取乐后宣称:"世界在它的幼年时代是由一些诗性的或能诗的民族所组成的,因为诗不过就是摹仿。"③借助模仿,诗成为人类的基本存在方式。

自然是绝对真实的,艺术唯有忠实地模仿自然才能实现自己的价值。但忠实地模仿不等于原样照搬,艺术对自然的再现是一个去芜取精、由表及里的理想化过程。文艺复兴的艺术家们主张,不是所有的模仿都适合于艺术,只有择取最能体现自然规律和本质的、并融入了艺术家创造性的完美模仿才能进入艺术的领域。达·芬奇在要求艺术家做"自然的儿子"的同时,也提出艺术家要运用理性创造"第二自然":"画家应该研究普遍的自然,就眼睛所看到的东西多加思索,要运用组成每一事物的类型的那些优美的部分。用这种办法,他的心就会像一面镜子真实地反映面前的一切,就会变成好像是第二自然。"④辨识并运用每一事物类型中优美的部分,这包含两方面的内容:就自然来说,它是现象与本质的统一,粗糙混沌的表象不在模仿的对象之列,只有现象下面的本质才值得模仿;对艺术家而言,他要发挥对自然的能动性,在观察研究普遍自然的基础上,找出蕴藏在自然现象中的本质,并

---

① 《芬奇论绘画》,戴勉编译,北京:人民美术出版社,1986年,第47页。
② 锡德尼《为诗辩护》,《西方文艺理论名著选编》上卷,马元德译,北京:商务印书馆,1976年,第174页。
③ 维柯《新科学》上册,朱光潜译,北京:商务印书馆,1989年,第122页。
④ 达·芬奇《笔记》卷二,《西方文艺理论名著选编》上卷,第161页。

将之集中地表现出来,创造出既真实地反映面前的自然,又高于面前自然的"第二自然"。锡德尼在《为诗辩护》中说:"只有诗人,不屑为这种服从所束缚,为自己的创新气魄所鼓舞,在其造出比自然所产生的更好的事物中,或者完全崭新的、自然中所从来没有的形象中,如那些英雄、半神、独眼巨人、怪兽、复仇神等等,实际上,升入了另一种自然,因而他与自然携手并进,不局限于它的赐予所许可的狭窄范围,而自由地在自己才智的黄道带中游行。"①15世纪著名的雕刻家和画家阿尔伯蒂在《论雕刻》中表达了同样的观点:雕刻家要想做到逼真,既要使雕塑尽量逼肖真人,又要在塑像中体现出不同于个别人的普遍性来②。莎士比亚也指出:戏剧反映自然的目的不是仅仅展现自然的表象,而是要展现体现在自然中的普遍规律,"自有戏剧以来,它的目的始终是反映人生,显示善恶的本来面目,给它的时代看一看它自己演变发展的模型"③。在文艺复兴艺术家们的各种阐释中,模仿摆脱了现实实录的身份,具有了创造的涵义。创造内涵的引入,使艺术模仿虽以自然为限,但又能比自然更完善。F.帕特里奇明确了诗人不是模仿者而是创造者,费西诺、米开朗基罗宣称以美化自然为己任,瓦萨里提出自然要被艺术征服。他们的提法虽各有不同,但在肯定模仿是一种主动的创造上是完全一致的。

必须强调的是,文艺复兴的艺术家们在用镜子说表述艺术模仿自然的观念时,他们是在源泉的意义上而不是在方式的意义上来理解镜子的。当他们说文艺像镜子一样反映自然时,他们并不意指艺术要像镜面反射一样对自然纤毫毕现地实录,而是强调自

---

① 锡德尼《为诗辩护》,《西方文艺理论名著选编》上卷,第172页。
② 见朱光潜《西方美学史》上卷,北京:人民文学出版社,1979年,第155页。
③ 莎士比亚《哈姆雷特》,《莎士比亚全集》(5),朱生豪译,南京:译林出版社,1998年,第334页。

然是文艺的唯一源泉,离开了自然,艺术就因丧失了真实性而不具有存在的价值,正如没有外物的存在,用以映现事物为己任的镜子就一片空白而失去了存在的意义。这样,我们就不难理解文艺复兴的艺术家们为什么会用镜子这同一事物去表达两种截然相对的模仿观。达·芬奇说:"那些作画时单凭实践和肉眼的判断,而不运用理性的画家,就像一面镜子,只会抄袭摆在面前的一切东西,却对它们一无所知。"[①]这显然是借镜子的再现方式来批评机械的被动模仿。

17世纪的新古典主义用模仿古人取代了艺术模仿自然的古典艺术理论,成为学院派理论的核心观念。仿古并不否定模仿自然,只是应当按照古人模仿自然的方法进行模仿。此时,模仿概念在其发展史上出现了最大的变化。

朱光潜认为,文艺复兴的艺术家在文艺再现的范围上,"首先由人的行动推广到人的内心生活,再推广到整个自然界,最后又推广到哲学,科学,技艺和历史方面的一切材料,这就是否认题材有任何范围限制了"[②]。这就极大地扩展了文艺与现实的关系。到了新古典主义那里,模仿又被重新圈定在模仿古人这一狭窄的范围内。

布 瓦 洛

作为法国新古典主义的代表,布瓦洛在《诗的艺术》中确定了新古典主义的理论。

首先,崇尚理性是新古典主义的理论核心。"不管写什么题目,或庄严或是谐谑,都要情理和音韵永远地互相配合,二者似乎

---

① 《芬奇论绘画》,第40—41页。
② 朱光潜《西方美学史》上卷,第158页。

是仇敌却并非不能相容；音韵不过是奴隶，其职责只是服从。……因此，首须爱义理：愿你的一切文章，永远只凭着义理获得价值和光芒。"①新古典主义者用理性替换了上帝，使理性成为绝对的和永恒的真、善、美的统一。诗人只有在对理性的运用中才能抑制情感的冲动，创作出具有永恒和绝对价值的诗。同时，诗的一切也要受理性的检验。这样，理性不仅决定着艺术创作的成败，还成为衡量艺术作品优劣的根本标准。

其次，为了表现理性，文艺必须模仿自然。在新古典主义者那里，自然并不是指客观自然界，也不是指一般的感性现实，而是指经过主观选择的现象，主要是永恒不变的人性。只有永恒和绝对的人性才可能提供理性所需的真和美。所以，理性、自然、真、美在本质上是同一的，都是艺术家及艺术品必须遵循和表现的对象。布瓦洛强调，艺术家只有认真地观察、研究和模仿自然，与自然寸步不离，才能达到表现理性的目的。

最后，模仿古人是文艺能够完美再现自然的唯一途径。文艺追求再现自然，从根本上说是为了获得理性的普遍性和永恒性。只有这样，文艺才能经受得住时间的考验而流传千古。那些得到古往今来一致赞赏的古希腊罗马的文艺作品之所以一直保持着强大的生命力和高度的真实性，就是因为它们尽善尽美地描写了自然，进而具备了普遍永恒的人性，满足了理性对文艺的评价标准。所以，要想艺术获得成功，最好的办法就是模仿古人。不仅在内容上要选择古人已经描写过的，而且更要模仿古人表现自然的方法。"荷马之令人倾倒是从大自然学来，他仿佛向维纳丝盗得了百媚宝带。他的书是众妙之门，并且是取之不尽：不论他拈到什么，他都能点石成金。一经到他的手里臭腐也变为神奇；他

---

① 布瓦洛《诗的艺术》第一章，《西方文艺理论名著选编》上卷，第181—182页。

处处叫人欣赏,永远不使人疲惫。……你爱他的作品吧,但必须爱得诚虔;你知道加以欣赏就算获益匪浅。"①深受布瓦洛影响的英国新古典主义者波普在《论批评》中明确说,"荷马就是自然","摹仿古人就是摹仿自然"②。

  新古典主义把模仿自然定义为模仿古人的方法去表现普遍人性。这种模仿观与以前不同:首先,它建立在理性基础上,模仿自然是为了追求理性,对自然的模仿只是指向理性的方法和手段;其次,模仿古人本来是一个方法问题,新古典主义者却将之上升为创作的基本原则。古代文艺作品的内容已十分完善,技巧也已非常成熟,后人没有必要再创新,只要忠实地模仿古人的做法,就一定能产生符合理性的作品。这导致新古典主义发展到最后,将文艺的唯一标准只认定为体现真理的理性,文艺创作就成了一味模仿古人。相比较,在探求普遍真理是否是衡量文艺价值的唯一准则以及如何处理与传统的关系这两个问题上,文艺复兴的艺术家倒是有更清醒的认识。卡斯特尔维屈罗就区分了诗、哲学和科学的不同功能:"诗人的功能在于对人们从命运得来的遭遇,作出逼真的描绘,并且通过这种逼真的描绘,使读者得到娱乐。至于自然的或偶然的事物之中所隐藏的真理,诗人应该留给哲学家和科学家去发现;哲学家和科学家自有一种给人娱乐或教益的方法,这和诗人所用的是迥不相同的。"③古人的题材和手法当然值得借鉴,但不能因此抹杀艺术家能动的创造性。达·芬奇就反对一味地模仿他人:"我告诉画家们,谁也不该抄袭他人的风格,否则他在艺术上只配当自然的徒孙,不配作自然的儿子。自然事物

---

① 布瓦洛《诗的艺术》第三章,《西方文艺理论名著选编》上卷,第202—203页。
② 见朱光潜《西方美学史》上卷,第188页。
③ 卡斯特尔维屈罗《亚里斯多德〈诗学〉的诠释》,《西方文艺理论名著选编》上卷,第168页。

无穷无尽,我们应当依靠自然,而不应该抄袭那些也是向自然学习的画家。"① 他还分析了古罗马以后的艺术迅速衰颓的原因就是过于模仿他人而缺乏创造性,因为"画家如果拿旁人的作品做自己的标准或典范,他画出来的画就没有什么价值;如果努力从自然事物学习,他就会得到很好的结果"②。

从15到18世纪,"模仿"成为最常用的一个术语,模仿原则也被更普遍地采纳。巴托在《论美的艺术的唯一特殊的法则》中甚至断言,模仿是支配所有艺术的原则。早期的理论只将模仿原则应用于诗、绘画与雕塑这些再现性的艺术,而巴托则概括出模仿是所有艺术的原则。模仿理论经过漫长的发展,在不同时代获得不同的内涵。但在"抄录自然"这一点上却一直未发生改变。

德国的剧作家和戏剧理论家施莱格尔在他的《论模仿》中指出:艺术真实不同于历史真实,艺术为了达到本质真实,有时候不必忠实地再现自然事物,而是通过塑造具有多种典型性的形象,甚至采用夸张的讽刺手法来获得对现实的深刻认识。模仿自然是指在对自然的再现中表现本质,传达真理。对自然的摹写不是目的而是服务于表现本质的手段③。所以,艺术有权利为了真理的需要对自然进行加工和改造,不必做自然表象的奴隶。亚里士多德早在《诗学》中就清楚地指出了这一点,可后人却不加辨识地把"模仿自然"进行字面的简单化理解,歪曲了模仿的真实性与可能性之间的辩证关系。施莱格尔重新辨析了亚里士多德的模仿理论,推动了对模仿的正确理解。

---

① 《芬奇论绘画》,第47页。
② 达·芬奇《笔记》卷二,《西方文艺理论名著选编》上卷,第162页。
③ 见《中国大百科全书·外国文学Ⅱ》J. E. 施莱格尔条,北京:中国大百科全书出版社,1982年,第923页。

狄德罗论戏剧时区分了"真实"和"逼真"的概念①。前者指事实的真实,后者指情理的真实。戏剧和其他文艺在和自然的关系上必须要逼真,即展现事物内在的逻辑联系,而无需真实。这明显对应于亚里士多德的"按照事物本来的样子模仿"和"按照事物应该有的样子模仿"。

伯克(Edmund Burke,又译博克)将人的基本情欲分为自体保存的情欲和社会生活的情欲。据此,模仿就属于社会生活情欲的一种。文艺欣赏主要基于同情,模仿也是一种变相的同情。"正如同情使我们关心旁人所感受到的,摹仿则使我们仿效旁人所做的,因此,我们从摹仿里以及一切属于纯然摹仿的东西里得到快感,无须经过任何推理功能的干预。"②他继承了亚里士多德的思想,把模仿看作学习,认为艺术的美感有时来自模仿对象,有时来自模仿的技巧。

出于完善认识的需要而把美学作为一门研究感性认识的独立科学建立起来的鲍姆嘉通从认知的角度重新阐释了亚里士多德的可然律和必然律。鲍姆嘉通在《美学》中接受了莱布尼兹关于现实世界是一切可能世界中最好的看法,认为艺术模仿自然就必须表现出现实世界最好的那一面,也即最完善的方面。完善必然体现着内在的规律和联系,再现自然就不是无益的嬉戏,而是高尚而有可能完成的任务。美学对自然的内在规律和联系的表现不是通过理性分析得到的,而是通过感性形象获得的。由此,诗的真实不同于哲学的真实。

狄德罗的《画论》和莱辛的《汉堡剧评》坚持模仿的现实基础,肯定美和真的统一,强调艺术既要依据自然又要超越自然的辩证

---

① 狄德罗《论戏剧诗》,《西方文艺理论名著选编》上卷,第225—264页。
② 见朱光潜《西方美学史》上卷,第233页。

关系。席勒《论素朴的诗与感伤的诗》中认为,素朴的诗再现现实,侧重客观;感伤的诗表现理想,侧重主观①。歌德则提出:"古典诗(引者按:即现实主义文艺)和浪漫诗的概念现已传遍全世界,引起许多争执和分歧。这个概念起源于席勒和我两人。我主张诗应采取从客观世界出发的原则,认为只有这种创作方法才可取。但是席勒却用完全主观的方法去写作,认为只有他那种创作方法才是正确的。"②

经过充分的讨论,到了18世纪,人们已经普遍接受和使用亚里士多德意义上的模仿观念。正如伯克所言:"亚里士多德在《诗学》一书中关于模仿的力量作了很多大胆的论述,因此人们无需再作更多的论述了。"③

黑 格 尔

黑格尔是德国古典哲学的集大成者,作为其哲学思想组成部分的美学也"在西方美学史的发展过程中,起了划时代的作用,成为古典美学的集大成者"④。他在《美学》中对"模仿"的论述虽然只列在《全书序论》中,占据很少的篇幅,但却是从理论上对18世纪模仿思想的系统总结。可以说,黑格尔对模仿的分析涉及了模仿作为美学范畴得以确立其重要地位的那些合理的、辩证的内涵,尽管他对模仿的理解是在"美是理念的感性显现"这一客观唯心主义的总体观念中展开的。

黑格尔提出,如果按照一般人从字面本身理解的话,"所谓摹

---

① 席勒《论素朴的诗与感伤的诗》,曹葆华译,《古典文艺理论译丛》第二册,北京:人民文学出版社,1961年。
② 歌德《歌德谈话录》,《西方文艺理论名著选编》上卷,第460页。
③ 《崇高与美——伯克美学论文选》,李善庆译,上海:上海三联书店,1990年,第51页。
④ 蒋孔阳《黑格尔·美学思想》,《中国大百科全书·哲学Ⅰ》,第295页。

仿就是完全按照本来的自然形状来复写,这种酷肖自然的表象如果成功,据说就可以完全令人满意"①。这种逼肖自然的模仿观念使模仿成为纯粹以取乐为目的的一种微不足道的技艺,黑格尔从三个方面对这种观念的局限性进行了分析。

首先,逼肖自然的模仿就是对已经存在的外界事物进行的一次重新复制,其目的在于纯粹的形式。

既然外界事物本身已经存在,对它的忠实复制就是多余的,因为蓝本总是优于摹本,否则丧失了蓝本和摹本的区分,就根本不存在模仿之说;如果说模仿对自然的这种复制还有某种价值的话,其价值最多只能是提供娱乐,但"一般地说,摹仿的熟练所生的乐趣总是有限的,对于人来说,从自己所创造的东西得到乐趣,就比较更适合于人的身分"②。而且,复制总是以现实存在为前提,离开了现实就无所谓模仿,由于模仿使用的媒介有局限性,忠实的模仿也只能是无法实现的理想,"总之,我们应该说:靠单纯的摹仿,艺术总不能和自然竞争,它和自然竞争,那就像一只小虫爬着去追大象"③。

其次,忠实的模仿是纯形式的,不存在客观的美。

既然模仿的原则在于纯粹的形式,那么判断模仿的标准就不是模仿对象的性质,而是模仿物与模仿对象之间是否相符。按照这样的标准,客观事物的性质和存在状态变得无关紧要,只要摹本与蓝本符合一致,就能产生美的艺术作品。缺乏客观的判断标准,艺术美就成为人言人殊、不可把握和理解的东西。

最后,纯粹模仿的概念不能准确地概括所有艺术。

虽然我们可以说绘画和雕塑所表现的对象逼肖自然或基本

---

① 黑格尔《美学》第一卷,朱光潜译,北京:商务印书馆,1979年,第52页。
② 黑格尔《美学》第一卷,第54页。
③ 黑格尔《美学》第一卷,第54页。

上从自然而来,但却不能同样地来论述诗歌和建筑。诗歌和建筑并不仅仅限定于对自然的单纯描写,而是更多地具有创造和想象的因素。即使是绘画和雕塑也不能看作是对自然分毫不爽的复制。如果坚持逼肖自然的原则,就必然破坏模仿作为艺术原则和审美范畴的普遍适用性。

黑格尔从上面的分析得出结论:"因此,艺术的目的一定不在对现实的单纯的形式的摹仿,这种摹仿在一切情况下都只能产生技巧方面的巧戏法,而不能产生艺术作品。"[①]合理的模仿观念应该包括以下几个方面。

第一,艺术不是复制自然的多余物,而是自然的完善。

艺术再现的根本目的不是复制另外一个自然,而是要传达出心灵的自由。较之心灵的自由、无限和完善,自然由于其物质性的制约则是有限的、不完善的。作为一个完善的整体,心灵的真实性必然无法在客观存在的有限性及其附带的局限性中得到直接观照和准确表达,它需要在一个比自然更高的领域中获得实现。由于艺术再现的必要性源于直接现实的缺陷,其职责就是将心灵的内在自由外化于现实事物之中,使现实事物成为心灵自由的外在表达。因此,艺术再现不是对自然的被动抄袭,它就是通过表达心灵自由而得到完善的、更高的自然[②]。

第二,艺术再现的是普遍性、典型性、本质性的特征。

黑格尔指出:"在拿自然和诗对立时所指的自然究竟是哪一种呢?因为一般地说,'自然'是一个不明确的空洞的字眼。诗所应提炼出来的永远是有力量的,本质的,显出特征的东西,而这种富于表现性的本质的东西正是观念性的东西而不是只是现在目

---

① 黑格尔《美学》第一卷,第 56 页。
② 参见黑格尔《美学》第一卷,第 193—196 页。

前的东西,如果把每件事或每个场合中现在目前的东西按其细节一一罗列出来,这就必然是干燥乏味,令人厌倦,不可容忍的。"①艺术的理想就在于使外在事物还原成为心灵性事物,使外在现象符合心灵并成为心灵的表现。既然如此,艺术再现自然时,就必须抛弃现实事物的外在性和偶然性,只表现那些符合心灵理想的具有普遍性和本质性的特征。通过这种有选择的再现,被模仿的自然既保留了感性的外在形象,具有鲜活的个性,同时又体现了心灵自由的普遍原则。在艺术模仿中,外在的东西由于显出心灵的自由,就摆脱了单纯的有限性和条件制约性;心灵的自由原则也通过外在现实的表达摆脱了抽象性。

第三,模仿自然并不是指被动的模仿,而是指主动的再现。

黑格尔提出:"艺术家所取来纳入形式和表现方式的东西并不是凡是他在外在世界所发见到的,或是因为他在外在世界发见到那些东西;如果他想作出真正的诗,他就只能抓住那些正确的符合主题概念的特征。如果他用自然及其产品,即一般现实,作为模范,这并不是因为自然把它随便造成某一种样式,而是因为自然把它造得很正确,但是这种'正确'是一种比现实本身更高的东西。"②艺术模仿自然是出于追求心灵自由的内发性需求,而非如一般人理解的那样是受制于自然的现实存在。

通过分析,黑格尔认为:"尽管自然现实的外在形态也是艺术的一个基本因素,我们却仍不能把逼肖自然作为艺术的标准,也不能把对外在现象的单纯摹仿作为艺术的目的。"③模仿自然的本质在于通过自然展现心灵的自由,被再现的自然由于符合内在心灵的原则而摆脱偶然性、琐碎性并具有普遍性,被表现的心灵由

---

① 黑格尔《美学》第一卷,第 214 页。
② 黑格尔《美学》第一卷,第 211 页。
③ 黑格尔《美学》第一卷,第 57 页。

于自然的介入而摆脱抽象性并具有形象性和生动性。在模仿中，自然和心灵结合成为自由的、和谐的整体。

自然主义的模仿观

18世纪以来模仿的发展历史可以用艾布拉姆斯的概括作为总结："在亚里士多德之后的很长一段时间里，事实上整个十八世纪，'模仿'一直是重要的批评术语。但批评家们在各自的理论体系中赋予这个术语的重要性则各不相同。艺术所模仿或应当模仿的事物，有人认为是实际的，有人则认为在某种意义上是理想的；而且人们从一开头就试图以人物的性格、思想甚至以无生命的事物来取代亚里士多德认为是主要模仿对象的'行动'。但特别是在《诗学》被重新发现，十六世纪意大利的美学理论有了长足发展以后，批评家们凡是想实事求是地给艺术下一个完整的定义的，通常总免不了要用到'模仿'或是某个与此类似的词语，诸如反映、表现、摹写、复制、复写或映现等，不论它们的内涵有何差别，大意总是一致的。"[①]19世纪，随着自然主义的兴起，人们又抛弃了亚里士多德的模仿原则，重新强调要镜面式地模仿自然，以致把对自然的忠实再现发展到极端的程度。"按照事物本来的样子去模仿"作为一种创作倾向可谓历史悠久，但作为一个自觉的、有着近代含义的文艺流派和美学思想则出现在19世纪下半叶的法国，并波及德国和意大利等其他欧洲国家。

在对现实的认识上，自然主义接受了孔德实证主义哲学的思想，不再探求宇宙的本源和事物的内在本性，而是采用科学实验的方法，在尊重事实和经验的基础上，运用观察和推理来认识客

[①] 艾布拉姆斯《镜与灯：浪漫主义文论及批评传统》，郦稚牛等译，北京：北京大学出版社，1989年，第11—12页。

观现象及现象之间的联系。19世纪以来,随着科学技术的迅猛发展,作为现代性重要内容的"科学性"也渗透到了人文学科。自然主义理论提出让科学进入文学的领域以反抗浪漫主义文学的影响,这就出现了丹纳的"种族、环境、时代"三要素说①。这一理论基于孔德的实证主义哲学和达尔文以自然选择为基础的生物进化论,成为自然主义美学发展的理论基础。法国的生理学家克洛德·贝尔纳在《实验医学研究导论》中提出病理学、生理学、遗传学的原则,为自然主义的艺术实践提供了方法论基础。这样,自然主义美学原则就在左拉的理论思想和艺术创作中获得全面、充分、系统的展开。自然主义的模仿观也包含了以下三方面的意义。

第一,受实证主义哲学的影响,自然主义认为,"艺术模仿自然"中的自然是指客观存在的物质现象。既然事物的起源和本质都无法认知,我们只能得到关于表面现象及其相互关系的印象,那么,艺术对自然的再现就不必费力去寻求那遥不可及的本源,只需再现我们所能触及的现象。再现出现象与现象之间的关系也就是达到了事物的本质。现象之间的联系存在于现象自身中,现象也正如其所是存在着,艺术只要保证原样照搬而无须进行任何改动就能达到本质。如是,艺术模仿自然的核心不在于模仿什么,而在于怎样模仿。左拉说:"自然主义小说就是对自然、存在和事物的探索。它不再对那些构思巧妙、按照一定规则展开情节的故事的别出心裁之处感兴趣。"②

第二,模仿的对象是本然存在的现象,要想准确地再现现象,追求精确性的科学方法自然是达到这一目的的最好选择。在自

---

① "有三个不同的原因有助于产生这种基本的道德状态——种族、环境和时代。"丹纳《英国文学史》,塞尔登编《文学批评理论》,第456页。
② 左拉《戏剧中的自然主义(1880)》,塞尔登编《文学批评理论》,第52页。

然主义者看来,模仿的目的就应该像科学实验那样追求所谓"实证的真实",摒弃先入为主的观念,直面无所不包的事实。不管事实本身怎样,艺术家都无权进行改动,模仿就是对积累起来的各种事实进行实验记录,就像医生解剖尸体那样只需指出哪个地方有病变,而不必进行评价,因为评价是道德家的事情。"原样照搬,有闻必录"这种通常带有贬义的做法在自然主义的模仿观里却成了达到科学真实的有效途径。"作品变成了一份报告,仅此而已;它只具有确切的观察、不同程度的透视和分析、事实的逻辑连贯等优点。……它的领域是大自然中的一切。"①

第三,自然主义反对现实主义模仿观中的典型化理论,认为真实的自然现象是杂乱、琐碎的,所谓的本质和规律都是主体意识的产物。既然要像科学实验那样对客观现实进行精确地再现,就必须排除主体的一切偏见,去描绘那些平凡、细碎的日常事件。事件越普通、越平常、越琐碎,就越贴近真实。现实主义要求再现典型环境中的典型人物,实际上用个别的重大事件和伟大人物代替、抹杀了作为普遍事实的平凡琐事和不起眼的小人物,歪曲和改变了生活的原貌。

现实主义的模仿观

现实主义的模仿观更强调现象与本质、客观与主观的辩证统一。

在模仿与自然的关系上,强调真实地再现现实。别林斯基在区别"现实的诗"和"理想的诗"时认为,现实的诗是按照生活的全部真实性去再现生活,因而更符合时代的精神和需要。他还认为小说的努力方向也必须是"使小说同现实接近,使小说成为忠于

---

① 左拉《戏剧中的自然主义(1880)》,塞尔登编《文学批评理论》,第52页。

现实的镜子"①。车尔尼雪夫斯基在 19 世纪 50 年代提出"美是生活"的论断,指出艺术的主要作用就是"再现生活中引人兴趣的一切事物;说明生活、对生活现象下判断"②。杜勃罗留波夫肯定艺术作品的主要价值在于它的生活真实③。卢卡契提出:"一切伟大艺术的目标都是提供一幅有关现实的图画,在这幅图画中,表象与现实、特殊与一般、直观与概念之间的矛盾得到解决,使得矛盾双方在作品所产生的直接印象中达到趋同,从而给人一种不可分割的整体感。普遍性呈现为个别和特殊的一种品质,现实则在现象之中显现并被体验,普遍性原则被揭示为特殊描写的个别事例的具体动因。"④

在真实性的问题上,虽然都强调反映自然,但与自然主义的模仿观注重像科学实验一样精确地再现客观现象不同,现实主义的模仿观更强调再现内在本质。现实主义要求通过典型化的手法去反映有内在必然性的真实自然,而自然主义更看重平凡、偶然、琐碎的事件。对现实主义而言,真实意味着本质的真实,越能体现事物之间的必然联系和内在本质的就越具有典型性,要求再现"典型环境中的典型人物";对自然主义而言,真实意味着实证的真实,越是平常而普通的事件越具有典型性。卢卡契认为艺术的真实性在于:"艺术反映现实的客观性在于正确反映总体性,因此一个细节在艺术上的准确性与这个细节是否对应于现实中的相同细节没有关系。艺术作品中的细节只要属于精确地反映客观现实

---

① 别林斯基《一八四七年俄国文学一瞥(第一篇)》,《别林斯基选集》第六卷,辛未艾译,上海:上海译文出版社,2006 年,第 569 页。
② 车尔尼雪夫斯基《艺术与现实的审美关系》,《西方文艺理论名著选编》中卷,第 369 页。
③ 杜勃罗留波夫《黑暗王国的一线光明》,《杜勃罗留波夫选集》第二卷,辛未艾译,上海:上海文艺出版社,1959 年,第 362—365 页。
④ 卢卡契《艺术与客观真理》,塞尔登编《文学批评理论》,第 57 页。

完整过程中的一个必不可少的方面,它就是对生活的精确反映,无论它是来自于艺术家对生活的观察,还是来自于由直接或间接经验所构成的想像力的创造。另一方面,一个细节照相似地对应于生活的艺术真实纯属偶然、任意或主观。"①巴尔扎克在《人间喜剧》的序言中也指出:要给它的时代看看它演变发展的历史。

卢 卡 契

在现实主义的模仿观中,卢卡契的理论值得关注。他的美学理论建立在社会存在的本体论这一唯物主义哲学观的基础上,即:人在日常生活中的态度是第一性的,它构成了每个人活动的起点和终点;艺术从日常生活中产生,与现实相互联系,随社会历史而发展变化②。作为一种社会意识,审美意识是对社会存在的反映。从反映论出发,卢卡契提出了模仿的问题。

模仿是把现实中对一种现象的反映移植到自身的实践中,它既是人类生活的基本事实,也是艺术活动的基本事实③。日常生活、科学和艺术作为不同方式的反映都是对同一客观现实的摹写④。原始的巫术模仿虽然最初与审美无关,但它使人们的注意力暂时离开现实生活本身,集中在对现实生活的反映上。于是,巫术模仿所创造的形象通过自身的形式使感性直观的形象与实际生活分离,它不再是现实生活,而是现实生活的映象。巫术模仿的形象由此获得了一种新的特性,对现实生活的模仿,使它具有现实生活的现象形式;对感性形式本身的强调又具有激发人的

---

① 卢卡契《艺术与客观真理》,塞尔登编《文学批评理论》,第63页。
② 见卢卡契《审美特性》第一卷,徐恒醇译,北京:中国社会科学出版社,1986年,前言第1—2页。
③ 见卢卡契《审美特性》第一卷,第294—295页。
④ 见卢卡契《审美特性》第一卷,前言第10页。

思想情感的效果。两者交互作用,构成审美的基础。

　　模仿是艺术的决定性源泉。一方面,艺术作品有其内在的自足性:"因此,每件意味深长的艺术作品都创造'自己的世界'。人物、情景、行动等都各有独特的品质,不同于其他作品,并且完全不同于日常现实。一个作家越是伟大,他的创造力就越是强烈地洋溢在他作品的各个方面,他的小说'世界'也就通过作品的全部细节而显得越是意蕴深远。"[①]另一方面,模仿使艺术与现实建立不可分割的联系:"艺术作品中的总体性是内在的:即给予那些对所描写的生活片段具有客观决定意义的因素以限定的、自足的秩序,那些因素决定着那一生活片段的存在和运动,决定着它的特质以及它在总体生活过程中的地位。从这个意义上来说,一段最简洁的歌曲有着和一部最壮阔的史诗一样的内在总体性。"[②]艺术是人类自我意识最高和最适当的表现。审美总是以人为中心,从人的世界出发并回到人的世界中。借助模仿,客观世界的偶然因素被排除,表现为具有内在必然性的艺术世界。所以,通过模仿这个审美范畴,卢卡契沟通了现实生活和艺术世界,并使客观的反映和能动的创造获得辩证的统一。

　　艺术模仿的形象具有沟通普遍性和个别性的特殊性质。艺术模仿与科学模仿不同,"人对现实的科学反映是力图由一切人类学的、感官的和精神的判断中解放出来,对各种对象及其关系的描述尽量按其本来面目而不依意识为转移。但是审美反映却相反,它是由人的世界出发并且目标就是人的世界。也就是说,从人的立场出发来表现并不就是主观主义。反之,保持对象的客观性就是在审美反映中保持人类生活的一切典型关系,这些关系

[①] 卢卡契《艺术与客观真理》,塞尔登编《文学批评理论》,第58页。
[②] 卢卡契《艺术与客观真理》,塞尔登编《文学批评理论》,第59页。

都是与当时人的内在发展和外在发展(即社会发展)的状态相适应的"①。在艺术反映现实的图像中,普遍性消除了抽象性而表现为生动具体的形象,个别性也摆脱了直接性而成为典型。所以,艺术形象在模仿中达到现象与本质、内在与外在的统一。它正是恩格斯所说的"每个人都是典型,但同时又是一定的单个人"②。

二、表现(expression)

"表现"作为美学范畴也经历了一个历史发展的过程。在古希腊的艺术观中,一直就有表现的思想。前面的模仿理论已经指出,"模仿"最初产生时,是指由巫师表演的诗歌、音乐和舞蹈三位一体的祭祀活动,它并不再现外在现实,而侧重表达内在情感。可以说,表现的思想和再现的思想有着同样悠久的传统。古罗马、中世纪和文艺复兴时期的哲学家、艺术家和美学家们都对表现进行过思考和论述。但需要强调的是,艺术根源于艺术家表现思想和情感的需要,即艺术表现的观点虽然早在古希腊的美学思想中就有萌芽,但是相对于"艺术模仿自然"的主流再现理论而言,这种观点并不被人重视,甚至是与古代和中世纪的主流艺术概念异质的。当时的美学思想是从艺术所追求的目的而非艺术的根源方面规定艺术,只有音乐由于其特殊性才被认为是唯一与感情有关的艺术。尽管希腊化时代的艺术概念发生重要变化,即在模仿的前提下,艺术从对外部世界的模仿转向对艺术家内心观念的模仿,但是,艺术家的内心观念在当时更侧重理智方面,而非

---

① 卢卡契《审美特性》第一卷,前言第 12—13 页。
② 恩格斯《致敏娜·考茨基》,《马克思恩格斯全集》第三十六卷,北京:人民出版社,2016 年,第 384 页。

后代所强调的情感方面。直到19世纪下半叶,随着浪漫主义的兴起,"表现"才成为一个被正式提出的术语开始大量地受到关注[1],并一度成为占据主流的美学范畴和艺术批评理论。这一时期,表现理论主要强调"自我表现",不仅为克罗齐、柏格森、赫尔曼、艾耶尔等理论家所坚持,也为众多艺术家所实践,如音乐方面从19世纪的贝多芬、李斯特、舒曼、勃拉姆斯到20世纪的勋伯格及后继者贝尔格、威伯斯;绘画方面的梵·高、爱德华·蒙克;现代舞蹈的创始人伊莎多拉·邓肯;作家弗吉尼亚·沃尔夫、詹姆斯·乔伊斯、普鲁斯特等,他们主张艺术是艺术家积聚、凝结的内心情感在艺术作品中的流露。艾布拉姆斯的分析可视作对这一时期的表现内涵的恰当概括:"表现说的主要倾向大致可以这样概括:一件艺术品本质上是内心世界的外化,是激情支配下的创造,是诗人的感受、思想、情感的共同体现。因此,一首诗的本原和主题,是诗人心灵的属性和活动;如果以外部世界的某些方面作为诗的本质和主题,也必须先经过诗人心灵的情感和心理活动由事实而变为诗(华兹华斯写道,'因此诗……从人类心灵中适时而生,将其创造力传给外界的种种形象')。诗的根本起因,不是像亚里士多德所说的那种主要由所模仿的人类活动和特性所决定的形式上的原因;也不是新古典主义批评所认为的那种意在打动欣赏者的终极原因;它是一种动因,是诗人的情感和愿望寻求表现的冲动,或者说是像造物主那样具有内在动力的'创造性'想象的迫使。"[2]

"表现"一词在英语中是 expression,在德语中是 ausdruck。两者有相同的词源,都表示"挤出""压出"。美国的艺术理论家布洛克指出:"在日常英语中,'表现'这个词有两种含义,一种类似

---

[1] "表现这个字眼最先出现于19世纪末,正值浪漫主义兴起的时候。"布洛克《美学新解》,第14页。
[2] 艾布拉姆斯《镜与灯》,第25—26页。

人们以'哎哟'的喊声来'表现'自己痛苦的情感;另一种则指用一个句子来'表达'作者想要传达的某种意义。由于前一种涉及着情感的表现,所以一直主宰着艺术表现理论,尽管第二种意义上的艺术表现论更为合理。按照上述第一种含义,艺术表现主要是指,一个艺术家内心有某种感情或情绪,于是便通过画布、色彩、书面文字、砖石和灰泥等创造出一件艺术品,以便把它们释放或宣泄出来。这件艺术品又能在观看和倾听它的人心中诱导或唤起同样的感情或情绪。"[①]表现范畴不同于再现范畴,它更关注主体自身,特别是主体的思想和情感。对于表现而言,真实性就在于主体内在情感的充分表达。在表现中,主体不再受制于客体的限制与压迫,反过来具有支配和利用客体的能力。

(一) 表现理论的萌芽

早在古希腊,人们就把诗歌、音乐和舞蹈看作是人们情感的自然抒发。毕达哥拉斯学派试图从动作、声音与感情的关系来解释艺术对人的强大作用。亚里士多德的《形而上学》记载:"他们认为'数'乃万物之原。……他们又见到了音律的变化与比例可由数来计算,——因此,他们想到自然间万物似乎莫不可由数范成,数遂为自然间的第一义;他们认为数的要素即万物的要素,而全宇宙也是一数,并应是一个乐调。他们将事物之可以数与音律为表征者收集起来,加以编排,使宇宙的各部分符合于一个完整秩序。"[②]可见,毕达哥拉斯学派将音乐看成是作为世界本原的数在自然中的具体表现。在此观念引导下,他们认为,动作和音乐既表现情感,也唤起情感。在所有感官中,对灵魂起作用的最有

[①] 布洛克《美学新解》,第128—129页。
[②] 亚里士多德《形而上学》,第14页。

效途径是听觉,因而借助听觉的音乐就具有了表现情感和引导灵魂的功能①。音乐是"自然"而非人的创造,节奏属于自然而非人固有的。这两方面决定了灵魂(其情绪、性格和精神)在音乐中得以表现。音乐之所以能够产生强大的感染力,就在于它是灵魂的自然表现②。

柏　拉　图

美学中相对应的"再现"和"表现"这两个范畴都能在柏拉图的学说中找到论述。通常,我们只关注并强调柏拉图否定诗人并把他们赶出理想国的方面,似乎这就是柏拉图对待诗人和诗歌的总体态度。其实,这种归纳有失偏颇。在柏拉图的世界中,诗人并非如我们今天所认为的那样是一个整体概念,在"诗人"的同一职业中,由于创作的动因、方法和目的不同,诗人也有高下优劣之分,并被赋予不同的名称。据此,柏拉图将诗人分为两类:一类以使用技艺模仿现实为己任,他们只写韵文,与手工艺者的活动没有本质差别;另一类则凭借灵感创作诗歌。与之相对应,《菲利布斯篇》中涉及人的灵魂与地位等级体系时,诗人便被安排在两个不同的等级上:一类位居六等,与工匠和建筑师相接近;另一类与哲学家共同位居一等。可见,柏拉图否定的只是前一类模仿诗人,而对凭借灵感的诗人则推崇有加,甚至让他们拥有和统治理

---

① 艾姆布利阿斯在《毕达哥拉斯传》中说:"据说,他们运用巫术去治疗某些疾病。他们认为音乐对健康有很大作用,如果运用恰当的话。他们也用荷马和赫西俄德的话去医治灵魂。"克拉默《轶事录》中记载:"据阿里斯多克申那说,毕达哥拉斯学派用巫术治疗肉体,用音乐净化灵魂。"塔塔科维兹《古代美学》,第115页。
② "你不仅可以在超自然的和神的存在中看到数的本性和力量在起作用,而且可以在人的各种活动和语言中看到它们在起作用。它们不仅贯穿于一切技术生产,而且也存在于音乐之中。数与和谐的本质不容许虚假。"斯托巴乌斯《摘引集·序言》,塔塔科维兹《古代美学》,第114页。

想国的哲学家平等的地位。不同于模仿诗人始终在清醒的状态下凭借技艺运用虚幻的形象再现现象界,表现的诗人则是神灵凭附而陷入迷狂,此时,他摆脱了有限的个体存在,成为神的代言。神将自己的影响力通过诗人依次传递给观众,正如铁环被磁石吸引而环环相扣。在此情境中,不论是诗人,还是诵诗者、表演者抑或观众,都处在情感的强烈激荡中①。柏拉图的磁石吸引铁环的比喻被后来的普罗提诺明确地表述为神性的"流溢",如是,通过诗人表现出来的并能被读者接受与理解的东西——不论是什么——就具有了流淌、发散、辐射的可传递性。之后的表现理论不管怎样变换术语,都是在这一隐喻的框架下展开,只不过对之进行了去神秘化的改造。沟通诗人和读者的不再是神灵传递出的神力,而是激烈的情感;情感也不再归因于神灵的引发,而就存在于诗人和读者的心中。

另外,柏拉图在《理想国》卷十中对模仿和真理关系的论述,实际上还包含了另一层意思:艺术中的形象只与实在发生关系,这个实在本身又是不可见世界的形象。通过实在认识真理必须建立在实在事物与艺术形象的区分之上。艺术形象比起现实事物虽然只是虚幻的,但在通达真理的过程中却是必经的阶段。鲍桑葵评价道:"人们不可能不注意到,这种见解实际上就是有力地——虽然是以消极的方式——暗示,美具有充当精神事物的象征的功能。"②

亚里士多德

鲍桑葵指出,亚里士多德认为音乐比造型艺术有更高的表现能力,开近代浪漫主义的先声。不仅如此,他关于丑的论述更突

---

① 柏拉图《文艺对话集》,第10—12页。
② 鲍桑葵《美学史》,第41页。

出地蕴涵了表现的思想①。

苏格拉底从"怎么能描绘这种既不可度量,又没有色彩,也没有你刚才所说的任何一种性质,而且还完全看不见的东西呢"这个问题出发②,讨论了造型艺术体现不可见东西的可能性,并得出"一个雕塑家就应该通过形式把内心的活动表现出来了"的结论③;柏拉图抛弃了古代认为再现性艺术只局限于模仿普通事物的理论,认为全部艺术都能够具有体现不可见事物的象征意义,特别是音乐与节奏的表现能力④,在柏拉图那里,模仿的对象已经越出自然现实的界限进入感官不可感知的精神观念⑤,现实形象与象征之间的界限被打破;亚里士多德将模仿扩大并限定在情感与节奏、旋律之间的直接表现上,"因此,'模仿'一词至少解除了同感官实在'逼肖'的意义"⑥,并具有了表现的意义。

亚里士多德在论述产生诗歌的第二个原因时解释道:"其次,每个人都能从摹仿的成果中得到快感。可资证明的是,尽管我们在生活中讨厌看到某些实物,比如最讨人嫌的动物形体和尸体,但当我们观看此类物体的极其逼真的艺术再现时,却会产生一种快感。这是因为求知不仅于哲学家,而且对一般人来说都是一件最快乐的事,尽管后者领略此类感觉的能力差一些。因此,人们乐于观看艺术形象,因为通过对作品的观察,他们可以学到东西,并可就每个具体形象进行推论,比如认出作品中的某个人物是某某人。"⑦丑的形象之所以能产生快感,不在于对象本身的性质,而在于识别对象

---

① 参见鲍桑葵《美学史》,第157、76—79页。
② 色诺芬《回忆苏格拉底》第三卷第十章,第121页。
③ 色诺芬《回忆苏格拉底》第三卷第十章,第122页。
④ 见柏拉图《理想国》卷三,第105—106页。
⑤ 见柏拉图《理想国》卷十,第401—406页。
⑥ 鲍桑葵《美学史》,第81页。
⑦ 亚里士多德《诗学》,第47页。

的过程中包含的智力行为和成就令人感到乐趣。隐含在此解释中的一种理解就是：审美主体带着审美欣赏的态度进入艺术再现所包含的观念中，这个观念可以理解为任何一种精神性的东西，自然也包括情感、心绪在内。如果我们从情感的角度来重新理解亚里士多德的上述解释，就会发现他的论述与浪漫主义的表现理论有多么惊人的相似：艺术对人的吸引力，不在于艺术再现自然的内容本身，而在于此内容中包含的情感所具有的感染力。可见，亚里士多德在分析艺术中的丑不同于现实中的丑、现实中的丑令人厌恶而艺术中的丑能产生快感时，已经隐含了表现的思想，尽管他本人未必明确地意识到这一点。

另外，亚里士多德还注意到悲剧的情感效果："悲剧是对一个严肃、完整、有一定长度的行动的摹仿，它的媒介是经过'装饰'的语言，以不同的形式分别被用于剧的不同部分，它的摹仿方式是借助人物的行动，而不是叙述，通过引发怜悯和恐惧使这些情感得到疏泄。"[①]恐惧和怜悯作为情感都是人性的组成部分，情感的产生和发生作用是人性的自然结果，是不可改变的事实。柏拉图试图借助理性来压制情感，不仅不能达到目的，反而因忽视情感的客观存在而危害健全的人性。对待情感的正确办法应该是调节和疏导，在对艺术进行欣赏的审美活动中，将积淀在内心的情感抒发和表达出来，最终获得心灵的陶冶和净化。亚里士多德从道德教化的角度论述了审美经验与情感表达的关系，并兼顾了创作者和欣赏者两个方面。

西　塞　罗

如果说以前的美学和艺术理论仅从一个侧面涉及表现的范畴，意义尚不明确，从西塞罗开始，艺术就明确有了表现的内涵。西塞

---

① 亚里士多德《诗学》，第63页。

罗认为，自然中只存在整体的完美，构成整体的个别事物却并非如此。艺术家在创作时，就需要从不同的事物中选取最具特色的部分融合在一起，构成自然中没有的完美事物。可见，艺术家总是有选择地再现现实事物；艺术形式既来自外部世界，也来自艺术家内心；艺术形象既类似眼前的事物，也类似艺术家心中的理念：

> 但我坚决认为，没有任何一种东西会如此精美绝伦，以致不会被其复制品（如复制面孔的假面具）所超过。这种理想是不能通过耳目或其它任何感官所发觉的，但我们仍然能通过心灵和想象把握它。例如菲底阿斯的雕像（它是我们所见过的雕像中最完美的），还有我们已提到的那些绘画，尽管它们很美，但我们能想象出比它们更美的东西。可以肯定，伟大的雕塑家在创作朱庇特或智慧女神米涅瓦的形象时，并不去看他用作模特儿的人，而是在他自己的心里有着一个无比优越的美的幻象；在他凝视和专心致志于它时，他就指导他那双艺术家的手去创造神的肖像。相应地，如同在雕塑和绘画中存在着某些完美而卓越的东西——一种充满智慧的理想，依据它，艺术家再现出那些并未呈现于眼前的事物——我们用自己的心灵也能设想出完美的辩词的理想，然而对复制品却只能觉察。事物的这些模式被那位在文体和思想方面都很杰出的名家和导师柏拉图称之为理念；他说，这些模式不会"产生出来"；但它们永远存在，并取决于智慧和理性。①

---

① 西塞罗《演说家》，塔塔科维兹《古代美学》，第 276 页。亦可对照普罗克勒斯的观点："按照现实来创造美、认为自己在真实地注视现实的人当然创造不出美。因为现实充满混乱，它不是最高一级的美。因而越是模仿现实，就离美越远。斐底阿斯也创作出宙斯的像，但他并非通过观察，而是凝神观望荷马笔下的宙斯。如果他在心灵中没有真正熟悉这位神，他的作品当然不会像现在这样美。"普罗克勒斯《评〈蒂迈欧篇〉》，塔塔科维兹《古代美学》，第 386 页。

所以,忠实的模仿根本不能表现真实。艺术如果仅以追求真实为目的,就没有存在的必要①。

西塞罗把艺术家头脑中的形式称作"理念",艺术模仿应该是根据内心的理念结合外部摹本的再创造活动。与柏拉图作为抽象的精神形式的理念不同,西塞罗的理念是存在于艺术家头脑中可以运用于具体艺术的具体形式。艺术中既包括现实成分,也包括理念成分;艺术有自然的外部模式,也有艺术家心中的内部模式。柏拉图只关注外部模式与艺术作品之间的相似性,亚里士多德主要关注两者之间的差别,西塞罗则强调艺术中来源于艺术家心灵的东西。艺术创作和体验都是基于美的观念,而人对美和艺术有一种特殊感觉,并借此理解和评价艺术②。通过西塞罗的论述,艺术的创作者和接受者就具有了主动的表现因素。

郎 加 纳 斯

作为修辞学家的郎加纳斯(Longinus,又译朗吉努斯)对美学的贡献主要体现在重视并强调感情及其效果。避免情感的激荡,否定和限制情感表达,是自古希腊以来一直被人们所接受的思想。柏拉图认为,由知、情、意构成的完整人性中,情欲最为低下,理性应居于首位,并指导意志去控制情欲。模仿的诗歌由于激发了人的情感并使之脱离理性的制约而破坏了人性的平衡,理应受到谴责。亚里士多德也注意到悲剧的情感力量,他虽然不像柏拉

---

① 西塞罗《论演说》:"毫无疑问,在一切事物中,真实都优于模仿;假如真实足以有效地传达自己,我们就肯定无需艺术的帮助。"塔塔科维兹《古代美学》,第 275 页。
② "人是唯一对语言和行为中的秩序、适宜和节制具有一种感受力的动物,这是自然和理性的一种良好表现形式。所以,任何别的动物对视觉世界里的美、可爱与和谐都不具有感受力;当自然和理性把这种表现形式从感觉世界类推到精神世界时,它们发现美、一致和秩序被更多地保留在思想和行为中。"西塞罗《论职责》,塔塔科维兹《古代美学》,第 276—277 页。

图那样激烈地否定情感,却摆脱不了道德规范,在"陶冶"的名义下让情感得到合乎理性的宣泄和疏导。

直到郎加纳斯才敢于为被认为属于人性中低劣部分的情感正名,诚如艾布拉姆斯评价的那样:"朗吉努斯早就认为,崇高的风格主要导源于演说者的思想情感,他的这一探索尽管在历史上是孤立的,也不够全面,但却是对表现说的最早探讨。"[①]郎加纳斯在《论崇高》中指出崇高有五个来源:一、庄严伟大的思想,二、强烈而激动的情感,三、运用藻饰的技术,四、高雅的措辞,五、整个结构的堂皇卓越[②]。前两个属于自然天赋,后三个属于艺术才能。在他看来,天赋才能胜过艺术技能,自然天才的伟大作品即使偶有瑕疵,也优于单凭艺术才能创作的虽无缺陷却平庸的作品。于是,热烈的情感就和伟大的思想一起在崇高的作品中居于优先地位。不仅如此,情感由于贯穿于崇高追求的始终而成为五个来源中最为重要的因素,"我要满怀信心地宣称,没有任何东西能够像恰到好处的真情流露那样导致崇高"[③]。

郎加纳斯从两个方面论述崇高中的情感。第一,对崇高的追求源于我们内心对神圣、伟大事物的渴望。这意味着对崇高的仰慕之情是人类与生俱来的能力,在人的天性中就具备了追求崇高的强烈情感。第二,崇高风格需借助形象表达,而形象本身就是"说话人由于其感情的专注和亢奋而似乎见到他所谈起的事物并且使读者产生类似的幻觉"[④]。在崇高的作品中,用以塑造形象的语词通过和谐的组织形成情感整体,能触及人的灵魂,把人引向崇高。热烈充沛的情感甚至可以冲破日常语言的限制,"在安排

---

① 艾布拉姆斯《镜与灯》,第 25 页。
② 郎加纳斯《论崇高》,《西方文艺理论名著选编》上卷,第 119 页。
③ 郎加纳斯《论崇高》,《西方文艺理论名著选编》上卷,第 119 页。
④ 郎加纳斯《论崇高》,《西方文艺理论名著选编》上卷,第 122—123 页。

得恰当的强烈情感的表现里,在真正的崇高里,对于比喻的数量和胆量就含有自然的解药,因为这等表现有一种内在的力量,能够凭借那股冲劲把一切横扫过来,带向前去"①。

可见,在形成崇高的因素里,不管是天赋才能,还是艺术技能,都蕴涵着强烈的情感。在此意义上,"崇高是灵魂伟大的反映"。郎加纳斯第一次明确将追求崇高的情感规定为表现的内容。至于情感表现的过程,郎加纳斯则继承了柏拉图有关流质的说法,认为崇高的接受和影响像液体一样可以传递,"对于那些想向古人学习的人说来,从古人伟大的气质中,就有一种涓涓细流,好像从神圣的岩洞中流出,灌注到他们的心苗中去"②。

17世纪以后,"emotion""passion""feeling"这些词受心理学影响逐渐具有复杂内涵,成为表现说的重要概念。约翰·丹尼斯(又译邓尼斯)《诗歌批评的基础》进一步发展郎加纳斯的情感说,"诗歌是诗人借以焕发激情(并因此而使感官快乐)的一种艺术,从而使精神满足、提高、愉悦和革新,从而使人类更快乐、更美好;由此,似乎可以说诗歌有两个目的,一个是从属的目的,另一个是终极的目的:从属的是快感,终极的是教育"③。唤起激情是达成诗歌目的的手段,"这样,我们在这里已经拟订对于诗歌的成功是非常必要的一条伟大规则,因为没有激情的焕发它既不能达到从属的目的,也不能达到终极的目的,因此说,在不能直接唤起激情的地方,就不能有诗歌,因此,诗人应该想尽一切办法唤起激情——不仅仅情节、事件和人物,而且还有感情和表达,都应该为此而构思"④。这时,情感性质发生了变化,如艾布拉姆斯所言:

---

① 郎加纳斯《论崇高》,《西方文艺理论名著选编》上卷,第124页。
② 郎加纳斯《论崇高》,《西方文艺理论名著选编》上卷,第121页。
③ 丹尼斯《诗歌批评的基础》,塞尔登编《文学批评理论》,第178页。
④ 丹尼斯《诗歌批评的基础》,塞尔登编《文学批评理论》,第179页。

"情感在朗吉努斯那里,只是崇高这一特性的数种来源中的一种,而邓尼斯却使它成了一切诗歌的必要的——几乎是充分的——来源和标志。"①

普 罗 提 诺

普罗提诺对情感的表述并没有超出郎加纳斯,不同的是他站在柏拉图的理式这一角度来解释情感。在讨论把美赋予物体的原理时,普罗提诺指出:美是第一眼感知到的东西,灵魂的本性依从真善美一体的理式,当灵魂见到理式之本性时,就"欣喜若狂,认它们为自己的同类"②。

灵魂受肉体的遮蔽丧失了对理式的洞见,但当事物体现出理式在其中留下的印记时,灵魂由于亲近理式的本性受到感召,从印记中重新唤起对理式的记忆,感受到理式的真善美。所以,美就发生在体现于事物中的理式被心灵感知之际,"当建筑师发现眼前的房子与他心里的房子理式一致时,他是根据什么原理宣称房子是美的? 除石头之外,眼前的房子难道不是印在外部物体上的内心的理念吗? 难道不是看不见的东西在各种物体上的表现吗"③? 在此过程中,还伴随着心灵认出理式时失而复得的欣喜之情:"只有用自己心灵去观看的人才会见到这类美——一旦见到它们,心灵就会感到比上述美更加强烈的喜悦和敬畏。因为他们现在接触到真实界。这种美所引起的情绪是:惊喜、心醉神迷、渴望、爱慕和喜惧交集。"④

---

① 艾布拉姆斯《镜与灯》,第 114 页。
② 普罗提诺《九章集》,塞尔登编《文学批评理论》,第 13 页。
③ 普罗提诺《九章集》,塞尔登编《文学批评理论》,第 14 页。
④ 普罗提诺《九章书》,塔塔科维兹《古代美学》,第 425 页。按:塞尔登选本未收入此段论述。

普罗提诺还使用了"分享""照亮""分溢"这样一些表示流动和传递的词汇，它们都可以看作是对"表现"的解释和表达。"如果说反映物这个哲学原型概念主要出自柏拉图的话，那么普罗提诺就是发光物这个原型概念的主要创始人；浪漫主义的认识论诗歌理论也都是隔世承自普罗提诺哲学中的这个原始比喻。"①

在古希腊罗马时代，随着艺术实践的深入和艺术经验的积累，人们对艺术和美的观念经历了变化。在希腊的古典时代，人们更注重事物的真实，强调艺术对现实的纤毫毕现；到希腊化时期，人们开始关注诗人和艺术家的能动性和创造性，"一个人的话语就是他心灵的画像"②。这种变化体现在对以下两个观念的强调。

一是在希腊化时代，想象逐渐取代模仿成为艺术的重要概念。"想象"这个概念最早可推至斯多噶学派的"幻想"和伪朗加纳斯的"创造形象"的能力，他们都试图表达与传统模仿理论不同的新观念。因为模仿只能再现已看到的事物，无法触及未看到的事物。正如斐罗斯特拉塔斯所说：想象"是比模仿更聪明、更精细的艺术家"③。对想象的强调虽然仍以艺术真实为前提，即通过自由地选择主题和组织材料更有效地达到真实，但客观上却促使诗歌的价值由对世界图景的呈现转为对诗人内在心灵的揭示。

二是希腊化时期对"理念"(idea)的强调。"理念"这个词来自柏拉图，指存在于人和现实世界之外，无法被感官把握，只能借助概念进行理解的永恒不变的现实。到希腊化时期，这个术语的涵义发生了变化。在西塞罗或狄奥看来，观念不再是超验的理念，而是经验的形象，它就是艺术家观察外界现象在心中留下的感性意象。柏拉图的超验理念导致艺术成为模仿的复制品，希腊化时

---

① 艾布拉姆斯《镜与灯》，第84页。
② 哈利卡那苏斯的狄奥尼修斯《罗马史》，塔塔科维兹《古代美学》，第329页。
③ 斐罗斯特拉塔斯《阿波罗尼阿斯传》，塔塔科维兹《古代美学》，第387页。

代对理念的经验性质的强调,使艺术的表现因素突显出来。

在希腊古典时期,艺术的意义和价值取决于它所再现的外在现实。如斯多噶学派区分了判断艺术的两种要素,亚里士多德区分了四种,柏拉图区分了五种①。希腊化时期对想象和经验性理念的重视使艺术具有了不同的性质:艺术不仅是手工艺品,还是精神产品,体现了人的尊严②;艺术是个人创作的产品,可以描述和表现个人经验③;艺术创作是不受制于现实的自由活动④;伟大的艺术品具有强烈的感染力。不同于艺术缓和并约束情感的古典观念,希腊化的艺术更倾向强烈而激动人心的效果⑤。与艺术性质的变化相应,这时的美学观念也发生变化,模仿的重要地位被想象代替,表现情感成为艺术的本性⑥。

中世纪的表现理论主要在对艺术与上帝之关系的理解中得

---

① 斯多噶学派分为材料原因和效果原因,亚里士多德分为材料、原因、形式、目的,柏拉图分为材料因、有效因、形式因、原型因、最后因。塞内加《书信集》,塔塔科维兹《古代美学》,第389—390页。
② 卡里斯特拉塔斯认为艺术是灵魂的表现:"青铜与艺术结合就产生出美,它通过优美的人体表达出人心灵的颤动。"《记述》,塔塔科维兹《古代美学》,第392页。
③ 昆蒂兰认为,绘画作品可以打动人们内心最深处的情感,在这方面,它比诗歌更出色。《演说教育》,塔塔科维兹《古代美学》,第391页。
④ "按照现实来创造美、认为自己在真实地注视现实的人当然创造不出美。因为现实充满混乱,它不是最高一级的美。因而越是模仿现实,就离美越远。斐底阿斯也创作出宙斯的像,但他并非通过观察,而是凝神观望荷马笔下的宙斯。如果他在心灵中没有真正熟悉这位神,他的作品当然不会像现在这样美。"普罗克勒斯《评〈蒂迈欧篇〉》,塔塔科维兹《古代美学》,第386页。
⑤ "想要跨进诗歌大门的人需要有一种强烈的疯狂气质。"琉善《狄摩西尼》,塔塔科维兹《古代美学》,第330页。
⑥ 昆蒂兰的观点极有代表性:"舞蹈的动作常常充满意义,并且无需语言就可以诉诸我们的感情,我们可以从跳舞人的眼神和步态中了解到他们的心情。甚至不会说话的动物也通过眼睛及其身体的指示表现出愤怒、高兴或是快乐的欲求。当无言的、无动作的绘画用某种力量打动了我们内心最深处的情感时,这种力量往往比语言更有力,各种各样动作所构成的姿势也不会具有这样出色的力量……姿势和动作也可以产生出优美。"昆蒂兰《演说教育》,塔塔科维兹《古代美学》,第391页。

到论述。早期的神学美学认为艺术根本不可能描绘上帝,即使勉强为之,也只能是象征性的。13世纪以后,随着哲学上经验性倾向的出现,人们开始承认艺术作品有描绘上帝的能力。虽然精神美和肉体美都可以通过艺术体现出来,但中世纪美学家对精神美的一贯强调使艺术具有了表现的内涵。艺术的内在根源就在于:"心灵创造出新的结构,虽然它并不创造出新的东西;它外在地描绘和雕凿着源于内在的东西。"[①]从表现精神美这一角度看,可以说中世纪的美学抛弃了古典美学中的再现说,完全关注于表现上帝的精神。精神代替情感,成为这时表现理论的中心。在此美学理论的影响下,中世纪鼎盛时期还出现了以爱情歌曲和民歌为主的世俗诗歌。这些诗歌虽然采用宗教诗篇的形式,流露的却是活生生的自然情感,在审美情趣上属于表现的。

(二) 表现概念的提出

郎加纳斯指出,崇高是激情受到触发时瞬间的产物,接受者凭借狂喜(ekstasic)认识和判断崇高。崇高境界的产生依赖于心灵超越现实世界的能力。培根在《知识的进步》中继续发挥了这一思想:理性使人的心灵从属于事物的本性,而艺术中的想象和虚构则使事物形象合乎人的意愿,提升人的灵魂。两者思想的合流,构成18世纪的美学原则。人们不再停留在简单地重复情感表现的观念上,开始进一步探讨情感表现的心理学动因。这时被普遍接受的观点是:诗人内心的强烈情感由于被压抑在无意识里,不能直接表达出来,就通过诗歌使之客观化。这种被客观化的情感就从无意识领域进入到意识之中,从而得到间接的宣泄。可以说,一切艺术都是艺术家情感的恰当表现,有多少种情感,就有多少种

[①] 塔塔科维兹《中世纪美学》,第290—291页。

诗歌。这些思想直接开启了 19 世纪浪漫主义的表现美学。

华兹华斯

华兹华斯的诗歌理论是对他之前的各种情感表现说的明确化和理论化。艾布拉姆斯评价道："华兹华斯是第一个伟大的浪漫主义诗人,同时,他的著作影响极大,他使诗人的情感成为批评指向的中心,因此也标志着英国文学理论上的一个转折点。"①

人类的心灵具有不需要外界刺激也能自发产生激情的能力,这种能力越强,人就越优越,也越能感受到心灵的优美和高贵。但是现代社会及其文明的发展破坏了这种能力,诗人的作用就是竭力恢复和增强人们的激情。因为他们比常人更具敏感性,更容易被不在眼前的事物感动而在自己心中唤起热情:"总括说来,诗人和别人不同的地方,主要是在诗人没有外界直接的刺激也能比别人更敏捷地思考和感受,并且又比别人更有能力把他内心中那样产生的这些思想和情感表现出来。"②

据此,诗歌的本质就在于表达情感:"一切好诗都是强烈情感的自然流露。"③真挚、不矫饰的情感成为诗歌的核心,是情感赋予动作、情节以重要性,而非相反。情感的自然流露并不意味着诗人只凭本能创作,除了天赋的能力外,诗人还必须具备五种能力:观察和描绘能力;感受性;沉思;想象和幻想;虚构④。因为,"凡有价值的诗,不论题材如何不同,都是由于作者具有非

---

① 艾布拉姆斯《镜与灯》,第 160 页。
② 华兹华斯《〈抒情歌谣集〉一八〇〇年版序言》,《西方文艺理论名著选编》中卷,第 53 页。
③ 华兹华斯《〈抒情歌谣集〉一八〇〇年版序言》,《西方文艺理论名著选编》中卷,第 43 页。
④ 华兹华斯《〈抒情歌谣集〉一八一五年版序言》,《西方文艺理论名著选编》中卷,第 56—57 页。

常的感受性,而且又深思了很久。因为我们的思想改变着和指导着我们的情感的不断流注,我们的思想事实上是我们已往一切情感的代表;我们思考这些代表的相互关系,我们就发现什么是人们真正重要的东西;如果我们重复和继续这种动作,我们的情感就会和重要的题材联系起来"①。好的诗歌还必须经过诗人的思考,以往的情感积淀为思想,对这些情感进行思考,就使诗歌与重要题材联系起来并具有了普遍性,且经过思考的情感可以提高欣赏者的理解力,纯化和强化他们的激情。以往我们在谈华兹华斯时,只注意到他强调表达情感,却往往忽略他设定的前提,即必须经过思考之后再表达,这是对其观点的片面认识。

情感的表达需要首先借助词语而不是形象、情节,词语便成为情感表达的媒介。华兹华斯认为真正的诗歌应是在朴质、自然的情感激荡下对语词合乎本性的选择。对普遍人性的信仰决定了情感具有共通性,所以,表达这种情感的语言也是人类共有的。在此意义上,诗歌与散文的语言没有本质区别。由此,诗人的创作也就绝不是自娱的个体活动,而是为他的公共活动。"诗的目的是在真理,不是个别的和局部的真理,而是普遍的和有效的真理;这种真理不是以外在的证据作依靠,而是凭借热情深入人心。"②诗人和哲学家的区别也正在于此。

怀着对整个人类的观照,华兹华斯提出自己的诗歌表现理论,并为诗人确立了位置:"你的光焰若真是得自上天,诗人呵!就按照上天给你的能量,在你的位置上发光吧,要怡然知足。"③像

---

① 华兹华斯《〈抒情歌谣集〉一八〇〇年版序言》,《西方文艺理论名著选编》中卷,第43页。
② 华兹华斯《〈抒情歌谣集〉一八〇〇年版序言》,《西方文艺理论名著选编》中卷,第50页。
③ 华兹华斯《序诗》,《湖畔诗魂——华兹华斯诗选》,杨德豫译,北京:人民文学出版社,1990年,第1页。

太阳发光那样将情感表达出来并投射在其他人的心灵里,这就是诗人职责的全部。

在华兹华斯影响下,19世纪的美学和艺术批评强调诗对情感的表现,诗与散文的区别又在"表现情感"与"传达知识"的对立中重新被提起。不仅如此,人们还要求诗在表现创作者情感的同时感染观众,产生共鸣,这才是诗歌情感性和表现性的全部内涵。雪莱在《为诗辩护》中就把诗规定为想象的表现,认为"审美力最充沛的人,便是从最广义来说的诗人;诗人在表现社会或自然对自己心灵的影响时,其表现方法所产生的快感,能感染别人,并且从别人心中引起一种复现的快感"[1]。

欧仁·维龙

欧仁·维龙(Eugène Véron)于1878年发表《美学》,在西方美学史上第一次提出艺术是情感的表现[2]。

维龙的情感表现论建立在他的美学和艺术理论基础上。他反对把美学归类为研究美的学问,而是继承了自黑格尔以来提倡美是艺术哲学的观念,认为美学是研究艺术之美的科学。这就不难理解他的《美学》一书紧紧围绕艺术,从艺术本体论和艺术样式论这两个方面来讨论美学问题了。

进入19世纪以来,随着科技的发展和进步,自然科学的思维方式和研究方法日益渗透并影响着人文学科,法国浪漫主义作家斯塔尔夫人的《论文学》、文学批评家圣·佩韦的《文学家评传》,以及艺术理论家丹纳的《艺术哲学》,都是在自然科学方法的影响下进行文艺研究的成果。身处其中的维龙自然也不例外。在《美

---

[1] 雪莱《为诗辩护》,《西方文艺理论名著选编》中卷,第68—69页。
[2] 参见布洛克对他的评价,见布洛克《美学新解》,第129—130页。

学》的"引论"中,维龙指出:艺术是人类机体的各方面因素自然而然的结果,人类机体的特殊结构能够在形式、线条、色彩、运动、声音、节奏和图像的组合中寻找到自身的快乐。如果仅仅强调审美快感源于这种生理结构的契合,就未免陷入机械的生理决定论的偏颇之中,然而维龙的贡献就在于他进一步强调,这些艺术形式的组合只有在表达人类灵魂的情感和感觉时才能给人带来快乐。也就是说,在一切审美活动中,艺术家的情感表达居于首要地位。

在艺术是情感的表现这个主要观点的统括下,维龙在《什么是艺术》这一构成全书核心的章节中论述了舞蹈、音乐、雕塑、绘画、建筑、诗歌这些不同艺术门类的起源和历史发展。在维龙看来,艺术是和人类同时产生的:"艺术不单单是人类文明的产物和花朵。更恰当地说艺术是人类文明的萌芽。当人类意识到自己的存在和自己的个性在其最初的作品中非常鲜明地显露出来时,艺术就开始出现了。"[①]可见,贯穿于这些艺术门类之中的是人类的激情和感受。如果说原始时期的艺术是人类天赋的无意识表现,因而其感情的表达具有异乎寻常的力量;那么,近代艺术由于意识到了自己的存在,其情感的表达变得肤浅苍白、矫揉造作。

此外,艺术的构成还与人类的构成要素有关。人类区别于动物的根本特征在于通过持续的大脑思维活动,去追求最完美的境界,以满足人的肉体和精神需要。人类为满足肉体需要而做的努力产生了技艺;为满足精神需要创造了各门艺术。这些真实的或想象的需要得到现实或期望中的满足就会产生幸福、欢娱等感受及情感;反之则产生痛苦、悲伤等。这两种情况中都有情感激动,这种激情的本质能通过表象强烈地表现出来。激情通过有节奏

---

① 维龙《什么是艺术》,蒋孔阳主编《十九世纪西方美学名著选》(英法美卷),上海:复旦大学出版社,1990年,第449页。

的手势和身体运动表达出来就创造了舞蹈;通过有节奏的音符创造了音乐;通过有节奏的话语创造了诗歌。所以,艺术就是激情的强烈表现。在此意义上,维龙极力推崇表现艺术,认为"表现艺术是真正的现代艺术,它在很大程度上是建立在感染力的基础上的。它描绘人的激情、情感和性格特点。……这种艺术的目的在于人本身,在于研究人的偶然出现的或者持久的感情,研究他的德行或是罪恶"①。正是这一点使现代戏剧与小说区别开来,成为艺术的最高样式。

通过分析艺术的起源和构成,维龙给艺术下的定义是:"因此,作为艺术的一般定义,人们可以这样说:艺术是某种激情的表现,这一激情或者是通过线条、外形和色彩的种种组合,或者是通过一系列具有特定节奏的动作、声音和话语而表现出来。"②当艺术家被强烈情感打动时,就运用艺术手段表现这种情感,并传达到欣赏者的心灵之中。只要艺术品表现了作者强烈的情感和打动人的力量,它就是美的;当这些条件完全满足后,美就产生了。所以,艺术的定义就是美之定义。表达和表现激情的能力就成为衡量艺术价值的标准:"一件艺术品(不管是什么样的艺术品)的价值能够而且应该首先用表现和表达激情的能力来衡量,因为这种激情是产生艺术的决定性原因,并且因此构成了艺术内在的和高度的统一性。"③

维龙的情感表现说产生了极大的影响。托尔斯泰对艺术的定义几乎就是重复维龙的观点:"在自己心里唤起曾经一度体验过的感情,在唤起这种感情之后,用动作、线条、色彩、音响和语言所表达的形象来传达出这种感情,使别人也体验到这同样的感

---

① 维龙《什么是艺术》,蒋孔阳主编《十九世纪西方美学名著选》(英法美卷),第 451 页。
② 维龙《什么是艺术》,蒋孔阳主编《十九世纪西方美学名著选》(英法美卷),第 452 页。
③ 维龙《什么是艺术》,蒋孔阳主编《十九世纪西方美学名著选》(英法美卷),第 452 页。

情,这就是艺术活动。"①

(三) 表现理论的发展

在浪漫主义者那里,"表现情感"更多地体现为一种主观情绪的表达和创作实践的总结,克罗齐和科林伍德一派的表现说则将这种感性观念和实践行动上升为哲学思考,赋予"表现情感"说以明确的理论论述。布洛克在《美学新解》中准确地评论道:从克罗齐和科林伍德开始,"所谓艺术表现,就是从某种情感状态(或体验)向着审美理解转化。所谓内在情感的外化,不是情感的释放或涌出,而是改变它的性质,使它从一种非理性的冲动变成一种艺术的理解。艺术家的目的不是像因果理论所说的那样,将某种内在情感展示出来,而是真正理解这种情感,而这就意味着从一种'情感状态'转变成一种'审美概念'(或美的意象)。通过上述批评性的思考,那种宣称宣泄感情的因果表现论,便开始转变成一种稍具认识色彩的表现论,按照这种理论,表现就是对一种感情的审美理解"②。浪漫主义强调的因果表现论将作为艺术作品的源泉的内在心理情感看成是艺术品最终表现出来的东西,可情感是一种内在心理状态,怎么可能成为一个外部物理对象的外表特征呢? 浪漫主义的表现论所遇到的困难在克罗齐和科林伍德一派的表现说那里得到了解决。他们意识到人的内在情感在审美表现中已经发生了转化,情感在浪漫主义的表现论中是与艺术作品分离的,而在他们的表现理论中则作为艺术作品的有机组成部分成为作品的固有性质。表现不再仅仅意味着原始情感的抒

---

① 托尔斯泰《什么是艺术?》,丰陈宝译,《列夫·托尔斯泰文集》第十四卷,北京:人民文学出版社,2000年,第174页。
② 布洛克《美学新解》,第142页。

发和表达,更强调对被表现的情感的认识和理解。布洛克在《美学新解》中认为,"经过上述纠正以后,表现说便成为一种相当明智的理论"①。从此,表现说作为一种美学学说获得了更为合理的理论形态和理论界说,西方美学关注的重心也由传统的"美""崇高""秀美"等范畴转为"情感""表现""审美价值"等范畴。

克 罗 齐

克罗齐认为,心灵(精神)之外,无所谓纯自然的现实,现存的一切都是心灵的表现,因此,哲学应该而且只能以心灵为研究对象。只有心灵哲学才有意义和价值。心灵活动分为认识活动和实践活动两种,前者以直觉和逻辑为从属形态,后者以经济和道德为从属形态。这四者构成心灵的四个阶段,其中,后者总是内含前者,只有直觉是唯一无所依傍的独立存在。相应于人类活动的这四种形式,天才也有四种形式:艺术、科学、经济和道德②。从此哲学观出发,克罗齐展开了艺术即直觉即表现的论述。在心灵的活动这一点上,表现与艺术、直觉、审美的活动以及心灵的审美综合同义,至少包含以下五方面内涵。

第一,表现与直觉同一。直觉源于印象。外界事物刺激感官产生感受,感受所得的印象只是心灵被动领受的无形式的物质,当心灵运用综合和创造性联想赋予感受或印象以形式时,就产生了具体形象,形成直觉。直觉是心灵活动的起点,"艺术是纯直觉或者说纯表现,既非谢林所谓的理智的直觉,亦非黑格尔所谓的逻辑,亦非像在历史研究中用到的判断,而是与概念和判断毫不相干的直觉。艺术是认识的破晓时的形式,没有这个形式就无法

---

① 布洛克《美学新解》,第142页。
② 克罗齐《美学原理》,朱光潜译,北京:外国文学出版社,1983年,第71页。

理解以后更加复杂的诸形式"①。直觉不同于知觉、感受、表象、联想、情绪等一切的心理状态,其根本特点在于表现。表现的性质就是直觉的性质:"每一个真直觉或表象同时也是表现。没有在表现中对象化了的东西就不是直觉或表象,就还只是感受和自然的事实。心灵只有借造作、赋形、表现才能直觉。"②表现是指赋予感觉或印象以形式的活动,通过表现,无形式的印象便从直觉界限之下的浑暗状态进入被心灵观照的明朗状态。"在这个认识的过程中,直觉与表现是无法可分的。此出现则彼同时出现,因为它们并非二物而是一体。"③在心灵的赋形活动这一点上,"直觉是表现,而且只是表现(没有多于表现的,却也没有少于表现的)"④。

第二,表现意味着内在情感的表现。一方面,表现伴随着情感,在本质上是情感性的,"恰恰因为纯直觉和理智主义,和逻辑不相干,所以它充满感情和激情,也就是说,纯直觉只把直觉的、表现的形式赋予心灵状态"⑤。内在的感受或印象都可被称为情感,它们只有经过心灵的综合,才能获得形式,成为可被心灵观照和领会的具体形象。这种内在的情感化为外在的具体形象的过程,就是情感得到了表现。另一方面,情感对表现(直觉)极为重要,"是情感给了直觉以连贯性和完整性:直觉之所以真是连贯的和完整的,就因为它表达了情感,而且直觉只能来自情感,基于情感。正是情感,而不是理念,才给艺术领地增添了象征的那种活泼轻盈之感:即包含在再现(即艺术)范围内的灵感;在艺术中,灵

---

① 克罗齐《美学纲要》,韩邦凯等译,北京:外国文学出版社,1983年,第316页。
② 克罗齐《美学原理》,第14—15页。
③ 克罗齐《美学原理》,第15页。
④ 克罗齐《美学原理》,第18页。
⑤ 克罗齐《美学纲要》,第317页。

感不仅通过再现,再现也不只通过灵感"①。情感对于艺术正如直觉对于艺术,不再仅仅作为艺术的一个组成要素,而是成为艺术表现的本性。真正的艺术创造必须首先是纯粹抒情性的,才能是纯粹的直觉。当克罗齐作出"艺术的直觉总是抒情的直觉"的判断时②,他正是强调情感既不是形容词也不是对艺术的定义,它就是艺术表现本身,两者同义。

第三,美学是心灵表现的科学。表现是指事物触及感官产生印象,心灵通过赋形活动,使本无形式的印象成为具有形式的完整形象。此完整形象便进入直觉的界限内,能为心灵把握和观照。心灵的这种赋形活动就是直觉,无形式的印象在直觉作用下形成完整的具体形象就是表现。可见,表现是在内心完成的,它既不同于自然科学意义上的表现,也不同于通常表达意义上的表现,而是审美意义上的表现。"成功的表现"就是美,它使心灵活动获得自由伸展,是"正价值"。丑则与美相对,是不成功的表现,心灵活动在此受到扭曲,是"反价值"③。以前的美学之所以不能阐明艺术的真相,就在于将艺术与心灵活动分开。而现在,"美学只有一种,就是直觉(或表现的知识)的科学。这种知识就是审美的或艺术的事实"④。

第四,表现是没有形态分别的整体。表现是心灵的审美综合活动,"心灵的活动就是融化杂多印象于一个有机整体的那种作用"⑤。所以表现也是整体,没有形态的区别。相应地,每一部艺术作品都表现心灵的一种状态,而心灵的状态总是独特的、新颖

---

① 克罗齐《美学纲要》,第 227 页。
② 克罗齐《美学纲要》,第 229 页。
③ 见克罗齐《美学原理》,第 88—89 页。
④ 克罗齐《美学原理》,第 21 页。
⑤ 克罗齐《美学原理》,第 27 页。

的,表现心灵状态的艺术作品就有彼此不同的无数个,不能作所谓体裁和种类的划分。"在审美的事实中,表现的活动并非外加到印象的事实上面去,而是诸印象借表现的活动得到形式和阐发。……所以审美的事实就是形式,而且只是形式。"①如果真要确定艺术的共性的话,那就是用于表现每一种独特心境的那种普遍的艺术活动——直觉。因为,在审美表现中,"唯一真正的综合就是诸综合的综合,即心灵,它是真正的绝对,是纯粹的活动"②。

第五,审美表现是内在的。克罗齐认为:"审美的创作的全程可以分为四个阶段:一、诸印象;二、表现,即心灵的审美的综合作用;三、快感的陪伴,即美的快感,或审美的快感;四、由审美事实到物理现象的翻译(声音、音调、运动、线条与颜色的组合之类)。"③自然科学意义上的表现是由抽象理智确定的一种因果关系,缺乏心灵的活动,属于机械事实,还处于直觉的界限之下,它处于审美表现之前,类似于第一个阶段。通常意义上的表现是指用文字或其他物质媒介再现心灵意象的传达活动,它处于表现活动完成之后,相当于第四个阶段。审美的表现即艺术创造是在对印象进行直觉的形式加工时就已完成,即第二个阶段。所以,艺术品都是"内在的","所谓"外现的"就不是艺术品,因为借助物质媒介把表现展示出来的活动由于具有了意志和目的,就不再属于审美活动,而是有目的的实践活动。艺术创作并不是从外在现实出发,借改变现实以符合自己的理想,而是从外在现实的印象出发,实现理想的表现。艺术家的任务就是"赋予形式给已在心中存在的东西"④。这种活动全部是在心灵中完成的,借助自然事实

---

① 克罗齐《美学原理》,第23页。
② 克罗齐《美学纲要》,第262页。
③ 克罗齐《美学原理》,第105—106页。
④ 克罗齐《美学原理》,第63页。

再造理想事实的艺术实践属于表现之后的物质活动,由于脱离了心灵而和真正的艺术表现已经毫无关系。

从以上分析可以看出,克罗齐的表现只关乎人类的心灵活动。在心灵活动的意义上,表现与直觉、审美、艺术、情感达成了同一。以前的表现说都集中在内在情感的表达,克罗齐则扩大了表现的内涵,使表现从表达情感的工具和手段上升为与审美情感、艺术创造同质的心灵活动。这样,表现就不再仅仅是美学的一个范畴,而扩展为美学的全部内容。

科 林 伍 德

科林伍德的表现说是对克罗齐理论的深化和细化。情感、表现、想象这些浪漫主义者标举的重要因素在科林伍德那里得到了从哲学角度进行的系统思考和阐述。

首先,表现情感不同于唤起情感。表现情感的过程就是探测、确定情感的过程,使处于无意识的情感成为被意识到的情感,使尚无形式的情感成为能被把握的情感。情感被确定之际,就是它获得成功表现之时。表现情感首先指向表现者,是表现者对自己情感的认识和理解行为。它并不针对观众,如果他们具有相同的情感,且能够理解这种情感的表现方式,那么他们就和表现者一样获得了情感的表达。但这并不能对表现增添任何新的性质。唤起情感则是运用技巧、手段在对象身上激起预先设定的情感反应。它借助技艺服务于外在的目标,处理的是已经存在的情感。它是对一个现成情感的技巧性表达,而不是对尚未明确的情感的探测和完成。"表现情感的动作就是对他自己情感的一种探测,他试图发现这些情感都是些什么。这里当然有一种引导过程,也就是说,有一种导向某一目的的努力;但是该目的并不是某种被预见或被预想的东西,并不是根据我们对目的特性的了解就能想出恰当手段的那种东西。表现是一种不可能有技巧的活动。"①

其次,表现情感不同于描述情感。表现是一种个性化活动,被表现的情感不是情感的实例,而是一个特殊的情感本身,无法进行分类。如果情感可以被分类的话,就意味着诗人在表现完成之前就已经意识到要表现怎样的情感,要选择哪一类情感。可是,"任何一种选择,任何要表现这种情感而不表现那种情感的决定,都是非艺术的"②,因为在真正的表现工作完成以前,诗人是不可能认识到他所体验的是什么情感,他无法进行选择并给予其中某种情感以优先性。描述情感意味着在描述之前就已经确定了情感的性质,处理的是情感的实例而非情感本身。技艺要想实现目的,总从一般性原则出发,并不加以个性化,这使描述成为一种概括活动,它将情感置于一个概念之下并加以分类。因而,描述不仅无助于表现,反而会损害表现。真正的诗人"如果充分意识到情感意味着意识到它的全部独特性,那么,充分表现情感就意味着表现它的全部独特性。这样,诗人越理解自己的任务,他就越有可能避免给他的种种情感贴上这种或那种一般种类实例的标签,而是呕心沥血地在表现中把它们个性化,并通过表现揭示它们与同类其他情感之间的差异"③。

再次,表现诉诸共同情感。情感的实例因人而异,但情感本身始终不变。正是因为被表现的情感不是体现情感的实例,而是独特的情感本身,所以,艺术表现必然冲破艺术家个人性情感的"自我表现",而诉诸能引起观众共鸣的社会性情感。"当某人阅读并领会了诗人的诗句时,他就不仅仅是领会了诗句所表现的诗

---

① 科林伍德《艺术原理》,王至元等译,北京:中国社会科学出版社,1985年,第114页。
② 科林伍德《艺术原理》,第118页。
③ 科林伍德《艺术原理》,第116页。

人的情感，而且是凭借诗人的语言表现了他自己的情感，于是诗人的语言就变成了他自己的语言了。"[1]艺术家成为公众情感的代言人，艺术作品成为艺术家和观众获得情感表现的中介。在表现情感这一点上，艺术家和观众的界限被取消。如果一定要区分两者的差别，那就是艺术家有能力把公众表现不出或表现不好的情感成功地表现出来，公众只有在艺术家的示范下才能把情感表现出来。

最后，情感表现在总体想象性经验中完成。科林伍德继承克罗齐的观点，认为艺术不需要物质形式，只要在艺术家头脑中占据了位置，艺术就被完全创造出来了。他更进一步分析道，一件艺术品包括两个部分：特殊化的感官经验和非特殊化的想象性经验[2]。两者并不对立存在，想象性经验包括感官经验的因素以及与之异质的其他因素，是艺术的本质。艺术就是"通过为自己创造一种想象性经验或想象性活动以表现自己的情感"[3]，这是一种真正的创造物，而将头脑中的情感形象物化的过程则属于远离艺术的制造的范围。

埃德加·卡里特

和科林伍德一样，埃德加·卡里特也是克罗齐表现主义美学的拥护者和倡导者。他修正并发展了克罗齐的观点，使表现理论得到更合理的界说。

卡里特明确了表现具有主客观统一的性质，指出表现不等于直觉。卡里特同意克罗齐关于表现可以传达的观点。传达要有效，必须有作为中介的艺术品的客观存在，有传达者之外的作为

---

[1] 科林伍德《艺术原理》，第121页。
[2] 科林伍德《艺术原理》，第152页。
[3] 科林伍德《艺术原理》，第156页。

传达对象的其他心灵存在,有传达者和被传达者对外部现实的共同感受。但是如克罗齐所言,直觉与表现同一,就无法合理解释表现的可传达性。因为克罗齐认为,根本没有外在于心灵的客观存在,一切存在都是心灵构造的意象,真正的艺术即表达只存在于心灵的直觉中,这就否定了传达必需的条件。因此,卡里特指出,表现不等于纯粹主观的直觉,它还依赖外部现实。虽然表现是在内心完成的,但并不排除它也可借助外在的传达来实现。由此进一步推出,虽然美不是客观事物的属性,而是主体赋予事物的性质,但不否定美与客观事物的联系,"美的获得需要两方面因素:主体和对象,但对象和我们对对象的接受,是不可能分开和抽象地加以考察的。因为在审美活动中,对象是处于被主体想象状态中的事物,是将主体的情感表现给主体的事物"[①]。通过否定表现与直觉的同一,卡里特赋予表现以客观的内涵,在一定程度上克服了克罗齐片面地将表现归入纯粹主观的直觉所造成的理论矛盾。

卡里特进一步发展了表现作为艺术家与观众的中介的观念。"但是艺术却观念地再造和表现了我此刻的心境;它所产生的意象不受时间和空间的制约,能够以观念性现实的形态在空间或时间的任何一点上被再造出来并得到观照。伟大的艺术家把我们揭示给我们自己,因为他们的想象与我们自己的想象相同,二者之间仅有程度上的差别。表现活动正因为是精神活动,所以它不是任意的而是必然的。"[②]艺术表现可以不受现实规律的制约,超越时空的限制,在观念中表现人类共同的情感,所以,表现活动不是偶然的个体性精神活动,而是必然的人类共同活动。

[①] 卡里特《走向表现主义的美学》,苏晓离等译,北京:光明日报出版社,1990年,第29页。
[②] 卡里特《走向表现主义的美学》,第158页。

卡里特继承了克罗齐的观点,认为完美的表现之外不存在任何其他的表现,表现在任何场合中都没有程度的差别,因此表现不能分类。完美的表现就是美,因而美也不能分类。他盛赞克罗齐对表现的这一分析,认为"克罗齐为美的理论作出了许多并非以表现与直觉的同一性为基础的重大贡献。其中最引人注目的,是他从哲学领域中彻底清除了所有在美学中发生过巨大作用、并时常把美学降低到文字饶舌水平的划分类别的做法"①。

从纯粹主观的心灵活动到主客观结合的精神活动,从个体性的活动到人类的共同活动,卡里特使表现的内涵更具有现实的合理性。

(四) 表现理论的深化

乔治·桑塔耶纳

乔治·桑塔耶纳的美论更多地集中在美感研究。他对美的论述始终不脱离人的感受:"一个真正能规定美的定义,必须完全以美作为人生经验的一个对象,而阐明它的根源、地位和因素。"②从人生经验出发,美就是一种积极的、固有的、客观化价值,是人们的意志力和欣赏力的一种感动,与人的感情密切相关。由于美作为一种价值来源于人的意识,"抛弃了意识,我们就抛弃了一切可能的价值"③。不仅如此,"为了这世界还有任何形式的美可言,我们就不但需要有意识,更需要有感情的意识。只靠观察是不行

---

① 卡里特《走向表现主义的美学》,第 164—165 页。
② 桑塔耶纳《美感——美学大纲》,缪灵珠译,北京:中国社会科学出版社,1982 年,第 10 页。
③ 桑塔耶纳《美感》,第 12 页。

的,必须有欣赏"①。这样,美首先是对对象的一种快乐情感;其次,美的快感是对事物的直觉而非功利作用,能满足心灵的基本需要;最后,美感也即对象本质与主体快乐在直觉观照中的结合,既非主观,也非客观,是一种中立状态。

在美作为有情感的价值始终不脱离意识这一点上,美感和表现联系了起来。具体地说,人的意识并非总是清晰明确,它处在流动变化中。为了"能够从这次知觉中认出是那次知觉的重复,能够在某些反复出现的印象中认出一个不变的事物"②,就需要用文字或符号将意识的抽象内容固定下来。意识的功能不仅是从统一体或典型中见到、认识到它本来的内容,还能借助联想认识到隐含其中的原本没有的倾向或性质、意义或情调。意识的这一过程就是表现的过程,由此活动带来的快感造成了感性世界的美。桑塔耶纳还进一步区分了表现力和表现的不同涵义。表现力表示一件东西所具有的一切暗示能力,它是一种经验赋予一个形象以唤起心中另一些形象的能力;表现则是指由表现力唤起的联想所涉及的价值归并进眼前对象时,事物就发生了审美的变化,表现力转化成为表现③。

可见,"在一切表现中,我们可以区别出两项:第一项是实际呈现出的事物,一个字,一个形象,或一件富于表现力的东西;第二项是所暗示的事物,更深远的思想、感情,或被唤起的形象、被表现的东西"④。实际呈现出的事物是物质价值或形式价值,所暗示的事物则是我们曾经经验过的其他事物或感情原有的特征,它使事物富于暗示的感觉。表现就存在于此两项事物在心灵中的

---

① 桑塔耶纳《美感》,第 13 页。
② 桑塔耶纳《美感》,第 130 页。
③ 桑塔耶纳《美感》,第 133—134 页。
④ 桑塔耶纳《美感》,第 132 页。

结合。如果仅仅停留在实际呈现的事物上,就没有表现的美;如果只停留在所暗示的事物上,就陷入回忆并忽略富于暗示的感觉,而不关注当前对象的表现力;如果这两项事物的结合不存在于心灵,只存在于事物之间的外在关系,就会丧失独特性而陷入千篇一律之中不可把握。

从以上的分析我们可以看出,表现要想产生美感,必须符合四个条件:第一,在表现的过程中要有快感的伴随。缺少了快感的表现,只能停留在对事物外部关系的认知上,而缺乏了美的原质。第二,被唤起的另外一些形象即所暗示的事物虽然通过联想使事物本身富于暗示性,但它不能独立存在,它必须归并和服务于实际呈现出的事物,才能使事物的表现力转化成审美表现。第三,两项的结合必须存在于心灵中。表现的特殊性是由心灵决定的,"所以,表现依靠两项的结合,其中一项必须由想象来供给;但是心灵所没有的东西,也就无法提供了。因此,一切东西的表现力是随着观察者的理解力之强弱而增减的"①。第四,表现与情感密不可分。"在形式或材料方面只有一种事物及其感情效果;而在表现方面则有两种事物,而感情效果则属于第二种事物即暗示的事物之特征。"②

苏珊·朗格

苏珊·朗格对表现的阐释基于艺术"是人类情感的符号形式的创造"这个基本的美学论点③。她用普遍情感、情感概念代替了克罗齐一派的自我情感、具体情感,用理性的直觉取代了克罗齐意义上的无理性的纯粹直觉,为表现说注入了符号学的新意义。

---

① 桑塔耶纳《美感》,第 133 页。
② 桑塔耶纳《美感》,第 131 页。
③ 朗格《情感与形式》,刘大基等译,北京:中国社会科学出版社,1986 年,第 51 页。

朗格接受了卡西尔关于"人是符号的动物"的观点,认为存在两种符号:语言逻辑符号和艺术表现符号。在朗格看来,"语言是人类发明的最惊人的符号体系"①。语言帮助我们形成对世界的认识,其特点就在于,语言符号与事物的概念连接,并且存在于由表达事物的综合概念构成的符号体系中。语言借助概念、判断和推理,按照体系自身的逻辑从零碎的材料中获得确定的语义。语言的这种逻辑推理过程帮助我们取得对客观世界的认识。但正是这种明确性和固定性又使语言在变动不居、相互交织的动态情感面前显得无能为力。相对于外在世界,人的内在生命中有着极为复杂的生命感受,它们相互交织、重叠、抵消、掩盖,无规律地流动,随时改变着形态与强弱。这种内在生命已经超出了语言的能力范围,此时艺术作为表现情感的另一种符号便出现了。艺术就是将人的情感转变成为可见可听的形式的一种手段。假若语言是借助逻辑推理达到对事物之间以及事物与我们之间的关系的认识,艺术则是对我们自身的情感、情绪、生命运动等主观现实的把握。艺术的本质就在于它的符号性。

艺术表现的对象是情感概念。朗格反对克罗齐一派提出的表现是自我情感的表现,因为"如果自我表现是艺术的目的,那么只有艺术家自己才能判断其创作的价值,如果艺术的目的在于刺激情感,那么艺术家就应该研究他的观众"②。艺术表现的应该是人类的普遍情感,是一种情感符号。通过对音乐的分析,她阐明了这种情感的性质:"音乐的作用不是情感刺激,而是情感表现;不是主宰着作曲家情感的征兆性表现,而是他所理解的感觉形式的符号性表现。它表现着作曲家的情感想象而不是他自身的情

---

① 朗格《情感与形式》,第40页。
② 朗格《情感与形式》,第27页。

感状态,表现着他对于所谓'内在生命'的理解,这些可能超越他个人的范围,因为音乐对于他来说是一种符号形式,通过音乐,他可以了解并表现人类的情感概念。"①艺术表现的情感不是艺术的一个成分,而是就在艺术的表现之中。正如语言表达的是事物的概念而非实际事物一样,艺术表现的也是情感概念而非实际情感。所以,"艺术完完全全是表现性的,每一行文字,每一声音响,每一种姿势,无不如此。所以,它百分之百地是符号性的"②。

艺术对情感的表现只能通过直觉来把握。艺术创造的最直接效果是具有一种离开现实的"他性"(otherness)③,这是通过创造与实物没有关联而纯粹诉诸人的视觉意象来实现的。"实际上,意象纯粹是虚幻的'对象'。它的意义在于,我们并不用它作为我们索求某种有形的、实际的东西的向导,而是当作仅有直观属性与关联的统一整体。它除此而外别无他有,直观性是它整个存在。"④无论柏格森把直觉看成与思维和经验相对立的"生命冲动",还是克罗齐把直觉看成先于理性的完善认识,他们都把直觉和理性对立起来。朗格却指出,直觉首先是一种最基本的理性活动,是对各种形式、关系、特征、意味的逻辑理解与认识。同时,直觉不同于纯粹的理性,不是对真假的判别,而是对形式外观的认识。其特点是,"这种表现不是通常确定意义上的符号表示,而是一种高度连接的形式的呈现。观众认识这种形式表现不是通过理性的比较与判断,而是通过直接的认识,通过人类情感的形式:感情、情绪,甚至人类特定阶段的感觉加以认识"⑤。

---

① 朗格《情感与形式》,第 38 页。
② 朗格《情感与形式》,第 70—71 页。
③ 朗格《情感与形式》,第 55 页。
④ 朗格《情感与形式》,第 58 页。
⑤ 朗格《情感与形式》,第 97 页。

综上所述,朗格运用符号学观点,将艺术确定为对情感概念的表现,就使具体的艺术形式包含了抽象的普遍情感,近现代美学中以克罗齐、科林伍德和卡里特为代表的表现论与以克莱夫·贝尔和罗杰·佛莱为代表的形式说由此得到了统一。同时,对情感概念的强调使表现摆脱了纯粹个人的情感表达,具有了人类的普遍情感。这样,艺术作为情感表现的符号就突破了自身的范围进入了整个文化领域。另外,她把直觉规定为基本的理性认识,在一定程度上纠正了克罗齐等人片面强调直觉的非理性特征而导致表现理论陷入神秘主义的错误。

三、呈现(presentation)

"presentation"这个词对应于中文有不同的译法,倪梁康将之译为"体现",他主要是在胡塞尔现象学的视域中来使用的。"presentation"不仅仅是一个哲学概念,它还是一个重要的美学范畴。作为哲学概念的"presentation"和作为美学范畴的"presentation"既密切相关,又在内涵、功用和适用范围上有差异。如果全部都用同一个中文译法,容易造成混淆。本节将作为美学范畴的"presentation"译为"呈现",这既与哲学概念的"presentation"区别开来,又与另外的两个美学范畴"再现"和"表现"相对应,体现出这三个美学范畴的关联性。

与"再现"和"表现"相比,"呈现"作为一个新兴的审美范畴出现在现象学美学中。虽然它存在的历史并不长,但对美学理论的发展却产生重大影响,使美学研究的基本思路和视野都发生了巨大转向。把现象学应用于美学研究并取得巨大成就的是波兰的英加登和法国的杜夫海纳。对呈现范畴的考察将主要以他们为主。当然,虽然现象学的创始人胡塞尔更多关注的是哲学问题,但他为现象学美学的研究奠定了哲学基础,确立了研究和分析方法。作为审美范畴的"呈现"正是对胡塞尔的哲学观念的美学运用,离开了胡塞尔的思想,"呈现"也无法得到明确的界说。因此,在对"呈现"的美学分析中,胡塞尔是无论如何也绕不开的。

胡 塞 尔

胡塞尔的现象学是进一步推进和纯化笛卡尔的哲学企图的产物。他认为,笛卡尔没有能够将思维和思维指涉的对象区分开来,因而不可能完成将"我思"确立为一切认识的基础和判断标准的任务。只有通过建立从个人特殊经验向经验的本质结构还原的"描述现象学",才能最终确立我思和其他思维的反思确然性的根本地位。

在胡塞尔的现象学中,"呈现"(Präsentation)是一个极为重要的哲学概念。倪梁康在《胡塞尔现象学概念通释》中解释"Präsentation"为:

> "体现"(当下拥有)在胡塞尔的现象学中被用来最普遍地指称某些突出的经验种类的意向状态,这些经验类型有:
> 1. 现象学研究本身所要求的那种认识,即:"指明"、"直观"、"本原经验"。在这个意义上,"体现"就意味着明见性。
> 2. 那种在构造上不再是被奠基的,而是奠基性的经验,即经验的原样式,就这种原样式来看,其他形式的经验都可以被理解为变更。胡塞尔喜欢将感性感知行为中的内时间意识看作是这种经验的一个现象学范例。在这里,"体现"便意味着一种由原印象、滞留、前摄所组成的现时体验,在这个

体验中被意识到的是一个在"现前"(Präsenz)领域的统一性中的感性杂多性。①

首先,呈现是纯粹意识的存在方式,它保证了"纯粹意识"这个现象学研究对象的可能性和有效性。

人的意识先天带有意向性,即意识总是"关于……的意识",它是一切意识的本己特性。胡塞尔认为在他以前对意识的研究总是停留在意识的经验内容上,这样,意识自身就因带有外在世界的因素而受到扭曲。现象学不同于以前对意识的非本质性研究,是"一门关于'纯粹自我'的'纯粹意识'的'纯粹现象'的本质学说"②,其对象是"'纯粹'认识的本质结构以及它们所具有的意义组成。在它的科学确定中自始至终都不包含丝毫有关实体存在的论断;就是说,任何形而上学的论断、任何自然科学的论断以及特殊的心理学论断都不能在它之中作为前提发生效用"③。现象学的任务就是凭借"本质直观"在内在直观中把握和描述意识活动本身,特别是意识的意向性活动。所以,现象学中的"现象",既不是指客观事物的表象,也不是指心理学的感觉材料,更不是指客观存在的经验事实,而是指事物在意识中的自我呈现,是一种不同于任何心理经验的纯粹意识内的存有。

当不含任何经验内容的纯意识通过直觉自我呈现出来时,它才能成为现象学研究的对象。"如果我将自己置身于这整个生活之上,并且中止进行任何一种直向地将世界认作是存在着的存在

---

① 倪梁康《胡塞尔现象学概念通释》,北京:生活·读书·新知三联书店,1999年,第366—367页。
② 胡塞尔《逻辑研究》第二卷第二部分,倪梁康译,上海:上海译文出版社,1999年,第240页。
③ 胡塞尔《逻辑研究》第二卷第一部分,倪梁康译,上海:上海译文出版社,1998年,第18—19页。

信仰,如果我将我的目光惟独朝向作为关于世界之意识的这个生活本身,那么我就获得了作为纯粹本我连同我的纯粹诸思维流的我本身。"①

其次,意识在呈现中被还原为纯粹自我与意向对象的多层反思综合结构。

纯粹意识通过现象还原来完成。意识并不是消极地接受事物的印象,它总是向客体投射,积极能动地将这些事物的印象综合为一个统一的经验。此活动就是意识的意向性结构的"构造"活动,也是意识的客体化行为。"每一个客体化行为自身都包含一个代现。根据〔本书〕第五项研究的阐述,每一个行为或者本身是一个客体化行为,或者以这样一个行为为基础,也就是说,所有行为的最终基础是在代现意义上的'表象'。"②所以,通过现象还原获得纯粹意识的过程就是意识的自我呈现活动,纯粹意识在呈现中以生动的自身当下的方式被意识到。意识的客体化行为也正是奠基于此呈现活动之上。

在呈现活动中,意识的客体化并不意味着实际地产生这些印象或对象,而是纯粹意识的意向构造能力和成就。意指本身是一个现在-存在之物,它意指的却不是一个现在,而是观念的、无时间的统一。根据直观表象来进行与单纯含义意向相符的含义充实,就实现了意识的本真意指。因此,在意识的构造活动所涉及的两个方面中,意向相关项不是客观实体,意向活动也不是经验性活动,两者是其所构成的意向关系的特定方面。在意向活动-意向相关项的结构中包含着作为行为进行者的纯粹自我,杂多的意向活动从这个自我中射发出来,同时又聚合为一个对象意识的

---

① 胡塞尔《笛卡尔的沉思:现象学导论》,张宪译,台北:桂冠图书股份有限公司,1992年,第8页。
② 胡塞尔《逻辑研究》第二卷第二部分,第91页。

统一,从而构成意向对象与其相应的诸自我之间盘结交错的反思层次。"构成这个差异的是意识方式,是意向方式,一个新的意指特征表现出来,在这种意指中所意指的绝然不是那个直观显现的对象,既不是语词-观念的对象,也不是相伴的实事-观念,而是例如在实事-观念中得到示范的质性或形式,并且它们被理解为在种类意义上的统一。"①

最后,呈现是主体和客体的统一。

胡塞尔认为,把握意向性的唯一途径是在呈现中进行本质直观的反思,通过给外在世界的真实性加括号,排除意识中的外在物质的因素,排除一切经验性内容,从感觉经验返回纯粹现象,将受到扭曲的意识还原为原始状态的纯意识,获得真实的实在性。现象学在"面向事物本身"中回到认识的始源,从而获得不同具体经验中的不变部分,即现象或现象本质。知识形式和知识内容的客观性与确定性都建立在纯粹主观性基础上。心理行为的意识与此行为对象的意识并非像布伦塔诺认为的那样是同一现象,意向性既不存在于内部的主体中,也不存在于外部的客体中,而就是整个主客体关系本身。意识经验的内容既不是主体也不是客体,而是与主体和客体相关的意向性结构。

如果说经验主义的认识论强调感觉经验是认识的起点,唯物主义的认识论强调客观事物是认识的前提,那么现象学则试图在这两者之间寻求一条中间的道路。胡塞尔将主观和客观事物的实在性问题通过加括号的方法悬置起来,对意向结构进行先验还原分析,这既避免了传统唯心主义只强调主体的内在性,也不同于实证主义和自然科学只关注客体的实在性。美国学者詹姆斯·艾迪(James M. Edie)在《什么是现象学?》的《引言》中准确指

---

① 胡塞尔《逻辑研究》第二卷第一部分,第200页。

出:"现象学并不纯是研究客体的科学,也不纯是研究主体的科学,而是研究'经验'的科学。现象学不会只注重经验中的客体或经验中的主体,而是集中探讨物体与意识的交接点。因此,现象学研究的是意识的意向性活动(consciousness as intentional),意识向客体的投射,意识通过意向性活动而构成的世界。主体和客体在每一经验层次上(认知和想象等)的交互关系乃是研究的重点。这种研究是超验的(transcendental,也可译为'直觉的'),因其所要揭示的,乃纯属意识、纯属经验的种种结构,这种研究所显示出来的,就是构成神秘主客关系的意识整体的结构(noetic-noematic structure)。"[1]

海 德 格 尔

胡塞尔对呈现的关注还停留在其哲学视域内,海德格尔的诗化哲学开始将呈现从哲学领域转向审美领域。海德格尔虽未直接使用"呈现"一词,但他关于"存在"的"显现""澄明""敞开"的界说却可看作是对作为审美范畴的"呈现"的阐发。可以说,海德格尔有关"存在"之存在状态和艺术作品之存在方式的思想是"呈现"从哲学走向审美的转折点。

首先,显现与隐蔽共同构成存在之真理。

海德格尔将胡塞尔现象学中的"显现"概念加以存在论的改造,强调显现对于主体、本体的领先地位,显现就是显现本身,既无主体,也不是任何事物的显现。"显示以多样的方式——或掩蔽着或揭蔽着——使某物得以闪现,让显现者获得审听、觉知,让

---

[1] 詹·艾迪《〈什么是现象学?〉引言》,转引自郑树森《现象学与文学批评》,台北:东大图书股份有限公司,1984年,第2页。

被审听者得到审察（处置）。"①存在照亮存在者，使存在者彰显；同时，存在有所澄明之际也自行隐匿，使存在者遮蔽。存在即含"Aletheia"和"Logos"于一体，"Aletheia"侧重存在本身由"隐"入"显"的运作，即"无蔽""解蔽"；"Logos"侧重存在本身由"显"入"隐"的运作，即"聚集"。这种显隐一体的原始争执就是存在的真理。它在存在者中体现为作为敞开的世界和作为遮蔽的大地两个方面的统一。

其次，存在之真理的本源性呈现方式之一是艺术。

存在之真理如何发生？海德格尔认为："由于真理的本质在于把自身设立于存在者之中从而成其为真理，所以在真理之本质中包含着那种**与作品的牵连**（Zug zum Werk），后者乃是真理本身得以在存在者中间存在的一种突出可能性。"②所以，"艺术"乃是存在之真理发生的原始性、根本性方式之一。具体地说，"在艺术作品中，存在者的真理已被设置于其中了。这里说的'设置'（Setzen）是指被置放到显要位置上。一个存在者，一双农鞋，在作品中走进了它的存在的光亮里。存在者之存在进入其显现的恒定中了"③。艺术作品在自身中开启出一个存在处身于其中的非对象性的世界，成为真理的现身方式，成为真理的显现和发生。通过确定**"美是作为无蔽的真理的一种现身方式"**④，呈现便从哲学概念进入美学领域。

再次，显现始终是在场者之在场的基本特征。

---

① 海德格尔《走向语言之途》，收入作者《在通向语言的途中》，孙周兴译，北京：商务印书馆，1997年，第208页。
② 海德格尔《艺术作品的本源》，孙周兴选编《海德格尔选集》上册，上海：上海三联书店，1996年，第283页。
③ 海德格尔《艺术作品的本源》，《海德格尔选集》上册，第256页。
④ 海德格尔《艺术作品的本源》，《海德格尔选集》上册，第276页。

海德格尔认为,艺术的本质是诗,而诗的本质是语言,由于"语言之本质因素乃是作为道示(Zeige)的道说(Sage)"①,理解存在在艺术中的呈现必然离不开对语言的考察。语言给事物命名,被命名的物将天、地、人、神四重整体栖留于自身,构成世界。世界由于世界化而成为存在,物与世界构成一种始源关系。只有居于语言中,存在者的存在才能显现出来成为在场。"如果在场本身被思为显现,那么在在场中运作的就是那种进入无蔽意义上的光亮之中的出现。无蔽是在作为某种澄明(Lichten)的解蔽中发生的。"②无蔽意为存在者的敞开,即存在的自我呈现。词语给出存在,诗人的职责就是召集作为存在之渊源的词语。此时的词语"它不再仅仅是具有命名作用的对已经被表象出来的在场者的把捉,不只是用来描绘眼前之物的工具。相反,唯词语才赋予在场,亦即存在——在其中,某物才显现为存在者"③。通过海德格尔,语言符号从描述者返回古希腊意义上的显示者,成为对存在之在场的呈现。

最后,呈现中的存在超越了主客体对立。

海德格尔认为,西方传统形而上学的二元论将物理解为意识可以表象的对象,造成主体与客体、人的意识与外部世界、观察者与被观察者的分裂和对立。这种思维方式习惯于指向自身之外,忽略了人的存在本身,破坏了人与世界的原初统一。整部形而上学史就是存在被遗忘的历史。只有当人停止向外探询并返回自身时,世界才会在人对自身的领会中向人敞开。因此,他的哲学思考聚焦于长久以来被遗忘的存在本身,"呈现"则是存在得以彰显和展开的方式。存之之真理不再是主体与客体、意识与对象、

---

① 海德格尔《走向语言之途》,《在通向语言的途中》,第216页。
② 海德格尔《从一次关于语言的对话而来》,《在通向语言的途中》,第109—110页。
③ 海德格尔《词语》,《在通向语言的途中》,第192页。

观念与事物之间的符合,而是意味着"它就存在者本身揭示存在者。它在存在者的被揭示状态中说出存在者、展示存在者、'让人看见'(αποφανσιζ)存在者"①。

英 加 登

英加登(Roman Ingarden,又译英伽登、茵加登)始终追随胡塞尔,沿着海德格尔开辟的由哲学领域转向美学领域的道路,发展了现象学美学,其历史地位正如凯西所言,"茵加登首先比任何人都更加系统、更加深刻地证实了一种真正现象学美学的可能性"②。他关于"呈现"的思想体现在对文学作品的存在方式和形式结构的分析中。

针对实证主义将文学作品等同于其物质载体,心理主义将文学作品等同于对它的心理经验,英加登指出文学的艺术作品是一种纯意向性的构成。它既不同于纯物质的实在客体,也不同于纯意识的理念客体,它是建基于物质基础之上的意向性创造。在其多层次的构造中,语词声音层、意群(语义)层、图式化外观层和意向客体层是最基本的层次③。这四个层次各有其特殊性质,同时又对其他层次产生影响,它们相互层叠构成作品的有机整体。

在已完成的作品中,语音层和语义层在作家赋予的形式中保持不变,但图式层和意向客体层则有许多未定点和空白点,需要具体的知觉和读者的再现行为。除了上述四个层次构成作品的基本结构之外,文学作品还有审美价值属性,它与意向的客体层

---

① 海德格尔《存在与时间》,陈嘉映等译,北京:生活·读书·新知三联书店,1999年,第251页。
② 凯西《〈审美经验现象学〉英译本前言》,杜夫海纳《审美经验现象学》下册,韩树站译,北京:文化艺术出版社,1996年,第605页。
③ 英加登《对文学的艺术作品的认识》,陈燕谷译,北京:中国文联出版公司,1988年,第10页。

密切相联。由于文学作品中存在未确定、未实现的领域,其审美价值属性和形而上的性质在作品中不可能得到充分的显现,也处于一种潜在状态,只有在作品具体化的基础上,这些属性才可能充分实现并达到直观呈现。所以,具体化行为决定了艺术作品向审美客体的转化,也决定了审美客体在艺术作品中的呈现。

具体化行为需要通过读者的积极阅读来完成。读者必须以一种特殊的首创性和能动性去思考句子意义,以一种共同创造的态度投身于句子意义确定的对象领域,在理解句子意义的同时理解它们的对象并与之进行交流。面对作品提供的成分,积极的阅读会借助想象进行选择,以新的成分充实各种不确定点,使被赋予了直觉性质的客体在意向中成为确定的。只有这样才能使读者发现意向客体层特殊的、独有的结构和丰富的细节,从理解句子的个别意向事态前进到它们多样的相互联系以及由这些事态描绘的对象。可见,想象是使客体化对象呈现的重要方式。正如英加登分析的,"至少要说有一种特殊方式的'想象'使得'想象的'对象呈现在我们面前。胡塞尔曾经说过一种呈现(presentification),它虽然和知觉过程中出现的呈现活动(presentifying)不同,但又确实同它相联系。如果我们比较一下我们目前所读的作品阶段和已经读过的部分(它仍然保留在我们意识的范围内,即使我们没有在思想或想象中通过特别的行为注意它们,当然,我们可以在这样的行为中注意它们,但没有特殊原因一般是不会这样做的),就会清楚地表明,当我们在阅读的目前阶段'想象'对象时,确实存在着这样一种呈现"[①]。

审美客体在具体化行为得到呈现的样态为:在意向客体层中,作品的句子直接对应于它们的纯粹意向性关联物,在意向事态的描绘功能支配下,"客观化"活动把各个句子投射的各种细节

[①] 英加登《对文学的艺术作品的认识》,第 101 页。

聚集起来，使再现客体对读者呈现出它们的"拟实在性"①，从而由个别的意向事态进入到作品整体的"描绘的世界"。作为知觉主体在作品中所体验到的图式化外观层，既需要借助事态而存在于意向客体中，更依赖于阅读中的现实化和具体化。因为，对图式化外观而言，"只有在它们被具体地体验到时，它们才能发挥其真正的功能，即使被感知到的对象呈现出来"②。读者在阅读中依据生动的再现材料创造性地体验直观外观，从而使意向客体直观地呈现出来，具有再现的外观。在意向客体和图式外观完成具体化之后，审美价值属性和形而上的性质才能得到实现，并反过来保证艺术作品的有机统一。"这个审美价值质素集（它的价值在直观中达到顶点）赋予具体化的艺术作品以明显的结构上的'有机'统一性。"③

总之，"呈现"在英加登那里被用来分析艺术对象的存在结构与展现方式。艺术作品是由不同层次组成的有机整体，有许多未定点需要读者借助以想象为核心的具体化行动进行重构和再现，"只有当我们从作品本身（孤立来看的图式化构成）过渡到它的具体化（它是在积极的阅读过程中重构的），我们才能把它看成是一个展开的过程，作品及其具体化的各个因素在这个过程中开始呈现出生命的外观、效果和功能"④。最终，我们才能完成从艺术作品向审美客体的转化。

杜 夫 海 纳

现象还原与审美经验基本特征相似，这决定了现象学特别适

---

① 英加登《对文学的艺术作品的认识》，第47页。
② 英加登《对文学的艺术作品的认识》，第56页。
③ 英加登《对文学的艺术作品的认识》，第87页。
④ 英加登《对文学的艺术作品的认识》，第78页。

用于审美经验的分析和研究。对审美经验的研究有助于现象学的发展,现象学理论在审美经验中能得到更有效的例证。胡塞尔将注意力集中在使现象学成为客观的、根本性的"科学的科学",虽偶尔涉及审美,也只是作为例证顺带说明,不具有真正的重要性,更谈不上构造审美体系。海德格尔对现象学进行了存在论的改造,从理解存在之真理的角度出发,将真理问题与美学问题联系起来。英加登对美学的现象学研究还有不完善的地方,只有杜夫海纳真正完成了对审美经验的现象学研究。"杜夫海纳的《审美经验现象学》把前人为了对艺术进行明确的现象学研究在各方面所作的最细微的努力推到了高峰。"它"是现象学美学领域出现的唯一最全面的、最完善的著作"[①]。他关于呈现的思想主要有以下四点。

第一,呈现使艺术作品实现为审美对象。

审美对象的性质就是呈现的性质,对呈现的分析离不开对审美对象的考察。杜夫海纳认为,审美对象不等同于艺术作品。艺术作品是审美对象未被感知时留存下来的东西,是在显现以前处于可能状态的审美对象。只有当艺术作品被欣赏者知觉而充分呈现出来时,它才能成为审美对象。因此,审美对象就是在知觉引起的呈现中显示真实性的一种对象,其存在有两个方面:一是审美对象首先作为作品而存在,它有自己的创建过程,具有和一般对象相同的客观性和物质性;二是不同于一般对象总是将感性知觉引向理性认识,"审美对象是感性的辉煌呈现"[②]。这两个层次决定了审美对象既不是单纯的物质对象,也不仅仅是再现外界事物的单纯想象之物,它的存在是而且只是知觉呈现中的存在。

---

① 凯西《〈审美经验现象学〉英译本前言》,杜夫海纳《审美经验现象学》下册,第606页。
② 杜夫海纳《审美经验现象学》上册,第259页。

如果说艺术作品"作为感觉的一种永久可能性而存在着"①,审美对象的存在则不是一种可能的或应该的存在,而是一种已经的存在。正是在呈现中,艺术作品才脱离了一般的物性存在成为审美对象,而这正是"现象学的还原所想达到的'现象',即在呈现中被给予的和被还原为感性的审美对象"②。

第二,呈现使审美对象的真实性成为可能。

一般对象只有在被知觉之后才存在,审美对象却摆脱了这种被动性,显示出一种被知觉的要求,从而引发和操纵知觉。审美对象的真实性就在于,它呈现给欣赏者的同时还要求欣赏者接受这种呈现并也向自己全部呈现出来。审美对象的真实性不能独立存在,必须以现实性为基础。因为当艺术作品呈现自身时,"被感知的东西不仅仅是精神上再现的东西,对象总是已经构成了的,因而审美对象返回作品,和作品分不开"③。也就是说,审美对象虽然存在于和艺术作品的区别之中,但两者仍有密切联系。与艺术作品的紧密关系使审美对象兼具真实性和现实性。真实性不等于现实性,虽然"审美对象是一个杰出的现实对象,但它无意在自己身上产生现实或照搬现实。它表述现实,在表述中揭示现实。在日常知觉和审美知觉中间不可画等号,在现实和再现物中间也不可画等号。艺术的真实性不能是体现这种等价关系。艺术表述的不是现实的现实性,而是它所表现的现实的一种意义。这个意义是真实的,因为它是现实可以借以出现的情感方面,而不是像物理公式可以说明的那种现实的现实性"④。但真实性又离不开现实性,因为在呈现中,"作品获得的具体存在是一种规范

---

① 杜夫海纳《审美经验现象学》上册,第39页。
② 杜夫海纳《美学与哲学》,孙非译,北京:中国社会科学出版社,1985年,第54页。
③ 杜夫海纳《审美经验现象学》上册,第41页。
④ 杜夫海纳《审美经验现象学》下册,第556页。

性存在：现实性必须表现出一种真实性，真实性又在这种现实性中被认识"①。

第三，呈现借助审美知觉来实现。

杜夫海纳所说的审美知觉是一种纯粹的知觉，它既不受想象力的诱惑，也不受理解力的干扰，使审美对象在一瞬间突然呈现出来。在观众面前呈现出来、表现出来的同时，审美对象也获得了具体性、明晰性和丰富性，并按照一种内在的必然性在感性的光辉中存在着。这种审美知觉是胡塞尔意义上的意向性的一种原始形式，它使审美对象与双重的主观性联系起来：与观众的主观性联系，要求观众去知觉自己的鲜明形象；与创作者的主观性联系，要求创作者为创作它而活动，而创作者则借以表现自己。在审美知觉中，想象起着重要的作用。借助想象，艺术作品将"过去"呈现为永恒的"现时"，从而进入审美对象的领域。另外，在审美知觉中，理解和情感也不可分。理解是情感性的，情感是思想性的，两者显示为一个共同的审美世界。审美知觉的目的就是为揭示对象的构成，是典型的、纯粹的知觉，其目标只是自己的对象，并不将自己融合到行动中去。审美知觉的这种性质决定了审美对象本身不具有任何功利性，其本质就在于它所提供的信息，它要求的是情感而非行动。审美对象就是高度展开的感性。

第四，呈现是主体和客体的统一。

艺术作品在充分呈现出来时才成为审美对象，因而审美对象是客观对象。同时，艺术作品的呈现必须有欣赏者对它的审美知觉，因而审美对象又表现了主体的世界观。审美对象提供的世界不是表象、再现的世界，而是表现的世界。前者对应的是历史事件发生、发展的客观世界，后者对应的是历史事件中人的情感与

---

① 杜夫海纳《审美经验现象学》上册，第51页。

活动。由此，审美对象是一个"类主体"。它是对主体的一种表现，类似地具有人的主体性。在此意义上，人与审美对象的关系就是主体之间的关系。审美主体和审美对象之间从决定论的关系转而成为"主体间"的关系。一方面，艺术作品为了自我实现要求我们与之结合，重新把握创造者的动作并进入它的世界。"审美对象不规定我去做任何事情，但要我去感知，即把我自己向感性开放，因为审美对象首先就是感性的不可抗拒的出色的呈现。"①这样，主体不再是先验的主体，而是事物唯一的存在方式，它含有世界，世界也含有主体。另一方面，艺术作品既是自在的，又是为我们的。客体通过主体而存在，又在主体面前存在。"但是如果艺术作品想要显现，那是向我显现；如果它想要全部呈现，那是为了使我向它呈现。"②审美对象在那里，我们关注它，它便向我们呈现出来。世界是为对象的，对象也是为世界的。杜夫海纳借助艺术作品的呈现避免了主体和客体的对立。

四、总　　结

通过以上对"再现"、"表现"和"呈现"三个美学范畴的历史梳理，我们可以看到，"再现"强调客体以及客体对主体的制约作用，"表现"强调主体以及主体对客体的把握，"呈现"强调主体与客体对立的消除。再现和表现都将审美价值的判断标准放在外部现实，再现强调的是外部实在，表现强调的是人的内部心理状态③，

---

① 杜夫海纳《审美经验现象学》上册，第114页。
② 杜夫海纳《审美经验现象学》上册，第71页。
③ "如果说模仿理论试图通过艺术所模仿的外部客观世界来解释艺术，表现理论则把注意力放在内部主观世界，即人感受的情绪和情感等方面。"布洛克《美学新解》，第125—126页。

呈现则否认现实世界(包括人类情感)与审美之间的任何关系,试图回归艺术作品的内在结构。尽管这三个美学范畴各自都有其独特的外延和不断丰富、变化的内涵,都历经不同的发展阶段,但是它们都是在区分主体和客体的二元对立的同一思维模式下展开,只是侧重点有所不同。正如鲍桑葵所说:"二元论的印象是由于人们竭力想领会客体是同主体相对而言的原则而产生的。"①可以说,二元对立的思维模式是这三个美学范畴的思想核心,构成它们的内在相关性。通过对二元对立思维模式的分析,我们可以清楚地看出"再现"、"表现"和"呈现"作为美学范畴的本质联系。不仅如此,对二元对立思维模式在哲学思想中演化的把握,还有助于我们更清楚地理解这三个美学范畴前后相继的发展历程,从而更深刻地领会它们的涵义。

　　二元对立的思维模式可以上溯到古希腊。虽然苏格拉底提出"认识你自己",要求哲学把目光从自然转向人事,但这一时期的哲学更多的是把目光锁定在外部世界,对自然和社会的研究代替了对个体生命的研究。正是在这种关注和重视客体对象的哲学思想影响下,强调客体的真实性和客体对主体的优先地位的模仿说作为最早的美学范畴出现了,并且成为古希腊美学中的主导思想。这种状况到中世纪和文艺复兴时期一直未发生改变。

　　欧洲的启蒙运动砸碎了神为人设定的禁锢。从 17 世纪以来至 19 世纪,在理性的光辉和科学的怀疑精神与进取精神推动下,人摆脱了超验本质的控制,开始发现自身。理性至上的观念使人们有理由坚信,凭借理性,人类完全有能力开启通向自我和世界的大门。建立在理性与经验的二元张力基础上的自然科学所取得的巨大成就进一步巩固了理性的地位。与此同时,随着自然科

---

① 鲍桑葵《美学史》,第 39 页。

学迅猛发展和以数理逻辑为核心的技术理性的过度张扬,理性已经从人身上剥离出来,代替了上帝的位置。这一时期,理性与经验的张力被极大地强化,也相应地造成内容与形式、灵魂与肉体、此岸与彼岸、自然与文化、理智与情感、善与恶等其他一系列二元对立的紧张对抗。在技术理性支配下的自然科学致力于向外探求,将关注点聚焦于自然客体,正好契合了强调客体的模仿理论。这一时期,模仿理论已经完善并获得历史上最大的发展。

近代以来,伴随科技理性的强势推进,人类越来越无法忍受在理性的阴影中压抑感官肉体的生命之轻。整个世界经历了如马克斯·韦伯所说的"除魅"[①]。与张扬理性相对立,"从十八世纪后期到今天,艺术、文学和哲学,甚至于政治,都受到了广义上所谓的浪漫主义运动特有的一种情感方式积极的或消极的影响"[②]。人的本质无须再由某种外在于人的力量设定,而就应该在人的自身中去寻找,而且只能在人的感性存在中去寻找。对应于哲学上对人的自我,特别是人的感性的张扬,模仿理论在经历了17、18世纪的成熟期和19世纪的极端期后开始在美学思想中渐渐隐退,代之以表现理论的充实和发展。表现理论中蕴涵的美学思想和模仿理论有着同样深远的历史,只是长期以来在模仿理论占统治地位的情况下虽不断发展,但并未得到应有的重视。

进入20世纪,胡塞尔、海德格尔、加达默尔、德里达、哈贝马斯、福柯等人先后从自己的哲学立场出发,旨在克服传统二元对立的思维模式给哲学发展带来的困境,在主体与客体的融合、统一中重新思考人类的生存状况。与这一哲学思想相适应,"呈现"开始成为一个备受关注的美学范畴。

---

① 韦伯《学术与政治》,冯克利译,北京:生活·读书·新知三联书店,1998年,第29页。
② 罗素《西方哲学史》下卷,第213页。

西方的哲学思想经历了从对外部世界的强调到对主体内心的关注再到超越主客对立的渴望这样一种发展过程,其中,强调客体的再现、张扬主体的表现和关注主客统一的呈现正是这种哲学思想在美学上的典型体现。

从忠实的镜像到超真实的幻象
——20世纪模仿理论的演变

20世纪以前,模仿是西方最重要的美学范畴和艺术批评理论[①],其内涵虽代有变化,但"模仿自然"始终构成它得以延续自身的核心[②]。进入20世纪以后,特别是在后现代思想中,模仿在涵义上的一致性发生断裂。同时,模仿不再是单纯的美学范畴和艺术理论,而是获得了新的学科立场和哲学内涵。模仿在涵义和功能上的变化,清晰地折射出现代和后现代思想的基本特征。本章将在上一章讨论"再现"范畴的基础上,梳理和阐释20世纪以来模仿涵义的演变史,并揭示出模仿与现代和后现代思想的关联,为我们今天重新审视、定位模仿的意义与价值提供一个新的理论框架,同时也有助于深化对现代和后现代思想的理解。

一、阐释学视野中的模仿

从古希腊到19世纪,模仿理论的演变历经如下过程:艺术模仿现实的观念始于希腊古典时代;中世纪模仿理论被神学统括;文艺复兴时期,模仿理论获得明确表述,进入新的繁荣期,这时的理论以特殊的理想化方式展开,即艺术只模仿现实中完善的方

---

① 模仿在希腊文中称作"μτμσιδ",在拉丁文中称作"imitatio",并由此产生意大利语的"imtitazione"和英语、法语的"imitation"。
② 本章所说的"自然"应作广义的理解,即外在于人的客观现实,可以是自然界,也可以是人类社会。

面;17世纪,古典主义把模仿理论扩大化,也导致其衰亡;18世纪,模仿理论达到最极端化的形式,模仿成为所有艺术的普遍属性,启蒙运动的艺术家在充实这一理论时也压缩了它,认为艺术所模仿的只是美的现实;19世纪,现实主义在现象与本质、主体与客体的辩证统一中力图使模仿达到本质的真实,而自然主义在实证哲学的影响下将模仿的真实重新限定为现象的真实。

20世纪以前,西方思想对模仿的论述虽侧重点各不相同,但都是将模仿放在艺术审美的视域中加以考察。进入20世纪以后,随着哲学阐释学对存在的关注,艺术研究发生转向,模仿的论述场域也从审美领域扩展到哲学领域。其中,加达默尔和保尔·利科对亚里士多德的模仿理论的重新阐释最为重要。

加达默尔分别在艺术领域和精神科学领域反思了传统的模仿论。

在艺术领域中,"没有作品的模仿,世界就不会像它存在于作品中那样存在于那里,而没有再现,作品在其自身方面也就不会存在于那里。因此所表现事物的存在完成于表现之中"[①]。这意味着:世界只有在作品的表现中才能获得自身的根本性存在,也只有在作品中世界才能被展现为我们可以认识和理解的世界;艺术作品只有在被表现、理解、阐释时才具有意义,也只有在被表现、理解、阐释时才能实现其意义。模仿沟通了世界与作品在存在层面上的联系,因此,艺术作品中的模仿不再是单纯的描摹性复现,而具有了一种卓越的再认识功能。循此角度,艺术作品的真理性就在于,借助模仿,艺术作品使世界摆脱现象的偶然性,在本质的提升中得到存在的展现。加达默尔认为,亚里士多德关于

---

① 加达默尔《真理与方法》上卷,洪汉鼎译,上海:上海译文出版社,1999年,第178页。

诗比历史更具有哲学性的论断应在此意义上加以理解。

不同于当代语言分析哲学有关语言即符号的观点,加达默尔将语言视为对存在的模仿。所以,对精神科学领域中真理的探讨不可避免地仍要涉及模仿问题。正如艺术领域中的模仿在存在的层面上沟通了作品和世界的关系,在整个精神科学的领域里,语言和世界也在模仿中达成了存在意义上的联系。语言与世界是摹本与原型的关系,这意味着"语词只有把事物表达出来,也就是说只有当语词是一种表现(mimēsis)的时候,语词才是正确的。因此,语词所处理的决不是一种直接描摹意义上的摹仿式的表现,以致把声音或形象摹仿出来,相反,语词是存在(ousia),这种存在就是值得被称为存在(einai)的东西,它显然应由语词把它显现出来"①。语言与世界超出了简单的符号和对象、能指和所指的关系,世界只有进入语言中,才能消除与作为审美意识的主体的距离感和陌生感,表现为我们的世界,被我们理解和把握。

古典理论从二元化的思维方式出发,将模仿界定为对对象的描摹,并认为在原型和摹本这两个构成模仿的方面中,摹本是表现原型的手段,原型被表现出来之时也就是摹本消亡之际。对原型之于摹本的优先性的信念使柏拉图视摹本为双重的模仿,处于卑劣者的地位②。哲学阐释学批评古典的模仿理论割裂了原型和摹本在本体论上的关联,认为传统形而上学中本质与现象、本体与属性、对象与再现的主从关系应该倒转过来,曾经被当作附属的东西现在应拥有主导的地位。由于原型在摹本中得到表现不是一件附属的事情,而是属于它自身存在的东西,因此,原型与摹本不再是决定与被决定的单向关系,摹本是对原型的开启,原型

---

① 加达默尔《真理与方法》下卷,第 523 页。
② 柏拉图《理想国》卷十,郭斌和等译,北京:商务印书馆,1986 年。

通过摹本得以展示,存在通过描摹得以表现,即"原型通过表现好像经历了一种在的扩充"①。

加达默尔从阐释学的核心概念"存在"这一角度重新理解模仿,而利科则从时间这个与存在密切相关的角度切入对模仿问题的思考。通常认为,时间是一个由过去、现在、将来构成的连续体。倘若如此,已经消逝的过去和还未到来的将来都不能被我们把握,我们只存在于现在中。可现在总是作为一个瞬间倏忽即逝,在时间的单向度上,将来不断地变成现在,而现在又不为我们所知地消逝为过去。现在无从寻觅,我们对时间一无所知,可时间对我们来说又是确实的存在。为解决时间与我们的存在息息相关却又难以被把握的矛盾,利科引入了亚里士多德的模仿概念。

亚里士多德在《诗学》中提出模仿是"对行动的模仿",利科进一步分析道,行动总是行动者的行动,对行动的模仿也必然是对人物的模仿。人物是有思想、情感和行为的人,且具有谈论自己的思想、情感和行为的能力,所以模仿就有可能从行动的模仿位移至人物的模仿和人物话语的模仿。如果模仿的对象最终落实到人物话语,那么叙述通过何种手段构成叙述者讲述人物话语的话语呢?这就涉及视角和叙述语态②。第一、第二、第三人称的视角转换,以及由此产生的虚构中的直接引语和间接引语,模糊了叙述者的话语和人物话语的界限,相应地,也使"现实"的"真实"主体(叙述者)的"真实"时间与"过去"的"虚构"人物的"虚构"时间交织起来,从而将同一主体在不同时态中的精神状态展现于同一空间的不同层面上,并打破叙述者的话语和人物话语分别位于

---

① 加达默尔《真理与方法》上卷,第 182 页。
② 见利科《虚构叙事中时间的塑形:时间与叙事第二卷》,王文融译,北京:生活・读书・新知三联书店,2003 年,第 154—155 页。

真实的现在时和虚构的过去时的独白状态而进入当下的对话状态。在亚里士多德看来,模仿的主要方式是叙事,利科进一步补充说,情节安排构成叙事的核心。在情节的安排下,叙事与时间做起了游戏。叙事中的时间不复保持现实中时间的单向结构,不同时态的时间被展现于同一叙述空间中形成了多层的复合结构。正如奥古斯丁所言,现在成了现在的现在,过去成为过去的现在,而将来也成为将来的现在①。在现在这一点上,叙事使过去、现在和将来成为可理解和可把握的。

以模仿为介质,利科在叙事中解决了时间的难题。同时,模仿的性质也在叙事与时间的关系中获得新的阐发。模仿是对行动的模仿,但若把模仿理解为镜面式的反映,就"意味着把模仿简化为复制,这与亚里士多德《诗学》的主旨完全不符"②。模仿是一种创造性的活动,它体现在利科对模仿划分的三个阶段中:第一阶段(模仿活动Ⅰ)叫"预塑形",指叙述者在进行叙述活动之前,对行动世界的语义结构、象征系统和时间性的先行了解,它为创作和叙述提供参照的前提和基础;第二阶段(模仿活动Ⅱ)叫"塑形",在情节中,人物和思想得到综合,零星的事件被整合成有意义的故事,它具有召唤读者在其中发现另一种可能世界的真相的中介作用;第三阶段(模仿活动Ⅲ)叫"再塑形",文本的世界与读者的世界在此阶段交汇,读者在与文本的对话中积极参与情节的构筑活动,以实现文本向作品的最终转化③。"塑形"是叙述者的情节安排。其中,人物、情境、目的、手段、原因、结果,以及突变等异质因素得到综合,它通过提供另一种可能世界的真相来吸引读者的参与。当读者听从文本的召唤进入文本的世界时,就进入了

---

① 奥古斯丁《忏悔录》,周士良译,北京:商务印书馆,1963年,第247页。
② 利科《虚构叙事中时间的塑形》,第10—11页。
③ 利科《虚构叙事中时间的塑形》,第1页注释1。

"再塑形"阶段。在文本与读者的交流和对话中,读者以一种全新的方式感受文本的世界,积极参与情节的建构和对异质因素的整合,使文本最终得以成为作品。同时,读者自身的经验也在文本中得到验证、充实和扩展,并成为再次模仿的"预塑形"。所以,模仿的三个阶段构成了循环往复的螺旋式上升,模仿不再是简单的复制,而是能动的创造。

二、结构主义观照中的模仿

在古典模仿理论中,存在着一个客观真实的外部世界,模仿的目的就是原样复制客观现实。在哲学阐释学中,客观世界的真实已不再是关注的重心,模仿的真实存在于对摹本的理解之中,借助模仿,艺术和语言分别与世界建立了存在意义上的联系。结构主义接过哲学阐释学中有关艺术、语言和世界关系的论述,将模仿看作是语言表达的一种功能,为后现代话语从符号这一角度解读模仿提供了思想资源。在结构主义有关模仿的思想中,罗兰·巴特的观点最具代表性。

传统文学观在"艺术模仿自然"的问题上,总是强调自然的先在性和决定作用,在模仿的能指符号与被模仿的所指对象之间建立的是单向的决定关系,使模仿成为文学创作的本质行为。在巴特看来,古代以来的文学艺术模仿自然的最终目的是要达到所谓的客观真实,但真实不可再现,只能加以证明,因为"叙事中'所发生的'事从指涉(现实)的角度来看纯属乌有;'所发生的'仅仅是语言,语言的历险,对它的到来的不停歇的迎候"[①]。如果艺术作

---

① 巴特《叙事结构分析导言》,塞尔登编《文学批评理论——从柏拉图到现在》,刘象愚等译,北京:北京大学出版社,2000年,第75页。

品以前被认为是受制于现实的客观性和精确性而用来承载现实的容器,现在,它则是由语言构成的象征体系。符号学的象征是指由表现形式和内容形式一一对应的封闭系统,但艺术作品的象征超出了符号学的范围而具有更普遍的意义,它不仅指明所象征的事物,还提示另外的意义。由此,艺术作品就成了由象征构成的语言结构,任何阅读作品而产生的意义都"最终只是构成作品的一堆花团锦簇的象征"①。模仿中能指与所指之间的单向决定关系被切断了,代之以能指符号即文本语言的自足性。自然再也不是君临于作品之上的独裁者,而是隐没在文本符号的活动中;模仿也不再是作品的本质,而退化为文学的一种能力②。

模仿脱离了文学的本质活动成为语言表达的一种功能,这导致文学作品从对客观现实的依赖转而反观自身,成为象征的语言。这种双重转化的结果就是"一切与语言有关的,都被以某种方式重新评价:哲学、人文科学、文学都是如此"③。当然,和模仿相关的核心观念也都因这种新的阐释而被赋予不同的内涵。

第一,艺术作品的真实性和客观性依赖于作品意义的多元性。作品的价值不在于将唯一的意义赋予不同的人,而在于提供不同的意义,让人们随意支配。虽然艺术作品是对外部现实的模仿,但模仿本身已不再是作品的终极目的,它只是为作品的意义提供一种功能性的保障。所以,作品不再因为对自然的模仿而受制于任何外部环境,作品的多义性便由这种对具体语境的脱离而产生。"既无任何固定的**语境**,作品本身便可供读者去探索:在作

---

① 巴特《批评与真实》,温晋仪译,上海:上海人民出版社,1999年,第69页。
② "我认为,文学的能力有三种,用三个希腊语概念加以概括,即知识性、摹拟性和记号性(Mathēsis, Mimēsis, Semiosis)。"巴特《文学符号学》,钮渊明译,《哲学译丛》1987年第5期。
③ 巴特《批评与真实》,第47页。

者与读者前,作品变成一个语言问题,人们可感受它的本质,从而接触到它的限制。作品成了广泛的无休止的词语调查的信托者。"[1]既然作品是由语言构成的多重意义的复合结构,作品的真实性就不再依赖外部现实,而就在它提供多重意义的可能性上;作品的客观性也不受制于模仿对象的客观性,而在于作品对于接受者而言的可理解性上。

第二,主体和客体的对立消解在对作品语言的关注中。在传统观念中,基于艺术作品是对外在现实的模仿,批评者的任务在于帮助读者理清作品与再现现实的关系。因此,批评者是受制于作家所创造的作品的释义者。作者和批评者虽然联系紧密,但应各就其位,不可越界。而现在,艺术作品不再是自然现实的反映者,"在一切叙事中,模仿始终是偶然的。叙事的功能不是'再现',它是要构成一个让我们感到极其暧昧不明的场面,但这个场面无论如何不是模拟的"[2]。这样,作家和批评家共同面对的就不再是所谓的客观现实,而是语言本身的真实,两者的界限也在作品语言中消失。不仅如此,作品文本由无数相互对立又相互关联的符号交织而成,每个符号的意义都在与其他符号的对应中闪烁、游移,文本的意义不在其本身而在读者与文本接触时的体会中。于是,同样在文本的语言符号中,文本的客观现实与接受者的主观意愿之间的界限也消失了。

第三,模仿功能的转变。传统的模仿观念在强调真实的前提下,要求作品尽可能再现自然的原貌,描述的现实性就在于展示事件的自然连续性。巴特认为,模仿不是原样照搬的重复性活动,作为文学的一种功能,模仿应该使作品超越现实的既定序列,展现为

---

[1] 巴特《批评与真实》,第53页。
[2] 巴特《叙事结构分析导言》,塞尔登编《文学批评理论》,第75页。

多重意义复合的独特整体,为作品的多义性和可理解性提供有效的保证。模仿从作品的本质中心退居为作品借以实现自身的一种手段和工具,由作品指向的终点转变为作品得以存在的中介。

三、后现代境域中的模仿

不论是古典理论,还是阐释学,抑或结构主义,它们在观照模仿时尽管在理论指向、思维方式、概念陈述上有巨大差异,但是在从工具论的意义上使用模仿这一点上却显示出一致性。在后现代理论中,模仿摆脱了一切外在的制约,独立成为自足的存在,模仿不再是再现现实、揭示存在、彰显真实的中介,它自身就是真实。德里达、波德里亚和威尔什分别从理论基础、内涵特征和现实语境这三个不同方面分析了模仿。

首先,德里达通过消解在场形而上学,从理论根基上为后现代的模仿理论扫除了确立自身的障碍。

众所周知,德里达揭示了此前西方思想中的逻各斯中心主义,以及由此形成的一系列二元对立,如意义与符号、主体与客体、能指与所指等,前者是恒定的中心,决定后者;后者的意义与价值都以前者为旨归,有赖于前者的确认。具体到模仿本身,由于模仿涉及模仿者和被模仿者两个方面,对被模仿者的先在性的强调也使模仿逃不出逻各斯中心主义的藩篱,致使"模仿在它的阐释的历史过程中无时不被真理的过程所控制……现时的此在是它的准则,它的秩序,它的法则。正是以真理之名,它的惟一的指代——指代本身——模仿才得以判断,才以规律的更迭而丧失或取得存在的权利"[1]。

---

[1] 德里达《文学行动》,赵兴国等译,北京:中国社会科学出版社,1998年,第83页。

逻各斯中心主义设定了一个决定一切的中心以及由此中心统摄的封闭结构，在这个貌似和谐完整的结构下面隐藏着深刻的矛盾。事实上，结构主义已经表明：符号与其意义是约定俗成的，没有内在必然性；符号总是在与其他符号的对立和差异中显出意义；别的符号有助于界定它的意义，并在其上面留下印迹；在场与不在场、存在与非存在都表现在同一符号中。既然如此，任何一个文本的符号都对应着此文本之外的其他文本中的符号。这种"互文性"彻底打破了文本的封闭结构，指示出所有文本都存在于与其他文本的相互对照和交织中，文本的意义不再具有所谓的独创性，它总是超出自身之外，不断变动游移。终极的意义和封闭的结构在这种互文性中被消解，代之以无限开放的文本和建立在阅读基础上的无穷的意义。

从此前提出发，德里达通过对"在场"形而上学的消解重新阐释了模仿理论："模仿复制在场，通过替换在场而补充在场。因此，它使现在进入它的外部。在呆板的艺术中，外观是分裂的，它是在外面对外观进行复制。事物本身的在场已经暴露在外在性里，因此，它必定消隐并再现于外在的外观中。"[①]在模仿中，原型是直接的在场，相对地，复制原型的摹本则是间接的不在场；摹本通过再现原型而成为原型的替代和补充，在此意义上，摹本又是一种替代性的在场。由是，摹本这个"不在场"兼有"不在场"和"在场"的双重身份。传统的模仿观奠基于自然的现时性和在场性，强调自然的中心地位和模仿对于自然的依赖。而现在，自然的现时性和在场性已经进入了模仿中，模仿不再受制于外部现实。传统模仿观中对原型和摹本的高下优劣之分就在对在场形而上学的消解中崩溃了。

---

① 德里达《论文字学》，汪堂家译，上海：上海译文出版社，1999年，第294页。

其次,波德里亚(Jean Baudrillard,又译鲍德里亚、博德里亚尔)从"超真实"和"幻象"的角度确定了后现代模仿的独特内涵。

解构主义在对中心的拒斥和消解中使模仿突破了原型与摹本的二元对立,波德里亚则进一步把关注的重心从原型位移至摹本。可以说,波德里亚的模仿观就是关于摹本的理论。

与传统模仿观强调本质和真实不同,波德里亚强调超现实(Hyperreality)和仿真(Simulation)。在后资本主义消费社会中,现实的一切都是资本的符号体系运作的结果,人们不是根据自身的需求去消费商品,而是由商品预先确定和塑造自己的需求,由此进入生活需求和消费意识形态相互制造和产生的循环之中。对事物和符号的模仿就是仿真,摹本就是仿真物(simulacrum)。在被本雅明称为机械复制的现时代,摹本被仿真物这个幻象所取代。被无限复制的客体之间没有先后、差异、等级,对它们的凝视丧失了作为中心的关注点,只是从一个转向另一个。其中,任何一个都可以是他者的本原,同时,任何一个又都不是本原。因为,"在无限的复制中,该体系终结了自己起源的神话,也终结了一切隐身于其间的指称价值。通过终结起源的神话,该体系既终结了自身的内在矛盾(不再有与之对立的一个真实或一个指称物),也终结了自身终结和自身变革的神话"①。本原的概念就在无法区分的复制品中消失和被抹去,而与之对应的终结概念也随着本原的消解而丧失。如果说摹本还意味着有一个原型存在的话,仿真则是受没有原型的模型支配,无数的幻象在互相指涉中存在。原型的丧失破坏了传统的真实呈现原理,不存在深层的真实,也不存在隐藏在真实表象之下的真理,我们应该关注的只是幻象本

---

① Jean Baudrillard, "Symbolic Exchange and Death"(1976), in Lawrence Cahoone ed., *From Modernism to Postmodernism: An Anthology*, Cambridge: Blackwell, 1996, p.451.

身,即一种符号转变和转化成其他符号的方式。

不仅如此,随着科技的迅猛发展,人们进入了一个由传媒主宰和控制的信息与符号时代。在计算机、媒体信息、技术符号造就的非指涉结构中,能指不再与客观现实对应,其本身成为自己的所指,对象与再现、事物与观念之间的区分丧失了效力。符号本身成为独立的存在,并建构出一种由模型、符码和符号所主宰的社会秩序。真实与虚幻、现实与想象、词语与形象之间的界限被消解了,幻象只有自身,既不与任何"现实"相关,也不根源于任何"现实"。不同于虚构把不在场呈现为在场、把想象的东西描绘为现实的东西,幻象瓦解了与现实事物的任何对照,将现实事物吞噬进自身之中,构成一种超现实(hyperreality),即自我指涉的符号世界。在此超现实中,重要的不是模仿自然或复制现成品,而是如何用真的符号取代真实事物。"真实的准确定义就是它可能提供一个对等的复制品。它与科学同时存在,科学的工业理性认定存在一个普遍的对等物体系(古典的再现不是对等物,而是摹本、解释和评论)。科学确信,一个过程在给定的情境下完全可以被复制。在此复制过程的终点,真实不仅是能被复制的对象,而且总是已经被复制的对象,是超真实。"[①]传统的真实观奠基于其上的形而上学如今为符号、代码取代,即使是高举客观性的科学也沦为一种话语建构,真实的观念从此断裂。作为现实的精确衍生的幻象被无限复制后,真实就丧失了确定性,变得反复无常,成为自为的真实。

传统的模仿观建立在摹本与原型的区分以及原型的先验性之上,原型对摹本的决定作用始终处于支配地位。然而,"仿真"

---

① Jean Baudrillard, "Symbolic Exchange and Death", in Lawrence Cahoone ed., *From Modernism to Postmodernism*, p.456.

和"超现实"的概念打破了原型与摹本之间的对立,不仅使两者的界限消失,而且使两者的关系发生了逆转。摹本脱离了现实,成为比真实还要真实的超现实,整个现实世界被融入摹本的符号流中。通过不同媒介的转换,现实崩溃了,摹本构成的自我指涉世界成为人们生活的现实。与之相应,在这个符号的世界中,主体不再具有传统模仿中的优势地位,丧失了对客体的统治权,沦为受客体诱惑和支配的对象[①]。

最后,威尔什将与摹本有关的符号隐喻具体化为电子传媒,进而勾勒出后现代模仿理论得以确立的具体语境。

波德里亚在符号体系的隐喻中审视仿真及其幻象,威尔什则使这一符号隐喻显形为电子传媒工具。他不反对波德里亚关于超现实是对真正现实的覆盖和吞噬的看法,但却更富于创见性地指出:传媒经验和自然经验各自具有无法取代的特性,它们互相确认,丰富着人类生存的总体经验。

传媒主宰着现时代的生活,媒介本身越来越以虚拟和游戏的方式呈现画面,使我们无法辨识自己亲眼看到的东西到底是现实的重新再现,还是仅仅为一种被选择和加工之后的仿真。我们对现实的信仰在这种模棱两可中被击碎,其后果就是"现实的非现实化"。威尔什解释为:"由于现实如今主要由媒介传达,它深深地受这类媒介影响。现实正在趋于失去其重力,从强制性转向游戏性,经历着持续的失重过程。"[②]厚重感曾经是现实之真实性的一个感觉化表征,但如今,现实已经在传媒的渗透和转化中落入轻飘飘的失重状态。我们对现实曾经怀有的热情与渴望被由传

[①] 参见 Jean Baudrillard, *Fatal Strategies*, trans. Beitchman & Niesluchowski, New York: semiotext, 1990。
[②] Wolfgang Welsch, *Undoing Aesthetics*, trans. Andrew Inkpin, London: SAGE, 1997, p.85.

媒不断复现的现实形象导致的冷漠所代替,它消解掉一切对现实真实性的信心和对现实本质的严肃态度,只剩下不同经验之间游戏式的相互模仿与转换。

在此传媒世界中,我们不该也不愿再去寻求所谓的本质和真理,更无力区分蓝本与摹本、真实与虚构、现实与仿真。我们的责任不是采取行动而是转变态度,即抛弃试图对差异进行鉴别和区分的行为,转而承认和接受一切呈现给我们的表象:传媒赋予我们电子经验,传媒之外的现实赋予我们自然经验,每一种经验都是对现实的重构,都能给我们满足,但不能由此判断一种经验比另一种经验更真实。一直以来,认定存在一个可以确定所有过程和标准的自足本质或真理的思维方式应该遭到摒弃,现实就是一种主体参与其中的建构。"如果一切现实,无论个人的、社会的或传媒的,都是建构,那么,对这些现实进行选择就不再是对本质与现象或真理与谬误的选择,而是根据不同的喜好,在潜在地具有同等权利的各个形式之间进行选择。"①当现实的普遍、凝重、一成不变开始让人乏味时,流动、游移、转瞬即逝的传媒经验就更易于为人们接受,补充并丰富着人们对自然经验的感受。同样,当变幻莫测、真假难辨的虚拟形象扰乱了我们对现实的基本认识时,自然经验便会以其固有的稳定性、独特性、执着性、凝重性、现时性去校正虚拟形象的变更性、重复性、游戏性、漂浮性、共时性。借助从行动到态度的转向,威尔什得以敏锐地认识到:"这种高度发展的电子世界,并非像某些热衷于传媒者希望我们相信的那样,只是简单地超越或吸收传统经验的形式,而是重新确认日常经验以补充媒介经验。"②现实与模仿、自然经验与传媒经验互相

---

① Welsch, *Undoing Aesthetics*, p.182.
② Welsch, *Undoing Aesthetics*, pp.87-88.

确认,互相补充,打开了世界潜在的多元性,共同丰富了人的生存经验。现实就是我们面对不同的建构进行选择的权利。

威尔什从消解一元本质论的哲学观出发重新审视模仿,把作为摹本的媒介经验纳入作为蓝本的自然经验的领域,肯定它补充、确认和建构现实世界的作用,使一直以来遭受歧视、贬抑的摹本获得了与蓝本同等的地位和作用,开辟了对模仿的全新理解。

综上所述,古典的模仿理论坚持摹本与原型的对立和区分,强调原型的先验性和摹本的依附地位。这一思想源于西方以追求终极实体为目的、主张主客二分的形而上学。进入20世纪以来,随着哲学上对传统形而上学的消解,主体和客体之间的界限日渐模糊。相应地,古典的模仿理论也开始瓦解。曾经作为艺术作品本质的模仿不再追求对客观现实的真实再现,摹本本身成为一个自指的存在。摹本与原型的区别被不同摹本之间的差异取代。摹本的意义和价值不再取决于客观现实,锁闭在以客观现实为旨归的封闭结构中的单一意义和价值被蕴涵于开放的动态结构中的多重意义和价值置换。最后,摹本不仅脱离原型膨胀为现实本身,而且反过来统摄了客观现实,使主体屈从于摹本客体的统治。与模仿理论从最初摹本和原型的对立,经过二者界限的逐渐融合,再到摹本超越并控制原型的发展相一致,模仿的功能也经历了从艺术的本质到对时间和存在的阐释,再到文本的游戏,最后成为超现实的存在的演化过程。较之古典的模仿理论,20世纪以来的模仿理论在涵义、地位和功能上均发生巨大变化,特别是在后现代理论的观照下,模仿中蕴涵的后现代因素被激活,从艺术和审美领域向哲学领域的扩展中,模仿在丧失了作为艺术本质的传统权威地位的同时,又作为消解"在场"形而上学和自我指涉之符号的自由游戏,获得了新的意义和价值。

审美活动的主客体融合：
阐释学美学、接受美学和
对话理论述论

前面两章，《世界、内心与"主体间"：再现、表现与呈现的美学范畴史论》对西方美学史上"再现"、"表现"和"呈现"这三个重要审美范畴进行阐释，《从忠实的镜像到超真实的幻象——20世纪模仿理论的演变》则在现代美学的论域中延续"再现"论题，对模仿领域作了具体的深化论述。本章将通过论述阐释学美学、接受美学和对话理论的演变，在现当代美学的论域中探讨审美活动中的主客体融合问题。

一、阐释学美学

阐释学（hermeneutics）又译作解释学、诠释学、释义学等。"阐释"（hermeneutik）这个词源于赫尔墨斯（hermes），他是神话中专司给人们传递上帝消息的天使[①]。赫尔墨斯传达上帝旨意时不是简单的报道，他需要解释上帝的指令，并将上帝的指令翻译成人类的语言。因此，从词源角度看，阐释学是一种隐喻的说法，它喻示这样一种活动：把意义关系从另一个世界转换到自己的世

[①] 对阐释学词源的考察，参见王先霈、王又平主编《文学批评术语词典》"解释学"词条，上海：上海文艺出版社，1999年，第423页。

界之中。由此，加达默尔（又译"伽达默尔"）将阐释学解释为一种"即宣告、口译、阐明和解释的技术"①。

虽然"阐释学"一词于1954年才首次出现在J. C. 丹豪色的著作《经文诠释法的经典解释学》中，但是作为一种释义的方法，阐释学则有着悠久的传统。古希腊亚里士多德就已经涉及理解和解释的问题。

中世纪的奥古斯丁等哲学家将有关解释问题的各种零散研究归纳、整理，使之逐渐成为系统性的解释理论，以适应对宗教教义的重新解释。对《圣经》的神学阐释极大地推动了阐释学研究的发展。

16世纪的宗教改革家马丁·路德要求破除教会对《圣经》解释的垄断，主张《圣经》中的神义既不需要借助传统，也不需要使用解释技术，而是只能落实到《圣经》原文本身，在具体文字和整体文本的相互对照中就能明确基督教义。古代修辞学中有关解释依赖于整体和部分的相互对照和阐发这一观点，被马丁·路德等宗教改革家应用到理解的过程中，并发展成为文本解释的一般原则，对阐释学的发展产生重要作用。

施莱尔马赫第一次把诠释《圣经》的神学解释传统与诠释古代文献的语文学解释传统相结合，使神学解释成为普遍解释理论的一种具体运用，从而建立了一般阐释学。在施莱尔马赫的基础之上，狄尔泰借助"历史理性批判"的构想，努力寻求能为精神科学的研究提供方法论支持的哲学基础，使阐释学从一种普遍的理解方法提升成为一般人文学科，成为西方古典阐释学的集大成者。

---

① 伽达默尔《解释学与历史主义》，见严平编选《伽达默尔集》，上海：上海远东出版社，2003年，第389—428页。

无论是施莱尔马赫还是狄尔泰,都将阐释的重点放在寻求文本的确定涵义上,意大利哲学家贝蒂和美国批评家赫施继承了古典阐释学的传统,强调一切理解和解释只有符合文本的原意才能确保阐释的正确性和客观性。

与古典阐释学的方法论定位不同,现代阐释学则是在本体论的地位上确立自己的哲学品格。海德格尔是其中的关键人物,他使阐释学发生本体论转折,由人文学科的方法论一跃成为本体论哲学。加达默尔跳出古典阐释学纠缠于理解之于主客体的认知作用,转而关注"理解如何可能"这一最基本的问题,通过肯定理解的历史性和语言性,避免了古典阐释学的理论困境。

在西方,几乎所有的人文学科如法学、伦理学、社会学等都必须运用阐释学的方法。从广义的角度讲,阐释学是对"西方哲学、宗教学、历史学、语言学、心理学、社会学以及文艺理论中有关意义、理解和解释等问题的哲学体系、方法论或技术性规则的统称"[①]。

(一) 阐释学学科的建立:施莱尔马赫和狄尔泰

1. 阐释学的早期形态:《圣经》阐释学和语文学阐释学

中世纪以来,以《圣经》作为解释对象的神学阐释学,和文艺复兴以来,以一切古希腊罗马的经典文本为解释对象的语文学阐释学,构成古典阐释学的两个源头。

《圣经》阐释学是以神学目的为主,通过对语言的解释和注疏来解释隐含在《圣经》中的上帝意图的一门学问。这种理论有两个预设:第一,《圣经》中确实包含着上帝的意图,它独立于我们之

[①] 见《中国大百科全书·哲学Ⅰ》"解释学"词条,北京:中国大百科全书出版社,1987年,第360页。

外,阐释活动的根本目的和任务就是将其找出;第二,上帝意图不是一望而知的字面意思,而是隐含在字面之后的"原意"和"真意"。根据第二条预设,如果上帝的意图是一种隐喻,就不可避免地具有含混性、多义性,不同的人会解读出不同的结果。为了确保解读的可靠性和解释的有效性,《圣经》阐释学只关注《圣经》文字本身,也即文字意义,并由此发展出一套包括文字考据、句法分析、语法辨析、版本校勘在内的有关《圣经》的语文学技术和文献学技术。

《圣经》阐释学极大地发展了作为阐释学基础的语文学阐释学,使语文学阐释学区别于自然科学取得长足发展。此时的《圣经》阐释学还只是属于信仰活动的一种特殊解读技术。至文艺复兴,人们开始关注古希腊文化,除《圣经》外,包括历史、文学、法律、哲学、艺术等在内的各种古代经典文本都被列入阐释的对象。随着阐释范围扩大,阐释的方法也超出了神学特有的方法,人们开始用历史而非神秘的眼光解读经典,解读出的结果也不再局限于神意、玄机,而是转向历史和知识,阐释学由此从《圣经》解释的一个分支一跃成为人文学科的普遍方法。

2. 施莱尔马赫:阐释学之学科普遍品格的确立

从神学解释学和语文学解释学的方法中抽演出普遍原则,将之作为一切人文学科的基本原则,就形成了古典阐释学。对此作出巨大贡献的是德国哲学家和语言学家施莱尔马赫,他从《圣经》阐释学中的客观性和真实性问题入手,演绎出普遍的解释原理,使阐释学既摆脱了作为《圣经》阐释学的神学意蕴,又摆脱了作为语文学方法的狭隘运用,成为一般阐释学。从施莱尔马赫开始,阐释学上升为普遍的人文学科的方法,并取得了作为人文知识的基本品格。

对"理解"这一概念的重新理解,并由此延伸出对阐释的循环的关注,以及对理解的语言性的强调,构成施莱尔马赫对近代方法论阐释学的重大发展。

首先,对于什么是理解这个问题,《圣经》阐释学认为,理解就是对《圣经》文本中所蕴涵的意图的破译,衡量理解正确与否的前提就是确定文本作者的意图。由于作者的意图经常无法确定,阐释学很容易堕入作者中心论的泥沼之中不能自拔。针对《圣经》阐释学的困境,施莱尔马赫从建立一种普遍性理论以确保正确理解和避免误解的尝试出发,展开他对理解问题的探讨。

《圣经》阐释学宣称,理解活动需要文本作者的意图加以保证和衡量。施莱尔马赫却认为,既然理解所面对的一切文本都是过去的东西,那么理解过去的东西就意味着使过去的东西在我们的体验之中复活。所以,理解活动应该是以理解者的体验为基础的复活历史的行为。在此意义上,理解就等于重建历史经验。与施莱尔马赫同时代的思想家阿斯特(Ast)也说:"对作品的理解和解释乃是对已经被形成的东西的真实的再生产或再创造(Nachbilden)。"①

施莱尔马赫将理解的重建行为概括为语法解释和心理学解释两个方面②,也即重建在两个维度上展开:一是理解的符号维度,即理解的语言性。一切理解都必须在语言中并借助语言进行,离开语言无所谓理解。对任何文本的审美理解都必须和文本语言联系起来,准确把握其语言文字,精确掌握其修辞手段、语法构成、前后文的联系,以及语言表现特点等等。语言是理解的基础,语言的性质决定理解的性质。施莱尔马赫在考察语言后认为,语言的公共性和思想的个人性是构成文本语言的两个不同特

---

① 阿斯特《诠释学》,洪汉鼎主编《理解与解释——诠释学经典文选》,北京:东方出版社,2001年,第10页。
② 施莱尔马赫《诠释学讲演》,洪汉鼎主编《理解与解释》,第65—73页。

征。理解的语言性排除一切脱离语言的随意演绎，是确保正确理解的基本前提，但是它仅仅触及文本表层的符号意义，也即语言的公共性，还未深入到文本深层的精神意蕴，也即思想的个人性。二是理解的经验维度，即理解的心理性。理解总是发生于一定的历史时刻，理解深刻地植根于理解者的全部历史背景，任何理解都是历史的理解。《圣经》阐释学为理解假设了一个永恒的、既成的、先验的神意，理解就是去发现已经确定的东西，基于理解对象的这种共通性，理解者丧失了自己的历史性。施莱尔马赫则认为，理解对象虽然是确定的，但处于不同历史时期和不同背景中的理解者却可以对之作出不同的理解，所以理解不再仅仅是对对象的破译，而包含了自我的理解，具有历史性和相对性。

当理解活动从文本的字面义深入到精神义后，理解者通过心理转换就可以获得正确理解。理解的实质就是不同心境的转换。施莱尔马赫假设了理解状态，认为理解发生在这样的时刻：当理解者充分把握了对象的符号系统，并用自己的历史经验去投入文本，达到与古人完全契合的历史经验、完全共鸣的状态时，这样的契合、共鸣就是理解。解释历史与典籍的过程，就是解释者在心理上重新体验古人的心理和精神的复制过程。

其次，任何对文本的解释都不可能在一次理解中完成，有鉴于此，阐释的循环就成为正确理解的必然途径。据韦勒克考证，"阐释的循环"（hermeneutic circle 或译"阐释学循环"）这一术语最早由康德提出[①]，施莱尔马赫则将之确定为古典阐释学的基本原则和根本方法。在阐释的循环中，部分与整体互为因果，相互依赖，对部分的理解离不开对部分所从属的整体的理解，反过来，

---

① 韦勒克《近代文学批评史》第四卷，杨自伍译，上海：上海译文出版社，1997年，第385页及第668页注释92。

要想获得对整体的理解,也必须从理解构成整体的部分开始。借助这一原则,理解者在实现理解的语言性和心理性的基础上就能最终获得正确理解。

阐释的循环说明部分与整体是如何以循环的方式在理解和解释中联系起来的,这种联系因参照系不同而包括了相互区分的两个方面:就文本作为语言符号的客观存在而言,每个个别文本都从属于作者全部作品的整体,此作者创作的全部作品又归属于相关的文学整体;就文本作为创造要素的主观体现而言,同一文本属于其作者内心生活的整体。传统阐释学只关注第一个方面,将阐释的循环限定在文本之间的往返运动,施莱尔马赫则将之推广到心理学理解的领域,强调文本除了是语言的载体外,还是思想创造物,必须与作者的整体生命联系起来。

从这种心理学的理解进行观照,施莱尔马赫独创性地提出,阐释的循环在一切理解活动中都不可避免,理解者只有通过将自己完全置入作者的心境和精神状态之中获得一种觉悟,才能在主观与客观的整体中达到对艺术文本的充分理解。他说:"我们为了理解话语,必须认识人,而我们是从人们的话语中了解人的。"[①]在觉悟所达成的理解者和创作者之间的精神冥契中,理解中的一切疑难都自行消除,文本的真意得到敞现,阐释的循环也随之消失。

传统阐释学专注于文本中隐藏的真意,因此在阐释中以注重语言文字分析的语文学和文献学为核心方法,施莱尔马赫认为,达到本意的正确方法不在于字面分析,而是阐释者摒除一己之心,在与作者的精神完全契合的状态中重构作者的创作行为[②]。

---

① 施莱尔马赫《诠释学箴言》,洪汉鼎主编《理解与解释》,第 37—38 页。
② 有关施莱尔马赫的心理学阐释,可参见加达默尔的解释和评价。加达默尔《真理与方法》上卷,洪汉鼎译,上海:上海译文出版社,1999 年,第 241—242 页。

这种心理学解释是施莱尔马赫对阐释学的特殊贡献,他将阐释学关注的中心从客观独立的文本转向阐释者与文本的互动,表明正确的理解不是以作者的原意为标尺,而是以阐释者对文本的理解为根本,阐释者对作者的理解甚至能够比作者对自己的理解更好[①]。通过施莱尔马赫的心理学转换,阐释者不再被动地追寻与己无关的客观存在物,而是在对文本的重构中主动地获得对文本的正确理解。

最后,施莱尔马赫还看到理解和语言的关系,强调理解发生的历史性。他的重大贡献在于强调理解的历史语境,即任何人的理解都是以自己的历史经验理解过去的历史。一切理解都是属己的理解。因此,理解不仅是理解者与对象之间的心理转换和心境投入,更重要的是今人与古人之间的时间间距。

一方面,强调理解活动的历史性,实际是强调理解内容的差异性;另一方面,强调对文本经验的完全复制,共鸣契合,实际是强调理解的客观性、对象性。面对差异性和客观性之间相互否定的矛盾,施莱尔马赫的解决办法是,承认理解的客观性,并要求理解者提高文化素质,克服局限,在理解中排除自己的个性和其他各种主体性。

无论是《圣经》阐释学还是语文学阐释学,它们都要求通过精巧的程序和精确的技术揭示文本中唯一、确定的原意,阐释内容的统一性决定了阐释学的统一性。但事实却正好相反,确定的文本内容只是阐释者们一厢情愿、难以企及的理想,不同时期、不同情景中的人会解读出不同的内容。从内容上规定阐释学的基础只能使阐述学作为技巧而处于低微的地位。同时,正是由于一切人文学科都要求理解,而对同一文本有不同理解又是难以避免的

---

① 施莱尔马赫《诠释学讲演》,洪汉鼎主编《理解与解释》,第61页。

事实,阐释作为对不同理解进行辨析的方法就必然伴随着所有理解行为。施莱尔马赫由此指出,阐释学的统一性必须建立在方法的统一性基础之上。从此,阐释学摆脱了具体内容的限制而独立地成为一门特有的方法论,从一种特殊的解释技巧扩展成为一切人文学科的共同要求和普遍原则。加达默尔将施莱尔马赫的这种阐释学努力准确地评价为"他试图越过神学家和语文学家的要求而返回到思想理解的更原始的关系,从而去获取神学家和语文学家所共用的方法的理论基础"[①]。

传统阐释学严格区分理解和解释,认为理解只涉及字面义,解释则涉及精神义。施莱尔马赫认为理解和解释从来都是紧密地交织在一起的,所有解释的问题实质上都是理解的问题。传统阐释学将理解局限于对特定文本的理解,施莱尔马赫认为,只要存在着时间距离的地方就需要理解,理解就从文本扩展至包括作者的个性和心理在内的一切人类活动。随着适用范围的扩大,阐释学自然成为人文学科的方法论基础。

3. 狄尔泰:历史、经验与生命

狄尔泰在新康德主义的影响下,严格区分自然科学和精神科学[②],并在此基础上进一步完善了施莱尔马赫的理论,使阐释学正式进入现代理论形态。自然科学遵循以因果律为基础的逻辑原则,它以纯粹客观的理性知识为目标,剥离活生生的经验内容,单纯追求超感性、超经验的可靠性,使理解活动成为与人生、经验、

[①] 加达默尔《真理与方法》上卷,第231页。

[②] 狄尔泰使用的"Geisteswissenschaft"一词按照字面直接译为"精神科学",它的范围非常广泛,是指包括哲学、社会科学和人文学科在内的一切与人有关的学科。关于这个词的具体含义,可参见狄尔泰的两本著作《精神科学引论》和《历史中的意义》中的中译本译者前言。狄尔泰《精神科学引论·第一卷》,童奇志等译,北京:中国城市出版社,2002年;狄尔泰《历史中的意义》,艾彦等译,北京:中国城市出版社,2002年。

生存无关的纯粹知识活动。精神科学则遵循以心理体验为基础的理解原则,以关注人生为目的,立足于鲜活的现实经验,用深入心灵的体验和理解揭示出历史、人生、文化和作品的意义,获得关于人类自己的知识而非纯粹对象的认知。基于此,狄尔泰鲜明地宣布自然科学和精神科学的根本差异在于,自然科学只关注物体的原因,精神科学却要求理解生活的意义。由此,狄尔泰提出阐释学的著名论断:"人文研究和自然科学的区别首先在于,自然科学的研究对象是从外部、作为孤立的现象和既定物呈现给意识的,而人文研究的对象是从内部、作为真实和一种生命连续体被赋予原初性。结果便存在着一个自然系统,因为物理和自然科学只能归功于通过一系列假设来补充经验数据的推理论证。相反,在人文研究中,精神生活的联系本来就建构了一个原初的和基本的数据。我们说明自然,我们理解精神生活。因为在内在经验中,一个事物作用于另一个事物的过程,以及精神生活的不同功能或个体成员之间的各种联系所结成的整体都是被给定的。被经验到的整体在这里是首要的,这一整体的不同成员之间的差别只有在整体被经验之后才能产生。由此可知,我们借以研究精神生活、历史和社会所使用的那些方法完全不同于产生自然知识的那些方法。"①其中,"我们说明自然,我们理解精神生活"已成为关于理解和阐释的名言,被广泛引用。

  自然科学和精神科学在原则上相互对立,是由于它们的适用范围和关注对象不同造成的,不能扬此抑彼,偏废任何一方。但是,自然科学的哲学基础已经由康德的纯粹理性批判奠定,并获得巨大发展,精神科学的哲学基础至今却还未确立,它采用自然

---

① W. Dilthey, *Descriptive Psychology and Historical Understanding*, trans. R. Zaner & K. Heiges, The Hague: Martinus Nijhoff, 1977, pp.27-28.

科学的原则同样追求客观理性知识，既导致历史、生命、经验和感受的丧失，同时自己也沦为自然科学的奴婢。精神科学要想实现与自然科学本然同等的地位，恪守理解人生的职分，就必须确立自己的哲学基础。狄尔泰毕生致力于建立的"历史理性批判"，就是要在与精神科学相关的领域内完成一次类似于康德在与自然科学有关的领域中完成的革命。历史理性批判的任务是，说明在具体的历史情境中，阐释学作为关于理解的学问，如何能够对其他历史性的表现进行客观理解，从而为精神科学的研究提供方法论上的支持。如此，狄尔泰为精神科学建立的哲学基础就具体落实为阐释学。

通过施莱尔马赫的努力，阐释学作为一门理解的艺术，其全部意义和价值就在于为一切人文学科提供防止错误理解的方法。狄尔泰进一步发展了施莱尔马赫的理论，试图为确定解释的普遍有效性提供一个历史确定性可以依据的理论基础。通过探究精神科学的哲学基础，狄尔泰从两个方面推进了阐释学的发展：一是他在区分自然科学和精神科学时，赋予人文学科以重要意义，同时也就提升了作为人文学科哲学基础的阐释学的地位；二是他将阐释学定位为对精神科学的历史理性批判，阐释学从普遍方法论上升为一般人文学科。狄尔泰从历史理性批判的基本定位出发，展开了他的阐释学哲学和美学思想。其中，体验、生命和历史是把握其思想的关键术语。

出于反对理性无限扩张和强调生命整体活力的需要，狄尔泰将生命看作一切事物的本质。在与"生命"这个唯心论思辨思维的形而上学背景相结合后，体验（Erlebnis）从一种心理功能转变为一种概念性功能，成为有关客体知识的认识论基础。

在体验与生命的关系上，体验是一种具有反思性的内在存在，它规定了精神科学领域与自然科学领域的差异；体验充满着和建构着人生,是我们理解一切事物的根本,对一切事物的理解之根不在于对象而在于体验。因此,对以关注人生为目标的人文学科来说,体验是无法绕开的永恒主题。阐释学美学作为整个人文学科的有机组成部分,其任务就是说明人类本质的历史性。

在体验与历史理解的关系上,历史既不是孤立的文本,也不是时间的碎片,它是过去的人们遗留下来的生活。对这种过去生活的理解只有通过体验的方式才能完成。由于将体验置入历史知识和历史理解的重心,狄尔泰看到了阐释学的新出路,即阐释学不再设法致力于摆脱个人经历,以求达到超经验的绝对客观知识,而是恰恰相反,阐释学应当回到体验中,在个人内在体验的深处达到对历史和生活的深厚理解。我们从来不只是以自己的知识达到对历史真实的体会,而是用我们的心灵走向历史的深处。因此,进入历史的深处就是走向我们自己的心灵深处。

与一般体验不同,审美体验体现了体验的本质特征。因为,文学艺术创造想象性的情节和事件,去呈现人类生活的内在关联和意义,进而揭示人生的真谛。对艺术文本进行审美理解,就是使欣赏者摆脱所有的事实关联,关注当前对象世界的整体,在体验他人人生的同时,也体验自己的人生。在此意义上,文学艺术成为理解生命的核心。

狄尔泰认为,理解和解释总是内在于生命本身的活动,因此,阐释的循环不是恶性的过程,而是一切理解的必要程序。不过,对文学艺术的理解和解释不应再像以前那样,只局限在部分和整体的相互关系中,而应该置于生命整体之中。由于理解和生命不可分割,高度完美的理解总是在心理的相通和冥契中实现。

从寻求人文学科研究的方法论出发,狄尔泰指出,人文学科区别于自然科学的特殊性就在于,人文学科遵循理解和解释的原则,关注精神世界和人生意义。作为理解的艺术,阐释学自然为人文学科承担起方法论的任务。理解和解释应当从生活和历史的角度出发,借助理解、体验,达到心灵的高度契合。狄尔泰进一步完善了方法论阐释学美学。

(二)阐释学的本体论转折:海德格尔

古典阐释学将阐释学作为人文学科的普遍方法,在极大地推动阐释学自身发展的同时,其方法论的预设也使理解和解释活动在逻辑上陷入危机:一方面,理解和解释活动总是与人的存在性领会相关,古典阐释学将这种活动仅仅作为达到对人自身领会的工具和手段,使理解和解释从人的存在整体中剥离出来,成为单纯追求逻辑性、客观性而与人无涉的认知活动;另一方面,认识活动的前提是认识者与认识对象分离,阐释学处理的对象是人及其历史,古典阐释学将理解和解释当成与人的存在性领会无关的认识活动,就意味着作为认知对象的人成为与自身存在无关的存在者。

海德格尔正是针对古典阐释学显示出的以上矛盾展开自己的阐释学理论,使阐释学从人文学科的一般方法论转向哲学本体论,实现阐释学从工具论向本体论的突破。从海德格尔开始,阐释学理论从古典形态进入现代形态。

1. 本体论转向:存在之思与在者之思

海德格尔认为,西方传统形而上学的二元化将物理解为意识可以表象的对象,造成主体与客体、人的意识与外部世界、观察者与被观察者的分裂和对立。这种思维方式习惯于指向自身之外,忽略人的存在本身,破坏了人与世界的原初统一。虽然存在总是存在者的存在,但是存在者不等于存在。长期以来的本体论研究实质上是用存在者代替存在,并没有触及存在的本质。整部形而上学史就是存在被遗忘的历史。只有当人停止向外探询而返回自身时,世界才会在人对自身的领会中向人敞开。因此,他的哲学思考聚焦于长久以来被遗忘的存在本身,而"呈现"则是存在得以彰显和展开的方式。存在之真理不再是主体与客体、意识与对象、观念与事物之间的符合,而是意味着"它就存在者本身揭示存在者。它在存在者的被揭示状态中说出存在者、展示存在者、'让人看见'(αποφανσις)存在者"①。

2. 理解的本体性

古典阐释学的核心概念和实践活动是理解,理解的性质决定了阐释学的性质。在本体论哲学的前提下,海德格尔从理解的内容、从事理解的主体和理解自身的性质这几个方面对理解进行本体论改造,使阐释学进入现代本体论阶段。

从理解的内容上看,理解不再如古典阐释学规定的那样去追寻文本原意,而就是对存在的领会。实质上,对存在的真实领会从来都是对存在意义的领会,存在的意义是指在者与我们的存在关系的联络程度,"只要存在进入此在的理解,追问存在的意义就是追问存在本身"②。因此,对存在的理解就是对存在意义的理解。

就从事理解的主体而言,人这个此在作为万事万物中特殊的在者,具有逻辑优先性。因为世界的出场,万物的存在,不是因为它本然就在,而是随着存在意义的展现而敞亮、出场。所以,世界是此在与对象的存在联系,没有存在关系的事物无法被我们理解。这意味着在认识论上,对万物和世界的认识只有一个途径,即人对自身存在的领悟。人是特殊的存在者,只有人才能询问存在的意义。人对存在意义的追问是在对自身存在的理解中实现的,正是这种理解保证存在展开的无限性,也保证世界是无穷变化发展、无限丰富的世界。

---

① 海德格尔《存在与时间》,陈嘉映等译,北京:生活·读书·新知三联书店,1999年,第251页。
② 海德格尔《存在与时间》,第178页。

从理解的性质上讲,既然人对自身的领悟和对世界的认识都是在理解中进行,理解构成了人最核心最根本的存在方式。人以可能性的状态存在,"作为领会的此在向着可能性筹划它的存在"①。此种可能性不是相对于现实性、必然性而言的未来状态,其本身就是一种现实状态。可能性使人不断进行选择,选择的前提是领会,而理解总是在选择之前,从可能性的角度理解人,人的根本存在方式和最基本的特性就是对存在的理解。"在生存论上,解释植根于领会,而不是领会生自解释。解释并非要对被领会的东西有所认知,而是把领会中所筹划的可能性整理出来。"②理解性是人的能在性的具体体现。

在古典阐释学中,理解被当成一种活动或者手段。将理解作为一种活动,其前提是把人看作一种事实性的定在,理解就是在人的确定存在中寻找特征,从"在者"而非"在"的层面上谈论存在,一切在者都是确定的、被规定的;将理解作为一种手段,理解的任务在于通达理解之外的某一目的,理解本身仅仅是达成目的的过程和手段。古典阐释学对待理解的态度使理解成为工具,指向自身之外的某个定在。理解对存在可能性的否定以及理解与存在的截然分离,既遮蔽了存在的真理,也歪曲了理解的本质。海德格尔从本体论的角度认为,人是一种此在,具有不确定性的存在状态,人以理解为根据并在理解当中实现自己的存在。对存在的理解和领会不是传统知识论意义上的理性认知,其目的也不是为获取知识,"解释并非把一种'含义'抛到赤裸裸的现成事物头上,并不是给它贴上一种价值",这种做法"是对解释特有的展开功能的一种误解"③。基于此,理解既不是一种活动,也不是一

---

① 海德格尔《存在与时间》,第173页。
② 海德格尔《存在与时间》,第173页。
③ 海德格尔《存在与时间》,第175页。

种手段,而是一种具有始源意义的存在方式。把理解作为一种存在方式,使人在理解中摆脱了定在,成为具有可能性的此在。同时,理解作为人的存在方式本身就是人存在的目的,理解不再指向自身之外而具有了自足性。理解不仅是对自我的理解,在海德格尔看来,此在在本质上总是与他人的共在,此在对自身存在的理解中必然包含对他人的理解,所以,自我理解中同时还包括对世界和他人的理解。

通过海德格尔,理解从工具论意义上的外指活动中摆脱出来,成为本体论意义上的自足的存在方式,在理解中,此在作为可能性的存在实现了与他人和世界的沟通与共在。

3. 阐释的循环

无论是古典阐释学还是现代阐释学,在理解文本时都不可避免地要面对阐释的循环这一问题,对此问题的态度和处理方法见出了两者的分别。施莱尔马赫和狄尔泰在建构有关理解的理论时虽然都从积极的意义上看待阐释的循环,但是始终将阐释的循环视为整体与部分在文本间的往返运动。不仅如此,他们还提出,当阐释者与作者达到完全契合的心理状态和精神境界时,阐释的循环就会自行消失,完美的理解才能最终实现。在他们看来,阐释的循环虽然在达成正确理解的过程中起着重要的作用,但是完美的理解最终还是以消除阐释的循环为前提。

海德格尔从存在本体论出发指出,"决定性的事情不是从循环中脱身,而是依照正确的方式进入这个循环。领会的循环不是一个由任意的认识方式活动于其间的圆圈,这个用语表达的乃是此在本身的生存论上的'先'结构"[①]。这种存在论上的先结构包括三个方面:"任何解释工作之初都必然有这种先入之见,它作为

---

① 海德格尔《存在与时间》,第179页。

随着解释就已经'设定了的'东西是先行给定的,这就是说,是在先行具有、先行视见和先行掌握中先行给定的。"[1]先行具有(vorhabe)强调的是一种存在,不仅指物质性的存在状态,更指人的历史性生存状态,即天、地、人、神四位一体的在世结构。我们对事物的观看和理解总是从某个视点、角度出发,视点、角度的选择因人而异,由每个人根据自身当下的生存状况确定,这种当下生存状态就被称为先行具有。它说明我们在理解之前,便已具有对某一问题的潜在看法。先行视见(vorsicht)在先行具有的基础上构成。人与解说对象的关系先于解说而存在,这种关系决定解说时采取的立场和视点。先行掌握(vorgriff)是理解的生存论依据和存在论背景,它指出我们理解的隐微内容和背景已潜在地决定了。

先行具有、先行视见和先行掌握这三者共同表明,任何理解都不可能是对现成事物的无条件的把握,我们总是要受到理解时的具体语境、理解者的兴趣爱好和他所处的文化传统、理解的目的意图等因素制约。古希腊以来的逻各斯中心主义单纯伸张理性,主张主客分离,在这种思维方式影响下的科学主义无限排除认识活动中的主观性,极力追求理解的纯粹客观性,阐释的循环便成为理解真理的最大障碍必须被清除。但海德格尔站在存在论的立场上表明,以主客分离为前提的理性主义及其追求的理解的客观性在基本前提上是不成立的,因为任何理解只能在一定的历史时空中、依据理解者的前理解背景进行,任何理解都有自己的片面性,这一切决定了理解无法摆脱在理解之前已经进入存在的偏见。

既然理解中的偏见不可避免,那么我们怎样才能确保理解的

---

[1] 海德格尔《存在与时间》,第176页。

真理性呢？海德格尔指出，偏见并非如流俗所认为的都是贬义的，要视具体情况而定。一般而言，偏见分两种：一种是作为偶发奇想和流俗之见的偏见。它是突然出现、毫无根据或者道听途说、人云亦云的观念，相对于领会而言，它们是没有领会的观念，斩断了说话者与话语本身、领会与前见之间的关系，成为漂游无据、掩蔽真理的空洞之见；另一种是作为前见的偏见，它决定了理解的历史性。理解的对象既是存在的历史状态，又是在历史状态中的存在，理解对象的这种历史性构成理解的前有、前见，决定理解的内容、对象和方式。由于理解发生于领会，领会又置根于存在，理解的历史性实际上就是历史本身，所以，作为前见的偏见不仅不应遭到否弃，而且正是这种偏见使理解成为可能，使理解的真理得以实现。对理解而言，确定了不同偏见的作用就寓意着"它的首要的、不断的和最终的任务始终是不让向来就有的先行具有、先行视见与先行掌握以偶发奇想和流俗之见的方式出现，它的任务始终是从事情本身出来清理先行具有、先行视见与先行掌握，从而保障课题的科学性"①。从存在本身出发，使此在的先结构始终保持为理解中的前见，就能够保证理解的真理性。

古典阐释学将阐释的循环看作文本间的往返活动，与此观念相适应，阐释所追寻的文本意义就被认定为依附于文本的某种外在性质。海德格尔运用存在论的先结构对阐释的循环所做的全新解释，正是基于对意义的全新理解。"意义是此在的一种生存论性质，而不是一种什么属性，依附于存在者，躲在存在者'后面'，或者作为中间领域飘游在什么地方。"②前面已经分析过，人是以可能性为存在方式的可能之在。能在在其可能性中的展开

---

① 海德格尔《存在与时间》，第179页。
② 海德格尔《存在与时间》，第177页。

就是理解。理解发生于领会,而领会是人生在世的一般方式。正因为人是领会性的存在,他才有领会各种东西的可能。领会活动的展开就是意义,意义为此在的可领会性提供现实依据。因此,领会中的循环属于意义结构。

从以上分析可以看出,阐释的循环既不是一个应该极力摒除的恶性循环,也不是一个可以接受和容忍的不完善,真实的情况是,阐释的循环不是一种在表层往返运动的现成状态,而是存在者所具有的存在论意义上的深层循环结构。在此循环结构中,意义不再是附着于存在者的外部属性,而是此在的生存论性质。存在的展开就是理解,存在向来在理解中存在,而阐释的循环是理解真理的保证,存在的展开必须进入阐释的循环并在其中才能实现。从此,阐释的循环便由具体的理解活动转化为存在的基本方式和展开样态。

4. 理解、语言和诗

海德格尔的哲学本质上是通过此在在理解中追询存在的意义,因此,本体论阐释学是其哲学的有机组成部分。另外,海德格尔还将本体论阐释学应用于美学,借助美和艺术的本质揭示存在的本体论意义。所以,作为其哲学重要环节的阐释学美学也在存在本体论中展开。

艺术是存在之真理的本源性呈现方式之一。存在之真理是如何发生的呢?海德格尔认为:"由于真理的本质在于把自身设立于存在者之中从而成其为真理,所以在真理之本质中包含着那种**与作品的牵连**(Zug zum Werk),后者乃是真理本身得以在存在者中间存在的一种突出可能性。"[①]所以,"艺术"乃是存在之真理

---

① 海德格尔《艺术作品的本源》,孙周兴选编《海德格尔选集》上册,上海:上海三联书店,1996年,第283页。

发生的始源性、根本性方式之一。具体地说,"在艺术作品中,存在者的真理已被设置于其中了。这里说的'设置'(Setzen)是指被置放到显要位置上。一个存在者,一双农鞋,在作品中走进了它的存在的光亮里。存在者之存在进入其显现的恒定中了"①。艺术作品在自身中开启出一个存在处身于其中的非对象性的世界,成为真理的现身方式,成为真理的显现和发生。

通过确定"**美是作为无蔽的真理的一种现身方式**"②,艺术被看作是揭示存在之真理的重要方式,它也因此成为追寻存在之真理的阐释学的重要内容。海德格尔认为,艺术的本质是诗,而诗的本质是语言,由于"语言之本质因素乃是作为道示(Zeige)的道说(Sage)"③,阐释学对艺术的关注必然离不开对语言的考察。对语言的重视也构成阐释学哲学和美学的一贯传统。

语言给事物命名,被命名的物将天、地、人、神四重整体栖留于自身,构成世界。世界由于世界化而成为存在,物与世界构成一种始源关系。只有居于语言中,存在者的存在才能显现出来成为在场。"如果在场本身被思为显现,那么在在场中运作的就是那种进入无蔽意义上的光亮之中的出现。无蔽是在作为某种澄明(Lichten)的解蔽中发生的。"④无蔽意为存在者的敞开,即存在的自我呈现。词语给出存在,诗人的职责就是对作为存在之渊源的词语的召集。此时的词语"它不再仅仅是具有命名作用的对已经被表象出来的在场者的把捉,不只是用来描绘眼前之物的工具。相反,唯词语才赋予在场,亦即存在——在其中,某物才显现

---

① 海德格尔《艺术作品的本源》,《海德格尔选集》上册,第 256 页。
② 海德格尔《艺术作品的本源》,《海德格尔选集》上册,第 276 页。
③ 海德格尔《走向语言之途》,《在通向语言的途中》,孙周兴译,北京:商务印书馆,1997 年,第 216 页。
④ 海德格尔《从一次关于语言的对话而来》,《在通向语言的途中》,第 109—110 页。

为存在者"①。通过海德格尔,语言符号从描述者返回到古希腊意义上的显示者,成为对存在之在场的呈现。诗也即艺术的本质就是通过语言去神思存在,而审美理解对艺术作品的认识也通过语言完成。在语言中,理解者和艺术作品的存在同时实现。

(三) 现代阐释学美学的集大成者:加达默尔

施莱尔马赫等人通过将阐释学设定为人文学科的方法论,提升了阐释学的地位。加达默尔认为,存在和对存在的理解是一切人类知识的首要对象与首要任务,存在的普遍性决定了以理解存在为目的的阐释学同样具有普遍性。阐释学的核心是理解,理解在本质上是此在自身的存在方式,因此,阐释学对存在的理解成为整个人类世界经验的组成部分。人文学科正是以关注人类世界经验为其全部内容,在此意义上讲,阐释学的地位和价值就不仅只是人文学科的方法论,它应该而且能够为人文学科与人类世界经验之间的联系提供可能的基础,从而为整个人文学科提供存在的依据。由此,阐释学的普遍性就在于它超越一般人文学科并为之提供理论前提和哲学基础。

通过对此在的时间性分析,海德格尔将理解把握为此在的存在方式,进而使阐释学从精神科学的方法论转变为哲学。加达默尔秉承海德格尔,认为阐释学是人的世界经验的组成部分,是探讨人类一切理解活动得以可能的基本条件,从中找出人的世界经验,在人类有限的历史性存在方式中寻求人与世界的根本关系,哲学阐释学成为阐释学哲学。

加达默尔开拓了阐释学理论的新境界,并由此展开他的阐释学美学。正如他自己承认的那样,其美学思想在某种程度上是对

---

① 海德格尔《词语》,《在通向语言的途中》,第192页。

海德格尔后期思想的发展。通过加达默尔的深入论述,阐释学美学获得完整的理论体系。

1. 阐释学美学的地位

美学、历史和语言构成加达默尔阐释学哲学的基本框架。加达默尔对阐释学美学的贡献从明确确立它与阐释学哲学的关系开始。

遵循海德格尔的立场,加达默尔从本体论的角度认识艺术和美。艺术和美是存在的根本形式,艺术在所有事物中与存在直接相关,艺术作品是对存在真理的表述,对艺术作品的理解就是对自我存在的理解。艺术经验的任务就是不断地把自己"整合进人们对世界和对他们自身的自我理解的定向整体之中"[①]。在艺术经验中,此在与其存在相遇。艺术在追寻存在这一点上和哲学有着相同的目的。

理解被赋予本体论地位后,成为一切存在得以实现的前提和条件。不仅艺术的审美经验需要理解,就连艺术作品本身的存在也必须借助理解。作为一门关于理解的学科,哲学阐释学的对象是包括自然美和艺术美在内的一切涉及世界经验的传统。由于艺术作品本身的存在和关于艺术作品的审美经验都属于理解的范围,艺术作品成为阐释学的对象,阐释学美学因而与阐释学哲学建立起无法分割的内在联系。

任何学科都需要以一定的生活经验和世界经验为基础。与能够实证的自然科学经验不同,阐释学必须从浸润了历史传统的经验出发,阐释学经验是超出实证的真理性经验。对世界经验的理解和表达必须借助语言完成,理解在广义上是语言性的。涉及世界经验的艺术文本无论在本质上是否是语言的,由于文本中的

[①] 加达默尔《哲学解释学》,夏镇平等译,上海:上海译文出版社,1994年,第102页。

经验只能在理解中实现,因而艺术文本在需要被理解这个意义上也是语言性的。不同时代的人们对同一艺术文本可以有不同的理解,艺术作品的语言性使它具有超越任何历史限制的当下性,这意味着艺术作品在含义上具有丰富性,在结构上具有开放性。作为开放的历史性结构,审美经验最鲜明地反映了阐释学经验的基本特征。

对艺术文本的审美必须在理解中完成,艺术经验就是理解借助语言对存在的揭示。由此,艺术的审美问题就转换为艺术经验的问题,美学成为阐释学哲学的一个重要组成部分:"事实上,诠释学本来就必须这样宽泛地加以理解,它可以包括整个艺术领域及其问题。正如任何其他的需要理解的本文一样,每一部艺术作品——不仅是文学作品——都必须被理解,而且这样一种理解应当是可行的……美学必须被并入诠释学中。"[①]加达默尔不仅论证了阐释学美学的基础是理解,而且将视角从哲学阐释学转向阐释学美学。

2. 偏见与理解的历史性

海德格尔提出,人是以可能性为存在方式的可能之在,此种可能性就是一种现实状态,能在在现在的可能性中存在。理解和领会从来不是指向外在现成事物的具体认识活动,而总是存在对自身能在的展开。理解是存在的现实环节,是能在的现实样态。领会是人存在的常态和人生在世的一般方式。海德格尔从存在本体论的视角认识理解,使理解从一般的具体认识活动转化为此在的基本存在方式,将理解提升为阐释学及其关注的核心。沿此方向,加达默尔的阐释学哲学通过追问"理解如何是可能的",更进一步深化对理解的认识。相应地,其阐释学美学则要回答"审

---

① 加达默尔《真理与方法》上卷,第 215 页。

美理解如何是可能的"。所有这些问题都需要从理解本身的性质入手。

第一，偏见是理解活动中的创造性力量。

据加达默尔考证，"前见"一词最早出现在法学词汇中，表示一种肯定的判断，同时具有肯定和否定的价值。直到启蒙运动高举唯理论，前见才被赋予否定的意义，这是由启蒙运动建构其理论的逻辑必然性决定的。启蒙运动的理论预设否定中世纪的神学权威，而《圣经》及其解释作为神学权威的核心自然成为被首要抨击的对象，赋予前见以否定意义是启蒙运动确立自身的策略性选择。浪漫主义以反对启蒙理性的面目出现，但通过对传统的强调，使启蒙运动确立的传统与理性的抽象对立永恒化，在本质上强化了启蒙理性和启蒙运动的批判力度。现代阐释学的兴起是沿着启蒙运动的理路进行的，仍以理性为标准衡量包括传统和权威在内的一切。施莱尔马赫等人将阐释学的重心从"如何正确理解"转移到"如何避免误解"上来，阐释学的手段就是要消除由时间距离造成的隔阂，重建产生意义的历史情境，廓清了阐释学迈入科学行列的道路。狄尔泰让理解主体摆脱自己的生活处境，设身处地地进入作者的精神世界，通过还原创作心境获得作者的原意。

海德格尔之前的阐释学将偏见看作误解产生的根源，为达到与古人的完全共鸣，理解者必须克服自己在特定历史时刻所带来的历史局限，自由地从个人心境中再现出任何历史时期他人的心境。因此，施莱尔马赫等人所假设的人既是历史的人，因为他总是在某个历史时刻用自己的历史经验去理解对象；又是超历史的人，因为他必须克服自己的偏见进入任何历史时期的任何文本。这样，他们进一步假设了解释者在理解历史中可以有一种中立的、摆脱具体的存在境域限制的精神意识，从而使解释者成为绝对的抽象主体,能够在精神上复制和体会消失于历史中的任何过去。可是,人既然是历史的人,又如何超历史地进行理解呢？

施莱尔马赫和狄尔泰在阐释学理论上的这种困境到了加达默尔那里才被正式提出和解决。加达默尔把近代主体主义哲学区分主体与客体,造成主体无历史、去情境的做法称为异化。"理解甚至根本不能被认为是一种主体性的行为,而要被认为是一种置自身于传统过程中的行动(Einrücken),在这过程中过去和现在经常地得以中介。"①解释者对历史的参与是理解的中心环节,理解不再是建立主体与对象联系的客观活动,也不是主体认识客体的主观意识,而成为历史自身的延续运动。其中,理解者和理解对象都不再是各自独立的部分,而是自始至终处于历史中,而且历史就成为他们的一部分。既不存在超历史的纯粹主体,也不存在超历史的抽象理解,历史性是人类存在的基本事实和根本特征。"事实上,我们存在的历史性包含着从词义上所说的偏见,为我们整个经验的能力构造了最初的方向性。偏见就是我们对世界开放的倾向性。"②过去总是以某种隐秘的方式对当前的处境产生影响,任何主体都是带着过去的影响进入现在的认识。偏见不是使理解者与过去分离,相反是使过去向理解者开放。理解的本质就是把过去的意义置入当前情境的调节或翻译,真正的理解不是去克服历史性,而是正确地去评价和适应这一历史性。从此,理解不再仅仅是一种对历史的再现和重建活动,而是一种创造性过程。在理解中,构成我们存在的不是理性判断而是蕴涵历史的偏见,人的有限性成为实现历史理解的积极动力。

---

① 加达默尔《真理与方法》上卷,第372页。
② 加达默尔《哲学解释学》,第9页。

第二，传统是理解实现的条件。

传统构成偏见，接受偏见就是进入传统。传统是历史的构成要素，作为对过去的保存，传统与历史不可分割。同时，传统并非只是保存过去的现成之物，它始终是一种保存和创新并存的自由活动，当旧的传统与新的事物结合，就创造出新的价值，进而形成新的传统。因此，传统既面向过去继承历史，又面向未来具有开放性，是一个无法拆分的延续整体。

传统阐释学和近代历史意识都从主客对立的视角出发，将人的存在从历史传统中割裂出来，理解就成为主体与客体之间的外在关系。当理解者与文本分别处于不同时代时，理解的障碍就由两者之间的时间距离产生。加达默尔指出，将理解看作主体对客体的认知关系掩盖了存在的时间性，人在认识自己之前就已经生活在历史之中，"历史并不隶属于我们，而是我们隶属于历史。早在我们通过自我反思理解我们自己之前，我们就以某种明显的方式在我们所生活的家庭、社会和国家中理解了我们自己。……个人的前见比起个人的判断来说，更是个人存在的历史实在"[1]。人的存在与世界统一的整体过程形成历史，不论是理解者还是文本，一切存在都处在历史的统一体中，是历史性的存在。领会是对存在可能性的筹划，理解是存在展开的现实样态，由于存在是历史性的，理解和领会也是历史性的。理解的历史性使旧传统与新事物的结合成为可能，理解就是在传统中创造传统。

理解和领会不是对外在对象的认知活动，而是存在自身的内在关系。"我们其实是经常地处于传统之中，而且这种处于决不是什么对象化的（vergegenständlichend）行为，以致传统所告诉的东西被认为是某种另外的异己的东西——它一直是我们自己的

---

[1] 加达默尔《真理与方法》上卷，第355页。

东西,一种范例和借鉴,一种对自身的重新认识。"①传统不是绝对精神的自我表现,不是提供分析的客观对象,它是主体和客体相互交融的整体过程。对文本的理解实际上既是对文本所揭示的存在的理解,也是理解者自我的理解。这样,以前阐释学试图弥合的存在于理解者与文本之间的时间鸿沟,现在则表现为在理解中实现的历史持续。

既然理解是对存在自身的理解,而存在是历史性的,那么传统所造成的时间距离对于理解就具有积极的、建设性的意义。"理解首先意味着对某种事情的理解,其次才意味着分辨(abheben)并理解他人的见解。因此一切诠释学条件中最首要的条件总是前理解,这种前理解来自于与同一事情相关联的存在(im Zu-tun-haben mit der gleichen Sache)。正是这种前理解规定了什么可以作为统一的意义被实现,并从而规定了对完全性的先把握的应用。"②在理解中,我们总是根据理解者和文本的先行联系为文本预期一个意义,这种先验的意义预期受到合理偏见的影响并用以指导理解。理解为文本预期的意义因受前见的制约而具有历史性,预期的意义和同样具有历史性的理解者之间在继承传统这一点上是熟悉的,而文本本身对理解者而言又是陌生的,理解就位于意义预期的熟悉性和文本的异质性之间,在理解者接触文本时不断受到修正。与传统相联系的文本意义正是通过这种意义预期实现。

如何使意义的预期摆脱错误的前见而在积极的前见影响下生成呢?时间距离是判断理解的真前见和假前见的条件。因为,每个时代都按照自己的方式理解历史中的文本,由于文本属于传统的一部分,对文本的理解必然在传统中进行。理解不是复制作

---

① 加达默尔《真理与方法》上卷,第361—362页。
② 加达默尔《真理与方法》上卷,第378页。

者原意的行为,而始终是一种创造性的行为。因而,文本的真实意义不是由作者和同时代读者给予的,而是由不同时代理解者的不同理解构成的共同体。时间距离不是阻隔理解者和文本的断裂鸿沟,而表现为传统的连续性,一切流传物都只能于其中呈现出来。只有当文本与现实的一切关系都消失后,文本的真正本性才能显现出来;只有从一定历史距离出发,才能达到客观认识。对不同时代文本的理解才可以使理解者摆脱直接的利害关系,保证理解的普遍有效性。时间距离不再由于造成文本和理解者的分离而成为需要克服的障碍,它确保了历史的客观性,是使理解得以正确进行的前提和保证。

第三,理解的本质是视域的交融。

理解(intelligence)、释义(interpretation)和运用(anwendung)是阐释过程的三个重要环节。理解是最基本的,理解先于释义,同时又包含释义,理解是释义的前提和基础,释义反过来加深理解。理解是此在存在的基本特征,先于反思和意识,使理解得以展开和发展的释义也因之是对此在可能性的揭示。传统阐释学从形式的角度看待整体与部分的关系,整体与部分之间的相互阐发在主观反思中完成。海德格尔从存在的角度看待理解、释义和运用这三者的相互关系,使阐释的循环摆脱了方法论的规定,具有本体论的积极意义。加达默尔对此总结道:"海德格尔则是这样来描述循环的:对本文的理解永远都是被前理解(Vorverständnis)的先把握活动所规定。在完满的理解中,整体和部分的循环不是被消除,而是相反地得到最真正的实现。"[①] 阐释的循环既不是客观形式的,也不是主观反思的,而是阐释者(此在)与文本(对存在的揭示)的内在相互作用。加达默尔进一步分析道,理解是一切事物的根本性质,事物通过理解

[①] 加达默尔《真理与方法》上卷,第 376 页。

实现自身的存在,由此决定对文本的理解和释义不仅只是科学关心的问题,而且是整个人类世界经验的组成部分,具有普遍性。理解总是一种释义,释义则是理解的明确形式,理解和释义相互作用、相互渗透,构成此在形成意义的存在过程和人类生活本身的原始特征。

加达默尔特别强调阐释过程中"运用"这一因素。不同于传统认识论中实践的概念,阐释学中的运用不是指将某物应用于另一事物的技术科学或应用科学,它与理解和释义辩证地结合在一起,意指理解过程中的情境。不同时代的理解者所处的传统各不相同,理解和释义总是随着传统的变化而发生改变,是历史性的,这就导致不同时代对同一文本的理解存在差异。同时,我们生活于其中的传统并非截然独立,传统的更新总是建立在保存和延续历史的基础上,因而对现实的理解必然渗透着过去的影响。理解的历史性就是理解对过去和现实关系的调节性应用,在理解过程中,历史和现实相互影响、相互渗透,延续历史的传统成为理解的内容。在此意义上讲,理解始终就是一种运用,它使历史和传统在对文本的现实理解中获得实现和显现。历史性的理解,其基本性质就是对历史的现实使用和对传统的现时应用。

"运用"规定了理解的历史性语境,借助运用的调节活动,传统和传统所承载的历史对现实产生实际影响。在"运用"这一理解的情景中,理解者继承的历史传统与理解者身处的当下现实融合。运用所涉及的历史和传统这两个方面是怎样交融的呢?加达默尔为此引出视域融合的概念,霍埃解释为:"这是伽达默尔历史理解之心理学描述的一个选择。'视界'一词是用以描述释义的情境特征或受语境束缚之特征的。"[1]理解者在领会历史时,总

---

[1] 霍埃《批评的循环——文史哲解释学》,兰金仁译,沈阳:辽宁人民出版社,1987年,第120页。

有对意义和真理的预期,这种预期形成视域,它确立了理解的角度、起点和可能性。理解者和文本各自有不同的视域,理解就是不同视域的融合。与古典阐释学要求理解者放弃自己的视域进入文本的视域不同,加达默尔认为理解者的视域在接触传统、领会传统中不断形成、扩展和丰富。视域融合不是同一,同时包括差异和交互作用。由视域融合形成的理解,既不完全是文本的原有内容,也不再是理解者的成见。在这种不同视域的融合中,历史视域获得注入和更新,现代视域也得到扩大。新的视域超越原来的理解,带来新的经验和新的领会的可能性,在传统与现代、历史与现实的沟通中,成为理解新文本的出发点。

第四,理解的历史性。

传统阐释学否定人的时间性,进而否定理解的时间性,遮蔽了阐释学的反思力量。加达默尔从肯定理解的阐释学情境入手,通过确定理解的历史性恢复了理解的反思性。"真正的历史对象根本就不是对象,而是自己和他者的统一体,或一种关系,在这种关系中同时存在着历史的实在以及历史理解的实在。一种名副其实的诠释学必须在理解本身中显示历史的实在性。因此我就把所需要的这样一种东西称之为'效果历史'(Wirkungsgeschichte)。"[①] 人是历史进程的组成部分,人类存在的历史性决定我们无法置身于历史之外考察历史;置身于历史中的人自身就包含了对历史的理解,它同历史本身一样真实。历史与历史的解释者结合,也即历史的效果与对此效果的理解结合,就构成了效果历史。效果历史表明,解释者的情境是理解文本的重要条件,具体来说,主要表现在以下两个方面。

---

① 加达默尔《真理与方法》上卷,第384—385页。

从文本的特征看,产生于特定时代的文本不是作者主观意图的表达或者它产生那个时代人们的理解,而是存在于解释者和文本的对话中,因而文本产生的效应随时代变迁而发生改变,本身就具有历史和传统。同一时代的文本在不同时代受到理解者不同方式的理解,生发出不同的意义,共同构成该文本的效果历史,因而任何文本都是超越其具体的时代,具有开放的结构和不可穷尽的意义;不同时代的文本又需要在当前时代的阐释中才能获得存在的意义,这种对文本阐释的同时代性和现存性又构成了文本的永恒性。

从理解的性质看,理解的目的是对文本本身所试图回答的问题的重建,理解文本的同时也是在描述关于该文本的观点的看法。理解植根于历史情境中,文本作为传统的一部分是构成理解情境的要素。文本要想被理解,就必须加以释义。作为理解的现实展开,释义也依赖于理解发生的语境。在理解者和文本的对话中,从理解者的情境中产生的前理解是制约释义的重要因素。前理解要受到文本主题的检验,释义就是在文本主题和前理解的对照中不断修正自己,对文本的不同理解的总和接近并构成了文本的全部意蕴。因而,对文本的理解是开放的,既依据文本的这种效果的历史,又受制于它。效果历史强调当代阅读和理解之于历史文本的重要性,为后来接受美学关注读者的审美接受开辟了道路。

3. 理解与语言

加达默尔强调理解的语言性,其意义在于,传统阐释学为建立理解者和文本之间的联系转向心理学,认为两者在心灵感应、精神相通中才能排除异质,达成沟通。这种在审美特征上表现出的移情论不能真正解决文本的内涵性和理解的历史性之间的冲突,而"诠释学的任务就是要解释这种理解之谜,理解不是心灵之间的神秘交流,而是一种对共同意义的分有(Teilhabe)"①。强调理解的语言性就意味着:用文字确定下来的文本不是明确无误的现成之物,它存在于理解中,不同时代对文本有不同的理解,这些理解共同构成了文本的存在,文本是语言性的,理解也是语言性的,文本和理解者之间的时间距离就转化为语言的连续性,在语言这个共同介质中,文本的内涵性和理解的历史性得到沟通。

在加达默尔看来,一切理解都在语言中进行,能被理解的存在就是语言。不同于当代语言分析哲学有关语言即符号的观点,他认为"在某种较难把握的意义上,语词几乎就是一种类似摹本的东西"②。所以,对精神科学领域中真理的探讨不可避免地仍要涉及语言模仿的问题。语言与世界是摹本与原型的关系意味着:"语词只有把事物表达出来,也就是说只有当语词是一种表现(mimēsis)的时候,语词才是正确的。因此,语词所处理的决不是一种直接描摹意义上的摹仿式的表现,以致把声音或形象摹仿出来,相反,语词是存在(ousia),这种存在就是值得被称为存在(einai)的东西,它显然应由语词把它显现出来。"③语言与世界超出了简单的符号和对象、能指和所指的关系。世界只有进入语言中,才能消除与作为审美意识的主体的距离感和陌生感,表现为我们的世界,被我们理解和把握。语言不是指示事物的装饰品,本身成了事物的一部分。在语言中,存在获得展开;在语言中,对存在的理解成为可能。正如模仿在存在的层面上沟通了艺术作品和世界的关系,语言和世界也在模仿中达成了存在意义上的联系。

语言会随着时代而变化,如何使历史文本的语言与理解者的语言保持同一性,这是理解中必须解决的语言障碍。加达默尔认

---

① 加达默尔《真理与方法》上卷,第 374 页。
② 加达默尔《真理与方法》下卷,第 532 页。
③ 加达默尔《真理与方法》下卷,第 523 页。

为对话是正确理解的根本途径,正如霍埃所言:"本文从某种意义上说是在说话的,即是说,它向我们表明一种含义,这种含义通过以一种与我们对自己特殊情境的关心相关的方式向我们说话而要求我们去注意它。"[①]对话创造了一种共同的语言,使对话双方能够自由地交流。在真正的对话中,每个人都将自己向文本敞开,在不同历史视域的相互融合中实现理解,而且与文本的真正对话"并不是一种任意的出于我们自己根源的做法,而本身就是一个与本文中所期待的回答相关的问题。期待一个回答本身就已经预先假定了,提问题的人从属于传统并接受传统的呼唤"[②]。在与文本的对话中,由于文本的内涵是开放的,在不同时代和场合中会由不同的理解者揭示出新的意义,加之理解者自身会有意无意地受偏见影响,因而对话的结果无法被预期,对话不受理解者主体意志的制约。对话总是双向的行为,是问答结合的逻辑,其目的是达成彼此的交流。

阐释学的对象是语言的对象,而包括历史和传统在内的一切事物本质上都是以语言的方式存在,因而理解和阐释是一切事物的特性;理解本身存在于语言中,因为世界以语言的方式存在,语言是我们生活于其中的世界自身的行为,对世界存在的理解只能借助理解语言实现,对世界的理解是语言性的。加达默尔从理解需要借助语言这个媒介出发指明阐释学具有的无限领域。

(四)古典阐释学美学的当代继承:文学阐释学

古典阐释学将阐释学定位为人文学科的一般方法论,强调解释的正确性和客观性有赖于理解和解释与文本原意的符合一致。

---

① 霍埃《批评的循环》,第85页。
② 加达默尔《真理与方法》上卷,第485页。

无论是施莱尔马赫的《圣经》解释学,还是狄尔泰的哲学阐释学,都努力帮助读者避免误读以寻求作者和文本的原意,其核心都是避免有悖于作者和文本原意的误解。古典阐释学这一追求客观主义和实证主义的精神传统为意大利哲学家贝蒂和美国批评家赫施继承,形成并发展了文学阐释学。

1. 理论背景

现代阐释学哲学的理论危机和当代哲学领域的语言学转向共同构成文学阐释学的理论背景。

对作者原意的信仰以及由此生发出来的历史观,是古典哲学阐释学区别于现代阐释学哲学的核心问题。古典哲学阐释学以追求作者原意作为理解活动的最高目标,在扩展了阐释学应用范围的同时,却无法摆脱阐释学循环的困境。由海德格尔开启、加达默尔继承并发展的现代阐释学哲学从探询人的本体存在出发,更加关注理解的语言维度和历史维度。通过否定作者原意并转而强调理解的历史性,现代阐释学哲学既克服了古典哲学阐释学在追求作者原意时所陷入的理论困境和逻辑悖论,又为自身的展开提供了新的理论生发点和强大的动力支持。

矫枉往往容易过正。"伽达默尔的解释学坚持认为本文的效应或 Wirkung 是其含义的重要成分。因为这种 Wirkung 随着时代的不同而不同,所以说它有着历史和传统——伽达默尔称之为 Wirkungsgeschichte(效果历史)。……伽达默尔解释学的独特性、重要性和困难便出现在这种对于理解的描述中,出现在它藉以发展和变化的条件中。"①霍埃对现代阐释学哲学的集大成者加达默尔作出的这一论断,亦可看作是对整个现代阐释学哲学理论切中肯綮的评价。

---

① 霍埃《批评的循环》,第 52 页。

现代阐释学哲学在否定作者权威地位的同时提高了理解者的地位,在否定作者和文本原意的同时肯定了多种意义的可能性,这种做法扩展了阐释学的范围,开辟了阐释学的新领域,提升了阐释学的地位;同时也导致了古典哲学阐释学中的客观主义和实证主义精神传统丧失殆尽,使阐释学从严谨客观的科学地位上跌落,沦为含混不清、人言人殊的个体主义和心理主义的余绪。

在现代阐释学哲学遭遇理论危机的同时,哲学领域在20世纪五六十年代发生语言学转向,将一切文本看作语言客体。这一倾向也重新激发了思想对阐释学这种诠释理论的兴趣。

意大利哲学家贝蒂直接继承了古典阐释学的科学精神,为把解释学重新恢复为人文学科的方法论和一般解释理论,他更加详尽地研究了解释活动的技术性问题。针对加达默尔将理解作为人的历史存在而探究它所具有的本体论意义,贝蒂继承了施莱尔马赫的阐释学传统,更关注阐释学如何能成为理解人类经验的一般理论。他认为,理解不应只限于了解文字义,还应该注重文本的创造者和解释者之间在情感、理智、道德诸层面上的融通。

要使阐释学具有实践的可操作性,就必须针对不同的阐释对象采取不同的阐释形式。他提出有三种文本类型:历史和文学文本、戏剧和音乐文本、法律和神学文本,针对这三种文本类型形成三种阐释形式:重新认识的阐释、重新构造的阐释、规范的阐释[①]。贝蒂注重阐释活动中的具体技术,对哲学解释学的影响不大。

2. 赫施:为作者的权威地位和文本的原意辩护

赫施的全部理论旨在重新恢复作者已经失落的权威地位,为

---

① 贝蒂《作为精神科学一般方法论的诠释学》,洪汉鼎主编《理解与解释》,第129、158页。

文本原意正名。他写作《解释的有效性》就是针对加达默尔写作《真理与方法》的回应。赫施的文学阐释学主要可以归纳为以下四个方面。

第一,加达默尔的理论困境。

加达默尔宣称,理解活动发生于文本的过去视域和读者的当前视域相互交汇和融合之时。作为理解活动所涉及的两个方面,理解者和文本都处于具体的历史情境中,总是随着历史的发展而发生变化,每一次视域融合所产生的意义都各不相同,有多少次理解就产生多少种意义。因此,历史文本的意义和价值植根于当代的阅读和理解,阅读者的情境是理解作品的重要前提,他们在不同情境中对作品的不同解释构成作品涵义的总和,文本就是一个由无穷多意义组成的开放结构。借助理解的这种历史性,加达默尔阐明了文本的多义性。这种多义性包含了两个层面:不同历史时期对文本的理解会产生不同的意义,也即文本意义随时代变迁而发生变化;同一历史时期里的不同理解者会对文本的理解产生不同的意义,也即文本意义随一次次阅读而发生变化。在赫施看来,加达默尔犯了以下两个方面的错误。

首先,对多义性第一个层面的强调导致了极端历史主义的错误。历史主义强调存在的历史性,旨在揭示不同文化所具有的个性,可是极端的历史主义却将个性的强调推演为对不同文化之间不可逾越的鸿沟的强调。加达默尔将理解者和文本这两个参与理解的要素看作是变数,不同历史时期和不同读者产生的不同理解看作是文本这个意义整体的组成部分,他在肯定理解者对文本的创造性的同时,却由于否定任何有永久价值的意义和理解而陷入相对主义的泥沼。否定对不同的理解有判断标准,与其说是保证了阐释理论的普适性和科学性,不如说是为了建立有效的阐释理论而将复杂的理解活动这一阐释学最应该深入研究的领域排除在视野之外,这种掩耳盗铃的做法实质上就是逃避解释的责任。

其次,对第二个层面的强调导致了心理主义的错误。如果对文本的多种解释都具有同等的权威和效力,那么如何判断哪种解释是最符合文本的最佳解释呢?如果真如加达默尔所言,作者的创作意图对文本含义已无足轻重,那么判断最佳解释的依据便失去客观标准,只能由评论家的主观体验和感受来决定。这样,解释活动中即使存在标准,这种标准也只能是人的主观感受,不具有实际的操作性。加达默尔从理解的历史性出发,否定标准的客观存在,使客观标准沦为主观的心理体验,从而陷入了主观主义和经验主义的偏狭。

自狄尔泰以来,试图为理解寻求科学地位和为阐释学确立本体论价值的努力,便在现代阐释学对理解的历史性强调中前功尽弃。在赫施看来,理解的历史性就像阿喀琉斯的脚后跟,既是加达默尔全部阐释学理论的根本出发点和独特之处,又是造成其致命危机的理论盲点。对文本含义的多种解释都有存在的理由,但这并不能成为它们都具有相同价值和地位的保证,其中总有些理解是文本的最佳含义。以上这些现代阐释学的困境表明,要恢复理解的正确原则,就必须重新确立作者的地位。

第二,含义(Sinn)与意义(Bedeutung)。

一切历史文本都具有开放的结构和无穷的意义,根据加达默尔的这一观点,我们可以判定:一个确定文本的意义是不确定的,这些由不同情境中的理解产生的不同意义都具有相同的地位。如果情形真如加达默尔描述的那样,很容易陷入相对主义和主观主义的危险之中。赫施认为,造成这种危机的根本原因,就在于混淆了含义和意义这两个概念。

受索绪尔的结构主义语言学对语言和言语的区分,赫施提出含义与意义的差别。含义是指"存在于作者用一系列符号系统所要表达的事物中,因此,这含义也就能被符号所复现",而意义则是指"含义与某个人、某个系统、某个情境或与某个完全任意的事物之间的关系"①。含义是由言语符号固定下来的作者原意,存在于用符号系统所表达的事物中,是一种意识存在,而不是任何物质符号或物体存在。含义虽难以明确,但却固定不变、恒常持久。意义是含义与他者之间的一种关系,在关系所涉及的两个方面中,含义是永恒不变的一极,而他者却会受到各种条件的影响,从而形成不同的关系,并由之产生不同的意义。

新批评否定作者与文本含义之间具有任何决定关系,将文本归属于某个独特的本体领域,使之成为具有独立含义的自足存在。赫施反对这种独断的做法,通过对含义和意义的划分,为读者参与文本意义划定了有效的领域。在赫施看来,含义和意义虽相互区别,但是两者的关系却极为密切。意义的形成始终不能离开含义的制约,含义是圆心,意义是圆周上不同的点,无论处在哪个位置上,都脱离不开含义的引力。

从含义和意义的角度重新解读理解的历史性,赫施指出,加达默尔否定存在作者原意,错误地解释理解的历史性,主要有以下两个原因。

一是对含义体验的不可复制不等于含义本身的不可复制。"对含义体验的不可复制性与含义的不可复制性还是有所不同的,不能从心理学角度,把本文含义和对含义的体验视为相同的东西,对含义的体验具有个人特点,而它并不是含义本身。"②含义是公共的,对含义的体验是属己的;含义是客观存在的对象,对含

---

① 赫施《解释的有效性》,王才勇译,北京:生活·读书·新知三联书店,1991年,第17页。
② 赫施《解释的有效性》,第26页。

义的体验是人的主观精神活动。不同的精神活动和心理体验能够指向相同的意向性客体,对含义的体验虽因人而异,但都指向文本含义这个确定的中心。

二是确切理解的不可能性不等于理解的不可能性。"把确切理解的不可能性与理解的不可能性完全混淆,在逻辑上是错误的,而把认识与确定性相提并论也同样是错误的,尽管这个错误难以辨别。"[①]否定理解具有确定性,这当然符合理解活动的实际情况,但不能据此也一并否定认识的可能性。解释者虽然不能完全明确地断定他的解释与作者的原意分毫不差,但是作者意指的含义却能够被理解者大致见出和把握,因此,正确的理解是能大致达到的,这是阐释学目标的前提。

赫施认为,对文本的含义和文本的意义进行区分,是正确解释理解的历史性的前提。当加达默尔提出理解具有历史性时,发生变化的既不是作者的原初意义,而是文本对作者来说的意义;也不是文本的含义,而是作者与作品含义之间的关系,也即这些含义所具有的意义。加达默尔正是没有进行正确的区分,才误将理解的历史性看作是文本含义的变化,最后甚而否定作者的原意,从反方向犯了极端历史主义的错误。赫施看到了这一点,极力主张恢复作者的原意,将对文本的理解重新拉回到有章可循的轨道上来。借助对含义和意义的区分,赫施捍卫了古典阐释学中的客观主义精神。

第三,确定文本含义的方法。

正确的理解应被视为是对作者原意的大致把握,而不是精确的认识。"解释学的目标也就必定是基于众所周知的事实而对如下这一点获得某种默契:正确的理解是大致地被达到的,因此,这里的问题并不在于解释者是否能肯定他所作出的解释,而在于作

---

① 赫施《解释的有效性》,第 26 页。

者意指的含义是否能被解释者所见出。"① 作者创作时在意识里所发生的一切并不能借助语词完全、充分地表达出来,由语词构成的含义只能表达作者全部意识的一部分。运用言语进行写作,这意味着作者在语言规范的制约下,用语句表达其全部意识活动的某个方面。作者的心理状态和意识活动是个体性的,而语言规范是公共的。创作文本的过程,就是借助语言符号这个公共的工具,将属己的精神和心理状态转化为由言语表达出的公共含义,并能为其他人了解。文本的创作过程,就是将私人领域中个体性的意义转化为公共领域中群体共通的含义。由于词语本身又具有多义性,不同的读者可能会根据不同的情况选择其中的一种意义,那么,对作者和读者来说,最为重要的是,作者意指的含义如何能被文本体现出来并被解释者所见出。

从以上分析可见,文本的真正意义就是作者的含义,而作者的含义就是作者意向中的言语含义。尽管作者创作文本时所使用的语词会传达出与作者意指的含义不同的方面,但意指含义仍然是确定文本含义的唯一标准。文本含义的任务就是保证言语含义历经时间变化而保持不变的确定性,使每个读者都能够复现这种意义。解释文本时,我们的任务只是探究由文本语词传达出来的含义与作者创作时的意识相符合一致的那部分。

这就涉及"词义"和词义本身的性质问题。首先,词义具有确定性。"词义就是某人用特定语言符号序列意欲表达以及该语言符号所能分有的东西。"② 词义要受到一般语言规范的制约,这种语言规范对所有使用该语言的人来说是共同的和有效的,因此词义可以被不同的人所分有,可分有的词义必然是确定的。词义的

---

① 赫施《解释的有效性》,第26页。
② 赫施《解释的有效性》,第41页。

确定性并不意味着凝固和精确,而是指词义是一个与自身相同一的整体。其次,词义具有可复制性。"词义不仅是一位作者用他的语言符号表达的意欲类型(gewollterTyp),而且也是他人能凭借这种符号去理解的东西。"①语言符号与意义并不是一对一的固定关系,一个语言符号在不同的语境中可能拥有多种不同的意义,但是含义具有多义性并不影响含义的确定性,既然含义是确定的,要受到约定俗成的语言规范制约,因此,词义就可以被不同的人理解和接受。

词义的以上两个特点是由支配它的意欲类型决定的。词义就是一种被分有的意欲类型。作为类型,词义首先是一个有界限的整体,可以据此界限判断某个含义是否属于该类型;其次这个类型可由不同的含义进行再现。由于一个类型可在不同的个别含义中得到体现,所以,它就在这些不同的含义中搭建了一座桥梁,使具体词义的个别性和解释的社会性联系在了一起。一个含义要能被人传达,就必须从属于某个可认知的类型。

意欲类型决定了词义的特点,它本身还要受到存在于文本中的范型制约。范型是一种整体含义,"通过这整体含义,一个解释者就能正确地理解这种具有确定性整体的每个部分"②。范型是文本内部存在着的、起规范作用的特质。范型决定作者的意欲类型,意欲类型决定文本含义。真正的范型对陈述者和解释者都必不可少。

第四,理解与解释。

为了避免循环的阐释理论,赫施在区分含义和意义之后,进一步区别了理解和解释。

---

① 赫施《解释的有效性》,第 61 页。
② 赫施《解释的有效性》,第 100 页。

解释的对象是含义,而含义是作者借助文本的语言符号表达出来的意旨。由于作者的意图是确定的、唯一的,因此,解释虽然可以有很多,但正确的解释只能有一个,即符合作者原意的那一个。与解释不同,理解的对象是意义,而意义是文本与作者或读者之间的关系,当文本含义与特定时代中的特定理解者相联系时,就产生了意义。意义随时代更迭而不断变化,理解的历史性由此产生。阐释学要想保持学科的科学性和阐释的有效性,就应该区分解释活动和理解活动,植根于对含义的解释,而不是对意义的理解。

赫施坚信,作者表达在作品中的含义能够得到客观解说。因为,写作时的言语意象不是作者全部的心理状态,运用言语进行写作,就意味着作者借助语言规范的潜力,用语句表达其全部心理状态的某个方面,读者只要懂得如何运用同一规范,就能够在阅读文本的理解实践中复现作者的意图及其表达过程。

阐释文本要从确定作者原意入手,阐释的正确与否也取决于作者原意。"一件本文只能复现某个陈述者或作者的言语,或者换句话说,没有任何一个含义能离开它的创造者而存在。"[①]作者的原意是阐释学的基础,任何对文本的阐释应该最终归于对作者原意的认识和把握。不仅如此,作者原意也是衡量各种不同解释的客观标准。可是,作者的原意如果仅仅停留在作家的头脑中,它就是一个纯粹的主观意念和心理现象,怎么可能被他人把握并成为判断正误的客观标准呢?

正如前面对含义和意义的区分,文本的含义就是作者意指的含义,也即作者的原意是借助语言表达出来的文本含义,那么,理解构成文本的词语的意义,就应该是达到文本含义和作者原意的根本途径。在这里,赫施借用了现象学理论中的概念来阐明词义

---

① 赫施《解释的有效性》,第269页。

的可理解性：词的含义是一个意向性对象，不同的意向性行为可以指向同一个对象，因此，词义可以被不同的主体分有和复制。这就意味着文本的含义和作者的原意也是可以被他人认识和复制的。基于此，解释活动就是一种再认识活动，它在词语通常的实际含义中达到有效的结论。

在明确了解释活动的性质后，赫施指出，解释和理解虽然不能混淆，但在具体的阐释活动中，二者不能截然分开。对文本的阐释首先是对一个已知文本的未知特征进行可能性的判断，这种判断是不确定的，在此基础上再详细说明文本的视界。这也就是说，解释活动中包含着理解活动，理解对文本可能性的猜测是进行明确解释的基础，一旦解释完成了对文本含义的把握，理解活动就终止了。在此意义上，解释的根本任务就是想象性地重建文本作者的原意。由于作品的含义是作者运用语言符号表达出来的东西，是在文本中实现的作者的创作意图，因此，对作品的解释必须限定在作品所表述的意义范围之内，才能实现这种解释的客观性和有效性。

作品的意义和作者的意图之间存在逻辑联系，对作品的解释就是对作者表达出来的意图的解释。在此意义上，理解的历史性应该这样来理解：不同时代、不同的人对文本产生不同理解，这些不同的理解虽然各有差异，但是每一次新的理解都必然建立在旧的理解基础之上，只有在对新旧两种理解的对比中才能真正明了新的理解。这是因为，对文本的理解受制于文本本身，每一次新的理解都限定于文本的文字表达和语言结构的范围内，理解的历史性具有一种内在的连续性。

（五）方法论与存在论结合的阐释学：利科

现代哲学阐释学在强调理解和解释的存在论基础和本体论

地位时,忽略和抛弃了古典阐释学赋予它们的认识论见解和方法论作用。作为现象学阐释学的重要代表,利科(Paul Ricoeur,又译利科尔)从语言这个人类生活世界中最普遍的现象入手为阐释学理论作出的努力,就是试图将方法论与存在论结合起来,开辟阐释学发展的新方向。

1. 理解的性质

现象学和存在主义构成利科哲学的两个思想源头,他同时还接受了结构主义、精神分析、宗教哲学和语言哲学的成果和方法。利科致力于建立的意志现象学以消解传统先验主体的优先性为切入点,通过恢复主体的具体性和意识对象的当下性,突出存在的基础地位。

在利科哲学中,抽象独立的自我意识被还原为交互作用的各种意志行为,这些意志实践活动是人获得自我认识的唯一途径,因此存在问题必须依借阐释问题,只有通过各种解释的冲突才能认识被解释的存在。

由于存在和理解都必须在语言中实现,对存在的阐释也就必须从语言分析这一方法论角度入手,经过反思的认识论,最后才能达到存在论。利科批评海德格尔和加达默尔只从本体论角度建构阐释学,虽然极大地提升了阐释学的地位,却忽略了方法论的层面,使阐释学成为空中楼阁,丧失实践操作的价值。利科从他的意志现象学出发,认为理解的本体论只能存在于阐释的方法论中,对存在的追寻必须通过语言层面的迂回步骤才能达到。所以,利科对阐释学作出的重大贡献就是,重新重视古典阐释学具有的方法论和认识论价值,试图将作为方法论的阐释学在本体论基础上与哲学阐释学统一起来,在建构存在的本体论地位的同时,恢复阐释学的实践功能。

利科在与结构主义和语言分析哲学的对话中形成自己的哲

学阐释学思想。一方面,利科哲学的根本目的是在破除抽象主体的先验神话时,确定存在的基础地位,阐释学作为一种方法论也必须服从这一存在论目的。文本分析是统一领会的存在论和理解的方法论的途径,因此阐释学的主要任务就是进行文本分析;另一方面,虽然关注对象是文本,但是阐释学不仅仅只是一种对文本进行语言分析的单纯的技术和方法,借助理解和释义,阐释学是一种追寻存在的意义理论[①]。

利科的阐释学是一种具有方法论意义和价值的存在论哲学,这种学科性质是由理解和释义的性质决定的。利科认为,理解不仅能使自我获得关于对象的理解,同时也能使对象获得关于自我的理解,是人的一项基本能力,它为自我与他人的共存提供可能。释义属于方法论范畴,理解属于本体论范畴,理解必须借助释义才能从总体上把握和领会各个部分的意义。所以,理解产生、伴随、完善着释义,因而包含着释义,释义则以分析展开的方式发展和推进理解。理解和释义相互作用,相互渗透,理解作为阐释学的核心,决定阐释学面向存在的本体论旨归,释义作为理解的手段和途径,决定了阐释学具有方法论的实践意义。

2. 象征与诗歌

利科在科学语言和诗歌语言的对比中分析了诗歌和象征及其相互关系。

在人类日常语言中,普遍存在着一个语言符号对应多种含义的事实,这种语言现象就是一词多义。一词多义满足了人们用有限的词汇表达无限丰富的人类经验的要求,但是也不可避免地造成歧义。科学语言通过制定一整套系统的规则使语言重新形式化,试图在一词一义的工整对应中消除语言的歧义。与科学语言

---

① 参见张汝伦《现代西方哲学十五讲》,北京:北京大学出版社,2003年,第379页。

不同,诗歌语言则借助隐喻保留和创造语言的歧义性。

诗歌语言创造歧义的具体方法是:首先,日常语言总是和现实世界中的事物相对应,语言符号的功能就是引起使用者对符号所指代的事物的关注,事物的凸显以符号的隐退为条件。诗歌语言则通过加强符号本身的可感知性促使符号与其指代事物的分离,词语本身成了关注的核心。其次,词是语言中基本的表意单位,日常语言根据等价原则在诸多相关词组成的范围内选择词汇,再按照毗邻原则将从不同范围里选择出的各个词汇组合起来。诗歌语言却打破了日常语言的结构规则,将选择轴线上的等价原则投射到组合轴线上,使被组合的词汇彼此之间相互影响,导致词汇在诗歌中的含义完全不同于它们在日常语言中的含义,这种词汇的日常含义与被转移置换的含义之间引起的交感形成隐喻。最后,隐喻只是在对词汇的具体运用中才出现,属于一瞬间的言论创造物。诗歌语言"不只是创造隐喻,而且通过把它们联结在一个隐喻的网络中保持它们。这种隐喻的网络不是飞逝的,而是经久的,它使诗歌成为一个连续、持久的隐喻。我把这种隐喻网络的一致原则叫做**诗的象征**"[①]。与隐喻不同,象征将表达双重意义的共同结构与人类文化整体相结合,成为稳定而持久的人类共同经验。

利科从语义学的角度分析象征理论,并将之运用到对艺术作品的分析中。一词多义和象征是所有语言的结构和功能的组成部分,一词多义表明语言符号具有开放性,象征表明文本在字面含义之外还蕴涵着深层含义。运用索绪尔语言学对语言符号系统共时和历时的划分来分析象征,一词多义就体现了语言的共时

---

① 利科尔《言语的力量:科学与诗歌》,朱立元总主编《二十世纪西方美学经典文本》第三卷,上海:复旦大学出版社,2001年,第647页。

性,多重词义之间的转化就体现了语言的历时性。与一般的语言不同,构成艺术作品的话语尤其体现了语言在象征方面的特征。艺术文本的话语具有一词多义的性质,因而艺术作品具有多重的意义;艺术文本的话语同时具有寓意的功能,一词多义和寓意构成象征和隐喻的基础,因此由这种话语表达出来的艺术文本的意义具有象征性,是抽象与具体、普遍与个别的融合,既能被感性的经验所体会,又能被抽象的思辨所把握。利科从语言的象征性论证艺术文本的开放性,这是从方法论的角度对加达默尔借助理解者的历史性论证文本的开放结构的补充。

科学语言帮助我们建立与外在实在的联系,诗歌语言则揭示我们自身存在的真理。在具有开放结构的文本中,存在以多种方式言说,话语的多义性揭示了存在的多义性。"每一首诗、每一件文字作品,都有一个'世界',都展示了一个'世界':作品的世界。我以此来意指一个我们能居住于其中的可能的世界。"[①]诗歌虽与现实世界无关,但它以语言为材料,运用想象为我们创造了一个寓居其中的可能的世界。诗歌中可能的世界为存在提供了栖身的场所,寓示了存在可能的各种不同方式,而诗歌对存在的揭示是通过情感实现的:"说一首诗创造或引起一种感情,是说它创造或引起了一种发现和感受到自己生活在世界中的一种新方式。因此,这也就是所谓的一首诗更新了我们的地平线,即从它的方位中心——我们在这个世界的存在——把它生动地表现出来。"[②]不论是诗歌中的可能的世界,还是诗歌引起的情感,它们在语义分析中都属于诗歌语言的深层象征意蕴。借助诗歌语言的象征能力,人类深刻而广阔的存在便在语言中得以形成。

---

① 利科尔《言语的力量》,《二十世纪西方美学经典文本》第三卷,第649页。
② 利科尔《言语的力量》,《二十世纪西方美学经典文本》第三卷,第649页。

诗歌语言揭示我们自身存在的真理,哲学创造理解就是为了进入诗歌所揭示的真理世界。艺术作品中与存在相关的象征意义只能通过理解和阐释得到呈现。一方面,艺术文本的世界是想象的世界,理解者必须在想象的世界中为艺术作品创造意义;另一方面,只有借助隐喻这种语言策略,诗歌语言的深层内涵才能被唤起。所以,理解和阐释首先应从文本的字面意义出发,借助想象深入到字面义背后的象征义,最后才能达到对存在的理解。利科否弃了海德格尔和加达默尔所提倡的理解和存在之间的直接关联,认为对包含隐喻和象征的文本进行语义分析才是联系理解和存在的根本途径。

3. 文本与行动

从一种释义的技巧发展为一门有关理解的学问,从人文学科的普遍方法论上升为一般的人文学科,阐释学的这一发展过程始终伴随着它与人文学科的关系。以往对这二者的关系是在主体反思的认识论中完成的,利科对阐释学的贡献与其笼统地说是将方法论和存在论统一起来的努力,不如说他从方法论的角度成功地确认了阐释学作为一般人文学科基础的地位。具体地说,文本分析是利科的哲学阐释学获得存在之真理的必经之途,他将文本理论扩展至行动领域,使文本成为社会科学研究对象的范型,这样,社会科学本身就具有了文本的性质,由于文本是阐释学的对象,社会科学也同样成为阐释学的科学。

把行为型式比喻为语言式的文本,行动就具备了和文本相同的性质。前面对诗歌语言的分析已经表明,艺术作品中的语言尽可能消解日常语言中能指和所指的对应关系,通过突出能指符号与现实世界保持距离,创造出虚构的世界。利科将结构主义理论运用到文本分析中,认为文本同样创造了一个可能的世界,具有自身的内在结构。作为社会科学的研究对象,行动也不是指瞬间发生的具体行为,而是包括了具体行为和行为目的在内的行动整体,也即行动意义。在行动的意义中,行为及其目的联结在一起成为某种结构型式。因此,行动和文本一样,都有可以进行对象化分析的固定结构。

文本是历史中的流传物,文本产生的语境和理解者自身的语境并不相同,文本一旦创作出来就摆脱了产生它的语境的限制,具有了自主性,其意义也不受作者创作意图的限制。而且文本语言具有一词多义和隐喻的性质,为不同的理解产生不同的意义提供可能性。行为的动机和意义不一定与行为的后果一致,行动的意义和文字的文本一样是开放的,有待在新情境中重新被确定。

文本是由书写固定下来的话语,"话语也是通过进入理解过程,作为事件超越自身并变成意义"[1]。表层话语和深层意义是文本结构的两个层面,对文本的理解应遵循文本自身的内在结构,去挖掘句子背后的深层意义整体。由于文本"是我们通过它来理解我们自己的中介"[2],文本对存在的揭示就位于这种深层的意义整体之中,因此理解文本就是理解我们自身的存在。同样,行动也是对存在的揭示,理解行动的意义就是理解存在。这说明阐释学和社会科学虽然关注的对象和研究的途径有所区别,但是最终的目标都是为了理解存在的意义。

对文本的理解不是如加达默尔所说的在文本与读者之间进行对话,因为:第一,在理解中,作者的原意与文本的意义并不一致,而在对话中,说话者的意图与他说的话有重合之处。文本的意义具有超越作者原意的开放性,文本召唤着阅读,在与不同读者构成的新语境中产生新的意义。"阅读就是把一个新的话语和

---

[1] 利科尔《解释学与人文科学》,陶远华等译,石家庄:河北人民出版社,1987年,第137页。
[2] 利科尔《解释学与人文科学》,第146页。

本文的话语结合在一起。话语的这种结合,在本文的构成上揭示出了一种本来的更新(这是它的开放特征)能力。解释就是联结和更新的具体结果。"①在对话中,说话者克服了符号的封闭性达到他人的意图,符号超越自身接近语言所表达的意图。第二,在对话中,对话的双方同时出现,而在理解文本时,读者在创作时缺席,作者在阅读中缺席,写作-阅读关系不同于对话中的叙说-反应关系。所以,理解文本不能当作理解者和文本之间的对话,理解的任务就是借助想象创造一种想象的语境,实现文本的隐喻,从而揭示出字面义背后的深层隐喻义。对话模式并不能给我们提供阅读的范式。

从文本和行动的性质出发,利科在审美领域中进一步分析了游戏的性质。游戏是一种改造参与者的经验,参与游戏意味着被游戏规则改造为游戏者。在游戏中,游戏者的主体性被消解,受制于游戏规则。游戏消解了功利性的全神贯注,最适合艺术作品以之来展现世界。借助游戏这种方式,艺术作品和世界相互联系:在艺术作品中,作者的地位是游戏性的,读者也是虚构的游戏性的形象,而艺术作品展示的世界是启示的虚构,因而世界以游戏性的方式被展现出来;对世界而言,所有游戏都揭示了某种真实性的东西,因为在游戏的游戏性表现中显示了现实中的种种可能性,现实的本质因此呈现出来,因而游戏展示的世界是真实的②。

二、接 受 美 学

接受美学最早源于德国康斯坦茨学派的文学理论主张。

---

① 利科尔《解释学与人文科学》,第162页。
② 利科尔《解释学与人文科学》,第192—197页。

1967年,该学派的重要创始人姚斯发表了《文学史作为向文学理论的挑战》,标志着接受美学的创立。在此后的短短十几年中,接受美学的思想在世界范围内引起巨大反响。虽然接受美学一开始主要关注文学理论,但是它所开创的新的研究范式以及后期审美经验的转向,使它超越了具体的学派理论,成为现代美学史和现代文学理论批评史上的一股重要潮流。姚斯和伊泽尔是接受美学的重要代表人物,其他著名的批评家还有格里姆、瑙曼、魏曼等德国学者。

接受美学诞生于20世纪60年代末期,20世纪70年代到80年代前半期达到鼎盛,此后渐趋衰落,其思想对后来的各种哲学、美学思潮产生重要影响[①]。

(一) 接受美学概说

阐释学直接影响了文学阐释学和接受美学的建立。接受美学接过阐释学美学关注审美接受的方面,同时接受了俄国形式主义、布拉格结构主义、英伽登的现象学美学和文学社会学中有关文本和读者关系的思想,形成自己的理论体系。美国学者霍拉勃说:"从马克思主义者到传统批评家,从古典学者、中世纪学者到现代专家,每一种方法论,每一个文学领域,无不响应了接受理论提出的挑战。"[②]接受美学继承了上述各家思想,着眼于文本-读者的关系,有助于解决文学研究中的危机。

接受美学以阐释学和现象学为理论基础,从审美过程中的接受实践出发建立了一套完整独立的理论体系。如果说19世纪中

---

① 对接受美学全面的分析可参见朱立元《接受美学导论》,合肥:安徽教育出版社,2004年。

② 姚斯、霍拉勃《接受美学与接受理论》,周宁等译,沈阳:辽宁人民出版社,1987年,第282页。

叶至20世纪初,美学和文艺理论的主导倾向是实证主义,20世纪初到60年代形式主义占据主流,那么接受美学则在60年代以后为文学和美学研究开辟了一个新的领域。

作为一种美学流派和文学理论,接受美学有明确的理论基础和广泛的思想渊源。

首先,接受美学与哲学阐释学的关系最为密切,在某种程度上,我们甚至可以说哲学阐释学直接孕育了接受美学。如此,我们就不难理解接受美学的代表人物之一姚斯为什么把他后来的书命名为《审美经验与文学解释学》。海德格尔和加达默尔的阐释学思想中,有关理解的历史性、偏见的积极生产性、沟通传统与现在的视域融合、理解中的对话逻辑、效果历史的原则等理论,成为接受美学直接的思想源头。

除哲学阐释学之外,马克思的政治经济学原理和西方马克思主义的意识形态文化批判,构成接受美学另一个重要的理论基础。马克思在政治经济学中有关商品生产和消费过程的分析,启发接受美学将作者、作品、读者分别看成生产者、产品、消费者,置于动态交往关系中考察。

再次,接受美学有关文本图式结构和文本交流活动的分析是对结构主义美学的批判吸收。20世纪二三十年代兴起的布拉格结构主义是俄国形式主义理论的延伸和发展。雅各布森把语言学引入诗学,他将语言交流活动分成六种基本成分:发话人、受话人、信息、语境、代码、联系,每一个成分都可能在特定的交流中起主导作用。诗歌的功能就是突出信息这一因素,使词语本身成为感受的对象。穆卡洛夫斯基进一步将诗歌看成一个由能指和所指符号组成的功能结构系统,其中,个别艺术作品构成自足的结构,它同时又成为更大的结构系统的组成因素。结构的意义不依赖于创造者,而与处于社会关系中的观赏者有关。

接受美学从哲学阐释学、马克思主义的政治经济学和西方马克思主义的意识形态文化批判、结构主义美学中直接获得了哲学和方法论基础,建构了以关注作品影响和审美经验为理论指向的美学思想。这种建构并不是无前提的独创,在接受美学之前,有些理论流派已经在不同程度上给予读者阅读以关注和论述,它们成为接受美学的理论先导。

第一是俄国形式主义。19世纪中叶到20世纪初,西方美学和文艺批评受实证主义哲学影响,重在从社会学或心理学的角度考察审美现象。发轫于1914年并在20世纪20年代达到鼎盛的俄国形式主义不满于以往对文学的各种外在研究,强调文本形式特别是文本的语言形式是文学研究的逻辑起点。文学文本与一般文本的本质区别就在于文学文本具有文学性。文学性既不取决于作者是否成功地表现了创作意图,也不取决于作品是否完美地模仿了现实世界,而是由文学语言和日常语言的差异所决定。诗歌语言的根本功能就是使读者重新恢复已经麻木的感觉。其中,奇特化(又译"陌生化""反常化")是诗歌语言获得文学性的一种重要手段,什克洛夫斯基就宣称"艺术的手法就是使事物奇特化的手法"①。形式主义认为文学史就是文本形式演变的历史,是具有审美特质的新形式代替自动化了的旧形式的历史。当一种文学形式反复使用而被人们熟悉后,它就因不能再引起人们的注意而丧失审美特点,这时候新的形式就起来代替自动化了的旧形式,从而推动文学的演进。奇特化理论凸显了艺术创新的重要性和必要性,强调了文学自身有机的演变,同时还暗含了读者的重要性:一种形式是新还是旧,它在体系中的功能是否具有审美特

---

① 什克洛夫斯基《艺术作为手法》,托多罗夫编《俄苏形式主义文论选》,蔡鸿滨译,北京:中国社会科学出版社,1989年,第65页。

性,最终是建立在读者的阅读判断上。

第二是英伽登的现象学美学。现象学的任务是凭借本质直观在内在直观中把握和描述意识活动及意识活动的构成对象。英伽登将艺术作品的内在结构分为不同层次,韦勒克将它们归纳为:语词-声音层,意群,系统方向,客体所体现的世界[①]。第一、二层是语言学结构,是文学作品首先和主要的构造,第三、四层是文学作品的内容方面的深层结构。艺术作品是一个相对独立的系统,有其内在的有序结构,支撑着艺术作品的客观存在。接受美学提出"具体化"和"重建"理论,强调主体在审美活动中的再创造作用。

第三是文学社会学。马克思主义影响下的文学社会学强调文学艺术同社会历史的辩证关系。卢卡契将经济基础决定上层建筑的思想移用到文艺领域,指出物质经济生活对包括艺术在内的意识形态起最终决定作用,同时物质生产方式与艺术生产不平衡。这些观念都为接受美学分析文学作品与社会的关系提供了思想基础。

无论是俄国形式主义、布拉格结构主义,还是后来的英美新批评,它们虽然都注意到研究读者接受的重要性,对接受美学的形成必然产生过一定影响,但其理论核心仍然落实在对文本内在结构的强调上。接受美学在强调读者这一点上接受了它们的影响,但在总体的理论倾向上却是对它们的反驳。直到接受美学的创立才使文学研究的趋向发生了根本变化,从过去以文本为中心转移到以读者为中心。

作者、作品、读者和世界构成文学活动和审美活动的整体过

[①] 威莱克(韦勒克)《西方四大批评家》,林骧华译,上海:复旦大学出版社,1983年,第102页。参见本书上编《世界、内心与"主体间"》的相关论述。

程。以往的美学理论和文学研究要么强调作品与作者、世界的外部联系,要么关注作品内部的文本结构,读者和文本的接受效果则往往被忽视。即使注意到了读者的维度,也是作为其理论总体原则的一个组成部分。只有接受美学接受了哲学阐释学和现象学美学中有关审美接受的论述,并将之进一步发挥和拓展,自觉地将读者-接受一维作为美学和文学研究的自足对象,建立了关于审美接受的完整和独立的理论。

(二) 审美经验论:姚斯

姚斯是接受美学的创始人和主要代表。作为加达默尔的学生,姚斯运用解释学对经验的诠释和加达默尔有关视域融合的理论,从文学史的角度切入对接受美学的研究,注重对审美接受进行宏观把握[①]。姚斯对审美经验的关注和深入研究,使他进一步将对文学理论的研究推进为对艺术、美学乃至整个文化的反思。据此,有人这样评价姚斯:"文化毋宁说是一整套必须加以读解的文本运作,它记录着我们和它本身具有关系的历史。耀斯理论的最佳之处在于,他通过对我们的审美经验历程的读解认识到文化的这一层面,并通过这一发现来引导我们。"[②]

1. 实证主义与形式主义:文学史的悖论

姚斯认为,传统的文学史不是被写成堆积事实的编年史(其中,或者将作家、作品湮没在假定的总体框架内,或者只论述被普遍认可的重要作家作品以代替文学发展的全貌),就是被写成展现民族个性的精神史。这样的文学史只能成为文学之外的社会、

[①] 关于姚斯所受到的加达默尔的影响,可参见他自己的表述。见耀斯《审美经验与文学解释学·作者序言》,顾建光等译,上海:上海译文出版社,1997年,第14页。"耀斯"和"姚斯"都是对同一名字的不同译法。
[②] 见戈德齐希为耀斯《审美经验与文学解释学》写的英译本导言,第25—26页。

经济、民族、阶级、人类思想和心理的对等物,使文学的功能沦落为对它们的注释。但是,"艺术作品的历史本质不仅在于它再现或表现的功能,而且在于它的影响之中"[①]。马克思主义和形式主义理论家站在各自立场上对文学史的重构为文学史的本体论回归提供了契机。

姚斯引用并同意马克思主义理论家考西卡的判断,后者强调艺术作品具有表现现实和构成现实的双重特性,作品成为作品并且作为作品而存在的原因是作品需要解释。这表明,艺术作品的历史本质在于它的影响,对此可以从以下两个方面来理解:(1)文学的历史性具有过程性特征。马克思在《经济学手稿(1857—1858年)·导言》中曾指出:"艺术对象创造出懂得艺术和具有审美能力的大众,——任何其他产品也都是这样。因此,生产不仅为主体生产对象,而且也为对象生产主体。"[②]作品的历史不是自身存在的历史,而是作品与人相互作用的过程,文学存在于生产主体(作家)和消费主体(读者)以作品为中介相互作用的过程之中,此过程就构成了文学作品的历史性;(2)在马克思主义看来,现实不仅指客观存在的事物,还包括于其中进行活动的人。人的实践活动包括生产和再生产,相应地,现实也不是一个静止的封闭物,它既产生新事物,又对过去进行再生产。在生产与再生产的总体过程中,艺术承担的职责不应再是对现实的模仿,而是致力于形成和改变人的感觉。

俄国形式主义者基于对文学本质的重新认识,将文学史界定为文学形式演变的历史,并提出"新形式的辩证自生",在强调文

[①] 姚斯《文学史作为向文学理论的挑战》,姚斯、霍拉勃《接受美学与接受理论》,第19页。
[②] 《马克思恩格斯全集》(第一版)第四十六卷上册,北京:人民出版社,2016年,第29页。

学自身有机演变的同时,还注意到文学外部因素与文学的关系,试图以此来对抗文学演变中简单的因果决定论,并有效地沟通文学发展中自律和他律的关系。其中,迪尼亚诺夫的贡献尤为突出,他引进"体系"和"功能"概念,为建构新型文学史提供了深刻而富有启发意义的见解。迪尼亚诺夫认为,文学作品中运用的各种形式手段,如韵律、节奏、情节等构成文学的"要素"。"这些要素都是互相类比和互相作用的。"要素在体系之中所处的关系被称为"功能",其中,"自主的功能"是指一个要素同时与其他作品系列中的类似要素发生关系,"共主的功能"是指该要素与同一体系中的其他要素发生关系。形式的演变带来功能的演变,进而推动体系间相互关系的变化,文学史就是体系演变的历史[①]。俄国形式主义关于文学史的以上观点表明:第一,文学演变的动力取决于文学形式自身,形式要素在不同体系间的功能转化就会引起体系的演进。形式主义重视文学形式自身相互替代的做法突出了文学史中文学的主体性,与绝对的他律论划清了界限;第二,文学的文学性借助形式的奇特化激发和恢复读者日渐麻木的感觉,而形式要素在不同体系中具有不同功能,对文学性的追求促使形式要素不断变化,从而推动体系间的相互影响,使文学与非文学发生联系。形式主义通过语言形式沟通了文学演进中文学与社会生活的联系,避免了绝对的自律论导致的偏狭;第三,体系中的各种要素不是在平等基础上进行合作,而是随着支配性规范的转移,其中的某些形式要素被突出成为主导性因素,另外一些要素则自动退居后景,进而促进文学类型的演变。因此,一种文学类型的发展不是一成不变的,而是经历着多种变化。相应地,文学演进并非有规律、直线式进行,而是间断曲折、复杂的。形式主义

---

① 迪尼亚诺夫《论文学的演变》,《俄苏形式主义文论选》,第 100—115 页。

对文学演变形式的真实面貌的揭示,彻底颠覆了传统文学史在自己预设的理论体系中虚构出文学演变的连续性轨迹的做法,对姚斯重新思考文学史产生重要影响。

马克思主义文学史注意到文学的功用在于影响和形成读者的感受,并且强调读者的接受意识对文学构成的重要作用,但在马克思主义素养不深的人看来,它由于建立在反映论之上,仍然不能让文学摆脱附庸地位而获得独立,因此无法有效解决文学形式的历史性问题。形式主义文学史从语言形式入手,在承认文学与社会生活联系的前提下,突出文学自身的独立性,但对形式的过分强调使一切文学作品看来似乎只是形式的存在,从而抹杀了作品的个性存在。在姚斯看来,真正的文学史应该吸取二者的长处,摒弃它们的不足,而这一任务只能由接受美学来完成。

2. 作品的影响与读者的接受:文学史的新范式

实证主义文学史外在于历史的尺度,将文学史简化为按照年代顺序排列的作家生平与作品的汇编。这样,文学史的内容就是随着时间的流逝而不断增长的文学事实,这种事实仅仅是被收集起来进行分类的过去,只是一种伪历史。

文学事实的历史性与历史事实的历史性有根本差异。历史事实的历史性由一系列处于因果关系中的客观因素组成,而"文学的历史性并不在于一种事后建立的'文学事实'的编组,而在于读者对文学作品的先在经验"[①]。这表明文学的历史性包含了两个方面:一是作品体现了作家的创作意图和个性,二是作品对读者的影响和效果。因此,艺术作品的历史本质不仅仅在于它的再现和表现功能,还应该体现在它所产生的影响之中。正是读者的

[①] 姚斯《文学史作为向文学理论的挑战》,姚斯、霍拉勃《接受美学与接受理论》,第26页。

接受史构成了文学事实的独特历史。

　　文学的影响是通过读者的阅读实现的,而阅读作品的行为并不是使读者的头脑在一片空白的状态下毫无先入之见地被动接受。在进行阅读前,读者的理想、趣味、经验、素养等综合形成对文学作品的接受能力和欣赏要求,并表现为在具体阅读中的审美期待。加达默尔将理解界定为人的根本存在方式,理解的实现依赖于理解者本人固有的认识观念与理解对象的内容在克服差异后的融合。在理解活动中,理解者需要不断调整和改变由生活于其中的传统赋予自己的经验域,直至与对象的视域会合。姚斯接过加达默尔有关理解"视域"的思想,把它运用于读者在接受活动中产生的审美期待,提出了"期待视野"的概念。"在这个作者、作品和大众的三角形之中,大众并不是被动的部分,并不仅仅作为一种反应,相反,它自身就是历史的一个能动的构成。一部文学作品的历史生命如果没有接受者的积极参与是不可思议的。因为只有通过读者的传递过程,作品才进入一种连续性变化的经验视野。"①借助作者和读者的期待视野,一部部原先孤立的文学作品彼此联系起来,并在效果历史中获得统一。

　　无论将文学看作是再现还是表现,以前这些对文学本质的界定都将文学局限在一个封闭的圈子里,使文学丧失了影响和接受这个维度。事实上,文学的美学特征、社会功能和影响接受三者密不可分,具体地说,"期待视野与作品间的距离,熟识的先在审美经验与新作品的接受所需求的'视野的变化'之间的距离,决定着文学作品的艺术特性"②。通过强调读者对作品影响的接受,姚

---

① 姚斯《文学史作为向文学理论的挑战》,姚斯、霍拉勃《接受美学与接受理论》,第24页。
② 姚斯《文学史作为向文学理论的挑战》,姚斯、霍拉勃《接受美学与接受理论》,第31页。

斯把作家、作品和读者联系起来，使文学史成为读者阅读和接受的效果历史。

当读者的旧视界与新作品相遇时，读者需要不断地调整和改变自己的视界以适应新的文学作品的要求。这种作为审美主体的读者与作为审美客体的作品之间相互作用、不断打破旧平衡并建立新平衡的持续的效果历史过程，就是文学事实区别于历史事实的独特历史性。姚斯建立的文学史的新范式包含了作品的影响和读者的接受两个方面。其中，作品在读者阅读之前只是一种潜在意义的连续展开，需要在读者审美视界的历史改变中逐步显现并实现；读者要想深入理解作品，就必须在世代相继的理解传统中不断改变自己的视野，并与作品的视野达到某种程度的视野融合。在此意义上，文学史就是文学作品的接受史，是现实视野与历史视野相互渗透、相互融合的调节史。

姚斯在强调文学史的独特性的同时，并不否认文学史与一般历史的联系。他指出，读者从作品中获得的文学经验参与和影响着他对世界的理解，并反过来作用于他的社会行为，因为读者的期待视野正是在日常生活中建立起来的，任何由作品带来的改变也必然发生在日常生活中。这表明文学的社会功能需要借助改变读者的期待视野才能最终实现。姚斯从读者的接受角度探讨文学的社会功能，沟通了文学演变与社会发展的联系。

3. 审美经验与文学解释学

在文学史中，历史中的文学作品与现在视野进行直接的交融和对话，而一般的历史则是静态的文献汇编，过去与现在不交融。文学史与一般历史的这种区别，决定文学艺术区别于其他文化活动的功能就在于，艺术的功能是人性的解放。这种解放可以从以下两个角度来理解。

首先，读者拥有自由阅读的权利。读者在阅读前已经形成对作品的观念和审美期待，如果作品证实了读者的期待，它就实现了视域的融合；如果作品与读者的期待相去甚远，就造成审美距离，要么读者需要改变自己的视域以接受作品，要么拒绝接受作品直至适合作品的新视域产生出来。不同时代的读者有不同的生活经验、文化理想和审美诉求，从而形成不同的审美期待和理解视域。每一代人对作品的接受都有自己独特的角度和方式，这些共同构成文学事实的历史性的独特内涵。由于一部文学作品存在于读者与文本的视域交汇处，因此，作品就是由不同时代的读者不断进行补充和丰富的审美经验，它始终处在动态的开放过程中，不受某些至高权威和特定逻辑的束缚。对作品与审美经验关系的强调，恢复了阅读和阐释文本的自由特性，赋予了每个时代的读者从自己的角度质询作品、以自己的方式阅读作品的权利。

其次，审美经验具有克服异化、重新恢复人的感知的作用。姚斯后期的接受美学以反驳阿多诺的美学观点为对象，转向研究审美经验的性质。阿多诺将艺术看成是受社会意识形态操纵的上层建筑，进入资本主义时代以来，艺术的自主性表现为艺术作为商品的能动性，受市场规律的制约，是社会矛盾斗争的载体。阿多诺由此得出结论说，既然艺术是对社会矛盾和阶级斗争的反映，那么有关艺术的理论和美学研究就应该着眼于艺术与现成社会秩序和意识形态的关系，一切试图为艺术建立独立地位的理论努力都没有触及艺术的本质，艺术的社会功能就在于帮助个人抵御异化，在艺术的审美效果中寻求解放人类的根本途径，并在社会解放的进程中获得艺术自身的独立。

阿多诺将审美经验归属于摆脱了总体性的单独个体，姚斯则继承了康德有关主体间性的思想，认为互为主体的不同个体可以在认同的机制中进行交流，共享经验。在当代美学理论中，审美经验产生的快感被认为是一种庸俗的态度,它曾经拥有的崇高含义已经消失殆尽。快感曾作为一种把握世界和自我确定的方式与艺术紧密关联,但如今人们却认为,审美经验只有摆脱感性的享受而上升为审美反思,才有真正的价值。姚斯认为,审美经验具有的交流功能使审美快感既强调生产功效又强调接受功效。他提出,"创造"、"感受"和"净化"(poiesis, aesthesis and catharsis)是审美经验的三个基本范畴。

创造观是阐释学和接受美学的理论基础。亚里士多德将创造看作是制造某物的能力以及由此获得的快感。从中世纪经文艺复兴至近代,创造一直被看成是主体的实践活动,在艺术领域特指作家产生作品的活动。进入20世纪,创造已经由作者转向读者,读者的创造力必须成为审美经验的重要内容。

感受是现代审美活动中的重要因素。古代的审美快感由于审美与认知的混沌状态而表现为对形象和意义的统一把握,近代以来,感受与理性对立成为专属艺术的感性认知。现代社会由于自然科学的发展和社会分工的加剧,人的异化程度日益加深,审美感受担负着恢复人们日益萎缩的审美经验的重任,以抵抗由物质文明造成的人与社会的异化。"处于感受层次的审美经验承担了一个与社会存在不断加剧的异化现象相对立的任务",具体来说就是"运用审美知觉的语言批评功能和创造功能去抵御文化工业中萎缩了的经验和卑贱的语言。鉴于社会角色和科学视角的多元性,这种知觉还被用来保存其他人对世界的经验,从而捍卫了一种共同的视域。自宇宙论消失之后,艺术最适合于支撑这种共同视域"[①]。

净化产生于艺术交流的过程中,它既是艺术改变人们行为方

---

① 耀斯《审美经验与文学解释学》,第138—139页。

式的开始,也是艺术交流的终点。亚里士多德在论述悲剧的功用时首次提出"净化"的范畴,姚斯认为通过净化,接受者从日常的功利和琐屑中释放出来,在自由的审美判断中获得心灵的解放和升华。

审美经验的这三个范畴是作为各自独立的功能结合在一起的,"作为审美经验的三个基本范畴,创作、感受和净化不应被看作是有等级差别的,是一个层次不同的结构,而应看作是一些独立的功能的结合体。这三个范畴不能作相互的还原,但却可以用不同的方式联接"[1]。在审美活动中,创作、感受和净化没有绝对的界限划分,它们既可以在审美的不同阶段中发挥作用,也可以在同一种功能中并存。

在对审美经验进行深入分析和研究后,姚斯从审美经验的角度重新考察文学解释学。

首先,文学解释学的任务不仅要说明文学效果的发生机制,更要构建读者对文学效果的接受史。审美经验最先产生于艺术作品的审美效果之中,然后在和新的作品的接触中不断得到丰富和充实。因此,审美经验为旨在理解作品的文学解释学提出了双重的任务:"一方面,它必须说明文本的效果和意义所赖以具体呈现在当代读者面前的实际过程;另一方面,它要重新构造读者在不同时代以不同方式接受和解释同一文本的历史过程。"[2]对效果接受史的关注是此前的文学解释学所缺乏的,也是姚斯为文学解释学开拓的新领域。

其次,解释标准的确立有赖于读者的期待视野。文学作品的意义和价值,不仅是作者赋予、包含在作品之中的,还是读者阅读

---

[1] 耀斯《审美经验与文学解释学》,第 49 页。
[2] 耀斯《审美经验与文学解释学·作者序言》,第 4 页。

加以补充和丰富的。因此，文学的意义和价值不是一成不变的纯客观存在，它是由作者和读者共同参与的主客体交互作用的动态系统。读者在进行阅读之前，就预先拥有了对作品的独特意向，它决定了读者对作品内容和形式的取舍，对作品的态度和评价。由于每个读者的个性特征、生活经验、文化素养各不相同，他们从自己的期待视野出发对作品的解读也各不相同。不同的读者对同一部作品可以有不同的理解，但是这些理解并不具有同等的价值。由于"期待视野"是以读者的文学阅读经验为基础，对阅读产生制约和规导作用的一种先在结构或思维定向，它使文学阅读限定在特定规范中，不至流于任性和随意。因此，对期待视野的分析有助于建立规范解读的衡量标准。借助期待视野，人们在解释中可以清楚地区分随意的解释和规范构成性解释。

再次，文学解释学的前提在于遵循文本的具体化过程。姚斯把文学解释学活动设想为对文本的三级阅读：初级阅读即"审美感觉阅读的视野"，二级阅读即"反思性解释阅读的视野"，三级阅读即"历史的阅读视野"。它们对应于解释学所描述的理解、释义、应用中的三个瞬间过程，并由它们组成三位一体的整体解释过程。文本意义的具体化是一个历史过程，文本的审美特性表现为一个有序原则，解释要依据这一原则进行，而在解释的具体化中产生的意义也改进和完善着这一原则，遵循积淀在审美原则中的特定逻辑，构成文学解释学的基本前提。

最后，文学解释学对人生的意义需要借助审美经验来实现。审美经验区别于一般经验的重要作用在于，审美经验让我们与现实保持一定距离，以旁观者的身份反观现实，在发现中获得乐趣；把我们带入想象的世界，突破时间的限制，回顾过去，预期未来；使个人经过审美经验的熏陶和净化获得自我实现。创造性的审美经验不仅能够在已知的世界之外创造出另外的世界，还能够使我们熟悉的世界消除异化,返璞归真,充满意义。

(三)阅读现象学:伊泽尔

沃尔夫冈·伊泽尔(又译"伊瑟尔")与姚斯合称为接受美学的双璧。他从研究英美新批评和叙事理论起步,在英伽登的现象学影响下,从具体的阅读活动入手展开接受美学,更关注文学文本的存在问题。由于文学文本只能在读者的阅读和接受活动中才能成为现实的作品,所以,文学文本的存在方式与读者的接受过程密不可分。正如伊泽尔自己所言,他的理论与其说是一种审美接受理论,不如说是审美响应理论。

意义产生于文本与读者相互作用的过程中,这一论断构成了伊泽尔接受理论的逻辑起点。意义既不是文本中固有的客观存在,也不是读者赋予文本的主观意图,而是阅读经验的产物。"本文和读者作为两极,和它们之间发生的相互作用一起构成了一种文学交流理论得以建立于其上的基础。"[1]在"文本-作者相互作用"的前提下,伊泽尔展开了他的阅读现象学。

1. 文本的功能模式:不确定性与隐含的读者

伊泽尔认为,文学文本既不是如传统模仿论所认为的,是对客观现实的忠实再现,也不是如结构主义者所认为的,是自足的封闭结构。作为一种虚构,文本没有既定的所指,从而具有一种不确定性,这种不确定性决定了文学文本是一个和读者发生相互作用的交流结构,其中包含以下两种基本结构。

首先是作为一种潜在联结的空白。

英伽登曾提出文本具有不确定性的概念,他用这个术语表示

---

[1] 伊泽尔《审美过程研究——阅读活动:审美响应理论》前言,霍桂桓等译,北京:中国人民大学出版社,1988年,第1页。

存在于文本的被图式化了的那部分系统中的间隙,并不贯穿于文本的始终,而伊泽尔的空白是指整个文本系统中存在的空隙,这种空白存在于文学文本的各层结构中,如情节结构、人物对话、性格、生活场景、心理描述等,读者对空白的填补会引起文本模式的相互作用。

文学文本由语言构成,它的意义也包含两个方面:作为文本浅层结构的语法意义,也即受到一般语法规律规范的词语的字面意义,它是具体的、明确的;作为文本深层结构的语用意义,也即作家在创作时所意指的含义,它是无形的、难以捉摸的。语法意义在保持自身审美特征的基础上,还作为语用意义的指示物和载体;语法意义要求文本的意义明确连贯,而语用意义则要求文本的意义断裂隐晦。于是,读者就在两个层次的文学语言形成的张力中,借助自己的想象和创造力,按照语法意义的规范性要求去填补语用意义上的断裂和空白,由浅层的字面意义进入到深层的隐喻意义。对一部作品来说,文本内部系统和要素之间的可联结性是构造文本不可或缺的,但在文学文本中,系统和要素之间的结合点不是文本本身现实具有的,它只是昭示了一种结合的可能性,需要读者自己去补充和完成。

空白将文本的图式结构与文本视野区分开来,同时,它本身又作为一种指示,暗示和引导读者必须把文本的图式联结起来。文本中不仅包含作者的视野,还包含主人公、情节、读者等众多其他的视野,这些视野相互交织在一起,并不按照任何严格的次序相继出现。作为一种整体的视野结构,文本要求各种视野必须保持相互联系,因此,读者在阅读时就不仅要在各不相同的视野之间建立联系,还要在同一视野的各个部分之间建立联系。当读者在他的观念化活动中把文本图式和文本视野联结起来,空白就消失了。但是这种视野联系只是暂时的,文学文本追求意义不确定、视野断裂的特性不断破坏着业已建立的联系,增加文本的空白数量。不断消失的联系和持续增加的空白是刺激读者建构意象能力的源泉,也使文学作品具有广阔的阅读空间,为不同时代、不同趣味的读者提供阅读的可能性。所以,文本的空白不是一种需要克服的缺陷,而是文学文本区别于其他文本的独特特征。

　　文学文本中的空白悬置了文本视野与文本图式的可联结性,激发了读者的想象,成为读者自由创造的基础。但是,空白也要受到作品主题的限制,作者的创作目的不同决定他在文本中采用不同的空白方式。了解作者对空白的使用方式有助于我们进一步掌握不同题材的文学作品的特征,从而更好地理解作品。在对不同类型的具体作品进行分析后,伊泽尔指出,为了宣传目的的主题小说为灌输观念而极力压缩文本的空白,为了商业目的的系列故事或连载故事为刺激读者额外的好奇心而增加或强化空白,为了审美目的的现代小说为使读者面对自己的投射而把空白主题化。

　　伊泽尔对以上三种空白结构的分析表明,空白能够在保持自身不变的前提下激发和引导读者的观念化活动。从结构的角度看,空白可以被看作是文本中的空间,它本身是虚无,但它作为虚无又是引起文学交流的重要推动力。因此,"至关重要的因素与其说是小说家对这些空白的不同运用,还不如说是潜在于这些空白的不同运用之中的结构"①。在明确了空白的性质后,我们有必要进一步探究空白是如何发挥它的功能的。

　　读者将文本视野联系起来,组成一个各个视野相互映现的网络整体,空白通过对这个视野网络进行调节和控制,展示出读者预期的想象性客体。具体来说,空白包含了三个方面的功能:第一,为阅读提供参照性的视域,使文本中的各个视野有一个可能

---

① 伊泽尔《审美过程研究》,第 266 页。

进行联结的空间;第二,通过对文本中不同视野在网络整体中位置的调整,突出它们的共性和差异,造成一种召唤读者参与的张力结构;第三,将被阅读的文本视野与此前所有的文本视野联系起来,通过读者对它们进行相互调整并最终形成审美客体。在阅读活动中,读者要努力实现与文本视野的融合,当文本中的空白被读者的意向活动填充时,潜在的文本就成为现实的文学作品。而空白通过经常对文本视野进行分割,不断打破业已形成的视野融合,保证了文学作品的开放性,使任何一次阅读活动都只是对文本的暂时实现。空白在切断视野联系的同时,又邀请读者去寻找已经消失的联系,它使文学作品成为一个能被不同读者阅读和接受的综合体,包含了迄今为止一切已经实现的阅读和今后所有可能进行的阅读。

其次是作为一种阅读规范的否定。

如果说,空白是一种阅读指令,它为读者参与文本的意义提供了可能,那么否定就是对读者的参与活动提出具体的限制。否定分为主题性否定和功能性否定,前者涉及外部世界与文本世界的关系,后者涉及阅读习惯与文本意义的关系。

从文本意义的角度看,空白使不同读者能够按照自己的方式为文本生产意义,在新的意义产生之后,旧的意义并没有消失,它进入读者的意识之中,成为帮助他创造意义的阅读经验。此外,新的意义在得到系统表述前,有赖于和旧的意义进行对照,旧的意义此时退居背景,成为构成新的意义的材料。大多数文学文本都有打破现实社会中现存规范的能力,这些规范制约着读者的阅读习惯和阅读经验,形成一种接受新文本的前理解。在这一前理解被新的文学文本打破后,读者的思想上就会产生空白,需要通过进一步阅读,接受新的视界以补充空白。

从读者的地位看,读者在接受文本给他提出的阅读规范时,必须要调整他已经养成的阅读习惯,将那些不符合文本要求的习惯和经验排除出去,并接受文本给他设定的新经验,这样,读者就在否定以前的阅读习惯和经验的基础上进入作者已经为他预先准备好的、与文本有关的位置上。否定并不等于取消,而是将旧有的经验悬置起来,在新旧之间达成一种平衡。现代小说在成功运用否定方面达到了顶峰。

空白和否定使文本具有不确定性,"隐含的读者"正是这种不确定性的产物。伊泽尔用"隐含的读者"这个概念意指一种文本的本质结构,它为每一位读者预构了他们在阅读中必然要承担的角色,即使文本表现出要忽略或排斥它的接受者的倾向,这一结构依然存在。隐含的读者由两个相互联系的基本方面组成:"它一方面作为一种本文结构的读者角色,另一方面作为一种构造活动的读者角色。"[1]这表明隐含的读者首先是指潜在的文本,在伊泽尔看来,作品在被读者阅读和接受以前,还是有待实现的潜在文本,它处于作者创作和读者接受之间的过渡地带,只是一种蕴涵着阅读可能性的文字文本;其次,隐含的读者还指存在于此潜在文本中的潜在结构,这种潜在结构实质上是一种在读者心理引起意义效果的意义结构。

隐含的读者是作品产生意义效果的基础,它不取决于外在的经验现实,而是取决于文本自身的结构。作为文本的结构,隐含的读者绝不等于任何真实的读者。隐含的读者是由三方面内容预先构造出来的:文本中表现出来的不同视野,读者综合这些视野所具有的优势以及这些视野的汇聚点。

2. 读者的地位和作用

伊泽尔把完整的文学作品看作是具有未定性的文学文本与

---

[1] 伊泽尔《审美过程研究》,第46页。

读者阅读的具体化二者的结合,因此,"文学作品具有两极,我们可以称之为艺术极和审美极:艺术极是作品的本文,审美极是由读者完成的对本文的实现。由于这两极截然相反,显然,作品本身既不能等同于本文,也不能等同于读者对本文的具体化,而必定被安置于这两者之间的某个地方"[①]。由文本对读者产生的效果既不纯粹是文本自身的特性,也不完全是读者的特性,这种效果是潜在的,需要在阅读过程中才得到实现。不仅如此,文本的空白点和未定部分又为读者的想象提供了空间。可见,文学作品的最终实现是读者阅读的根本任务。

伊泽尔通过重新界定文本的性质,确立了读者在整个文学活动中的地位。虽然文学作品的现实化必须由读者完成,但是读者在阅读中并不是完全自由的,他不能随心所欲地支配文本,而是要受到某些规范和制约,主要有两个方面。

一方面,文学文本的意义并不是一个可限定的实体。"尽管读者的理解活动由本文的结构来引导是显而易见的,但是本文的结构永远不可能完全控制读者的理解",这是因为文学文本是虚构的,不可能像真实的客观对象那样是完全确定的,"正是它们的这些不确定性成分使本文能够和读者'交流'起来,从这种意义来说,它们引诱读者既参与作品意向的形成,又参与对作品意向的理解"[②]。读者的阅读自由是以文本提供的理解框架为限度,超出这个限度,就会导致误解和错读。

另一方面,伊泽尔提出了文本生成中的"策略"概念,并借用俄国形式主义的"奇特化"理论来阐明。俄国形式主义认为,组成文学文本的各个因素之间相互对立、倾轧,进而形成一种张力结

---

① 伊泽尔《审美过程研究》,第27页。
② 伊泽尔《审美过程研究》,第31页。

构,由这种张力造成一系列不同的活动和相互作用。其中,各要素的关系是不平衡的,一部分因素被置于前景而受到关注,另一部分因素因遭到忽略而隐藏在背景中。奇特化的作用就是不断调节这两部分因素之间的位置关系,当处于前景中的要素被人熟知而失去新鲜感时,那些置身于背景中的要素就会取而代之处于前景的位置,被取代的要素则隐退到背景里。伊泽尔提出,策略的最终功能就是让熟悉的陌生化,文本中背景与突前对立造成的这种张力结构作为潜在文本的特征,制约着文本意义的生成;读者的阅读背景对意义的产生也起着制约作用。这样,文本的意义受到两方面因素的制约而成为超个人的。

3. 阅读现象学:流动的视点

文本的不确定性在为读者提供具体化的范围时也给了读者自由发挥的空间,但并不能由此断定读者对文本的理解是主观的、随意的。确定性和不确定性共同制约着文本和读者的相互作用,这种双向过程是有规范制约的。一个文学文本中包含着产生意义的结构,但对这同一个文本的理解却会因不同读者而导致大相径庭的阅读结果。这是因为,读者在文本结构的制约下还融入了自己的个人体验,从而形成个体的主观判断。

接受美学要想避免价值判断的主观性,就需要建立一种超越主客二分的接受体系,伊泽尔的理论努力并不在于研究具体文学作品的性质,他试图建立一种超越任何具体活动的阅读模式,以适应一切文学活动。"由于意义是从文学本文具体化的过程中产生出来的,所以,解释者应当更关心过程而不是更关心作品。因此,他的目标不应当是阐述一部作品,而应当是揭示使这部作品可能产生各种各样效果的条件。"[1]新批评强调文本是一个独立自

---

① 伊泽尔《审美过程研究》,第 25 页。

足的封闭结构,作品的意义就客观地存在于字里行间,对构成文本的语句进行洞幽烛微的分析,就能够找出隐藏的意义。伊泽尔吸收了英伽登的现象学理论,用来阐释他的读者阅读理论。

首先,伊泽尔提出"流动的视点"概念。

空白造成文本中的不同视野持续地相互交织,相互作用,每个视野既是自己,又是对其他视野的反映和说明,通过与其他视野的联系,每个视野都获得了扩展和变化。这导致读者不可能立即接受所有的视野,他的视野不能固定于某一点,必须迅速而又持续不断地从各个视角出发去观察所有这些视野,揭示出这些视野被隐藏的部分。不仅如此,一切阅读都是在时间中进行的,既涉及对历史和未来的调节,也离不开视野的改变和对文学事件的重新解释。所以,在文学阅读的具体过程中,阅读视点是从作品内部产生的内在视点,任何从外在于作品的固定视点对作品的解读都只能造成对作品的歪曲。

其次,伊泽尔提出文学阅读是一种交流活动。

文学阅读具有交流功能,但不同于一般的生活交流和人际交往,它是一种非对称性交流。文本一旦被创作出来,作为信息发出者的作者,他的意图语境就消失了,只在作为信息载体的文本中留下一些痕迹和暗示,成为有待读者借助想象进行补充的空白点;文学交流是单向的,文本在面对不同读者时及时调整自己,而读者从文本中读出的内容因为缺乏信息反馈而没有判断对错的标准。

读者在阅读中先从构成文本意义单位的句子入手,每一个句子都建立一个理解的图景,共同组成文本的图式化结构。由句子建立的各种图景召唤着读者的种种期待,在阅读的时间流程中彼此联系起来展现为一个整体过程。其中,每个句子都为它之前的句子提供了理解的背景,并成为理解它之后的句子的基础。随着阅读进程的展开，读者的视点不断前移，他的期待视野为了适应新的句子而不断进行修正和改变，同时，他又用这种已经改变的视野重新回顾旧的句子，使先前读过的句子现在具有了初读时所不具有的意义。虽然阅读过程中的期待视野和阅读经验经常发生改变，但读者并不会因困惑于这种变化而手足无措，他总是能够从自己独特的观点、意识和个性特征出发，将他所读到的内容在动态过程中组织成一个有机整体，这就是阅读中的完形功能。在完形中产生的不是文本的真正意义，而只是一种构形意义，它发生于文本与读者心灵的交会处，是读者为了适应陌生的视野和经验时所具有的一种能力。通过这种能力，读者既修正、补充、完善了已有的视野和经验，又在和新文本的交流中扩展了新的视野，从而在阅读中获得了自我意识的提高。

(四) 接受美学的美国学派：读者反应批评

接受美学虽然强调读者对文学形成的决定作用，但是并不否定文本的存在，读者反应批评则走到完全否定文本客观性的极端。

1. 费什

美国文论家费什提出，在实现文学意义的活动中，读者起着积极的中介作用，文学在读者的阅读行为中获得具体化和现实化，因此，读者反应批评应该充分重视文本话语在读者心中产生的"心理效果"，并以此作为分析文学性质的基本切入点和根本研究方法。正是在强调心理效果这一点上，费什的接受理论又被称为"感受文体学"。

费什认为意义不是客观的存在，它总是产生于读者的阅读经验，因此，文学的意义应该被称作意义经验。阅读是读者从事的活动，意义则是这一活动的结果。在对文学中的语句和意义进一步分析后,费什发现,很多意义模糊的句子并没有提供明确的信息,可是读者却能够从中读出明确的意义,这说明意义并非如通常认为的那样是语句承载的客观实体,而是读者在以往阅读实践的基础上得到的阅读经验。由于语句的意义是读者的阅读经验,这一经验的获得又是通过语句实现的,因此,构成文本的语句也不再是独立存在的纯粹客体,而是一个由读者参与并在读者身上发生的事件。费什由此推断,这个事件才是语句的真正意义。不仅词和语句的意义如此,由词和句子组成的整个文本,如小说、诗歌、散文、剧本等都应该被看作是读者在连续地阅读一系列词句时不断发生的反应。这种反应不是针对单个词句作出的一一对应的固定反应,而是要在阅读过程中不断地进行。

意义经验把读者放在了产生意义的中心地位,文本本身则不再提供意义。由于读者的人生经历、思想观念、文化素养、审美趣味等各不相同,他们所获得的能力模式和语义能力也有高下之分,在文本中解读出的意义经验也各不相同,为保证批评理论的严谨与科学,就必须明确划定描述对象的范围,只有高素质的理想读者进行的阅读才能进入批评的视野。这些高素质的读者首先应该对构成作品的语言运用自如,其次要完全掌握一个成熟的听者竭力想理解的语文知识,最后需要具备文学能力[①]。

在确定了文学意义的性质和读者的阅读素养后,文学批评的目的就转向了对阅读的心理体验和感受进行客观的描述。既然语句的意义就是读者的阅读事件,那么,传统文学批评旨在进行价值判断的评价活动则被排除在文学研究的领域之外。为确保

[①] 费什《读者中的文学:感受文体学》,收入作者《读者反应批评:理论与实践》,文楚安译,北京:中国社会科学出版社,1998年,第130—190页。

自己的研究不至陷入主观主义和心理主义的泥沼，费什借鉴现代语言学观点，提出读者在阅读中产生的意义虽然带有个人的主观色彩，但是还要受到客观因素的制约。首先，掌握了某种语言的人能够运用内化在无意识中的规则体系去理解他从未遇到过的句子，这种规则体系先于实际语言经验，制约和引导着对具体语言的理解。同样，文学阅读活动也必须在制约阅读经验的内在规则体系下进行，它积淀在每个人的心理构成一种能力模式，使不同读者对文本的共同理解成为可能。其次，读者要想建构文本的意义，还需要具备语义能力，这种能力建立在积累语义知识的基础上，使读者能够在相互差异的意义中进行选择。能力模式和语义能力共同制约着意义的产生，这使得彼此不同的读者反应具有一定可理解的共同性，描述读者反应和经验的批评方法才有实现的可能。

2. 乔纳森·卡勒：文学能力与阅读程式

不同于费什将文学批评推向描述读者心理反应的极端，卡勒不纠缠于具体的现象和行为，转而关注制约阅读现象和行为的潜在的文学结构与程式。在继承英美批评传统的基础上，他借鉴和改造结构主义的理论与原则，实现了二者的成功结合，为阐释学传统之后的文学批评和美学思想指出一条新路径。

（1）从语言学到诗学

在英美理论界长期占统治地位的新批评虽然早已失去理论的锋芒，但它的影响深刻而持久，它将文学作品看作是一个个独立自足的封闭整体，既不受作者的制约，也不依赖读者的阅读，更与社会现实无涉，作品的意义就存在于构成文本的语言文字之间。新批评只局限于具体的文本，导致文本分析的大量增殖，可是这既没有推进和加深对文学整体的认识，也无关人类自身的理解。卡勒试图将欧陆盛行的结构主义引入欧美的文学批评传统，既不像新批评那样纯粹关注文学本身，也不像阐释学和接受美学那样纯粹关注文学经验，而是对文学的整体结构进行考察，试图借此扭转因新批评的偏狭而造成的理论危机。

首先，卡勒从语言学的角度切入诗学。

根据结构主义语言学理论，语言是由符号构成的系统结构，符号的意义不是固定的，取决于符号与它所在系统中的其他符号的关系。由于一切社会和文化现象都是有意义的现象和事件，它们不是单纯的物质客体，而是一种符号；而且，社会和文化现象没有固有的本质，它们的意义由内外关系系统决定。这表明，社会和文化现象具有和语言相同的性质和结构。因此，从语言学的角度切入对文学的研究完全是可行的。

索绪尔将语言分为语言（language）和言语（parole）两部分，前者是一种系统、体制，后者是对它的实际运用。卡勒认为，对语言和言语的区分包含了另外两组区别：一个是规则与行为。"规则与行为的区别对涉及意义的产生和交流的任何研究都至关重要。为了考察实际事件，我们可以制定直接从行为中归纳出来的法则，可是，在社会现象和文化现象的研究中，规则与实际行为总有一定的距离，这两者之间的距离就是潜在意义存在的空间。"[①]在社会和文学现象的研究中，规则和行为总有一定距离，潜在的意义就存在于这一距离构成的空间。另一个是功能性与非功能性。决定研究对象的本质、类属，使之产生意义的要素是功能性的，区分功能性要素和非功能性要素，根本着眼点不在个别对象和行为的性质，而在两者的差异所构成的系统，这决定了社会和文化现象的研究也必须设法将这些具有区别性特征的要素分离出来，重新构成一个系统。

---

① 卡勒《结构主义诗学》，盛宁译，北京：中国社会科学出版社，1991年，第30页。

综上,语言学考察的不是言语行为本身,而是产生这种行为的知识,将语言学原则借用到文学领域,诗学也应该考察文学的整体结构。卡勒对结构主义的借鉴不是简单的拿来,而是有所选择。他提出,在他之前的结构主义者对文学作品的研究和分析,或者将语言学作为时髦的标签,并未找到具体的语言学阐释方法,或者局限于某种阐释模式里,并一味地去扩展一切阐释和文本的普遍模式,"然而,形式结构的发现却是一个永无止境的过程,而且,倘若要使这一过程产生实际效果,它就必须建立在文学文本究竟如何才能发挥其功能的理论基础之上。一部作品,唯有通过一种具体阐述其功能的理论,才会有自己的结构,而制定这样一种理论,则属于诗学的任务"[①]。结构主义诗学的根本目的,是考察文学的整体结构。只有建立了这种文学整体结构,才能有效说明具体文本的功能。

其次,从诗学与传统阐释学的关系确定了诗学的基本性质。

卡勒想要建立的诗学不同于此前的阐释学,也不同于一般的文学批评。在他看来,对具体文本的阐释形成阐释批评,对阐释具体文本的可能性进行说明则形成诗学。诗学关注的是文学整体,阐释学关注的是具体的文学作品;诗学建立的是有关文学整体的理论,阐释学强调的是在具体文本中的应用。所以,阐释学注重理解文本的内容和意义,结构主义诗学则强调研究产生文本内容的条件和支撑文本意义的结构系统,阐释学是诗学范畴内的一项附带活动。

传统阐释学试图寻找一套理解和解释文本意义的方法,借助这套方法,就能判断一切理解和一切意义的真伪正误。由于文学作品有丰富的内涵和感染力,对它的理解因人而异,不同的理解

[①] 卡勒《结构主义诗学》,第169页。

都有可能产生审美愉悦,因此很难判断哪种意义是真正属于文学的,哪种理解是正确的。审美判断既不同于真理判断,也不同于价值判断,由于判断所涉及的理解活动和作品两个方面都难以明确界定,所以,很难像自然科学或其他社会科学那样制定出一套令人信服的、具有普适性的规范标准。

鉴于传统阐释学的困境,诗学转换了研究视角,不再研究具体的文学作品,也不关注文学的意义,更不关注读者的文学经验,而是探讨产生文学意义与文学经验的过程和原理。"诗学不甚关注作品的本身,而注重于它为什么能被人理解,因此,一些令人困惑的问题——诸如一部作品,为什么一些人觉得可以理解,而另一些人就会觉得文理不通,或者,同一部作品在不同的时期就会有不同的含义——就成为这个功能性程式系统的最有决定意义的证据。"[①]诗学的目的不在于具体的理解方式和最终的理解结果,而在于实现这种理解的原因。这样,卡勒的诗学就避开了纠缠不清的意义和经验问题,转而关注意义和经验得以可能的深层机制。

诗学设定存在一种理解的程式,使一切作品都变得可以理解。这种假定有事实依据:首先,阅读程式随文学惯例的变化而发生改变,每种不同的阅读程式在理解作品时都是有效的。当一部作品难以理解时,说明阅读程式受某种文化背景的制约,用一种文化背景中产生的阅读程式去解读另一文化背景中的作品,势必导致理解的困难。其次,一部作品,以前难以卒读,以后又变得可理解,是因为在理解的系统中,为达成理解,又产生了新的阅读方式。

(2) 文学能力

结构主义语言学旨在考察语言能力,他们建立的语言理论既

[①] 卡勒《结构主义诗学》,第 186 页。

能适应现有语言，又能包括一切未出现的可能的语言。所以，结构主义诗学的研究对象就应该是读者具有的潜在的文学能力。

如果语法如乔姆斯基所言，可以被视为一种语言理论，那么诗学就可以被视为一种文学的语法，它被读者吸收并同化于无意识之中，在接触文学作品时不自觉地加以运用。这种在阅读前就已经掌握的理解作品意义的知识就构成了读者的文学能力。"语言学家所考察的能力不是行为本身，而是产生那种行为的知识。如若其他学科也要按与此相类似的方式发展，它们必须挑出一组事实加以解释——即把所考察的知识的某些方面划分出来——然后决定应该拟定出哪些规则或程式才能对它们作出解释。"[1]卡勒据此划分了五个层次：(1) 真实(the "real")，是由社会造就的文本，包括无需证明的话语和直接来自世界的结构；(2) 文化逼真性(cultural vraisemblance)，包括一系列文化范式或公认的常识；(3) 体裁模式(models of a genre)，文本与一类文学范例相联系，并由此获得意义和内在统一性；(4) 约定俗成的自然(the conventionally natural)；(5) 扭曲模仿与反讽(parody and irony)[2]。

(3) 读者与阅读程式

卡勒强调对文学能力的研究必须和读者联系起来。这是因为：

首先，诗学要想有效地运用语言学理论，就不能像结构主义那样仅仅满足于说明某一套文本系统中各部作品的性质，而应该竭尽全力阐述已经被读者内化的文学能力。发现结构，阐述其特征，需要对赋予作品以结构的系统进行分析。"实际上，批评论点能否站得住，完全取决于批评家和读者之间关于可接受与不可接

---

[1] 卡勒《结构主义诗学》，第 31 页。
[2] 详见卡勒《结构主义诗学》，第 210—236 页。

受的共同看法,这一共同立场正是阅读的程序。"①所以,诗学对文学能力的研究应该建立在阅读理论的基础上。

其次,结构主义诗学的作用在于"一种研究意义如何产生的批评,能有助于揭示在文本本身和读者与文本接触过程中发生的最根本的人类的活动"。在此过程中,由于作为虚构的文学"与现实世界处于一种特殊的关系;它的符号必须由读者完成,重新组织,并引入经验的领域。于是,它便呈现出作为符号的全部不愉快、不确定的属性,而且邀请读者参与意义的产生过程,以便克服、或至少承认这些属性"②。

诗学是关于阅读的理论,强调读者在诗学中的地位,不是像接受美学那样否定作者的价值。卡勒理论的生命力就在于他不墨守成规,他认为,文学能力是一套阅读文学文本的程式,这并不意味着作家只是作品语言的生产者,语句的意义和由此组成的作品整体是由读者完成的;作品的丰富内涵只有在阅读中才能被揭示,这并不等于说否定作家的创作技巧。不仅如此,在他看来,凡是试图说明自己行为的理论家都对诗学作出了贡献,这使他的理论呈现出一种极大的灵活性。

(4) 理论视角的颠倒

结构主义为诗学提供了一个颠倒的批评视角和一个将其他的批评组织起来加以运用的理论框架。以前的文学批评先将文学文本看作是虚构的,然后在此前提下进行阅读。而现在的诗学则在强调存在文学阐释的程式这一基础上,再将文本当作文学阅读,也就是当作虚构文字来读。这种视角的转换导致了以下三方面的结果。

---

① 卡勒《结构主义诗学》,第 188 页。
② 卡勒《结构主义诗学》,第 381—382 页。

首先，建立阐释模式。结构主义诗学认定，先行存在一套话语阐释模式，读者的阅读过程就是认识作品如何适应或破坏我们的理解程序。

其次，确定了文学的本质，使批评获得坚固实在的出发点。西方的逻各斯中心主义传统强调直接呈现于意识中的东西才是真实的，口头语言作为对意识的直接表达比书写文学更为真实。在结构主义诗学看来，书写文字脱离交流现场的独立性正是文学的内在特征之一。文字是独立存在的客体，脱离了意识的控制，这意味着与口头语言背后有明确的说话意图不同，文字背后没有隐藏的、等待被发掘的形式或本质，它的意义是由组成它的词语与符号系统的程式之间所有关系确定的。在语言中只有无肯定项的差异，在文学中也没有充当本源的确定的交流意图，有的只是文本的多种含义。因此，诗学研究不必再去区分文学与非文学、文学语言与非文学语言这些永无定论的问题，而应该提出一套文学程式。其中，处于第一层次的语言系统中的语句在第二层次的文学系统中成为符号，不同的文学体裁不是对语言类型的划分，而在于引起不同的期待，阅读模式的变化就是文学程式为理解文学而作出的调整。

最后，增强读者的自我意识。阅读和理解文学不是人的本能行为，它是受阅读程式操控的人为行为。文学文本与其他文本的差异存在于产生意义的不同方法之中。"阐释不再是将隐藏在作品背后、并作为作品结构主宰的某种意义复原出来，相反，它是一种参与并观察作品可能提供的意义的游戏。"[①]当文本超越我们的阅读习惯时，当我们认识到有文学程式并具备文学能力时，我们就有可能知道哪些是可理解与不可理解的，哪些是有意义的和无

---

① 卡勒《结构主义诗学》，第361页。

意义的。挑战自我已经设定的理解手段和体系的极限,在不断超越自我中更好地了解自我。

(五) 马克思主义的接受美学:瑙曼

接受美学的最大贡献是发现了读者在文学研究中的重要地位,打破了以往强调作者对作品有绝对控制权的传统观念,但是接受美学在提高读者地位的同时,又忽略了作者这一环节,从反方向犯了它所批判的理论的错误。瑙曼的全部理论努力就在于运用马克思主义有关生产和消费的理论改造接受美学,克服文学研究的片面性,建立起一种在马克思主义思想指导之下的重在研究文学总体过程的科学方法和美学理论。

1. 文学过程:作者-作品-读者

马克思在《1844年经济学哲学手稿》中已经明确了一般生产与艺术创造之间的本质联系,艺术与宗教、科学、国家等一样,"都不过是生产的一些特殊的方式,并且受生产的普遍规律的支配"[①]。这一学说是瑙曼的美学理论得以确立的基本前提。

对一般生产规律的分析主要见于马克思的《〈政治经济学批判〉导言》。其中提出,商品的生产、流通、消费是一个不可分割的总体过程,生产和消费相互依存,形成辩证的统一体。瑙曼将这一学说引入文学研究领域,确定了文学研究的基本出发点是:"作者、作品和读者以及文学的写作、占有和交换过程彼此间相互从属,构成一个关系网络。这个网络作为整体以及它的各个部分和中介,在历时轴线上是处在总的历史过程之中,在共时轴线上是处在有关社会形态的现存的并变化着的物质与意识形态的关系之中。"[②]

[①] 《马克思恩格斯全集》第四十二卷,第121页。
[②] 瑙曼《接受理论》,范大灿编《作品、文学史与读者》,北京:文化艺术出版社,1997年,第1页。

瑙曼认为,文学作品也同商品一样,经历了创作、出版发行、接受三个不同的阶段。在此之前,"表现或创造美学"将文学生产绝对化,导致"文学脱离个人的和社会的使用"而获得了"独立自由性",对文学的研究局限于"内在的、有时是结构主义的考察方式";"接受或效应美学"又将文学接受绝对化,导致文学"听任接受者随意的需要、目的和兴趣的摆布",使"现时的机遇和市场的消费需要主宰一切"[①]。对文学的考察应全面涉及这三个方面,忽略或否定任何一个因素,都会导致理论的偏颇。

对文学的全面考察离不开对生产与消费过程的认识。马克思指出,生产创造出消费的需要,它既为消费提供对象,又决定消费的方式;同时,消费使产品最终实现,并创造出新的生产需要。在此意义上,生产生产出消费,而消费是使产品和生产者获得实现的最后行为,生产与消费密不可分。但二者不能等同,其中,生产是主导要素,在二者之间还存在着交换与流通领域。

瑙曼将这一原理运用到文学之中提出,文学功能的实现受一系列相互作用又彼此联系的复杂条件制约,其中,作者-作品和读者-作品两个方面起决定作用:"为使一部文学作品能发生人化的效应,必须满足两个条件:它必须具有一种能使这一功能得以发挥的接受指令,它必须遇到一个实现这一功能的读者。"[②]在作者-作品的关系中,作家的创作活动生产了作品,这种作品只是具有潜能的可能性存在,它是读者接受的对象。在读者-作品的关系中,读者的阅读使作品由可能的存在变为现实的存在,作者的创作意图也最终获得实现。

作者与作品关系是文学的生产条件,读者与作品关系是文学

[①] 瑙曼《接受理论》,范大灿编《作品、文学史与读者》,第 1 页。
[②] 瑙曼《接受理论》,范大灿编《作品、文学史与读者》,第 17 页。

的接受条件,两者共同构成发挥文学功能的根本要素。"如果说,通过生产条件决定了作者为读者生产什么样的接受指令,那么接受条件则对读者如何实现接受指令起着决定性的作用。"[①]没有文学创作就无法产生作品,没有作品也就谈不上对作品的阅读和接受,可是,没有读者的参与,作者的意图和作品的潜能就不能实现,文学创作的意义也无从谈起。真正的文学理论应该从文学活动的完整过程入手,深入分析文学生产、文学流通、文学接受在整个文学过程中的地位和作用,通过对它们之间辩证关系的研究,建立科学的解释体系。

2. 作品:接受指令与阅读规范

作者创造出的文本在未被读者阅读以前,还只是一种具有可能性的潜在存在。作为活动主体的产物,作品产生于社会意识和个人意识,当它以对象化的形态脱离了社会和个人意识后,它就只能是一种未完成的存在状态。只有和作为活动主体的读者再次结合,作品才能成为现实的存在。因此,作品为读者而生产,它的最终实现还有赖于读者的接受。

作品的最终实现有赖于读者的阅读,读者的阅读活动与作者的生产活动一样,都是主动的创造性活动。不仅不同历史时代的读者对一部作品的理解各不相同,而且同一个读者对作品的多次阅读也会产生不同的理解和评价。基于这一事实,伊泽尔提出作品文本是一个有许多空白点的未定结构,需要读者去补充和确定,从而为读者的阅读自由进行辩护。可是,如果只看到读者对作品的主动性和创造性,而忽略了读者阅读在文学活动整体过程中的地位和关系,就会混淆严谨规范的阐释批评和随心所欲的误读臆测之间的价值,造成批评的失范和解释的过度泛滥。

---

① 瑙曼《接受理论》,范大灿编《作品、文学史与读者》,第18页。

针对不同阐释在价值上的差异,姚斯曾给予关注,并提出对随意的解释和规范构成性解释的划分。瑙曼更进一步分析道,每部作品都是一个有其内在一致性的特定结构,它制约和引导着接受作品的行为。作品在被具体的个人接受以前,总会在某种程度上经历社会的接受方式,这种社会接受方式与作品的特定结构一起组成了作品的"接受指令"。"接受指令"是作品固有的本质,这一概念不带有任何价值判断,"它表示一部作品从它的特征出发潜在地能发挥哪些作用"[①]。接受指令调节作品与读者的交往,使作品不仅创造出接受它的能力,还创造出接受它的方式和由此产生的效应。

瑙曼不否认文学文本需要借助读者阅读才能实现,但认为文本不是如伊泽尔所说的一个未定性结构,文本具有特定的"接受指令",制约和引导读者的阅读。一方面,接受指令召唤读者将自己的全部意识、情感、知识、经验调动起来,按照自己的主观条件去实现作品的功能潜势,使作品成为读者自己的作品;另一方面,读者在与作品的全面接触和联系中,按照作品规定的范围和方式改造自己,进而扩大了自己的可能性。"读者永远只能在作品根据它的指令而划定的可能范围内实现一部作品。读者在同作品交往中的自由是以作品本身的对象特性为界限的。"[②]因此,读者对作品的创造性是在遵循作品提供的接受指令这一前提下进行的。

3. 读者:在实现作品的同时获得主体的扩张

文学借助具体化的手段,将外在的历史转移到具体主体的意识之中,从而变成内在的东西;借助抽象化的手段,将具体主体内

[①] 瑙曼《接受理论》,范大灿编《作品、文学史与读者》,第17页。
[②] 瑙曼《接受理论》,范大灿编《作品、文学史与读者》,第64页。

心的东西转移到文学之中,从而成为外在的历史。这表明文学的对象是与人相关涉的历史现实和自然现实。由于人不可能在历史现实之外占有客观现实,因此,人要想把握文学作品,就必须首先被文学所包含。在这一意义上,作品在被作者创作出来之时,就已经内在地包含了读者这一要素了。

根据存在方式不同,瑙曼将读者分为三类,分别冠以不同的名称:作为社会学范畴,读者表示进行阅读的现实的人,可称为"读者"或"接受者";作为心理或意识形态范畴,读者表示作者想象中的读者的图像,可称为"收件人";作为审美范畴,读者表示以读者的名义代表作品的一种结构要素的虚构形象,可称为"读者"①。瑙曼所划分出的三类读者都以可能的形式预先存在于作品之中。

人类将自己的本质力量对象化在他所创造的一切产品中,对这些物质的和精神的产品进行观照,人类就能够建立起人与世界的联系并实现人对自我的认识。其他的物质和精神产品受产生它们的时代限制,会被发展超越而变得陈旧,艺术作品不同于一般产品的独特之处就在于,它以直接的方式将人同他作为类属的关系对象化,可以超越时代的局限而为不同时代的读者接受。当马克思说艺术对象创造出具有艺术感和能欣赏美的大众,并同时为艺术创造出一个主体时,他是在意指,人将他的本质力量对象化在作品中,作品在产生主体的人的感性丰富性时,也改变着人的自然。

在阅读活动中,读者在作品允许的范围内可以充分调动自己的主动性,按照个人的性格特征和欣赏趣味进行阅读,使作品符合自己的审美理想。不仅如此,作品中蕴涵的接受指令形成制约

---

① 见瑙曼《接受理论》,范大灿编《作品、文学史与读者》,第 34 页。

和引导机制,读者为实现阅读活动就必须进行自我改造以适应作品。"读者在占有作品的同时,把作品改造得适合于自己;他在开发作品中'蕴藏着潜能'时(即实现作品的指令时),也使这些潜能服从于'他自己的管辖'。但同时,读者在改造作品使之适合于自己时,他也改变着他自己本身;在他实现作品中的可能性的同时,他扩大了他自己作为主体的可能性;在读者接受作品,并实现它的同时,作品也在影响读者。"①阅读行为就是一个读者在实现作品的同时也受到作品影响的双向改造活动,作品以读者的方式得以实现,读者按照作品的要求进行自我调整,读者在实现作品的时候便增强了自己的主体能力并扩大了自己的存在空间。

4. 接受美学的扩展:从读者到作者

瑙曼将作品的创作和接受放在整体的文学过程之中进行考察,文学过程不仅指在一次具体的文学活动中从创作到阅读的过程,还包括历史上出现的所有文学活动,这样,作家、作品和读者就不是绝对独立的,它们始终是同其他作品、其他作家、其他读者相互关涉的结果。就作品而言,没有严格意义上的独创性的作品,各种作品彼此联系构成了文学过程的核心;就读者而言,读者阅读文学的过程,是过去流传下来的文学参与文学新生产的一个组成部分;就作者而言,创作文学的活动就是在过去文学经验基础上,融入自己个性特征的再创造。

接受美学重视读者对文学的接受,瑙曼则将接受活动从读者扩展到了作者。作者的创作建立在这样一个前提下:对借助作品流传下来的文学观念、潮流、风格、体裁的辨析,对其他作家投射在作品中的思想、趣味、性格、理想的了解,对读者的阅读经验的掌握,对文学批评、美学体系对文学过程的描述、评价、解释的认

---

① 瑙曼《接受理论》,范大灿编《作品、文学史与读者》,第66页。

识。所有这些作者必须把握的内容都以作品为载体,蕴涵在作品当中,需要作者在接受作品的过程中获得。"这些问题尤其是涉及到通过作为**传统**的文学过程传给作者的潜能和作者自己加进这一潜能中的**新成分**之间的相互关系。"①作者的创作活动实质上包含了接受和创作两个方面,作者首先是作为读者阅读和接受文学作品,然后在此基础上进行新的文学创作,作者的接受活动也就成了新的生产和文学过程的生产要素。

所以,对作品的接受不仅仅是读者的专利,作者也必须参与到这一活动中来。瑙曼将接受主体的范围从读者扩展至作者,克服了接受美学片面强调读者的倾向,使文学批评涵盖了文学的整体活动。

三、对话理论

(一) 复调与对话:巴赫金

巴赫金被许多评论家推为 20 世纪最伟大的思想家,他的思想对当代的美学和文艺理论影响深远。法国当代著名文论家托多罗夫曾这样评价巴赫金:"米哈伊尔·巴赫金无疑是二十世纪人文科学领域里最重要的苏联思想家,文学界最伟大的理论家。……一个真正的文学理论家必须思考超出文学以外的东西。……巴赫金正是这样的一个人。"②托多罗夫这一切中肯綮的评价指明一切人文学科的研究都无法绕过巴赫金的根本原因在于:巴赫金的艺术理论和美学思想不仅对包括形式主义、结构主义、解构主义、符号学、阐释学、读者反应理论、新马克思主义、新历史主义、殖民主义

---

① 瑙曼《接受理论》,范大灿编《作品、文学史与读者》,第 60 页。
② 托多罗夫《巴赫金、对话理论及其他》,蒋子华等译,天津:百花文艺出版社,2001 年,第 171 页。

在内的20世纪美学和文艺理论影响深远,而且他的理论已经越出文学和美学领域,对20世纪以来的人类思想都产生重大影响。不仅如此,随着西方资本主义发展到后工业社会阶段,现代性与后现代性相互纠结构成当代世界的基本景观,巴赫金的思想在这一新的世界景观中又得到了重新的阐发和应用,使他无愧于"20世纪最伟大的思想家"这一称号。鉴于巴赫金对西方美学思想产生深刻而持续的影响,我们要想深入而全面地把握西方美学的思想历程,就无论如何都不能忽略巴赫金。

巴赫金的话语理论在20世纪语言学转向的背景下尤显独特与深刻。他从小说这一西方近代文学的主流样式入手,通过分析具体文本中作者和作品主人公各自的表述方式及二者话语之间的相互关系,提出"对话""复调""多声部"等概念,并将之从文学层面扩展至思想层面,成为对话理论中不可或缺的重要部分。所以,对西方美学思想中对话理论的考察,必须提及巴赫金。

1. 复调小说论

复调小说的一般特征是在和独白小说的对照中确立起来的。

(1) 主人公的存在方式

独白小说中的主人公是担负双重行动使命的伦理存在,认识行为让他要认识世界上已经存在的事物,道德行为要求他要努力实现尚未存在的事物。现实世界不断发展变化,人只要生活在世界上,就会有还没认识的事物和应该做而没有做的事情,所以,独白小说中由认识现实的自我和渴求认识新现实的超我构成的主人公形象,他所担负的认识职责和道德职责永远不可能终结,这决定主人公在世界中的存在是一个无限持续的过程。

复调小说的主人公与作者具有同等地位。作者、主人公以及作品中的其他人物彼此间都是他人,各自拥有独立的世界、独立的主体意识和独立的声音。在此意义上,复调小说的主人公就是一个独立的他人意识和彻底的主体存在。

（2）主人公与作者的关系

独白小说建立在此种区分的基础上：主人公是艺术作品的内容，即经过艺术性加工和创造的现实；作者是艺术形式，即在对现实进行艺术性创造的过程中起决定作用的要素。作者处在主人公的无限存在过程之外，只有作者能够用有机完整的形式对主人公的散乱无序的现实内容进行加工整理，使主人公自身无法终结的存在在小说这种审美形式中得到艺术性的统一和完结。因此，在独白小说中，作者和主人公是我与你的关系，作者是至高无上的主体，处于全知全能的神的地位，其思想和语言渗透于作品的每个角落；主人公则是作者借以观察世界的媒介和用以表达自身的工具，是被描述、被创造的对象，处于客体地位，主人公及其周围世界被完全包容在作者的意识之中。

相比较，复调小说以此为基础：运用普通小说中用以处理作者本人话语的方式来处理主人公的话语，主人公不再是作者支配的对象，一跃成为自身故事的讲述者，拥有和作者同等的地位。因此，在复调小说中，作者和主人公是你和你的关系，作者只能以人物形象的身份进入作品，并参与和其他形象之间的平等对话，作品中不同的人物形象具有各自独立的意识和话语，每个形象都指向自身进行自我展示，独白小说中主体与客体的支配对峙关系转化为复调小说中不同主体之间的平等共处关系。

（3）人物形象的塑造

独白小说旨在说明主人公是谁，所以在叙述中注重历史维度，关注人物的家庭出身、成长环境、教育背景、社会交际、衣着服饰以及外貌行为，从历史根源上寻找和展示人物的性格气质。复调小说关注的是世界对于主人公来讲是什么，主人公在自己的意识中是什么[①]。现实世界不再是决定主人公形象的客观因素,而是构成主人公自我意识的内容。对独白小说而言,重要的是客观存在的作品中的人物,对复调小说而言,重要的是主人公观察自身和世界的视角。所以,复调小说抹去了对环境和日常生活的客观描写,在削弱人物客观性特征的同时,极大地增强人物的思索、议论和对话的主体意识,将人物置于激烈的行动和紧张的矛盾之中,让人物在自己的行动中展现形象。

(4) 复调小说的思想特征

除以上三方面外,复调小说的独特特征,也是它对小说史的特殊贡献还在于塑造思想形象。与哲学家创造抽象的思想不同,复调小说作家创造的是思想的生动形象。思想形象与人物形象紧密结合成为有机整体,使独立的思想观念成为艺术描写的主要内容。

人物形象与思想形象不可分割,一方面,小说中思想形象的原型来自现实生活;另一方面,作家并不简单地摹仿这些原型,而是将之纳入小说的复调之中,成为其中的一个声音,这使复调小说中的思想具有以下几个特点。

首先从思想指向看,在独白小说中,作者是真正的思想家,拥有绝对权威,凡是符合作者意识的思想才能被描写、展现,因此作品中只有完全属于作者的单向度的思想独裁。在复调小说中,"没有确定不移的主人公形象能来回答'他是什么人?'的问题。这里只能有'我是什么人?'和'你是什么人?'的问题。但即使这些问题,也只出现在从不间断又永不完成的内心对话中。主人公

[①] "对陀思妥耶夫斯基来说,重要的不是主人公在世界上是什么,而首先是世界在主人公心目中是什么,他在自己心目中是什么。"巴赫金《陀思妥耶夫斯基诗学问题:复调小说理论》,白春仁等译,北京:生活·读书·新知三联书店,1988年,第82页。

讲的语言和讲主人公的语言,都取决于对自己本人和对别人所采取的不封闭的对话态度。作者语言不能从所有方面包容、封闭,并从外部完成主人公及其语言。它只能同他交谈。所有的品评和所有的观点,都为对话所囊括,都被纳入对话的过程"①。作者的思想与人物形象结合成为艺术性的思想形象,以平等身份参加到作品的大型对话中,摆脱了自身独白型的封闭性和完成性,成为众多思想中的一种思想,因此作品中是多维度并存、众声喧哗的思想民主。

其次从思想属性看,语言是思想的物质外壳,每个人的思想都必须借助语言传达出来,因而思想与对话发生了本质联系。正是在不同声音、不同思想相互交往的连接点上,思想得以产生和发展。"思想不是生活在孤立的个人意识之中,它如果仅仅留在这里,就会退化以至死亡。思想只有同他人别的思想发生重要的对话关系之后,才能开始自己的生活,亦即才能形成、发展、寻找和更新自己的语言表现形式、衍生新的思想。人的想法要成为真正的思想,即成为思想观点,必须是在同他人另一个思想的积极交往之中。这他人的另一个思想,体现在他人的声音中,就是体现在通过语言表现出来的他人意识中。"②所以,思想存在于与他人不同思想的对话关系中,同时,思想需要寻求新的语言形式以产生新的思想。全面对话性是思想的一种本质属性。

最后从思想价值看,思想出现在与其他不同意识之间紧张斗争的超个人领域中,在复调小说的大型对话中,代表各自生活立场的不同意识展示出自己的各个侧面和所有的可能性,各种思想中潜藏的创造力被重新激发出来,独白型思想的封闭性和完成性

---

① 巴赫金《陀思妥耶夫斯基诗学问题》,第342页。
② 巴赫金《陀思妥耶夫斯基诗学问题》,第132页。

被打破,代之以思想独有的自我矛盾的复杂性和生机勃勃的多面性。这些思想不仅出现在同时代的对话中,而且超越特定的时空存在,与其他时代的相近思想遥相呼应,能被不同时代的读者所接受。

巴赫金对复调小说中思想形象的发掘和阐释,契合了他努力弥合现实文化危机的哲学意图。在巴赫金看来,世界分为两个部分:包含万物的现实世界,始终处在发展变化中,我们生活于其间并借此确定自己的存在;以语言为核心的文化世界,借助参与性思维使处于发展变化中的存在获得客观化的显现。现实-万物世界与文化-语言世界彼此隔绝,造成现时代的文化危机。巴赫金的所有理论努力就是为了最终能融合两个世界,消解文化危机,使我们的生存世界重新回复到和谐完满的状态。正是在复调小说的领域中,一切物质现实被纳入思想意识之中,借助复调小说创造出的思想形象使二者契合无间。可以说,思想形象既是现实-万物世界与文化-语言世界达成和谐共处的有效手段和根本途径,也是二者和解共融的最终结果。

重在创造思想形象这一特征也是理解复调小说中作者和主人公平等关系的关键。由于作品及其中人物始终是由作者创造出来的,如果从创造和生产关系上看,二者无论如何不可能平等,但是从思想意识的角度来理解,情况则完全不同。巴赫金认为,不存在所谓纯粹客观的现实,现实总是和意识密切相关,现实作为意识的对象和内容是意识作用的结果。既然一切现实都是有关意识的现实,那么复调小说中作者观察主人公的视野和主人公存在于其中的现实都转化为主人公的自我意识。"不仅主人公本人的现实,还有他周围的外部世界和日常生活,都被吸收到自我意识的过程之中,由作家的视野转入主人公的视野。它们与主人公已经不属于同一层面,不是并行不悖,不是处于主人公身外而同主人公共存于统一的作者世界中。因此它们也就不可能成为决定主人公面目的因果和根由,在作品中不能发挥说明原委的功能。能与囊括了整个实物世界的主人公自我意识并行不悖而处于同一层面的,只有另一人的意识;与主人公视野并行不悖的,只是另一个视野;与主人公世界观并行不悖的,只是另一种世界观。作者只能拿出一个客观的世界同主人公无所不包的意识相抗衡,这个客观世界便是与之平等的众多他人意识的世界。"[①]曾经居高临下观察主人公的作者视野,现在都进入主人公意识之中成为他的意识要素,这意味着作者只能以相对于主人公的他人意识进入作品。曾经作者以无上权威对作品施加的影响,现在都构成了与主人公意识平行的他人意识。曾经以人物形象的方式出现在作品中的主人公,现在则以对话和议论的言语方式存在,作者对主人公进行构思和评论,实质上就是对言论本身进行评论,两种不同的言论要想在各自保持独立的前提下联系起来,就只能在平等的对话关系中进行。

在独白小说中,作者观察主人公的视角,对其性质、特征作出的规定,在复调小说中都移入主人公自身的视野,成为主人公自我意识的对象和材料。在此意义上,主人公不再是作者操控的玩偶,而成为自己生命的观察者。由此,主人公从处于从属地位的客体提升为有自治权的主体;作者对主人公的观察,不是主人公的客观现实和客观存在,而是其自我意识的内容,从属于作者主体的观察行为就此转化为隶属于主人公自我意识的过程。"主人公在思想观点上自成权威,卓然独立,他被看作是有着自己充实而独到的思想观念的作者……这时作品的主人公,似乎已不再是作者言论所表现的客

[①] 巴赫金《陀思妥耶夫斯基诗学问题》,第85—86页。

体,而是具有自己言论的充实完整、当之无愧的主体。"①主人公成为有独立意识的主体,作者转变为和其他主体毫无差别的一般主体,二者在意识的层面上获得了平等的地位。

(5) 复调小说的时空特征

时间和空间是我们体认生命、感知世界的两个基本维度。时间是从过去经由现在指向未来的单向度的延续体,时间的运动变化是一个未来不断转化为现在、现在又不断转化为过去的流逝过程。时间的变化过程虽不可见,却又无处不在,它通过生命的生死、事物的荣衰、四季的变迁体现出来,规定着生命和万物的存在样态。时间意识确定了我们在世事变迁中的生存方式,解决了"我们怎样活着"的问题。空间是由长、宽、高组成的静态整体,充塞着无数的点,每一个点就是一个位置,空间的运动变化就是从一个位置到另外一个位置的转换。每个事物都在空间中占据着一个位置,这意味着每个事物都是一个空间的存在。同时,不同事物所占据的位置又共同组成更大的空间。所以,世界万物本身是空间的存在,它们又被包容在空间之中。

鉴于空间与事物不可分割的本质联系,可以说空间就是可见的万物,而时间通过事物变迁体现出来。由此,以世界万物为媒介,时间与空间密切联系在了一起。空间意识确定了我们在世界中的方位,解决了"我们在哪里"的问题。时间意识和空间意识共同建构起人类的自我意识,随着两种意识及其相互关系的不断变化,人类的自我意识也发生着改变。包括小说在内的艺术作品是作为人类意识典型和集中的体现而产生的,必然会反映出人类意识中的时空观念,并且不断调整自身的表现方式以便适应变化了的时空观念。同时,艺术作品体裁的变化也会

---

① 巴赫金《陀思妥耶夫斯基诗学问题》,第27—28页。

反过来影响和改变人们的时空观念。巴赫金正是从时空意识的变化这个角度阐述了空间小说产生的观念背景以及小说体裁发展演变的内在动力。

巴赫金指出，在中世纪的世界观中，时间还仅仅被意识为自然的循环时间，并不重视时间与空间、时间与世界之间的联系。在时间的延续中，日月星辰由升到降，万物由盛转衰，生命由生到死。这时的时间作为毁灭、破坏的因素而出现，这一时期的艺术作品也适应这种时间观念形成了自己的样式。文艺复兴时期，人们需要寻找新的时间形式，重新使时间与空间、与人的生活世界联系起来，成为积极的、创造性的因素，这个时期的文学样式获得了新的发展。18世纪的启蒙运动极大地开启了人类的时间感，除了自然的循环时间外，人们还意识到社会的历史时间并开始描绘这种历史时间，长篇小说就是为适应人类的新的时间意识而出现的。长篇小说之前的史诗描写绝对的过去，与当前的现实世界保持距离，它以非个人的口头传说为依据，强调其中的评价和观点的普遍意义。作为小说的雏形，庄谐体裁描写的是当前现实，时间和空间始终处于变化中。

如果说小说形成之前的艺术作品更加关注线性的时间，那么小说则开始强调时间与空间的结合，试图在空间的扩展中实现时间的延续。在复调小说出现之前，小说中的时空交叉融合，时间空间化，被浓缩、具体化为艺术上可见的东西；空间融入时间，通过时间来衡量。小说是时空交叉的时空体，时间和空间在小说中发生本质联系。漫游小说、考验小说、传记小说、教育小说就是由时空的不同结合方式产生的不同小说类型。

近代以来，自然科学迅猛发展，人类改造自身和世界的能力不断增强，空间范畴从时空整体中抽离出来，越来越明显地成为生活世界的主导要素。如果说时间仅仅存在于我们对世界和生命的感受中,那么空间却构筑了我们生存于其中的现实世界。与无法确切捕捉和验证的时间相比,空间以现实世界中的有形物体明确地昭示着自己的特性。以前,人们习惯从时间的角度规定空间性质。现在,人们发现对时间的感受需要借助空间来获得。顺应这种时空意识的变化,复调小说以空间内部的共存和相互作用作为艺术视觉的基本范畴,脱离时间,完全从空间中观察世界和自身,切断时间的过去和现在这两个向度,用空间同化时间,只描绘立体的空间中的当下现时,将纵向的时间压缩在平面的空间中,将不同时段上发生的事态在现时这一点上并置开来。

复调小说让空间占主导地位,强调空间上的并置、共存和时间上的同时性、现时性,"他观察和思考自己的世界,主要是在空间的存在里,而不是在时间的流程中"[①]。这导致复调小说在艺术创作上形成有别于传统小说的独特特点:首先在人物自我意识的挖掘上,从一个人的所有内部矛盾或一个人的内部不同发展阶段中创造出两个人,使有多重性格的人的各个矛盾性格分别独立存在。这样,瞬间的性格冲突、矛盾意识、心理斗争在瞬间的横剖面上被全部展现出来。其次在故事情节的安排上,将一切彼此矛盾和对立的事物置于同一平面,在特定瞬间里,尽可能多地让不同人物出场,让不同性质的东西聚集,"陀思妥耶夫斯基的视觉,封闭于这一多样展开的一瞬间,并且停留在这一瞬间之中,使这个瞬间的横剖面上纷繁多样的事物,各显特色而穷形尽相"[②]。事情没有历史起因,行动没有过去的缘由,只描绘它们在当前的发展状态。最后在人物形象的塑造上,舍弃人物的历史和未来,淡化人物的外貌服饰,只关注人物当前的行动和意识,即使人物的回

---

① 巴赫金《陀思妥耶夫斯基诗学问题》,第59页。
② 巴赫金《陀思妥耶夫斯基诗学问题》,第63页。

忆也被切断过去的痕迹而安排为现时的需要。

强调空间的复调小说在艺术上的这些特点使它较之一般小说具有更强大的艺术表现力。"像歌德那样的艺术家,本能地倾向于描绘处于形成过程的事物。他力图把所有共存于一时的矛盾,看成为某个统一发展过程中的不同阶段;在现实的每一个事物中看出过去的痕迹、当今的高峰或未来的趋向。"[①]以歌德为代表的时间小说,将各种现象视为在时间的纵向顺序上依次排列的统一过程,极力将虚构的故事与现实场所相结合,通过赋予虚构事件以现实生活中的真实场景,将虚构的时空与真实可见的世界联系起来。在这种小说中,历史时间浓缩在空间之中并借助空间加以表现,时空紧密结合为不可分割的整体。"陀思妥耶夫斯基同歌德相反,他力图将不同的阶段看作是同时的进程,把不同阶段按戏剧方式加以对比映照,却不把它们延伸为一个形成发展的过程。对他来说,研究世界就是意味着把世界的所有内容作为同时存在的事物加以思考,探索出它们在某一时刻的横剖面上的相互关系。"[②]以陀思妥耶夫斯基为代表的空间小说,展现的是多元并存的世界,使在时间向度上依次排列的各个阶段和各种事件同时并存于同一空间平面上,将事物从历史的纵深中剥离出来,置入二维平面的空间中。复调小说中的主人公在特定瞬间的横剖面上拥有异乎寻常敏锐的理解力,能够透过现象挖掘到事物背后隐藏的多重内涵。在他的视界里,一切看来平常的事物因有了多种成分而复杂起来,在别人看来单调而习以为常的事物都显得新鲜而丰富多彩。在平凡中发现新奇,在普通中找到卓越,在熟悉中显示陌生,这就是复调小说中的主人公借助一双重新审视时空

---

① 巴赫金《陀思妥耶夫斯基诗学问题》,第59页。
② 巴赫金《陀思妥耶夫斯基诗学问题》,第59—60页。

的眼睛在观察世界与人生时获得的崭新经验。

不仅如此,复调小说反过来也极大地改变和深化了我们的时间意识。时间是一个由过去、现在、将来构成的连续体,已经消逝的过去和还未到来的将来都不能被我们把握,只有现在与我们直接相关,因为我们存在于现在中。可是当我们去感受现在时,现在总是作为一个瞬间倏忽即逝、滑向遥远的过去。在时间的单向度上,将来不断地变成现在,现在又不为我们所知地消逝为过去。于是,我们只能意识到这样一个事实:将来包含着现在的可能性,过去由现在转化而来。在时间不可避免的流逝中,现在无从寻觅,我们对时间一无所知。传统时间观认为我们至少可以把握当下的时间,复调小说则表明,时间无从把握。但是,我们虽然不能把握纯粹的时间,却完全可以把握和空间相联系的时间。从空间认识时间,观察世界,在空间中建立时空的联系,可以更新我们对世界的感受,丰富我们对生命的理解。巴赫金对复调小说中时空关系的论述和独到见解对于理解我们当前审美生活化和世界模拟符号化的时代也具有极其重要的理论价值。

(6) 狂欢化——小说的反体裁特征

从起源上看,狂欢节是一种有仪式和象征系统的复杂的文化行为。在狂欢节上,人们打破日常生活的等级秩序、语言规范和风俗禁忌,从强制设置的敬畏、仰慕、恭敬的生存状态中解放出来,以完全自由、平等的身份参加到节日的庆典当中,在没有限制和隔离的平等状态中自由交往。巴赫金用狂欢节上这种人际关系的特征阐述复调小说中的人物关系和话语关系,并让它带有动词的性质,从此,"狂欢化"就从社会文化领域进入小说理论范畴。狂欢化阐明了复调小说在体裁上表现出来的"多声部""对话"的特征。

狂欢庆典上一个重要的内容是脱冕加冕仪式，现实中的国王在狂欢中被脱冕成为小丑，现实中的小丑在狂欢中被加冕成为国王，高贵与卑贱、美德与恶行、威严与滑稽、敬仰与鄙视、赞美与嘲笑、规范与杂乱、奖励与惩戒、雅语与方言这些在现实中界限森严、等级明确、尖锐对峙的异质因素不仅被完全颠倒过来，而且不可思议地达成融解和共处。"狂欢节庆贺的是交替本身，交替的过程，而非参与交替的东西。狂欢节不妨说是一种功用，而不是一种实体。它不把任何东西看成是绝对的，却主张一切都具有令人发笑的相对性。"①狂欢结束后，曾经当过小丑的国王和曾经当过国王的小丑虽然复归原位，但是身份的暂时换位带来心境的巨大变化，当他们重新审视自身和世界时，就会产生全新的生命感受。经过狂欢的洗礼后，现实世界已经被深刻地改变了。借用俄国形式主义的"奇特化"术语来解释，就是用不同于日常生活的视角观察习以为常的事物，就会从熟悉中发现陌生，在平凡中找到新奇。

狂欢式的世界感受打破了二元对立、非此即彼的思维模式，将不同体裁、不同思想体系、不同的生活和思想风格这些异质性的、相互矛盾甚至对立的因素令人惊异地完美结合在一起，事物从封闭的对立结构中释放出来，取得未完成的开放状态。"对于狂欢式的思维来说，非常典型的是成对的形象，或是相互对立（高与低，粗与细等等），或是相近相似（同貌与孪生）。同样典型的是物品反用，如反穿衣服（里朝外），裤子套到头上，器具当头饰，家庭炊具当作武器，如此等等。这是狂欢式反常规反通例的插科打诨范畴一种特殊的表现形式，是脱离了自己常轨的生活。"②狂欢

---

① 巴赫金《陀思妥耶夫斯基诗学问题》，第178—179页。
② 巴赫金《陀思妥耶夫斯基诗学问题》，第180页。

用相对的和谐取代绝对的对立,在相对中消除绝对。在此意义上,狂欢具有后现代主义的解构性质。

巴赫金把狂欢的解构性引入小说,"狂欢化消除了任何的封闭性,消除了相互间的轻蔑,把遥远的东西拉近,使分离的东西聚合。这就是狂欢化在文学史上巨大功用之所在"①。首先,在狂欢化的复调小说中,谈话的人、论题和谈话对象都成为开放的能指,每个因素的意义和价值都建立在它与其他因素组成的结构系统之上,借助其他因素的映衬和反射体认自身。其次,所有的小说构成更大范围的关联世界,不同小说中的各种因素相互呼应,彼此确认。最后,小说超出自身界限,与它存在于其中的客观世界联系起来。这样,与不同因素形成不同联系,从而获得不同的自我认知。没有哪个因素具有预先被规定的性质和明确无误的意义,它们被清除了权威地位和规范价值,相互平等,各自独立,在开放的状态中永无完结。

在复调小说中,狂欢的解构性质主要通过小说的语言发挥作用。在巴赫金看来,狂欢化即是把狂欢语言转化为文学语言的过程。对作为话语主体的人物形象而言,在复调小说深刻的多元世界中,人物能够摆脱现存一切制度、责任、规范的束缚,以旁观者的身份在现存世界体制外存在。每个人物都置身于中心之外,即使是作者也只能以作品中某个人物的身份出场,这注定他们之间的交往是平等的、参与性的。就话语本身而言,与诗歌的古典规范话语不同,小说的话语是开放的,引进社会共同话语之外的杂语、方言,在不同风格和性质的话语的同声齐唱中,语言所承载的抽象哲学思考进入到新鲜、多样的形象和事物的具体感性领域,得到充分展示和显现。

---

① 巴赫金《陀思妥耶夫斯基诗学问题》,第190页。

人物形象和语言使用的上述特征,决定了复调小说体裁具有反中心、反规范的力量。复调小说以不断破坏规范作为自身的规范,是一种反体裁的体裁。破坏任何稳固、静止的既成规范,使一切都处在新鲜、流动之中,这种内在的自我否定、自我变革力量使小说始终能与不断发展变化的现实相联系。

2. 话语对话论

话语论是巴赫金思想的核心。对语言的分析和对对话的研究是巴赫金复调小说论的立论基础,复调小说则是对话思想在具体实践中的应用。不仅如此,巴赫金还将对话思想从小说扩展到人文学科领域,从不同主体之间的平等对话这个角度来规定一切文本的基本性质,使对文本的理解和阐释关涉到人类的生存领域,从而使对话从具体的言语交际行为上升到指涉人类存在的本体论地位。

(1) 研究对话的超语言学

以索绪尔为代表的语言学理论把语言分为语言和言语两部分,语言是具有语法规范的共同结构,言语是受普遍语言规范的具体运用。索绪尔认为,句子作为语法单位受制于言语主体在一次表述中形成的句子整体,与话语以外的现实没有直接接触,既不能引出他人的应答,也不能决定他人应答的立场。当句子成为表述时,就突破了前面的限制,拥有了交际的功能。句子和表述是对立的,表述是纯个人行为,语言体系是纯社会现象,对个人的言语行为有强制性。所以,语言的普遍抽象结构是语言的本质,应该成为语言学研究的对象。

和索绪尔的客观抽象主义相反,语用学强调研究具体语境中的个人言语行为,认为先有个人话语,后有在个人话语基础上总结出的语言规律,所以具体的语言实践和语言运用才是语言的本质,是语言学的研究课题。语用学忽视语言使用中的共有规则,其中的行为主义语言学甚至把语言简单化、庸俗化为在瞬间说出的语词,使语言学研究流于琐屑。

巴赫金指出,以上两种语言学的偏颇之处都在于没有对句子和表述进行正确的区分。索绪尔的一般语言学重在语言的语法构成单位,如词、句子及其相互组合规律,用研究静态抽象的共时性语言规则(语法)代替研究实际运用中动态具体的历时性语言结构与类型(表述),将丰富多样、充满生机的语言现象演绎为单一、僵死的语言法则。语用学又走向另外一个极端,否定语言有潜在的共同规律,过于关注琐碎的个别语言,将有机统一的语言整体理解为杂乱无章的表面现象。

巴赫金认为,语言的固有特征和结构规范(句子)只有在具体言语的对话使用(表述)中才能得到体现,语言学研究的真正对象应该是语言在具体的现实实践中所形成的普遍应用和交际规律。句子是语言的语法单位,而表述是语言的交际单位。表述作为人际间的交往方式,首先涉及说话主体,它以其他话语主体为表述对象,旨在得到他人的回答。所以,表述直接与他人表述相关,与话语以外的现实联结,具有引发他人应答的力量。其次涉及话语本身,说话主体依次进行表述,这种主体的更替从外部划分了表述的界限,而是否能对一个表述进行应答则从内部划分了表述的界限,这两方面共同确定表述有一种特定的完结性。

语言表述遍布于人类活动的一切领域,人类开拓了多少活动领域,表述就有多少种性质和类型。表述只存在于某个人类活动领域中单个人的具体话语形式中,每种表述都因人而异,但是任何人在具体表述时都需要选择适应表达意图的说话方式和风格,从而每个相同领域中的不同的人在使用语言时形成相对统一和稳定的表述类型,这就是语言体裁。语言体裁既有总体规范做导向,又不乏应用语言的生动具体。具体话语在静态结构上需要遵循语法规范,在动态交际中又需遵循话语体裁的要求。忽视语言形式在具体语境中的存在方式,是普通语言学的缺点。

与索绪尔的抽象语言学关注语法不同,巴赫金重视语言交际中的问答形式;与语用学关注一次性的具体表述不同,巴赫金强调这种具体表述共有的稳定结构。巴赫金的语言学关注语言的实际运用和个体的话语交际,而对话作为言语交际的经典形式自然成为研究的核心。"语言只能存在于使用者之间的对话交际之中。对话交际才是语言的生命真正所在之处。语言的整个生命,不论是在哪一个运用领域里(日常生活、公事交往、科学、文艺等等),无不渗透着对话关系。不过语言学仅仅研究'语言'本身,研究语言普遍特有的逻辑;这里的语言,仅仅为对话交际提供了可能性。而对于对话关系本身,语言学却向来是抛开不问的。这种对话关系存在于话语领域之中,因为话语就其本质来说便具有对话的性质。所以,应该由超出语言学而另有自己独立对象和任务的超语言学,来研究对话关系。"[1]对话涉及问-答、肯定-否定、赞成-反对、命令-执行,这是一般语言学没有也不可能触及的。在巴赫金的视域里,问答等一系列关系既不存在于语言体系中,也不存在于个体表述的内部,而是存在于不同的语言表述单位之间,这种超语言学是巴赫金对语言学理论的独特贡献[2]。

(2) 话语表述的对话性

个人的语言经验在与他人的语言交际过程中形成和发展,个人意识首先在周围的他人话语世界中产生,这时个人的思想观念

---

[1] 巴赫金《陀思妥耶夫斯基诗学问题》,第252页。
[2] 所谓超语言学,"研究的是活的语言中超出语言学范围的那些方面(说它超出了语言学范围,是完全恰当的),而这种研究尚未形成特定的独立学科。……无论语言学还是超语言学,研究的都是同一个具体的、非常复杂而又多方面的现象——语言……它们两者应相互补充,却不该混同起来"。巴赫金《陀思妥耶夫斯基诗学问题》,第250页。

与他人话语结合在一起不可分割,然后再分离出来形成自己的语言经验。这一过程表明,任何个人意识总是与他人话语联系在一起,用以表达个人意识的话语由此也必然与他人话语相关,个人话语经验的形成过程就是理解和掌握他人话语的过程。这就是话语表述的对话性。

话语表述的对话性既表现为语言交际是多种思想相互交流的过程,这些思想彼此熟悉,相互反映;又表现为每一种个人的话语表述都因为具有语言交际的共同特点而与其他表述相联系,它总是言语交际领域中其他表述的应答性反映。这种对话性具体表现在说话人的遣词造句上,就是他总要从两个角度进行考虑:"一方面,这些词语应能表现他的理解,他同时希望别人也这样理解;另一方面,又要考虑到别人可能怎样理解这些词语。在这里,他人的语气不过初露端倪,却已经在他的言语中引起了种种解释或停顿。"①

语言体裁总体上可归纳为独白和对话两种。独白式话语中,作者的"我"以可以包容一切的代词出现,就像裁缝有权任意裁剪布料一样,作家可以随心所欲支配作品的思想和语言,作品的思想和语言是作者的思想和语言的外化,作者话语的单一性消解了其他话语的丰富多样的他性(otherness),作者思想的权威掩盖了其他思想的产生。对话式语言中,作者的"我"只是参与作品对话的普通一员,对话借助狂欢化引入充满活力、丰富多彩的方言,克服了书面文学语言的保守封闭因素,将"客体化"的单一的社会-典型话语和多样的边缘-方言话语有机融为一体,为多种思想的共生提供了有效保证。

(3) 对话是一切文本具有的特性

巴赫金认为,文本的意义分为两部分:一是可复制的符号意

---

① 巴赫金《陀思妥耶夫斯基诗学问题》,第286页。

义,语言符号隶属潜在的语言体系,它的使用规则和由此产生的意义由约定俗成的语言体系决定,因此语言的符号意义在使用者之间达成共识,能够重复传达;二是不可复制的语义,文本经由作者创作供读者阅读,作者、读者和文本都存在于具体的自然环境、社会历史之中,带有个人生活世界的特定色彩,因而文本在具体语境中的意义独一无二,不可重复。不可复制的语义才是文本之间相互区别、彰显特性的根本要素,它只有处在由其他各种文本组成的链条中,并与其他文本构成对话关系时,才能被揭示。这样,对话关系不仅是如陀思妥耶夫斯基的复调小说这种具有固定特征的文本才有的性质,它还是一切作为表述的文本都可能进入的关系。因为,一切可以在表述中实现的含义都可能相互联系。

巴赫金的语言论将对话从单纯的小说理论扩展到整个人文学科的文本领域,对话由此成为哲学和美学概念。

(4) 不同语言类型的结构方式

人与世界的沟通认知,人与人的交流理解,自我意识的矛盾复杂,都是不同因素相互作用的过程和结果,构成了生活世界的大型对话。具体到小说中,如同音乐中的对位法,小说中的主题思想、情节结构、人物关系等不同成分之间也形成一种对位,围绕着小说思想这同一个主题,不同的声音各自有着不同的唱法,形成多声部的复调结构。在小说中,大型对话是通过引进不同的语言类型来实现的。"不同指向的双声语,尤其是形成内心对话关系的折射出来的他人语言,即暗辩体、带辩论色彩的自白体、隐蔽的对话体",形成不同的语言类型,这些"纷繁的语言类型经常处于突然的交替之中,出乎意料地由讽拟体忽然转为内心的辩论体,又由辩论体转为隐蔽对话体,再由隐蔽对话体转为仿格体(摹仿普通生活中平稳安宁的格调),由这里重又转向讽拟体的讲述,最后归之于极度紧张的公开对话"①。这些语言类型共处一个对话中,形成语言上的波澜起伏。

小说作为对生活世界的艺术性反映,更典型集中地体现了生活世界的对话特征的,是小说中的主人公之间、主人公的自我意识之间紧张对立而形成的微型对话。就主人公来说,绝对的孤独是虚幻的,每个人都必须借助他人存在,在他人的意识中见出自己的形象,通过他人的眼睛观察自己。在未和他人发生联系前,每个人对自己只能产生零星、散乱的感知,当和他人发生对话后,他人就像拉康所说的那面婴儿面前的镜子,将这种零散感知完整地反映出来,使每个人获得完整的自我形象。就自我意识来说,个人内在的矛盾心理、复杂意识相互斗争,相互质询,相互引发,相互揭示,在不同因素的众声喧哗中呈现出自我意识最隐晦幽暗的本质来。"到处都是公开对话的对语与主人公们内心对话的对语的交错、和音或间歇。到处都是一定数量的观点、思想和语言,合起来由几个不相融合的声音说出,而在每个声音里听起来都有不同。"②不论是主人公之间的对话还是自我意识之间对话,都在这种公开对话与内心对话的交错对位中得以实现。

3. 文本阐释论

复调小说中的"对话""多声部""狂欢化""未完成性"等理论深化和扩展了巴赫金的对话思想。巴赫金进一步将对话思想运用到文本阐释,不仅使理解和阐释在新的视域里得到新的认识,而且使对话摆脱了单纯的个体行为和小说理论,成为关涉人类存在的本体范畴。

---

① 巴赫金《陀思妥耶夫斯基诗学问题》,第279页。
② 巴赫金《陀思妥耶夫斯基诗学问题》,第361页。

(1) 理解的性质

巴赫金指出,在表述中采取何种语调和语言手段,不仅受论题影响,更是由与论题相关的他人表述决定的。一个表述无论力求多么客观,独白性有多强,它在某种程度上总是要对此前有关此论题的一切表述进行回答。不仅如此,包括哲学、艺术、科学在内的所有人类思想,也是在和他人思想的相互作用和斗争中产生和形成的。巴赫金从话语交际这一角度指明人类思想的延续和承袭这一根本性质,也即阐释学中的前理解。

巴赫金通过区分自然科学和人文学科确定了理解的性质。

从研究对象上看,自然科学研究的对象是只具有外在性的自然物质客体,它为某个已知主体而存在,这个主体通过单方面的解释行为就能将事物完全、彻底地显示出来;人文学科的研究对象是人,人是一种会思想的存在,人的思想需要借助符号,以文本的方式表达出来。所以,人文学科的对象是主体,借用康德的术语即自为之物,自然科学的对象是客体,即自在之物。

从研究方法上看,自然科学的方法是解释,解释是独白式的,只有一个主体、一个意识;人文学科的方法是理解,理解不同于解释,理解是对话型的,存在着两个主体、两个意识。巴赫金认为:"人文科学中的速记符号,一直是一种特殊对话的符号,也就是**文本**(研究和思考的客体)与围绕文本的、人们创造的(根据人们的提问,反驳等)**语境**的复杂相互关系,在其中学者认知和变化的想法成为现实。这是两个文本的相遇:一个已存在的文本和一个正在建立的反应文本,也就是说两个主体、两个作者的相遇。"① 理解不是简单、被动地重复和再现他人经验,而是积极地寻找与发话者的话语对立的反驳,一切理解原则上都是对话性的。

---

① 转引自托多罗夫《巴赫金、对话理论及其他》,第 205 页。

如果不了解人文学科的研究对象所具有的对话性质,就会使人文学科的研究陷入错误的泥潭。形式主义者将文本局限于语言结构,甚至是语言符号,剥离了物质符号与它被赋予的生命意向,使文本沦为不可理解的标记,犯了客观经验论的错误。心理主义将文本等同于主观感受,认为文本意义与现实毫无关系,完全是内在心理的产物,犯了主观经验论的错误。结构主义力图在文本的语言结构范围内将一切事物都抽象为概念符号,但是意识作为人文学科的研究对象具有对话性,任何对话都有着两个以上的主体,主体永远不能被缩减为作为科学认知对象的任何概念。

人文学科的对象包括了研究者和研究对象两个方面,强调这两者的同时共存和相互作用。以理解为纽带联结起来的两个主体,不仅在意识上相关联,而且在主体存在于其中的世界中相关联。在此意义上,理解文本包括两方面:由作者反映的读者的反应,读者正确反应作者的反映。"我不能没有别人,不能成为没有别人的自我,我应在他人身上找到自我,在我身上发现别人,我的名字得之于他人,它为别人而存在,不可能存在一种对自我的爱情。"①作品是客观世界中作者意识的反映,当读者阅读和理解作品时,他是透过作者意识这面镜子观照到自己的意识。在巴赫金看来,任何自我认识都是借助他人实现的,同理可推,作者的意识也是通过读者正确地反映文本,即正确反应作者的反映才能达到。

由于说话双方处于不同的社会地位,分属不同阶层,在言谈中需使用不同的言语体裁和风格,这正是造成理解阻隔的话语原因。当双方都摆脱了现实等级和世俗偏见,趋向完全融合,就能

---

① 巴赫金《语言创作美学》,转引自钱中文《中译本前言》,见巴赫金《陀思妥耶夫斯基诗学问题》,第 12 页。

丢开一切语言禁忌,使理解畅通无阻。"对人作冷静的、不动声色的分析,是不可能掌握人的内心世界、不可能看清他、理解他的;通过与他融为一体、移情其身,也不可能把握他。这都不行。只有通过与他交际,采用对话方式,才能够接近他,揭示他,准确些说是迫使他自我揭示。……只有在交际中,在人与人的相互作用中,才能揭示'人身上的人',揭示给别人,也揭示给自己。"①因此,对话是理解的根本途径,真正的理解建立在双方充分平等和信任的基础上,从而揭示出各自内心深处的隐秘。

文本中的对话"不是作为一种手段,而是作为目的本身。……存在就意味着进行对话的交际。对话结束之时,也是一切终结之日。因此,实际上对话不可能、也不应该结束"②。不仅文本中的对话不可终结,而且人的存在和现实世界中的对话都不可终结。因此,以对话为本质和手段的理解活动也永远不可终结。只要生命存在,理解就始终伴随着它,理解活动是生命的一种本质活动,也是以生命为关注对象的人文学科的根本方法。

(2) 读者的作用

巴赫金在复调小说论中指出,要想创造思想形象,就必须使人物形象摆脱一己之利,沉浸于思想的不可终结和未完成之中,只有这样的人物形象才能成为思想形象的有价值的载体。既然复调小说中承载思想的人物形象具有这种性质,读者要想理解小说中的人物形象和思想形象,也必须清除功利目的,处在开放的思想状态中,这样,才能在思想中通过思想形象看到人物形象,同时又在人物身上通过人物形象领会思想形象。

读者除了要把握作品中的人物形象和思想形象外,还需要从

---

① 巴赫金《陀思妥耶夫斯基诗学问题》,第343页。
② 巴赫金《陀思妥耶夫斯基诗学问题》,第343页。

总体上理解作品作为整体的文本意义，特别是文本自身独有的不可复制的语义。文本在被阅读之前只是未开启自身的物理存在，读者以此文本为基础，加入自己的理解和评价，创造出包含他人文本的自己的文本，这时文本中不可重复的因素才可能发生。所以，文本中不可复制的语义只能在由他人的先行表述、先行文本组成的文本链条中得以揭示，不同时代的不同读者是实现这一过程的根本因素。在此意义上，读者既是文本不可重复语义的制造者，又是这一语义的揭示者，文本的本质就是在两个主体和他们的意识之间的一种展开。

　　读者不仅帮助文本实现它的独特涵义，还能帮助作者深化他的新的立场。"陀思妥耶夫斯基的任何一个真正的读者，不是把他的小说当作独白小说来接受，而是能够提高一步理解到陀思妥耶夫斯基新的作者立场。这样的读者能感觉到，作者自己的意识获得了这种特别积极的扩展，而扩展的方向不仅仅在于把握新的客体（各种类型的人物、性格、自然和社会现象），却首先在于与具有同等价值的他人意识产生一种特殊的、以往从未体验过的对话交际，在于通过对话交际积极地深入探索人们永无终结的内心奥秘。"①对话性文本的作者丧失了在独白式文本中的权威地位，他在文本中的功能也随之发生改变，作者以其中的一个人物形象的身份平等地参与到大型对话中，他不再掌控文本里的一切要素，而是在对话中积极改造、深化和扩展自己的意识，使自己的意识能够包容具有同等价值的他人意识。读者对文本的阅读和理解，有助于作者实现他的这种功能转变。

　　读者要想对具有对话性的作品进行透彻理解，就必须采取积极的参与态度，因为"这种小说不是某一个人的完整意识，尽管他

---

① 巴赫金《陀思妥耶夫斯基诗学问题》，第110页。

会把他人意识作为对象吸收到自己身上来。这种小说是几个意识相互作用而形成的总体,其中任何一个意识都不会完全变成为他人意识的对象。几个意识相互作用的结果,使得旁观者没有可能如像在一般独白型作品中那样,把小说中全部事件变成为客体对象(或成为情节,或成为情思,或成为认知内容);这样便使得旁观者也成了参与事件的当事人"[①]。创作文本的作者不再对文本拥有专有权,阅读文本的读者也同样不能超然于文本之外,将文本当成随意支配的对象。读者只能和作者一样,以平等的身份加入作品的大型对话中,沉浸在纯粹的永无完结的思想领域,排除利己思想,克服自身的物性,通过对话的相互引发、激励,揭示出文本的内涵。

(3) 阐释活动中的自他关系

在言语交际的具体情境中,对任一表述进行深入理解,都会发现隐藏在其中的他人话语,这就是话语中的他性。当作者运用语言描绘世界时,太阳底下没有新事物,世界不是纯粹客观的物质,而是由此前他人描绘的世界形象组成的总和,世界总是已经被他人描绘过的世界;语言作为人类交际工具,总是已经被他人使用过的语言。世界和语言都渗透着他人的意图、观念和风格。运用语言对世界进行描绘,就是运用他人使用过的语言对他人已经论及过的事物进行再次描述。除了由他人话语描述的意识世界外,世界并不存在;除了分化成多层次的他人表述外,语言并不存在。当作者描述这个已经由他人描述过的世界时,他在描述的同时,也是以某种形式对之前的他人言语进行回答。这样,作者就必然融入他人的意识和语言之中,在与他人的对话中完成自己的描述。在日常生活中,这种描述成为与交谈者的直接交谈;在

[①] 巴赫金《陀思妥耶夫斯基诗学问题》,第45页。

文化交际领域,这种描述成为各种观点、流派、理论的交锋。

言语交际的他性涉及理解活动中自我和他人的关系问题。

读者阅读作品,就是理解作者创作的文本,就是理解他人的意识和他人的世界,这个他人是作为另一个主体存在的。"任何话语一旦引起了对话的反应,它自身的主体就显露出来了。"[①]个人的自足存在只是美好的乌托邦幻想,个人的存在必须借助他人来认识,从他人的视角观察自己,在他人的眼中认识自己。在和他人发生联系后,个人的主体性存在才可能实现。"他人意识不能作为客体、作为物来进行观察、分析、确定。同它们只能进行对话的交际。思考它们,就意味着和它们说话。否则的话,它们立即会以客体的一面转向我们:它们会沉默不语、闭锁起来、变成凝固的完成了的客体形象。"[②]要想在他人那里实现自己的主体性,就必须将他人看作独立于自己的另一个主体,只有在相互平等的对话关系中才能发生本质的联系。

作者在创作作品时,会事先预测他人对自己表述的反应,并积极地在作品中预先表明自己的态度。"作者意识不把他人意识(即主人公们的意识)变为客体,并且不在他们背后给他们作出最后的定论。作者的意识,感到在自己的旁边或自己的面前,存在着平等的他人意识,这些他人意识同作者意识一样,是没有终结、也不可能完成的。作者意识所反映和再现的,不是客体的世界,而恰好是这些他人意识以及他们的世界,而且再现它们是要写出它们真正的不可完成的状态(因为它们的本质所在,正是这个不可完成的特点)。"[③]一切现实的对话都在已有言论的氛围中形成,同时又受到尚未发生但在意料之中的应答决定。

---

① 巴赫金《陀思妥耶夫斯基诗学问题》,第 254 页。
② 巴赫金《陀思妥耶夫斯基诗学问题》,第 109—110 页。
③ 巴赫金《陀思妥耶夫斯基诗学问题》,第 109 页。

（二）对话：从行为到理论

施莱尔马赫认为，对话不仅是对内在思想的表达，而且讲话本身就具有外在形式，构成了人际间的交往关系。所以讲话不仅是思想的直接显现，还预设了思考的过程。文字作为对语言的记录也具有同样的性质。一切以艺术的形式表达的讲话都涉及理解问题。理解活动就是对讲话活动的重构。

海德格尔从存在论的视角出发，指出话语的重要性。他认为希腊人将人的本质规定为 ζωου λογου εχου，后世将之翻译为理性的动物（animal rationale）。虽然这种解释并没有错，却遮蔽了这个定义所根据的现象基础。这一表达应该解释为会说话的动物[1]。在我与他人的关系上，海德格尔认为：" '他人'并不等于说在我之外的全体余数，而这个我则从这全部余数中兀然特立；他人倒是我们本身多半与之无别、我们也在其中的那些人。这个和他人一起的'也在此'没有一种在一个世界之内'共同'现成存在的存在论性质。"[2]在我与世界的关系上，"由于这种有共同性的在世之故，世界向来已经总是我和他人共同分有的世界。此在的世界是共同世界。'在之中'就是与他人共同存在。他人的在世界之内的自在存在就是共同此在"[3]。此在总是与他人共同存在于世界之中，借助他人的存在，此在才能在自己的世界中对自身的存在有所领会。反过来，他人作为另外的此在也必须通过此在领会自己的存在。此在和他人并不是预先设定的存在，而是为着彼此而展开的存在。与他人共在就意味着为着他人而展开的存在，这正是此在存在的基本性质。同时，在此在与他人的共在中，他人的存在也随之展开。"他人并不首先作为飘飘荡荡的主体现成

---

[1] 海德格尔《存在与时间》，第192页。
[2] 海德格尔《存在与时间》，第137—138页。
[3] 海德格尔《存在与时间》，第138页。

摆在其它物件之侧,而是以他们操劳于周围世界的存在方式从在世界中上手的东西方面显现出来。"①在与他人的共在中,此在总是向他人敞开,而听就是这种敞开的方式。话语本身就包含有听这一行为,听构成了话语在生存论上的可能性。"倾听的特性在于,它是从那个由允诺赋之以预示的东西那里获得它的规定性和明晰性的。而有一点已是显而易见:这里所说的倾听趋向作为道说的允诺(die Zusage als die Sage),语言之本质与这种作为道说的允诺有着血脉之缘。"②因为借助听这一行为,话语与领会和理解联系在了一起。存在对自身和他人的领会在听中完成;此在与他人的共在也是在互相听闻中实现。互相听闻既可以表现为积极的追随、志同道合,也可以表现为消极的反感、抗拒。

海德格尔认为,作为可理解事物的中间环节,语言是以聆听为基础的。加达默尔继承了这一观点,将"对话"这一概念纳入阐释学之中。加达默尔在肯定海德格尔现代阐释学的主体原则的基础上,建立起历史间的多元化主体的对话结构。他以理解为中心考察对话,强调理解以对话为前提,而只有在对话中才能实现理解,揭示人的存在。他首次将对话引入哲学的视域,使对话脱离了仅仅是人类的一种行为活动的单纯性,而被提升到作为人的存在本质的理解的核心地位,使对话具有了本体论的地位。"因此关于某物的相互理解——这是谈话所想取得的目的——必然意味着:在谈话中首先有一种共同的语言被构造出来了。……在成功的谈话中谈话伙伴都处于事物的真理之下,从而彼此结合成一个新的共同体。谈话中的相互理解不是某种单纯的自我表现(Sichausspielen)和自己观点的贯彻执行,而是一种使我们进入那种使我们自身也有所改变的公

---

① 海德格尔《存在与时间》,第143页。
② 海德格尔《语言的本质》,《在通向语言的途中》,第147页。

共性中的转换（eine Verwandlung ins Gemeinsame hin, in der man nicht bleibt, was man war）。"①

哈贝马斯力图转换理论思维。他拒斥传统的意识哲学，从先验意识转到实践领域，把对话理论纳入他的社会政治和道德伦理批判的框架内，强调对话理论的可操作性，企图用指导对话的交往理性取代工具理性，以恢复被扭曲和损坏的理性的完整性，并完成尚需建设的现代性事业。在他那里，批判阐释学把当代资本主义意识形态看作一个当下存在的精神交往文本，置于当代的交往空间中横向展开，以完成对它的解构。交往对话成为哈贝马斯继续启蒙以来构筑的现代性理想的途径。

罗蒂关注的问题是，在传统哲学的基础性、总体性的本体地位被取消之后，哲学如何在对话中开辟一个新的论域。罗蒂把致力于对话理论的新阐释学称为教化哲学，并以之取代传统的认识论哲学。传统的认识论哲学强调"研究"，致力于寻求最终的共同基础，而教化哲学提倡"对话"，意在消解本原和基础。这样，对话不再像认识论哲学表明的那样，以可通约的普遍基础为前提，而是如教化哲学所显示的，成为可通约的共同性的前提。罗蒂更强调将对话作为一种应对现代性分裂和后现代主义的解构策略和手段。

进入 20 世纪以来，西方哲学和美学开始越来越多地讨论对话，交往、理解和对话已成为当代世界全力关注的重要问题之一。当代许多不同思想流派、理论背景、文化传统的哲学家和美学家都阐发了交往和对话的极端重要性。在全球化趋势加剧、生活节奏加快、文明交往和人际交往日益频繁的今天，对话问题愈益显得突出和迫切。对对话的关注和研究有深刻的思想基础。

---

① 加达默尔《真理与方法》上卷，第 486 页。

第一，对视觉隐喻的反拨。视觉隐喻以单极主体为中心，其重要特征之一是片面强调主体的能动性，强调主体对自身之外的一切对象的绝对控制权和支配权；而听觉隐喻则以多极主体为核心，意在消解单个主体之间的隔膜和疏离，代之以群体间的对话与交流。其中，每一个对话的参与者都拥有与他者平等的地位。视觉与听觉在类型学上的诸多差异导致了以之为主导的思维方式的差异。对视觉隐喻的反拨并不意味着彻底的抛弃，而是有所选择的扬弃，公正、合理、平等的对话还需要以视觉隐喻中的理性精神加以调控。

第二，对西方传统的二元对立思维模式的反驳。西方传统的思维模式主张主体与客体、理性与感性、真理与谬误、善与恶、美与丑等的区分和对立，在此二元张力结构中，西方传统的思维模式通过强调前者的绝对地位和前者对后者的压倒性优势造成结构的不平衡，形成一种紧张的对抗关系。哲学阐释学中的对话理论强调对话参与者的平等与独立，拒绝意义权威，否定等级秩序，消解二元对立的思维模式造成的压迫与歧视，实现多元的平等共存。

第三，现代性内在理路的要求。现代性是一个复杂的问题，不管主张现代性是一个持续的、尚未完成的事业，还是主张现代性已被后现代主义所取代，必须强调和注意的是，现代性已成为现代话语的背景和现代思想的坐标系，脱离了现代性语境，必然不能全面、深入地理解和思考问题。作为现代性基石之一的主体性概念，是在主体-客体模式中展开的，而后现代主义则高举交互主体性的概念，将主体-客体模式转换成主体-主体模式，使不同文化、民族、个体之间的平等交往和深入理解成为可能。对哲学阐释学的对话理论的理解必须置于现代性的理论背景中进行。

"移情说"的主客体关系

移情现象作为审美活动中的一个重要现象曾引起许多人的关注。但明确地提出移情的概念,专门对移情现象进行深入细致的探讨并将移情上升到审美本质地位的,是以R.菲舍尔、立普斯、谷鲁斯、浮龙·李和巴希为代表的移情说。移情说构成了西方美学史上的一个重要流派,其关于审美中主客体关系的论述相当丰富深刻,从主体对客体进行审美鉴赏的心理活动层面推进了美学与人的关系,有助于美学摆脱哲学的桎梏并确立以关注人的存在为核心的独立品格,也为美学摆脱认识论的框架而转向关注存在做出了有益的尝试。从主客体关系的角度审视移情说理论的内涵,更能揭示出其思想深度和历史贡献。但学术界对此似乎注意不够,故本章拟从主客体关系这一角度重新审视移情说,作出综合简要的述评,以便更清楚地把握其思想内涵和理论建构。

移情作用主要是指"人在观察外界事物时,设身处在事物的境地,把原来没有生命的东西看成有生命的东西,仿佛它也有感觉、思想、情感、意志和活动,同时,人自己也受到对事物的这种错觉的影响,多少和事物发生同情和共鸣"[1]。实际上,移情说的核心、同时也构成其突出贡献的是从心理学角度揭示审美过程中主客体之间的关系。把握移情说中主客体的审美关系,有助于我们更好地把握审美过程。

---

[1] 朱光潜《西方美学史》下卷,北京:人民文学出版社,1979年,第584页。

一、移情的特点：直觉与形象的直接结合

在审美过程中，首先要求主体排除一切功利目的对客体进行凝神观照，借用《文心雕龙·神思》篇论构思的说法，即是要"贵在虚静，疏瀹五藏，澡雪精神"①。只有从实用的自我中超脱出来成为观赏的自我，主体才有可能以澄明的心境对客体进行审美观照。从心理学上讲，"无论是审美注意，还是非审美注意，都是指人的大脑皮质形成了优势兴奋中心，使自己的意识集中于一定的客体或客体的特定方面，并排除其他无关的刺激客体，表现出人对一定客体或客体的特定方面的指向性和选择性，从而提高人的活动的质量和效果"②。这时，审美客体被切断与周围事物的联系，作为"前景"突显出来。

同时，从审美客体看，并不是任何客体都能够成为审美对象。琐屑的、偶然的事物不可能进入审美领域。客体必须是一个完整的有机整体，其各个部分之间以及部分与整体之间的相互联系必须符合主体的审美心理结构。而且，客体通过其形式表现出来的意蕴具有激发主体审美情感的可能性。钟嵘《诗品序》所谓"气之动物，物之感人，故摇荡性情，形诸舞咏"③，就是从客体对主体的感发角度来讲的。正是从此意义上，布洛提出"心理距离说"，认为"是距离使得审美对象成为'自身目的'。是距离把艺术提高超出个人利害的狭隘范围之外，而且授予艺术以

---

① 刘勰撰、杨明照校注拾遗《增订文心雕龙校注》上册，北京：中华书局，2000年，第369页。
② 童庆炳《艺术创作与审美心理》，天津：百花文艺出版社，1992年，第51页。
③ 钟嵘撰、曹旭集注《诗品集注》，上海：上海古籍出版社，2011年，第1页。

'基准'的性质"①。距离只是使主体远离各种实用的、道德的、功利的目的去关注客体本身,而从审美角度看,主客体则是再接近不过的。

最后,只有当主体和客体具备上述条件之后,才有可能产生"移情"。立普斯在他的《空间美学》中具体分析了欣赏多利克石柱时的情形:"在我的眼前,石柱仿佛自己在凝成整体和耸立上腾,就像我自己在镇定自持,昂然挺立,或是抗拒自己身体重量压力而继续维持这种挺立姿态时所做的一样。"②石柱能抵住重压依然挺立,类似人不屈服于外力的胁迫而始终如一地保持自己的品格。于是人便将这种品格投射到石柱上,石柱成了人格的化身,人也在这种投射的诱导下,冲破自己的生理躯壳,与石柱构成的"空间意象"融为一体,从中充分地、纯净地体验客体化了的主体情感。在此过程中,移情是在主体情感与客体形象融合的瞬间完成的。从主体来看,他只以直觉对待外物;从客体来看,它只以形象呈现出来。朱光潜对此作了精辟的总结:"在美感经验中,心所以接物者只是直觉而不是知觉和概念;物所以呈现于心者是它的形象本身,而不是与它有关系的事项,如实质、成因、效用、价值等等意义。"③

于是,在审美移情中,主体和客体都被从世俗世界里抽离出来加以净化。然后,当主体以直觉接触客体时,客体的物质形式便与主体的情感结构同构契合,由此主体将自己的情感灌注到客体之中,使之也具有了人的生命与情趣,从而达到表现主体的情

---

① 布洛《心理距离》,北京大学哲学系美学教研室编《西方美学家论美和美感》,北京:商务印书馆,1980年,第277页。
② 立普斯《空间美学》,转引自朱光潜《西方美学史》下卷,第594页。
③ 朱光潜《文艺心理学》,《朱光潜全集》第一卷,合肥:安徽教育出版社,1987年,第209页。

感意蕴的目的。

直觉与形象的直接结合,揭示了审美移情的直接性、形象性特点,突出了移情作为一种审美心理活动不同于其他心理活动的独特之处。与对美进行远离人本身的形而上的本质研究相比较,移情说确实大大深化了把审美作为人的一种存在方式的认识。

二、移情的心理机制:同情

主体的直觉和客体的形象是以何种方式结合的呢?也即使得审美移情有效的心理机制是什么?洛采、西伯克和施泰恩一派认为是观念的联想或回忆。通过联想和回忆,知觉所直接提供的表象便与欣赏者过去经验中积累的其他表象混合起来,一起表现欣赏者因过去的表象激发出的感情。伏尔盖特、舍累尔和立普斯等则反对联想原则,认为移情源于人类心灵天生的结构,即同情,它是审美的核心。休谟指出:"这种人心的特殊构造才使这些特殊形式依这种方式起作用,造成心与它的对象之间的一种同情或协调。"[①]因此,美感经验本质上是一种同情的象征主义。立普斯的深刻之处,就在于他不仅看到了审美移情中感官与物象结合的直接性,而且还意识到其中有深层的理性认识存在。他虽反对联想原则,但又不得不承认:"我对这个道芮式石柱的这种镇定自持或发挥一种内在生气的模样起同情,因为我在这模样里再认识到自己的一种符合自然的使我愉快的仪表。"[②]"再认识"当然不是一种感性的直觉,而是理性的思维活动。这可以从以下两个方面加以理解。

---

① 休谟《论审美趣味的标准》,《西方美学家论美和美感》,第109页。
② 立普斯《论移情作用》,《西方美学家论美和美感》,第271—272页。

从主体看，任何心理活动都必然是在以往的心理经验基础上进行的。同情也是如此。一方面，同情源于人类的一种自觉的思维方式。每个人都是一个独特的个体，只能直接了解自己的生命。同时，人又是生活在与他人和世界组成的关系中，他有必要去了解自身以外的人、事、物。于是，"由于人类心灵的不确定性，每逢堕在无知的场合，人就把他自己当作权衡一切事物的标准"①。以己度人、以己度物成为人类对待外界的基本思维方式。另一方面，主体要与对象产生同情，必须以过去的经验积淀为基础。过去的经验不会消失，而是凝聚成无意识积淀在心中，构成人的丰富的心理内容。在任何时候人都会不自觉地用以往的经验作为衡量现实经验的参照。只不过这种衡量不同于一般的认识通过分析、推理、判断来完成，而是始终不脱离具体的形象，是一种形象化的认识。其目的"不是知识的判断，不是科学的归类，而是透过事物的形式达到对它们的情感表现性的把握"②。

另外，客体要想进入主体的审美视野，就必须为主体深刻感受和确切认识。这样，对客体的把握仅仅有直观的感觉是不够的，还必定要依靠知觉。因为感觉是对个别事物的认知，它是由以时空的维度为存在方式的事物刺激感官所引起的印象。这些印象是杂乱的、毫无联系的，还仅仅停留在事物表象的基础上。知觉就运用概念、范畴对纷乱的感官印象进行整合，通过对事物诸种属性的综合达到对其本质规律的认识。

所以，虽然审美移情的特点是直觉与形象的直接结合，但情感的外射作用是紧接着知觉而来的。移情作用发生时，主体长期

---

① 维柯《新科学》上册，朱光潜译，北京：商务印书馆，1989年，第98页。
② 滕守尧《审美心理描述》，北京：中国社会科学出版社，1985年，第59页。

积累的情感经验被激活,诸种心理功能都被调动起来,各种情感意绪、知觉表象、想象功能纷纷进入意识层,形成巨大的心理冲击能量,在对象形式中相适应的部分寻求认同和对应,达到"外部物理结构、生理感受结构、社会情感结构三者之间的直接契合"①。在此过程中,情感内容与对象形式之间的联系太直接、太密切了,以致各种心理功能都是在直觉的遮蔽下以无意识的方式进行的。

立普斯注意到同情中深层的心理活动,避免了把审美移情看成单纯的表层直觉活动而流于肤浅,推进了心理学美学的纵深发展。人们常批评移情说只强调直觉,这是没有全面了解它的观点。

三、审美移情中的主客体关系:物我融合

维柯说:"心的最崇高的工作就是赋予感觉和情欲于本无感觉的事物。"②正是基于人心这种"以己度物"的能力,我们才有可能将人的情感投射给外物,使无生命的世界成为有生命的世界,无情物成为有情物,如《文心雕龙·神思》篇所述:"登山则情满于山,观海则意溢于海。"③这正是进行审美创造和欣赏的客观条件。但并非所有的情感外射都是移情,其区别在于:一般的情感外射是由我到物的单向运动;移情是主客体融合,是物我间的双向运动,其感情的强度是一般的情感外射所无法比拟的。

所以,在审美移情中,物我不再是对立的两元,而是融铸了对

---

① 滕守尧《审美心理描述》,第57页。
② 维柯《新科学》上册,第115页。按:中译本"心"原作"诗",此据朱光潜《西方美学史》上卷第331页所译。
③ 《增订文心雕龙校注》上册,第369页。

方精神的统一体。就客体而言,"审美的欣赏并非对于一个对象的欣赏,而是对于一个自我的欣赏。它是一种位于人自己身上的直接的价值感觉,而不是一种涉及对象的感觉"①。这样,客体不再是作为印象存在于主体中的纯粹客体,而是接纳了主体的生命与情感,是其客观化的形式。从主体来看,他不再是把客体当作宾语的实用的自我,而是只存在于对象中的自我。"在对美的对象进行审美的观照之中,我感到精力旺盛,活泼,轻松自由或自豪。但是我感到这些,并不是面对着对象或和对象对立,而是自己就在对象里面。"②主体与客体在审美移情中互为存在的条件,离开了一方,另一方也不能存在,二者的界限便在移情中消失了。正如南宋费衮所言:"人心忧郁,则所触而皆闷。其心和平,则何适而非快?……少陵又有诗云:'感时花溅泪,恨别鸟惊心。'花鸟本是平时可喜之物,而抑郁如此者,亦以触目有感,所遇之时异耳!"③是花鸟悲伤落泪,还是人悲伤落泪?我们已经无法分辨。我们只是在强烈的情感激荡中与对象化为一体,体验着心灵得到超越后的大欢喜。

长期以来,美学研究都存在着主观主义与客观主义、表现论和形式论的对立。前者认为心灵之外没有美,后者坚持不管是否意识到,美都作为客体的物理属性存在。立普斯则提出:在审美过程中,主体必须将主观的情感赋予客体使之客观化、形式化;客体必须以充盈着主体情感的主观化了的形式呈现出来。这样,审美观照时,只有对象的形式突显出来,它的意义和效用及与其他事物的联系暂时隐退到意识阈限之外,物我才能由两忘进而同一,最后进入浑然一体的物我交感状态。"对象就是我自己,根据

---

① 立普斯《论移情作用》,《西方美学家论美和美感》,第273页。
② 立普斯《论移情作用》,《西方美学家论美和美感》,第272—273页。
③ 费衮《梁溪漫志》卷七,傅毓铃标点,太原:山西人民出版社,1986年,第86页。

这一标志,我的这种自我就是对象;也就是说,自我和对象的对立消失了,或则说,并不曾存在。"①在审美鉴赏中,极度愉悦的审美感受既不是产生于对象自身,也不是产生于自我本身,而是存在于自我体验的对象形式中,即存在于主体与客体、自我与形式的交互渗透、融合中。于是,美学上主观主义与客观主义的对立在移情说中被避免了。

四、审美移情的结果：
人的完全自由

人在审美移情中获得彻底的解脱和完全的自由,这是立普斯在全部美感经验中探索的"人本主义价值"的核心所在。在审美移情中,主体必须彻底抛弃实用的、道德的、功利的目的,从个人私心杂念的牢狱中解脱出来,以指向自身的纯粹的审美态度来观照对象,不进行分析、比较。这时,各种心理功能在审美情感的调动下,进行着自由协调的运作,使人在精神和心理极度放松的状态下,获得自我存在的自由。带有功利等外在目的的观照必然要涉及观照对象的存在,这样,主体的情感活动就被限定在对象的存在上。这种观照带有外在的强制性,不能成为自由的审美观照。只有摆脱了一切外在的目的,主体的观照才能仅仅停留在对象的形式上。如此,主体就既不受观照对象之存在(内容)的制约,又不受自身各种欲望的制约,只沉浸在纯粹的审美情感中。当移情作用发生时,主体的感性、想象力、知性等诸种心理功能在审美情感的引导下进行着自由的游戏,对对象进行直观的观照,人与外物的界限消失了,自我的主观情感融入客体中成为客体的

---

① 立普斯《论移情作用》,《西方美学家论美和美感》,第274页。

组成部分;自我在对主观化了的客体进行观照中,客体的形式与主体心理诸功能的协调运动相契合,主体也获得了自身的展现。在审美移情中,个体得以"精骛八极,心游万仞","观古今之须臾,抚四海于一瞬"①。

在主客体的渗透、融合中,观照者的心灵获得极大的自由,转而纯粹地展示存在及其本质,实现了存在的敞亮,得到了极大的审美愉悦。这种不受时空限制的彻底的自由正是人们在审美中孜孜以求的终极境界。正如黑格尔所说:"在直接呈现于他面前的外在事物之中实现他自己,而且就在这实践过程中认识他自己。人通过改变外在事物来达到这个目的,在这些外在事物上面刻下他自己内心生活的烙印,而且发现他自己的性格在这些外在事物中复现了。人这样做,目的在于要以自由人的身分,去消除外在世界的那种顽强的疏远性,在事物的形状中他欣赏的只是他自己的外在现实。……因而就在这种自我复现中,把存在于自己内心世界里的东西,为自己也为旁人,化成观照和认识的对象时,他就满足了上述那种心灵自由的需要。"②

五、移情说的不足之处

任何一种理论的建构都不可能完美无缺,移情说也不例外,其不足之处主要表现在以下三方面。

首先,移情说在一定程度上克服了美学上的主观主义与客观主义对峙的矛盾,但终究没有把主体和客体完满地统一起来。虽然立普斯把审美判断的标准放在客体上,但他又反复申明这一客

---

① 陆机《文赋》,杨明校笺《陆机集校笺》卷一,上海:上海古籍出版社,2016年,上册,第7页。
② 黑格尔《美学》第一卷,朱光潜译,北京:商务印书馆,1979年,第39—40页。

体必须是已被主体情感化了的客体,即客体是主体的反身代词,主体与客体的融合,实质上是观照性的自我与客观形式化的自我的融合,落脚点最终仍在主体身上。从此意义上讲,移情说仍然属于主观主义美学。

其次,移情说标举移情是审美经验的核心,甚至把"移情"作为审美的代名词,不免抹杀了审美经验的丰富性和多样性。实际上,主体设身处在对象的处境中体会它的情感,并与之产生同情和共鸣的迷狂状态可以是审美的一种;但主体不动情感,始终保持清醒的状态对客体进行冷静的观赏也可以构成审美。借用尼采的说法,前者是酒神式的,后者是日神式的。移情说只强调前者,必然不能穷尽审美经验的全部,最终导致了偏狭。

最后,移情说把审美心理机制完全归结为情感的同情是不全面的。在审美经验中,不仅仅要对客体进行直觉的形象化体验,更重要的还要对客体的特征、本质进行理性分析和比较。虽然后者是在直觉的遮蔽下迅速、直接地完成的,但它却是审美有效的必要条件。沃林格在《抽象与移情》一书中就针对移情说的偏狭明确指出:审美中既要有把主体的情感灌注于客体的形象化的一面,又必须要有跳出客体的范围对之进行抽象化理解的一面[①]。这一认识比移情说更具有辩证性。

近代美学的发展,是由对"美是什么"的形而上的本质追问越来越多地转向对"审美经验中我们的心理活动如何进行"的形而下的经验关怀。通过以上分析,可以看出,移情说的倡导者正是适应了美学研究的这一转向,在开掘人类审美心理,特别是审美经验中主客体关系方面作出重要贡献。虽然存在着不足之处,但

---

① 沃林格《抽象与移情》,王才勇译,沈阳:辽宁人民出版社,1987年。

必须强调的是，他们深化了把审美作为人的一种存在方式的认识，注意到同情中深层的心理活动，避免了把审美移情看成单纯的表层直觉活动而流于肤浅，推进了心理学美学的纵深发展，探索并强调了人在审美移情中所获得的彻底解脱和完全自由。尤其重要的是，此前的美学研究都局限于主观主义与客观主义、表现论和形式论的对立，执着于任何一端都会导致忽视另一端的偏狭；移情说则试图从心理学的角度研究审美经验及其中的主客体关系，在一定程度上超越了这种二元对立的局限，把美学研究向着精确化、科学化方向推进了一大步。从主客体关系的角度审视移情说的优点和缺点，我们就能更清楚地了解它的思想内涵和理论建构，并正确地确立它在美学史上的地位。

下编　视觉文化的理论与批评

视觉隐喻与世界的图像化
——当代视觉文化的思想根源

视觉文化已经成为时下学术界的热点。但是,当前的研究更多关注视觉文化的现实表现样态,未能深入到视觉文化背后,探究其思想根源和理论动力,容易导致视觉文化研究因缺乏思想维度而流于浮泛。视觉隐喻是一切视觉形象的心理机制和结构基础,其涵义、特征和运思理路直接影响与制约视觉文化的表征样态、学理特点以及美学风格。不了解视觉隐喻,就不能更好地研究视觉文化。有鉴于此,本章试图在探究隐喻的基础上,明确视觉隐喻的内涵,厘清视觉隐喻在西方思想中的发展脉络,阐释视觉隐喻与西方传统思想、后现代思想之间的本体关联,为深化方兴未艾的视觉文化研究提供一个思想框架和理论视野。

一、何为隐喻

隐喻是人类古老的思维方式,也是学术研究始终关注的重要话题。在西方,柏拉图可能是第一位自觉运用隐喻进行思考的思想家。他借助洞喻、线喻和太阳隐喻,把抽象的理性思维结果转化为生动具体的视觉形象,给晦涩难懂的哲学表述平添许多趣味。

与柏拉图借用隐喻只为阐释哲学理念不同,亚里士多德从修辞学角度专门研究隐喻。他解释隐喻为:"用一个表示某物的词借喻它物,这个词便成了隐喻词。"①这里至少涉及三个对象:隐喻词,隐喻词原本表示的事物,隐喻词被借用表示的另一个事物。在隐喻词的连接下,与隐喻相关的两个不同事物之间产生关联。语言是人类认知世界的工具,借助语言中的隐喻方式,思维就可以将纷繁复杂的大千世界连接成一个彼此相关、易于把握的整体。亚氏的解释表明:语言是思想的直接现实,语言中的隐喻现象是思想活动的结果。

沿着亚氏开辟的修辞学方向,黑格尔在象征型艺术中进一步分析隐喻。他认为,隐喻作为语言的主要表达方式实质上就是一种显喻,二者的区别在于,显喻中意象(即隐喻词)与其真正的意义(即隐喻词被借用表示的另一个事物)之间划分明确,隐喻中意象本义(即隐喻词原本表示的事物)已经消失,意象在其上下文中直接而必然地显示出其真正的意义。适当地使用隐喻有助于巧妙生动地表达强烈的思想和情感,避免枯燥和抽象。可是如果毫无限制地一味使用隐喻,就容易淹没在与主旨无直接关系的众多意象中,导致模糊和混乱。隐喻对意象本义的分离和对真正意义的僭越,违背了古典型艺术追求流畅鲜明的主旨。本义词占优势还是隐喻词占优势,是区分古代风格和近代风格、散文风格和诗的风格的重要标志②。黑格尔使隐喻越出语言修辞的界限,成为判断时代精神和艺术风格的规范。

古德曼则把隐喻从语言的一种修辞方法推进到语言的本质,使隐喻研究超出语言学的特定领域,进入思想和文化的广阔视野中。他断定:"隐喻渗透于所有话语之中,无论是日常话语还是专门话语。我们在任何地方、任何时候都根本无法找到哪怕是一段

---

① 亚里士多德《诗学》,陈中梅译注,北京:商务印书馆,1996年,第149页。
② 黑格尔《美学》第二卷,朱光潜译,北京:商务印书馆,1979年,第126—133页。

只具有纯粹字面意义的话。"①隐喻不仅仅是语言表达中的一种现象,它本身还是语言结构的深层本质和语言意义的基本呈现方式。约翰逊评价古德曼的隐喻研究时指出,古德曼关于隐喻的著名论断已经被大多数哲学家认可,甚至还引出后来更重要、更雄辩的隐喻论题,即隐喻不仅仅是一种语言现象,还是一种思想和行为的基本原则②。

隐喻研究的集大成者当属保罗·利科。他著有《活的隐喻》,提出"隐喻的真理",在梳理分析古典修辞学和现代修辞学有关隐喻理论的基础上建构起隐喻阐释学,把隐喻从起修饰作用的语言现象转化为能够解释真理的思想结构要素,从此,对隐喻的研究超越具体学科门类,一跃成为探索真理的必经之途③。

正因为隐喻有如此至关重要的地位,我们在人类思想和文化的众多领域都可以找到它的表现。如在哲学和文学领域皆有突出成就的英国女作家艾丽丝·默多克就提出:"隐喻不只是外部的装饰甚或有用的模式,它们还是我们感知周围环境的基本形式:空间隐喻、运动隐喻、视觉隐喻。"而且,在她看来,"人们如果不借助隐喻就无法讨论一些概念,因为这些概念本身就有深刻的隐喻性,如果将之分解为一些非隐喻的组成部分,其本质就不得不丧失"④。因此,一切哲学研究都应该探究重要的隐喻意象。默多克的结论源自这样一个基本前提,即人在观看中成长,并在观

---

① Nelson Goodman, *Languages of Art: An Approach to a Theory of Symbols*, Indianapolis: Hackett Publishing, 1992, p.80.
② Mark Johnson, "Introduction: Metaphor in the Philosophical Tradition," in Mark Johnson, ed., *Philosophical Perspectives on Metaphor*, Minneapolis: University of Minnesota Press, 1981, pp.42-43.
③ 利科《活的隐喻》,汪堂家译,上海:上海译文出版社,2004年。
④ Iris Murdoch, *The Sovereignty of Good*, London and New York: Routledge, 2001, p.75.

看的语境中发展语言,因此,视觉意识在人的成长中进入道德领域,而视觉隐喻也随之进入语言之中。从这个角度,我们就不难理解她为什么致力于研究视觉对道德判断的关键作用[1]。

二、视觉隐喻与理性的亲缘关系

隐喻在人类的语言、思想和文化中占据极其重要的地位,但是不同类型的隐喻功能不同,其重要性也各不相同。人类在探索知识和表达知识时往往用感官隐喻作为指导,虽然在大多数情况下人们并没有意识到。德里达就指出,我们在所有的哲学话语中都可以找到"感官类型的隐喻性内容",哲学话语运用感官隐喻去探讨思想问题,这必然导致哲学研究和感官隐喻之间存在不可分割的本源联系。当人们去进行哲学思考时,"人们实际上是在谈论视觉、听觉和触觉的隐喻(知识问题是其中的内容),甚至是嗅觉和味觉的隐喻"[2]。可见,感官隐喻在知识探究和理性认知中优于其他隐喻类型。

在诸种感官隐喻里,视觉隐喻是最重要、使用最多的隐喻形式[3]。基于人类的思想都需要借助语言表达,我们只要考察日常语言中使用的视觉隐喻,就能清晰地认识视觉隐喻在何种程度上渗透于思想之中。汉语里与视觉有关的词汇俯拾即是,且多涉及理性认识。如用作名词的:见识、看法、观察、审视、盲目、预见、眼

---

[1] 亦可参见 Evelyn Nien-Ming Ch'ien 对默多克的论述,*Weird English*, Cambridge, MA: Harvard University Press, 2005, p.339。

[2] Jacques Derrida, "White Mythology: Metaphor in the Text of Philosophy," trans. Alan Bass, *Margins of Philosophy*, Chicago: University of Chicago Press, 1982, p.227.

[3] 在英语中,视觉隐喻有两种拼法: the visual metaphor 和 metaphor of vision,它们虽拼法相异,但都指相同的意义。

界、视线、视野;表示动作的:闭目养神、一目了然、视而不见、另眼相看、东张西望、虎视眈眈、众目睽睽、望眼欲穿、眼见为实、眼花缭乱、死不瞑目、迫在眉睫、目瞪口呆;描写人的:见证人、目击者、探子、间谍;形容人的:目光犀利、目光如炬、眼露凶光、含情脉脉、怒目而视、圆溜溜的大眼睛、炯炯有神的眼睛①。

不仅汉语如此,印欧语系的词汇也惯于用视觉隐喻表达与思维相关的活动。

在拉丁语中,与美学相关的词都和视觉有关:Figura 表示"面孔、符号、形式"。Forma 在法律和哲学意义上指"本质",在美学意义上指"装饰"。Imago 指对鲜活的现实人物的摹写或描绘,也指对超凡灵魂的寓言式表现。Imaginatio 同时指现实的可见物和非现实的想象物。Visio 表示自然的、超自然的或预示的"物象"。Species 属于逻辑学范畴,表示外在美的形式和美本身②。

德语中,Augenblick(瞬间、霎时)中有 Auge(眼睛),anschauung(注视、见解、观点)中有词根 schau(schauen 看、瞧)。法语中 savoir 和 pouvoir 中有词根 voir(看)。英语中同样有很多表示认知的词都与视觉有关,例如:vigilant(警觉的、警惕的)源于表示"看"的拉丁词 vigilare,它的法语形式 veiller 是 surveillance(监视、看守)的词根。demonstrate(论证、证明)来自拉丁词 monstrare,表示"展示"。inspect(检查、审视)、prospect(勘探、勘察;预期、展望)、introspect(内省、自省、反省)、speculate(思考、思索)、aspect(方面;外表)以及 circumspect(谨慎小心的、慎重的)都源于拉丁词 specere,表示"看"或"观察"。scope(范围;眼界、见识)来自拉丁语 scopium,译

---

① 此处一些词汇参考了布鲁墨《视觉原理》的翻译,张功钤译,北京:北京大学出版社,1987 年,第 17 页。
② 此处对拉丁语的考察全部参考了塔塔科维兹的观点。见塔塔科维兹《中世纪美学》,褚朔维等译,北京:中国社会科学出版社,1991 年,第 106 页。

自表示"看"或"检查"的希腊词。synopsis(大纲、提要)来自表示一般性看的希腊词。视觉理论专家马丁·杰伊在考察这些和视觉相关的英语词语后指出:"虽然这些词都是潜在的或死去的视觉隐喻,但它们仍然表达了积淀在英语中的视觉的重要性。"①

以上对不同语言的考察表明:抽象语言必须借助易于理解的视觉形象才能实现认识功能。瑞夫林和格莱维勒指出:"内在地将某物视觉化的能力和用语言描述某物的能力密切相关。词语和文字描述创造了极其具体的精神图像……视觉、视觉记忆和词语描述之间的联系是相当惊人的。"②视觉感知对象、再现事物的运作方式极其类似语言描述,二者异质同构。

视觉与语言的同构关系实质上就是视觉隐喻与理性的亲缘联系。正如马丁·杰伊所言,如果我们无视视觉隐喻的重要性,"就会破坏我们审视外部世界和省察内部世界的能力。这一论断并不是无根据的揣测或想象的虚构"③。视觉认知方式和理性认知方式、视觉的认识原理和思维的逻辑机制之间本质相关,这是由视觉本性决定的:首先,在个体经验层面上,视觉是指作为感觉器官的眼睛的基本特点,它是由外界事物以某种方式刺激眼部神经产生的结果,属于个人的感官感觉;其次,在集体经验层面上,它虽基于个人的感官感觉,但同时又被假定为是一种具有普遍约束力和共同效力的规则;最后,在超验层面上,与依附于感官经验的视觉相区分,它指示一种理性和情感参与其中的判断。伴随理性的扩张,视觉的第三种含义逐渐取代前两种,最终与理性合流,

---

① Martin Jay, *Downcast Eyes: the Denigration of Vision in Twentieth-Century French Thought*, Berkeley and Los Angeles: University of California Press, 1993, pp.1-2.
② Robert Rivlin and Karen Gravelle, *Deciphering the Senses: The Expanding World of Human Perception*, New York: Simon & Schuster, 1984, pp.88-89.
③ Martin Jay, *Downcast Eyes*, p.1.

演变为理性的代名词①。视觉隐喻也由此成为理性在认知过程中所使用的运思机制的形象化表达。

三、西方文化中的视觉隐喻

视觉与理性合流后进入西方思想中,突出表现为"视觉中心主义"(ocularcentric)传统,即西方思想的演绎逻辑、运思范畴、表述方式和意向指称都需要借助视觉及其相关物完成。视觉隐喻在西方思想中的核心地位也正是通过"视觉中心主义"传统确立。"视觉中心主义"不仅外显于具体的观看活动,在显性层面标识与视觉密切相关的某些文化或某些时期的特征,而且内化于复杂的思想运行,在隐性层面展现视觉与理性认知的密切关系。视觉中心主义在不同思想时期表现为不同的文化特征,古典时期是美学领域的"模仿",中世纪和启蒙运动时期是"光",文艺复兴时期是"光""镜子""灯",近代以来,不同名称各自具有独特涵义。探究视觉中心主义在不同思想阶段和文化时期的不同表现形态,我们就能深入了解视觉与理性的亲缘关系,进而更明晰地认识视觉隐喻与西方思想的本质依存。

西方古典时期,视觉思维集中表现为文化和艺术领域的"模仿"②。希腊人普遍认同模仿源于人要在自身中显现自然真实的冲动。作为指向自身之外的单向活动,模仿不仅预设客体与主

---

① 关于此问题可参见 Stephen A. Tyler,"The Vision Quest in the West, or What the Mind's Eye Sees," *Journal of Anthropological Research*, Vol. 40, No. 1, spring, 1984, pp.23-39;叶维廉《中国诗学》,北京:生活·读书·新知三联书店,1992年,第 51—55 页。

② 鲍桑葵明确指出,这一阶段的"艺术和美的本质不在于它们同普通感官知觉对象背后的一种看不见的实在具有象征关系,而仅仅在于它们同普通感官知觉对象具有模仿关系"。鲍桑葵《美学史》,张今译,北京:商务印书馆,1985年,第 25 页。

体、感官与理智、现象与真理的二元区分,而且赋予后者更高地位。模仿的观念进入并影响这一时期的哲学思想,黑格尔明确指出:"在希腊,精神的原则居于首位,自然事物的存在形态不复有独立的效准,只不过是那照澈一切的精神的表现,并被降为精神存在的工具与外形。"[1]模仿张扬的精神在毕达哥拉斯学派那里演变为只诉诸理智把握的"数"的永恒世界,后被柏拉图的"理念"进一步强化,成为古希腊哲学思想的一个核心观念。从此,人们普遍认为,现实世界是变化、短暂、偶然的现象,在现实世界之外还存在一个永恒、必然、自为的精神世界;现实世界仅仅是作为精神世界的表象存在,两个世界之间有不可跨越的鸿沟。对应于两个世界的存在,人的认识也被分成理智和感官两个部分。借助理智,我们可以达至作为本质存在的精神世界。与理智相对的感官只能停留在现象界,去感受已经存在的东西,不能体察到存在者背后的存在。可见,视觉隐喻从一开始就在西方思想中奠定了逻各斯中心主义的传统。

从中世纪到启蒙运动的漫长时期,"光"取代模仿成为表述视觉认知本质的称谓。中世纪基督教用神义论思想和忏悔、赎罪的行为原则挫伤人的自信心,使精神在贬损感官中得到提升;同时,让光具有和神同样神圣、超然的神秘性质[2]。从此,代表理智的上帝与代表神圣的光合而为一,理智以光的形象出现,它直接从上帝的存在中流溢而出,上帝以理智为中介创造出世界和人,让万物浸润在理智的光辉中。中世纪的理智之光在象征的外衣下推进古典时期模仿的内涵,开启此岸(尘世)与彼岸(天国)、感性(肉体)与信仰(精神)、人性(罪恶)与神性(神圣)的二元对立,并通过贬抑前者

---

[1] 黑格尔《哲学史讲演录》第一卷,贺麟等译,北京:商务印书馆,1959年,第160—161页。
[2] 参见 Martin Jay, *Downcast Eyes*, pp.11-12。

加剧此二元张力结构的不平衡性。在上帝的理智之光笼罩下,视觉逾越出肉体感官扩展到精神领域,视觉与光、视觉认知与理性、视觉隐喻与本质存在之间建立起必然联系。启蒙运动时期再一次标举理智之光。"启蒙"(enlightenment)一词的本义就是借助和运用光去照亮黑暗。人们这时借助理智之光不是通达超验的、异域的、神秘的上帝,而是转向现世之中的人本身;理智之光也不再是上帝的属性,它存在于人的自身内部。所以,启蒙运动时期的光不再有中世纪的超验和启示色彩,它是指人类借助自身理性摆脱自己的不成熟状态,光已经从指向外在上帝的救赎转变为指向人自己的内省。启蒙运动的理性之光进一步造成现象与本质、蒙昧与文明的二元对立,让理性从上帝的神性成为人的本质属性和理想状态。无论是中世纪的超验之光,还是启蒙运动时期的现世之光,都强化了视觉的理性内涵,视觉与理性的关系既因神性庇护而自足地秉承有理论依据,又因落实于人自身而具备现实基础。

与视觉相关的意象如"光""镜子""灯"在文艺复兴时期得到更多重视。在柏拉图那里,镜子是用来揭示图像再现的虚假性的比喻[1]。至普罗提诺,镜子再现的图像已经有了某种真实性[2]。中世纪的宗教思想赋予镜子超凡的力量,镜子成为沾有神性的现世之物[3]。文艺复兴时期人摆脱神的枷锁重新获得对自身的认识和信心。人们再次坚信,自然就是真实的存在,人可以凭借理性认识自然。这一时期对视觉的看法承袭自柏拉图以来的镜子说,但完全没有柏拉图的否定涵义,也不再具有中世纪的神

---

[1] 柏拉图《文艺对话集》,朱光潜译,北京:人民文学出版社,1963年,第69页。
[2] 普罗提诺《九章书》,塔塔科维兹《古代美学》,杨力等译,北京:中国社会科学出版社,1990年,第422页。
[3] 据说水晶球和镜子是解读神谕的专用工具,镜像的虚无缥缈常常被当作去肉体化的灵魂的纯洁象征,而纯洁的镜子也被用来类比圣母玛利亚纯洁无瑕的性质。

秘色彩①。达·芬奇用人的感觉取代中世纪神学家强调的上帝心灵，作为自然万物的源泉，认为在一切感觉经验中，"被称为灵魂之窗的眼睛，乃是心灵的要道，心灵依靠它才得以最广泛最宏伟地考察大自然的无穷作品"②。从这一哲学认识论出发，达·芬奇认为文艺的真实性就来自准确把握自然现实，在创作时，"画家的心应当像一面镜子，将自己转化为对象的颜色，并如实摄进摆在面前所有物体的形象"③。古希腊的模仿注重眼睛寻求外在的真实自然，它在展现事物时只是被动的承载工具，既不能根据需要选择现实，更无法表现隐藏在现象背后的本质。文艺复兴思想家用镜子表达视觉认识能力时，抛弃了古典时期模仿的原样照搬，强调本质再现，即视觉认识是一个去芜取精、由表及里、由现象至本质的理想化过程。视觉既不再是被动再现，也不再需要依赖外部力量，它自身就是能够认识真理的理性。

近代以来，不仅以前的"模仿""光""镜子""灯"的说法依然被频繁使用，而且人们还在语义学的基础上对眼睛进行引申，产生出大量有关眼睛的表述。当然，也有许多直接使用"眼睛"这一名称的。不同名称下不再有共同含义，人们分别从不同甚至截然对立的角度使用它们。虽然我们无法从近代以来眼睛的各种观念中找出能够统括一切的观念，但是，视觉的首要地位却愈益稳固和强化。费尔巴哈在1843年曾自述："为了进行思维，我需要感官，首先就是眼睛。"④

---

① 倒是后代的歌德接受了中世纪的"镜子"的神秘意蕴，他说："我肖似神的形象，我自己认为／已跟永恒的真理之镜接近，／悠游于天国的光辉与澄明之境。"歌德《浮士德》，钱春绮译，上海：上海译文出版社，1989年，第38页。
② 达·芬奇《芬奇论绘画》，戴勉编译，北京：人民美术出版社，1986年，第21页。
③ 《芬奇论绘画》，第41页。
④ 费尔巴哈《基督教的本质·1843年第二版序言》，荣震华译，北京：商务印书馆，1984年，第13页。

由于视觉与理性的共谋关系，进入20世纪以后的西方思想在着手对理性重新反思和定位时，无一例外地都触及理性的视觉之维。视觉总是指向自身之外的对象，这一特征决定的思想维度正好契合以对外探求为己任的自然科学的内在理路。所以，当近代西方哲学的开创者笛卡尔将视觉对物的支配功能演化成"我思故我在"的理性全能，使思维着的自我意识的确定性成为存在和哲学演绎的基础时，自然科学便获得思想资源，它代替宗教成为人类精神文化的中心。自然科学对视觉隐喻所预设的外在世界一味探求，导致以目的论为基本思维指向的工具理性恶性膨胀，把人与世界、他人、自我的分裂和对立推向极端。在此过程中，视觉牢牢确立了它在思想文化领域的中心地位。现代西方思想在反拨逻各斯中心主义时首先从清算视觉隐喻入手，他们努力消除视觉的理性之维，却又赋予视觉以身体之维。

无论是传统思想对本质和中心的钟情，还是现代性思想对理性的推崇，抑或后现代思想对感性的重新发现，其理论建构都是以视觉的知识论话语为基础。可以说，视觉隐喻在西方思想的不同时期都是思维指向的核心。特别是随着后现代思想对感性和身体的重新发现，视觉隐喻不仅获得新的理论内涵，更泛化到日常生活领域，与当代视觉文化结合，成为现代生活的基本逻辑。丹尼尔·贝尔就明确指出："目前居'统治'地位的是视觉观念。声音和景象，尤其是后者，组织了美学，统率了观众。在一个大众社会里，这几乎是不可避免的。"视觉的地位如此高高在上，以致"现代美学如此突出地变成了一种视觉美学"[①]。

---

① 贝尔《资本主义文化矛盾》，赵一凡等译，北京：生活·读书·新知三联书店，1989年，第154、155页。

四、视觉隐喻的跨学科观照

既然视觉隐喻是人类思想和文化中必不可少的根本结构,对视觉隐喻的研究自然构成知识勘定和思想演进的基本前提与必然内容,不同学科学者站在不同角度都对视觉隐喻做过深入而富有启发的论述。

神学教授黑泽尔顿在神学框架下,从艺术和神学的角度研究视觉隐喻,他的论证对我们理解视觉隐喻多有启发。首先,他肯定视觉隐喻在思想和语言中的认知能力。"在我们惯用的所有隐喻中,视觉隐喻肯定是其中最普遍的一个。它渗透在我们的语言和思想之中——特别是关于思想的语言中。尽管我们的科学和哲学导师们一再告诫不要混淆知觉对象和观念,形象和理念,但是我们似乎可以很有把握地预知,用于洞察的视觉隐喻将始终是有效的和占主导的。"[①]从词源学角度考察视觉,我们就会发现,视觉总是被赋予一种更大范围的、暗示性的隐喻含义,它既有感官的含义,还指代非同寻常的洞察力。因此,视觉被看作与人的认知能力有关。人们习惯在艺术领域中用视觉艺术指代一切艺术就是明证。其次,他证明隐喻的产生是视觉模式的结果。"如果视觉作为一种隐喻是'可行的',那么它必须是可行的,因为隐喻的形成过程本身就是一种真正的视觉模式。"[②]制造隐喻的行为规范存在于一切人类活动中,不只限定在文学艺术和惯用语中,还会突显在科学著作中。人的大脑在认知、识别外界事物时也是使用隐喻的方式,抽象思考就是将一个普遍模式体现在一个具体的

---

① Roger Hazelton, "Believing is Seeing: Vision as Metaphor," *Theology Today*, Vol.35, No.4, January 1979, p.405.
② Roger Hazelton, "Believing is Seeing," p.406.

对象或事物上。黑泽尔顿最后指出,无论是艺术中的观看和制造被看,还是基督教神学中关于上帝的永恒和超越,都是一种视觉隐喻,对它们的分析有助于我们理解视觉化在人类经验的所有层面上是怎样运作的。除艺术和神学外,西方哲学史上由灵与肉开启的一系列二元对立的概念,也都是视觉隐喻的结果。

另一个从早期基督教艺术入手论及视觉隐喻问题的是美国历史学家芬尼,他与黑泽尔顿对视觉隐喻的研究可相互参照。芬尼发现,视觉隐喻在包括教父遗著集在内的古代文本中得到广泛证明。基于神的视觉隐喻的象征神学成为古典时期教父文学的显著特征,这已经是大家公认的事实。例如,奥古斯丁的著作就是依据在自然界中的可见事物而精心写成的象征神学。除此之外,还有一个被绝大多数人忽略的事实是,早期的护教论者不仅为奥古斯丁等后来伟大的象征主义者奠定了文学和知识基础,他们对视觉隐喻的广泛使用还为早期基督教艺术作品提供了推动力和符号-象征框架。因为,在中世纪神学思想中,上帝的本质是不可见的,人们无法想象去直接观看上帝。但是,通过上帝制造出来的事物去间接地观看上帝则是完全可能的。其中,以视觉为媒介被认为是观看上帝最好的途径。基督教艺术正是产生于这种思想。于是,视觉隐喻就涉及艺术中的符号认识论问题[①]。

除神学外,美学也构成研究视觉隐喻的一个重要领域。艺术哲学教授卡罗尔的研究试图指明视觉隐喻的性质特点以及它发生作用的原理,以帮助我们了解该如何识别视觉隐喻。卡罗尔首先通过界定一组视觉概念对视觉隐喻进行归类。在他看来,形象(image)专指与自然事物对应的人造物,视觉形象(visual images)专

[①] Finney, *The Invisible God: The Earliest Christians on Art*, Oxford: Oxford University Press, 1997, pp.212-215.

指人类有意识的创造物,"视觉隐喻是视觉形象的一个子集——构成符号的各个要素通过知觉被认识"①。由于视知觉不以符号为媒介,它不借助符号认识对象,而是在观看行为中与对象产生直接的对应关系,所以,判断视觉形象和视觉隐喻的重要标准就是看这类形象是否只能通过观看被认知,不需要解码或者阅读过程的参与。其次,从上述定义可以断定,视觉隐喻存在于一切使用视觉形象的人造媒介中,如绘画、雕塑、摄影、电影、录像、戏剧和舞蹈等。一般说来,视觉隐喻至少应包含视觉形象、再现对象和内容(即视觉形象与再现对象对应的结果)三个部分。正是因为所有的视觉形象都包含形象和对象,所以它必然也包括隐喻内容②。第三,视觉隐喻(visual metaphors)和言语隐喻(verbal metaphors)有惊人相同的构造原理。言语隐喻由预示同一性的语法结构产生,视觉隐喻则使用表明同一性的图像或视觉策略。具体说,就是视觉隐喻用以连接各种异质要素的方式与言语隐喻借助语法规则连接异质要素的方式完全相同。二者的区别在于,言语隐喻具有假定性,它被公认是虚构的或者说是字面意义上不真实的。而视觉隐喻是思想的源泉,它不表达任何固定的或者假定的意义。第四,一个视觉隐喻是一套激发洞察力的策略,是一种用于思考的工具③。一个视觉隐喻是一个视觉形象,而"同质空间是视觉隐喻的必要前提"④。在此形象里,物理空间中不共存的各个要素都从属于一个聚集形象的同质空间(homospatiality),这些形象鼓励观看者去建构相关要素、范畴或概念之间的联系。因此,视觉隐

---

① Carroll, *Beyond Aesthetics: Philosophical Essays*, Cambridge: Cambridge University Press, 2001, p.348.
② Carroll, *Beyond Aesthetics: Philosophical Essays*, p.361.
③ Carroll, *Beyond Aesthetics: Philosophical Essays*, p.365.
④ Carroll, *Beyond Aesthetics: Philosophical Essays*, p.354.

喻是创造性的,不断吸引观看者的注意力,具有强烈的情感效果。

与神学和美学领域不同,社会学从知识论的视角考察视觉隐喻。欧洲社会理论对知识有不同的看法,传统的知识论把认知对象看作客观存在的既定事实,认知主体可以从旁观者的角度审视对象,把对象逐一分解,通过数量、关系等概念准确无误地获得有关对象的知识。这种被美国实用主义哲学家杜威称为"旁观者知识论"(spectator theory of knowledge)的传统知识论,强调经验是外部客观世界的内在主观映象,相信知识能精确而充分地再现外部世界,其根本的思想基础就是视觉隐喻,即知识被设定为是对外部世界的地图式或镜子式的再现。实用主义者就是要和视觉隐喻决裂,打破主客二分的对立模式,用动态生成论代替二元论和本质论,在主体经验中重新建立现代经验知识论[1]。美国传播学学者达尔赛例举生活中惯用的语言表达,形象地描述了社会学知识论的演变。他说,强调感官经验,特别是视觉,以之作为相信的根据,在现实生活中一直存在,如我们在确认事实时总是说"这是我亲眼看见的",一个目击证人就是通过观看而知道的人,"你没看到吗"是我们去劝服不肯相信的人的最后手段。强调视觉虽然并不专属于18世纪,但它作为确定知识的来源对18世纪思想家而言的确具有一种特殊的哲学意义。这种情况直到20世纪才发生改变,"外表不真"(Appearances are deceptive)开始出来反对"眼见为实"(Seeing is believing)[2]。

---

[1] 参见 G. Delanty, *Handbook of Contemporary European Social Theory*, London: Routledge, 2006, p.19。

[2] F. Darsey, *The Prophetic Tradition and Radical Rhetoric in America*, New York: New York University Press, 1997, p.54.

五、视觉隐喻与世界的图像化

综上所述,视觉隐喻至少包括以下三个层次的含义。

第一,视觉隐喻是语言学中的一种修辞手法,作为一种广泛存在于日常生活话语中的隐喻,它借助用以指涉视觉感官的词汇转而去表达其他的事物。与一般的话语隐喻建立在单向的、固定的、假定的意义上不同,视觉隐喻以隐喻词为中介可以在本义和隐喻义之间双向转换,其意义不固定,有待于读者自己去探索。

第二,视觉隐喻从语言领域进入观念领域,是一套用以交流和表达的视觉形象。它确信视觉能够如实准确地反映对象,是诉诸图像、符号等一切视觉形象的心理机制和结构基础。与其他的感官隐喻如说话隐喻、味觉隐喻和倾听隐喻强调直接接触、动态感受现实不同,视觉隐喻意味着保持距离,静态客观地记录现实。

第三,视觉隐喻进入哲学思想和文化领域,用视觉在场的形而上学指代追求永恒、普遍本质的逻各斯中心主义,并由此开启西方哲学中世界与存在、此岸与彼岸、肉体与灵魂、客体与主体等一系列二元对立思维模式。视觉隐喻是普遍渗透于知识体系、伦理关系和权力运作之中的视觉中心机制,是规范和制约一切思想规则和文化规则的运作准则。

视觉隐喻的第一层含义表明它是人类思维中的普遍现象,其与人类存在之间不可分割的切己体验使抽象晦涩的思想表达变得形象生动、简单易解。第二层含义说明,文化和艺术作为人类思想的物质载体和现实创造也必然包含视觉隐喻,其中,视觉文化运用图像、符号展示视觉运作机制,更直接地成为视觉隐喻的现实表征。第三层含义是确立视觉隐喻在西方思想中核心地位的关键,也是后现代思想用以反思传统、确立自身的切入点。视觉具有内外二分、注重主体向外探寻的天然特性正好契合西方传统思想追求终极本质、强调二元对立的诉求，视觉隐喻在为西方传统思想提供立论依据的同时，也强化了自身在其中的地位和作用，并持续为后现代思想的运作提供思维框架。

进入20世纪，特别是20世纪90年代以来，审美开始向其他学科和社会生活领域渗透和泛化，在实践经验的层面上最集中、最典型的表现形态就是生活世界的图像化，即图像取代客观世界，成为当今时代的新现实。具体来说，就是在经济全球化的推动下，都市化进程日益加速，自然早已从现代都市生活中隐退，只剩下由各种人造的图像、符号、建筑、街道、橱窗等组成的人工景观。人工景观不仅重新塑造我们的自然经验，而且还决定我们的社会关系。图像化并非专属当代的状况，每一个时代都存在视觉艺术的繁荣时期，只是随着大众传媒对现代社会生活的渗透，难以计数的图像符号借助现代媒介的传播方式开始占据人类生活中最醒目的位置，图像的展现方式、观看方式、价值取向、审美趣味正在最深刻的意义上影响和规范着现代人的思维指向与现代生活的逻辑形式。

视觉隐喻为图像构造现实提供思想原则、操作方法和理论依据。图像是对应于现实世界的视觉形象，图像用以展现现实世界的方式受制于视觉机制。作为诉诸视觉观看的符号形式，人类对图像形象的接受始终无法脱离视觉能力，所以，探讨图像形象蕴涵的思想深度与理论深度必然要涉及视觉隐喻问题。

现代西方思想中的视觉隐喻从两方面决定着当前视觉图像的性质和特征。一方面，现代信息社会里，现实建立在媒介主导的感知过程之上。眼睛只有按照媒介预设的观看模式去接收由媒介确定、选择和展现的世界图像，才是获得现实的唯一途径。视觉感知在媒介的操纵和控制下，从一种本然属己的能力，转换、颠倒成为一种被标准化、预先形式化、强制化的社会共同行为。对事物的判断权从个人的直接视觉感受转向媒介传送的视觉图像。我们的生存环境便由曾经的自然环境变成被媒介图像所包围和充斥的人工环境。德波(Guy-Ernest Debord)在被誉为"当代资本论"的《景观社会》中说:"在现代生产条件无所不在的社会,生活本身展现为**景观**(spectacles)的庞大堆聚。直接存在的一切全都转化为一个表象。"[1]当个体化感受被媒介的标准化展现取代时,表面的感知丰富就掩盖了深度的感知丧失,可感知的和不可感知的、直观的和观念的、审美的和非审美的之间界限开始模糊。另一方面,随着现代性关注时间、强调单向度的发展进步观念遭到后现代性的去中心化、削平深度、以多元对话代替一元独白、游戏式的生活态度颠覆,视觉隐喻曾依据的内外二元对立的前提基础坍塌,当代世界中图像涉及的原型和摹本的关系也相应发生改变。曾经意味着实体缺席的图像现在通过自身的扩张和对实体的僭越直接成为在场的实体,本来意味着在场的实体则消退成为时空中的缺席,原型对摹本的优越性丧失了,它反而要屈从于图像的支配。这样,图像抛开原型,不同图像彼此成为模仿的对象,并在自我模仿的不断重复行为中将自己建构成为实体,其结果便是费尔巴哈所断言的,在当今这个时代,"影像胜过实物、副本胜过原本、表象胜过现实、外貌胜过本质"[2]。艺术及其复制品、图像及其代表的实体、现世生活与彼世世界全都置身于相同的现实空间而达成共识。

  视觉文化是视觉隐喻在当代西方思想中的现实表现形态,视觉隐喻在西方思想中地位和性质的变化决定了当代图像形象和

---

[1] 德波《景观社会》,王昭凤译,南京:南京大学出版社,2006年,第3页。
[2] 费尔巴哈《基督教的本质·1843年第二版序言》,第20页。

视觉文化的独特特征。因此,关注视觉文化背后的视觉隐喻,是理解现代性与后现代性以及在其影响下的现代生活世界的必由路径。同时,从现代西方思想中的视觉隐喻反观当代视觉文化,就能在思辨的深刻度和清晰度两个方面深化生活于现代社会中的我们所拥有的感性体验和生存经验。

海德格尔对视觉中心主义的消解

视觉中心主义对本质的追求和对主客二分的坚守为西方形而上学思想提供确立自身的前提预设和思维指向。视觉是五官中最适宜认知的器官，优越的认知能力不仅让视觉成为通达真理的根本途径，而且使它最终演化为理性、真理、本质的代名词。同时，视觉以区分主体和对象为前提，强调观看时主体对对象的把握与控制。视觉观看确立的主客二分正好对应形而上学主张的二元对立思维方式，主体对对象的优越性也保证形而上学对唯一确定性的追求。于是，抽象晦涩的形而上学借助生动具体的视觉及其观看方式获得形象化表达，由此形成西方思想中的"视觉中心主义"(ocularcentric)①，即视觉既是理性的载体，也是理性认知的工具，还是认知活动达成理性真理的必经之途。

鉴于视觉中心主义与形而上学的本质关联，清理西方形而上学的遗害就必须从消解视觉中心主义入手。在海德格尔之前，很多人都从不同角度做过尝试。在视觉涉及的视觉主体(存在)、视觉客体(外部世界)和观看行为(模仿)三个方面中，不论是从主体存在的角度强调客体对主体的关系，还是从经验事实的角度强调客体的正当性，或者从内在心理的角度强调视觉对理性的反抗，抑或从文本的角度强调观看行为的自足性，虽然在一定程度上修

---

① "视觉中心主义"这个词在英语中有两种拼法：ocularcentric 或 ocularcentrism，本书采用当代美国学者马丁·杰伊(Martin Jay)的用法，使用 ocularcentric。

正了理性的本体论指向，但是都没有在最本质的层面上触动西方思想中以视觉中心主义体现出来的"在场"形而上学的根基。因为，在海德格尔看来，不管怎样努力，这些做法最终还是囿于"在场"的思维定势所设定的非此即彼的对立之中，充其量只是隔靴搔痒式的自欺欺人，根本构不成对在场形而上学的毁灭性冲击。海德格尔以清理视觉中心主义为契机，着手消除形而上学传统的危害。

一、柏拉图与视觉中心主义的确立

西方思想中视觉与理性的本质关联由来已久。希腊人指明眼睛与理性密不可分，在此基础上，柏拉图通过对两种眼睛的划分，使眼睛最终演化为西方形而上学思想的本质表达。古希腊人普遍认为，眼睛是五官中最适宜理性认知的器官，但眼睛的肉体性质注定它在认知中永远不能像理性那样完善。柏拉图接过这一观点，先将眼睛的缺点和优点分离开，然后分别引申到两个不同的领域，形成两类不同的眼睛，即对应现实世界的肉体之眼和对应理念世界的心灵之眼[①]。两类眼睛分属不同领域，具有不同功能，柏拉图对待它们的态度也迥然不同。现实世界中的肉体之眼负责观看外在事物的形式，它易受欲望控制，往往偏离理性陷入错误的认知。当柏拉图批评眼睛的缺点时，他就是专指肉体之眼。理念世界中的心灵之眼主导洞察内在精神的真理，它能斩断欲望的情愫，是直接观照真理的必然途径。心灵之眼从肉体之眼分离出来后，在直接接触真理时自身也具有真理的地位，这时，心

---

① 关于柏拉图对两种眼睛的划分，详见高燕《视觉隐喻与空间转向——思想史视野中的当代视觉文化》，上海：复旦大学出版社，2009年。

灵之眼就是真理的同等物。当柏拉图称赞眼睛的优点时,他特别意指心灵之眼。肉体之眼和心灵之眼不仅功能相异,而且彼此之间不可混淆和替换。柏拉图借助洞喻形象阐明了二者的界限,无论是心灵之眼降落到尘世,还是肉体之眼提升到天国,其结果都是丧失视觉能力。

在柏拉图之前,对眼睛的考察无论侧重肉体感官(缺点)还是认知能力(优点),都是在同一个现实世界中进行。柏拉图却从现象界和理念界的划分出发,通过将眼睛的不同性质分别隶属根本不同的价值领域而使它们绝对对立起来,对应现象界的眼睛完全属于肉体,承担眼睛作为肉体器官的一切愚钝性质;对应理念界的眼睛完全属于心灵,享有眼睛作为认知工具的一切敏锐性质。柏拉图对肉体之眼和心灵之眼的区分建立起形而上学与视觉中心主义的本质关联,从此确立了西方思想中的视觉中心主义传统,这可以从以下三方面理解。

第一,开启二元对立思维模式,为形而上学提供理论前提。借助心灵之眼和肉体之眼的对立,柏拉图明确了作为其形而上学理论前提的理念世界和现实世界的划分,这直接开启后世一系列二元对立的思维模式[1]。柏拉图赋予理念世界以绝对的真实,现实世界只是理念世界的影子,由此决定构成二元对立的两个要素彼此对立,界限分明,其中,占主导地位的要素决定占从属地位的要素,二者的价值和地位截然不同。二元对立的思维模式实质上是一种本质主义的诉求,正因为如此,人们在追寻或批判以追求终极实体为目的、主张主客二分的西方形而上学源头时,柏拉图总是首要的目标。

第二,开启理性至上观念,为形而上学确保思想指向。柏拉图

---

[1] 关于西方思想中各种二元对立概念的详细列举和分析,可参见 Ihab Hassan, "The Culture of Postmodernism," *Theory, Culture & Society*, Vol.2, No.3, 1985, pp.119-131。

将心灵之眼从肉体之眼中分离出来,成为认识理性的唯一工具和必由途径。由于心灵之眼既能认识理性,又在某种程度上等同于理性,因而对抽象理性的表达可以借助形象的心灵之眼完成,由此开启西方形而上学中占主导地位的视觉中心主义传统。西方思想在描述理性时,眼睛、视觉及其相关物成为普遍接受、理所当然的隐喻式表达,理性的本质和属性需要借用眼睛加以解释和确定,从此,眼睛及其视觉思维方式与理性一起成为西方思想评判一切的准则。

第三,确立眼睛和审美的关系,保证形而上学的普遍有效性。柏拉图所说的理念是真、善、美的统一,心灵之眼观照理念,在认知的同时也在审美。这样,眼睛相对于其他感官的优越性就在认知能力之外又增加了审美能力。眼睛的审美维度使形而上学不再局限于思辨领域,还扩展至艺术和社会生活领域,最终普泛化为人类思维的根本原则。

二、胡塞尔现象学中视觉中心主义的假定

柏拉图开启的以视觉中心主义为核心的形而上学传统成为西方哲学的主导思想,并在后世不断得到演绎和强化。笛卡尔提出"我思故我在",用依赖于主体性的现世"我思"代替柏拉图的依赖于神性的彼岸理念,精神性的理性由此与庞杂混乱、变动不居的外界事物相对立,被确定为无可置疑的认识基础。不过,笛卡尔的理性并未区分意识活动与意识内容,其真理性依然值得怀疑。因为,人的意识先天带有意向性,意识总是"关于……的意识",理性作为抽象的精神内容自然也具有意向性。胡塞尔认为,笛卡尔的"我思"之所以遭到质疑,是由于它是在传统形而上学确立的主客对立的二元化框架中推进,非此即彼的思维方式掩盖了

意识的本己特性。现象学借助"反思"揭示出意识的先天认知结构,从而超越意识及其对象的对立,重新为理性认知寻求确定基础。可以说,胡塞尔的现象学是以解构形而上学为前提进一步推进和纯化笛卡尔哲学企图的产物。

在胡塞尔看来,笛卡尔没有能够将思维和思维指涉的对象区分开来,因而不可能完成将"我思"确立为一切认识的基础和判断标准的任务。只有通过建立从个人特殊经验向经验的本质结构还原的"描述现象学",才能最终确立我思和其他思维的反思确然性的根本地位。描述现象学不同于以前对意识的非本质性研究,是"一门关于'纯粹自我'的'纯粹意识'的'纯粹现象'的本质学说"①,其对象是"'纯粹'认识的本质结构以及它们所具有的意义组成。在它的科学确定中自始至终都不包含丝毫有关实体存在的论断;就是说,任何形而上学的论断、任何自然科学的论断以及特殊的心理学论断都不能在它之中作为前提发生效用"②。现象学中的"现象",既不是指客观事物的表象,也不是指心理学的感觉材料,更不是指客观存在的经验事实,而是指事物在意识中的自我呈现,是一种不同于任何心理经验的纯粹意识内的存有。

胡塞尔用"纯粹意识"重新勘定笛卡尔的"我思",纯粹意识的可能性和有效性又需借助"呈现"(Präsentation)实现③。纯粹意

---

① 胡塞尔《逻辑研究》第二卷第二部分,倪梁康译,上海:上海译文出版社,1999年,第240页。
② 胡塞尔《逻辑研究》第二卷第一部分,1998年,第18—19页。
③ "Präsentation"这个词在中文里有不同的译法,倪梁康译为"体现",主要是在胡塞尔现象学哲学的视域中使用。由于 Präsentation 中还蕴涵了视觉中心主义,如果全部都用同一个中文译法,就无法突出它在不同语境中所强调的重点。为了强调它的视觉特征,本书将 Präsentation 译为"呈现",使之与作为纯哲学概念的"体现"区别开来。Präsentation 的具体意义详见倪梁康《胡塞尔现象学概念通释》,北京:生活·读书·新知三联书店,1999年,第366—367页。

识通过现象还原来完成。意识并不是消极地接受事物的印象,它总是向客体投射,积极能动地将这些事物的印象综合为一个统一的经验。此活动就是意识的意向性结构的"构造"活动,也是意识的客体化行为。"每一个客体化行为自身都包含一个代现。根据〔本书〕第五项研究的阐述,每一个行为或者本身是一个客体化行为,或者以这样一个行为为基础。也就是说,所有行为的最终基础是在代现意义上的'表象'。"[①]所以,通过现象还原获得纯粹意识的过程就是意识的自我呈现活动,纯粹意识在呈现中以生动的自身当下的方式被意识到。呈现是纯粹意识的存在方式,也是意识的客体化行为的基础。

将纯粹意识从意识对象中区分开来的根本方法是"面向事物本身"。现象学在"面向事物本身"中回到认识的始源,从而获得不同具体经验中的不变部分,即现象或现象本质。知识形式和知识内容的客观性与确定性都建立在纯粹主观性基础上。心理行为的意识与此行为对象的意识并非像布伦塔诺认为的那样是同一现象,意向性既不存在于内部的主体中,也不存在于外部的客体中,它就是整个主客体关系本身。意识经验的内容既不是主体也不是客体,而是与主体和客体相关的意向性结构。

把握意向性的唯一途径是在呈现中进行"本质直观"的反思。通过给外在世界的真实性加括号,我们能够排除意识中外在物质的因素,排除一切经验性内容,从感觉经验返回纯粹现象,将受到扭曲的意识还原为原始状态的纯意识,最后获得真实的实在性。当不含任何经验内容的纯意识通过直觉自我呈现出来时,它才能成为现象学研究的对象。现象学的任务就是凭借"本质直观"在内在直观中把握和描述意识活动本身,特别是意识的意向性

---

① 胡塞尔《逻辑研究》第二卷第二部分,第 91 页。

活动。

从以上分析可以看出,胡塞尔现象学中的核心观念"呈现"以及与"呈现"相关的"本质直观""面向事物本身"实质上是试图在一种直接的视觉中为理性论断寻求最大限度的依据,正如利奥塔理解的那样:"在现实中,所有理性论断的判断依据从根本上源自通常的'观看'(Sehen),即,源自原初的根本意识(Ideas I)。"①在此意义上,胡塞尔所理解的现象学甚至就不是哲学,而是一种观看,这表明在其思想中存在着视觉中心主义的假定。胡塞尔致力于建立的描述现象学试图关注纯粹意识的意向性结构,虽然,研究对象的纯化避免了主观与客观、精神与物质、思维与对象之间的二元对立,但是他的理论建立在视觉中心主义假定之上,而且胡塞尔用以确立认识基础的纯粹意识奠基于先验自我之上,因此他不仅没有消解反而进一步强化了形而上学的本质化立场。

三、海德格尔:存在之视觉

当代理论家乔纳森·克拉里指出:"在西方思想中占主导地位的视觉传统——例如,从柏拉图到现在,或从 15 世纪到 20 世纪或到无论什么时候——是连续的或在某种意义上是一直有效的。"②考察西方思想的总体发展历程,克拉里的论断就能得到最清晰的证明。希腊时期,视觉被看作最能接近真实的器官。通过柏拉图,规定存在和世界本质的理念借助词语变成视觉的对象。从此,视觉能力与理性认知、眼睛与理念相互表达,合而为一。新

---

① Jean-François Lyotard, *Phenomenology*, trans. Brian Beakley, Albany: SUNY Press, 1991, p.40.
② Jonathan Crary, "Modernizing Vision," in Hal Foster, ed., *Vision and Visuality*, New York: The New Press, 1988, p.29.

柏拉图主义和中世纪神学标举光的形而上学,并将之转化为人世与天国、肉体与灵魂、此岸世界与彼岸世界的对立。启蒙时代对光的热情把可见性的隐喻推向极致。始自笛卡尔的西方近代哲学借助视觉的主客二分强化主体性,进一步推进形而上学的先验立场。进入现代,从尼采到胡塞尔对形而上学的反驳因执着于视觉中心主义而仍然陷入形而上学的藩篱。在此过程中,视觉却牢牢确立了它在思想和文化领域里的中心地位。

视觉不仅占据西方形而上学传统的核心,而且随着科技进步还对近代以来的社会生活产生重要影响。由视觉特征决定的思维指向正好契合以对外探求为己任的自然科学的内在理路,当笛卡尔将视觉对物的支配功能演化成"我思故我在"的理性全能,使思维着的自我意识的确定性成为存在和哲学演绎的基础时,自然科学便获得思想资源,它代替宗教占据人类精神文化的中心。自然科学对视觉中心主义所预设的外在世界一味探求,导致以目的论为基本思维指向的工具理性恶性膨胀,把人与世界、他人、自我的分裂和对立推向极端。人被割断与世界的亲缘关系,被阻隔与他人的必然联系,甚至被抽去自身的丰富生动性,成了蜗居于理性和意识之中的囚徒。

既然现代人类的思想困境和生存危机是形而上学思维范式造成的恶果,而视觉中心主义又是西方形而上学传统的核心观念和运作范式,那么视觉与理性、视觉中心主义与形而上学就存在共谋关系。当现代西方思想着手重新反思和定位理性时,无一例外地都触及理性的视觉之维,海德格尔对视觉中心主义的消解就是在试图抵制形而上学、恢复人类生存状态这一思想背景下展开的。虽然海德格尔更重视听觉,正如视觉理论专家马丁·杰伊所言:"在某种意义上,海德格尔的思想就其对某些古希腊典范的迷恋而言,可以被理解为重新恢复了希伯来文化中对倾听而非观看上帝神谕的强调。"① 可是,海德格尔思想中关注视觉的一面也不容忽视。在他的观念中,视觉拥有双重面具:柏拉图以来的视觉中心主义和与存在之倾听对应的存在之视觉。海德格尔在反驳西方传统思想中的视觉中心主义和阐发存在之视觉这两个方向上建立了自己完整的视觉思想。

海德格尔坚决反对柏拉图主义以太阳为中心的理性主义思想,也反对基于视觉优先性的主客二元对立。他批评在二元化的思维模式中,"形式与内容是无论什么都可以归入其中的笼统概念。甚至,即使人们把形式称做理性而把质料归于非理性,把理性当作逻辑而把非理性当作非逻辑,甚或把主体-客体关系与形式-质料这对概念结合在一起,这种表象(Vorstellen)仍具有一种无物能抵抗得了的概念机制"②。此种在对内部和外部、主体和对象、现实和再现的区分中所确立的二元对立思维方式将一切纳入自身体系的同时,也破坏了世界和在世界中的存在的原初性。它将完整统一的世界人为地分割开来,再通过强行的等级划分将之对立起来,虽然有助于我们在清晰、明确、系统的框架内认识世界、参与社会与理解自我,但人为的割裂与对立使世界和存在变得面目全非。造成这一后果的直接根源可以上溯到柏拉图。柏拉图将存在者的存在状态规定为可以被视觉观看到的外观,这意味着观看行为先于世界的存在,世界只有被人看到并呈现为视觉形象时才存在,世界因此从属于人,受人决定和支配。在人对世界的观看中,人与世界彼此分离,互不相属③。

---

① Martin Jay, *Downcast Eyes: the Denigration of Vision in Twentieth-Century French Thought*, Berkeley and Los Angeles: University of California Press, 1993, p.269.
② 海德格尔《艺术作品的本源》,孙周兴选编《海德格尔选集》上册,上海:上海三联书店,1996 年,第 248 页。
③ 海德格尔《世界图象的时代》,《海德格尔选集》下册,第 900—901 页。

与理性主义和二元对立思维模式一起受到海德格尔批判的还有世界的图像化。虽然图像化并非专属当代的状况,每一个时代都存在视觉艺术的繁荣时期,但是随着现代电子通讯技术的发展和大众传媒对社会生活的渗透,难以计数的图像符号借助现代媒介的传播方式开始占据人类生活中最醒目的位置,图像的展现方式、观看方式、价值取向、审美趣味正在最深刻的意义上影响和规范着现代人的思维指向与现代生活的逻辑形式。海德格尔深刻地看到,形而上学的视觉中心主义传统在现代世界集中凸显为"世界图像"时代的到来,它不仅指各种形态各异的图像符号充斥于现实世界,还在更深层面上指世界被把握为图像。"从本质上看来,世界图象并非意指一幅关于世界的图象,而是指世界被把握为图象了。这时,存在者整体便以下述方式被看待,即:唯就存在者被具有表象和制造作用的人摆置而言,存在者才是存在着的。在出现世界图象的地方,实现着一种关于存在者整体的本质性决断。存在者的存在是在存在者之被表象状态(Vorgestelltheit)中被寻求和发现的。"①在世界图像中,人成为将世界对象化的表象者,世界成为对象意义上的存在者。人只有将世界表象化,世界对人才是可知可感的。通过将世界转化为能被人把握的表象,人就为真理的真实性寻找到了世界相对于人的确定性这一根基。在真理冲动的支使下,人不断地将世界表象化为确定的存在,这一过程就是世界的图像化,它决定了现代的特质。德波在后来被誉为"当代资本论"的《景观社会》中从对象化的社会生产角度也印证了海德格尔这一观点,他说:"在现代生产条件无所不在的社会,生活本身展现为**景观**(spectacles)的庞大堆聚。直接存在的一切全都转化为

---

① 海德格尔《世界图象的时代》,《海德格尔选集》下册,第899页。

一个表象。"①世界被把握为图像之时也意味着人与世界的关系发生转变,世界与人类相互分离,世界是人类发挥作用的对象和场域,世界从人类的存在场所蜕变为受人类支配的客观存在物。事实上,"世界决不是立身于我们面前能让我们细细打量的对象。只要诞生与死亡、祝福与亵渎不断地使我们进入存在,世界就始终是非对象性的东西,而我们人始终归属于它"②。存在总是在世界中的存在,存在与世界不可分割。世界的图像时代标举世界的对象性特质,终结了世界与存在的始源性关联,遮蔽了存在的本真状态。

世界图像的时代不仅剥离了人与世界的联系,而且更为严重的是,它促进现代人类主体的产生,强化符合论的真理观,在视觉中心主义的运作范畴中把形而上学推向新的极致。一方面,在西方古典时期,人与世界共同存在,既没有人与周围事物的关系问题,也没有人在世界中的地位问题,二者相互敞开,彼此揭示。虽然,古代的普罗泰格拉曾宣称"人是万物的尺度",但他所依据的真理既不是表象的,也不是客体与主观印象的一致。只是到了现代,人类才为了自己的主导地位而将世界转变为持存的对象领域。世界的图像化就是实现世界的对象化,人也从世界中剥离出来,获得主宰世界的意识,取得主宰世界的权力。纯粹自我意识的膨胀和支配世界欲望的产生,导致人从其周围关系中破茧而出,由在世界中存在变为独立自足的主体,并占据西方思想的中心。海德格尔强调,人之存在与一般存在者不同,它不是既定的现存事实,而是包含着多种可能性。人之存在总是趋向于超越自己,从而实现在世界之中存在。人之存在的真理就在于人与其周

---

① 德波《景观社会》,王昭凤译,南京:南京大学出版社,2006年,第3页。
② 海德格尔《艺术作品的本源》,《海德格尔选集》上册,第265页。

遭世界共同存在。但是，在海德格尔之前所有对人的规定，无论将人看作意识，还是当作主体，总是将人与其各种关系区分开来。这种做法不仅背离人之存在的真理，而且损害存在的完整性，导致人之存在从活生生的本真状态沦落为抽象贫乏的虚拟状态。另一方面，长期以来，由视觉中心主义决定的符合论真理观将真理设定为对现存事物的再现要与存在者符合一致，这一思维就是视觉观看模式的延伸。因为，视觉观看的真理性就在于观看到的内容与观看对象要一致。"看"本来是人原初的一种存在方式，但是自柏拉图开启，经笛卡尔深化，至胡塞尔推进的以理性为中心的观看破坏了人与世界的统一，使世界外化为人可以审视、打量、揣度的图像，人作为表象主体则完完全全地统治和支配了世界。和柏格森一样，海德格尔哀叹，自赫拉克里特以来的西方形而上学忽略暂时性，选择了基于凝视之共时性的一种空间化的本体论。当真理的显现能以"看"的方式被知觉时，真理就转化为认识与事物是否一致的问题。真理取决于观看，观看的主体是人，于是，作为与世界相对立的主体，人就构成真理和思想的核心，主体性也构成人最本质的属性。近代以来，笛卡尔、莱布尼茨、康德、费希特、谢林、黑格尔、胡塞尔等人都在各自的逻辑体系中推进形而上学的主体性。

在厘清传统思想中的视觉中心主义在现时代的表现形式以及带来的危害之后，海德格尔着手重新阐释视觉思想。他在探究"理论"这个词的希腊语词源后断言，"理论"的意思就是："观看到在场者在其中显现的那个外观，并且通过这种看而保持对此外观的看。"[①]观看者去观看在场者的纯粹显现，这就是希腊人所说的观看者的生活方式。任何一种思想和理论都应是对在场者之存在的揭示、展现，可是整部西方思想史就是遮蔽和遗忘存在的历

---

① 海德格尔《科学与沉思》，《海德格尔选集》下册，第962页。

史,造成"理论"丧失本义的根源在于西方思想片面强调以人类为中心的主体性,而主体性的根源是西方的形而上学。因此,要想重新找回存在,就必须回到形而上学的源头,从作为其根基的视觉中心主义开始批判。海德格尔的全部哲学努力就是实践理论的原初含义。

海德格尔反对传统的视觉中心主义,但他对存在的理解仍然是在视觉的范围里,并在他对存在状态的描述中最为鲜明地体现出来。虽然,与胡塞尔一样都使用视觉的思维方式,但是胡塞尔仍然囿于形而上学强化本质和主客二分的框架中,海德格尔则将关注重心从存在者转向存在,借以消弭主客对立。而且,胡塞尔的"纯粹意识"名为从现象入手,实质却是理性的另一种表达,海德格尔的"存在"则致力于还原人的丰富性以及人与世界的关联。鉴于二者的本质差异,海德格尔接过胡塞尔有关"呈现"的观念时对之加以改造,如果说胡塞尔对呈现的关注还停留在其哲学视域内,海德格尔的诗化哲学则开始将含有视觉中心主义假定的呈现从哲学领域转向审美领域。海德格尔虽未直接使用"呈现"一词,但他关于"存在"的"显现""澄明""敞开"的界说却可看作是在审美领域对"呈现"的阐发。可以说,海德格尔有关"存在"之存在状态和艺术作品之存在方式的思想是"呈现"从哲学走向审美的转折点,也是他在反驳柏拉图以来的视觉中心主义的基础上对存在之视觉的阐发。对此可以从以下四个方面理解。

首先,显现与隐蔽共同构成存在之真理。

海德格尔将胡塞尔现象学中的"显现"概念进行了存在论的改造,强调显现对于主体、本体的领先地位,显现就是显现本身,既无主体,也不是任何事物的显现。"显示以多样的方式——或掩蔽着或揭蔽着——使某物得以闪现,让显现者获得审听、觉知,让被审听者得到审察(处置)。"①存在照亮存在者,使存在者彰显;同时,存在有所澄明之际也自行隐匿,使存在者遮蔽②。存在即含Aletheia和Logos于一体,Aletheia侧重存在本身由"隐"入"显"的运作,即"无蔽""解蔽";Logos侧重存在本身由"显"入"隐"的运作,即"聚集"。这种显隐一体的原始争执就是存在的真理。它在存在者中体现为作为敞开的世界和作为遮蔽的大地两个方面的统一。

其次,存在之真理的本源性呈现方式之一是艺术。

存在之真理是如何发生的?海德格尔认为:"由于真理的本质在于把自身设立于存在者之中从而成其为真理,所以在真理之本质中包含着那种**与作品的牵连**(Zug zum Werk),后者乃是真理本身得以在存在者中间存在的一种突出可能性。"③由此可见,"艺术"乃是存在之真理发生的原始性、根本性方式之一。具体地说,"在艺术作品中,存在者的真理已被设置于其中了。这里说的'设置'(Setzen)是指被置放到显要位置上。一个存在者,一双农鞋,在作品中走进了它的存在的光亮里。存在者之存在进入其显现的恒定中了"④。艺术作品在自身中开启出一个存在处身于其中的非对象性的世界,成为真理的现身方式,成为真理的显现和发生。通过确定**"美是作为无蔽的真理的一种现身方式"**⑤,呈现便

---

① 海德格尔《走向语言之途》,《在通向语言的途中》,孙周兴译,北京:商务印书馆,1997年,第208页。
② 正是在这个意义上,蒂利希说:"一个事情的表达——例如语言是思想的表达——与这个事情本身并不同一。在表达和被表达之物之间存在着一段距离。但也存在着一个点,在这个点上表达与被表达之物是同一的。所有表达形式的谜和深刻性就在于,它们既在揭示着什么,同时又在遮掩着什么。"见蒂利希《艺术与绝对现实》,刘小枫主编《现代性中的审美精神》,上海:学林出版社,1997年,第803页。
③ 海德格尔《艺术作品的本源》,《海德格尔选集》上册,第283页。
④ 海德格尔《艺术作品的本源》,《海德格尔选集》上册,第256页。
⑤ 海德格尔《艺术作品的本源》,《海德格尔选集》上册,第276页。

不再只是哲学概念,而进入美学领域。

再次,显现始终是在场者之在场的基本特征。

海德格尔认为,艺术的本质是诗,而诗的本质是语言,由于"语言之本质因素乃是作为道示(Zeige)的道说(Sage)"①,理解存在在艺术中的呈现必然离不开对语言的考察。语言给事物命名,被命名的物将天、地、人、神四重整体栖留于自身,构成世界。世界由于世界化而成为存在,物与世界构成一种始源关系。只有居于语言中,存在者的存在才能显现出来成为在场。"如果在场本身被思为显现,那么在在场中运作的就是那种进入无蔽意义上的光亮之中的出现。无蔽是在作为某种澄明(Lichten)的解蔽中发生的。"②无蔽意为存在者的敞开,即存在的自我呈现。词语给出存在,诗人的职责就是对作为存在之渊源的词语的召集。此时的词语"它不再仅仅是具有命名作用的对已经被表象出来的在场者的把捉,不只是用来描绘眼前之物的工具。相反,唯词语才赋予在场,亦即存在——在其中,某物才显现为存在者"③。通过海德格尔,语言符号从描述者返回古希腊意义上的显示者,成为对存在之在场的呈现。

最后,呈现中的存在超越了主客体对立。

海德格尔认为,西方传统形而上学的二元论将物理解为意识可以表象的对象,造成主体与客体、人的意识与外部世界、观察者与被观察者的分裂和对立。这种思维方式习惯于指向自身之外,忽略了人的存在本身,破坏了人与世界的原初统一。只有当人停止向外探寻而返回自身时,世界才会在人对自身的领会中向人敞开。因此,他的哲学思考聚焦于长久以来被遗忘的存在本身,其

---

① 海德格尔《走向语言之途》,《在通向语言的途中》,第 216 页。
② 海德格尔《从一次关于语言的对话而来》,《在通向语言的途中》,第 109—110 页。
③ 海德格尔《词语》,《在通向语言的途中》,第 192 页。

中"呈现"是存在得以彰显和展开的方式。存在之真理不再是主体与客体、意识与对象、观念与事物之间的符合，而是意味着"它就存在者本身揭示存在者。它在存在者的被揭示状态中说出存在者、展示存在者、'让人看见'（αποφανσις）存在者"①。

可见，海德格尔并非一味地反对视觉，他只是反对传统形而上学中的视觉。通过对存在之呈现的论述，海德格尔解构了传统形而上学中的视觉中心主义，建构起存在论层面上的视觉观念。在他看来，因为与人在世界中的存在有着如此本源的关系，观看才成为揭示存在的首要方式："我们用敞亮〔Gelichtetheit〕来描述此的展开状态，'视'就对应于这个敞亮的境界。'看'不仅不意味着用肉眼来感知，而且也不意味着就现成事物的现成状态纯粹非感性地知觉这个现成事物。'看'只有一个特质可以用于'视'的生存论含义，那就是：'看'让那个它可以通达的存在者于其本身无所掩蔽地来照面。当然，每一种'官感'在它天生的揭示辖区都能做到这一点。然而，哲学的传统一开始就把'看'定为通达存在者和通达存在的首要方式。"②观看中，世界以其本然面目呈现出来，存在也由此摒除一切障碍得以显现。在存在论的意义上，观看不仅建立了人之存在与世界的直接关系，而且使人与世界的本真存在获得实现。美国学者列文对两种视觉的划分可以帮助我们更好地理解海德格尔的视觉思想："'独断的'凝视（the 'assertoric' gaze）是一种'定理式的'（propositional）观看，我将之与真理符合论相联系，与作为'正确'的真理相联系，它本质上倾向于从一个视角、一个视点、一个而且只有一个*位置* 去看。这种凝视因此必然是狭隘的、武断的、不宽容的、严格的、固定的、不可改变的和不可移动

---

① 海德格尔《存在与时间》，陈嘉映等译，北京：生活・读书・新知三联书店，1999年，第251页。
② 海德格尔《存在与时间》，第171页。

的。总之,缺乏关怀。相比较,解蔽的凝视(the aletheic gaze)应与阐释学的真理论相联系,与作为'无遮蔽'的真理相联系,它在本质上倾向于从众多的视点和视角去看,即关注语境,关注领域和视界,关注情境的复杂性,而且对可能存在的*不同*立场相应地开放。'独断的''定理式的'凝视本质上是排他的,或者是排除那些从它当前的固定立场上看不见的事物,或者仅是通过压制差异而包含那些要求采取不同立场的事物:它只允许从它自己的立场上能看的。相比较,解蔽的凝视是多元化的、民主的,即它倾向于具有包容性,但又不否定或压制差异,同时它能理解可视性和权力二者的关系。以解蔽的方式运动的凝视是一种关怀的凝视。这是一种应该掌控'独断的'凝视的视觉。"[1]一种是抽象、僵化、排他的"独断的凝视",另一种是强调语境、横向、关切的"解蔽的凝视",海德格尔对前者在西方思想和实践中的主导地位深恶痛绝,但对后者的恢复仍心存希望。

四、德里达对海德格尔的批判

海德格尔对视觉的理解是纳入他对"逻各斯中心主义"的解构之中,不过,在德里达的视域中,海德格尔对传统的否定由于仍然囿于传统的思维模式和表述方式,因而是不彻底的。德里达认为:"形而上学的历史,尽管千差万别,不仅自柏拉图到黑格尔(甚至包括莱布尼兹),而且超出这些明显的界限,自前苏格拉底到海德格尔,始终认定一般的真理源于逻各斯。"[2]海德格尔对"存在"的论述仍然是在视觉的场域中完成,尽管他意在区分两种不同的

---

[1] David Michael Levin, *The Opening of Vision: Nihilism and the Postmodern Situation*, New York: Routledge, 1988, p.440.
[2] 德里达《论文字学》,汪堂家译,上海:上海译文出版社,1999年,第3—4页。

视觉,并通过强调与存在之倾听相对应的存在之视觉来建构完整的"存在",借以最终清除形而上学的遗害,但视觉本身的性质由于和传统形而上学密不可分的关系而令人怀疑,海德格尔的努力因为与这种可疑的视觉的关系而遭到德里达的否定。

如前所述,西方传统的形而上学思维预设了一个永恒不变、超越时空的中心、实体、本质或真理的存在,凭借理性,人们可以超越表象直接对之进行把握,并由此形成一系列的二元对立。其中,构成二元对立的两项从来不具有平等关系,一方是恒定的中心,决定另一方;被决定者的意义与价值都以决定者为旨归,有赖于决定者的确认。这就造成一方对另一方的倾轧,由是形成逻各斯中心主义。由于视觉观看涉及观看者和观看对象两个方面,对观看者先在性的强调也使视觉逃不出逻各斯中心主义的藩篱。德里达分析视觉模仿时说:"模仿在它的阐释的历史过程中无时不被真理的过程所控制","现时的此在是它的准则,它的秩序,它的法则。正是以真理之名,它的惟一的指代——指代本身——模仿才得以判断,才以规律的更迭而丧失或取得存在的权利"①。

逻各斯中心主义设定了一个决定一切的中心以及由此中心统摄的封闭结构。在这个貌似和谐完整的表面下隐藏着深刻的矛盾。事实上,既然如结构主义所言,符号与其意义是约定俗成的,没有内在必然性。符号总是在与其他符号的对立和差异中显出意义。别的符号有助于界定它的意义,并在其上面留下印迹。在场与不在场、存在与非存在都表现在同一符号中。那么,任何一个文本的符号都对应着此文本之外的其他文本中的符号。这种"互文性"彻底打破了文本的封闭结构,指示出所有的文本都是在与其他文本的相互对照和交织中存在,文本的意义不再具有所

---

① 德里达《文学行动》,赵兴国等译,北京:中国社会科学出版社,1998年,第83页。

谓的独创性,它总是超出自身之外而不断变动游移。终极的意义和封闭的结构在这种互文性中被消解,代之以无限开放的文本和建立在阅读基础上的无穷的意义。

从此前提出发,德里达通过对"在场"形而上学的消解重新阐释了视觉模仿:"模仿复制在场,通过替换在场而补充在场。因此,它使现在进入它的外部。在呆板的艺术中,外观是分裂的,它是在外面对外观进行复制。事物本身的在场已经暴露在外在性里,因此,它必定消隐并再现于外在的外观中。"[①]在视觉模仿中,原型是直接的在场,与之相对,复制原型的摹本是间接的不在场;摹本通过再现原型而变成原型的替代和补充,在此意义上,摹本又是一种替代性的在场。其结果便是"无论是涉及表达还是表述的交流,实在与再现之间,真实与想像物之间,简单在场与重复之间的差异已经开始消失"[②]。由是,摹本这个"不在场"兼有"不在场"和"在场"的双重身份。传统的视觉观奠基于自然的现时性和在场性,强调自然的中心地位和视觉对于自然的依赖。现在,自然的现时性和在场性已经进入视觉图像中,图像不再受制于外部现实。传统视觉模仿观中对原型和摹本的高下优劣之分就在对在场形而上学的消解中崩溃了。

形而上学在视觉中心主义的支撑下已经实现对人类思想的全面侵入和对人类生活的绝对统治。形而上学的思维方式以视觉观看确立的二元划分为基本前提,以观看强调的客体服从于主体为根本指向,它不仅主宰西方思想的逻辑推演,更渗透于社会生活,成为人们普遍接受的既定事实。近代以来西方思想对自身

---

① 德里达《论文字学》,第294页。
② 德里达《声音与现象》,杜小真译,北京:商务印书馆,1999年,第64页。

的反思和对传统的清理正是源于对形而上学的普遍有效性的质疑以及对人类生存危机的深刻体验。回顾历史,海德格尔对视觉中心主义的消解是有效的、深刻的,也是有限的、矛盾的。视觉中心主义和形而上学有着密切关系,这个关系由柏拉图确立。虽然现象学反驳形而上学,但胡塞尔仍然陷入形而上学。海德格尔注意及此,从生存论角度进一步清理视觉中心主义。然而,正如德里达反驳的那样,海德格尔对视觉中心主义的消解本身仍然需要后来者的"消解",这是一个未完成的方案。

加达默尔对视觉存在论的反思

西方思想中长期占主导地位的形而上学传统借以确立自身的二元化前提主要通过"视觉中心主义"(ocularcentric)实现[①]。一方面,视觉在诸种感官中的优越地位使它成为本质、真实、真理及其类似物的指代;另一方面,视觉观看既预设观看中主体和对象的对立,又确立观看主体对对象的优先性。于是,追求唯一确定性的思想指向和二元化的思维结构使视觉成为形而上学的形象化表达,由此形成西方思想中的"视觉中心主义",即视觉既是理性的载体,也是理性认知的工具,还是认知活动达成理性真理的必经之途。海德格尔指责西方传统形而上学理性至上、主客二分的外指式思维掩盖人的存在本质,加达默尔在其基础上进一步清理导致"存在"被遮蔽的思想根源,他从重新理解视觉行为入手,在赋予视觉以存在内涵的同时,消解视觉中心主义的理性所指,使视觉观看摆脱形而上学的桎梏,成为存在实现自身的基本方式。加达默尔对存在之真理的探索是通过解构传统形而上学的视觉中心主义和建构阐释学的视觉存在论实现的。

[①] 当代美国学者马丁·杰伊认为,视觉中心主义是用以指称视觉实践占主导或支配地位的文化或时代特征。见 Martin Jay, *Downcast Eyes: The Denigration of Vision in Twentieth-Century French Thought*, Berkeley and Los Angeles: University of California Press, 1993, Introduction, p.3。

下编　视觉文化的理论与批评

一、视觉中心主义

视觉中心主义传统主要通过视觉与理性的关系确定和展现。考察视觉中心主义传统就是揭示视觉与理性合而为一的历史过程、视觉与理性互为表达的逻辑推演以及视觉观看与理性认知的隐喻互涉。在西方思想中,视觉与理性的本质关联由来已久。

在古希腊,人们划分感官类别和考察感官性质时总是以认知能力为参照[①]。赞成感官能够认识真理的思想者形成感官的肯定派,如恩培多克勒、普罗泰戈拉、伊璧鸠鲁、德谟克里特等。反对感官具有理性认知的思想者形成感官的否定派,如巴门尼德、阿那克萨戈拉、柏拉图等。他们的分歧集中于争论感官能力的高低,在承认和重视理性这一点上却毫无分别。感官必须在理性制约和指导下才能拥有认识能力,这一观点被希腊人广泛接受,其五官思想就是围绕感官在多大程度上接近理性这一问题发展起来的。

除有感官共性外,眼睛作为五官之首还独具特质。西方思想重视眼睛一开始就与其认知能力密切相关。一方面,眼睛的认知能力通过与耳朵区分确立。眼睛的高度自制力让它能断然排除一切肉欲干扰,追求最大限度的清晰和真实。比起眼睛,耳朵与人的激情、欲望联系更多,容易受到迷惑,不能认清事物的本来面目。眼睛对清晰度的要求使它比耳朵具有更高的辨别能力[②]。另

[①] 如赫拉克利特说:"凡是能够看到、听到、学到的东西,都是我喜爱的。"他既承认感官能够认识事物,又强调感官要受理性制约。见北京大学哲学系外国哲学史教研室编译《西方哲学原著选读》上卷,北京:商务印书馆,1981年,第25页。

[②] 赫拉克利特说:"眼睛是比耳朵可靠的见证。"《西方哲学原著选读》上卷,第26页。贺拉斯说:"通过耳朵灌注到我们头脑中的那些故事对我们思想的激动,比起亲眼目击令观者不得不心服的事件,显得不那么栩栩如生。"贺拉斯《论诗艺》第180行,见塔塔科维兹《古代美学》,杨力等译,北京:中国社会科学出版社,1990年,第334页。

一方面,眼睛的认知能力源于眼睛的独特特性。当希腊人进一步追问肉眼何以既能认知现实可见之物又能认知内在思想、精神和情感等不可见之物时①,眼睛的特殊性开始浮现出来。柏拉图认为眼睛有不同类型,肉体之眼负责观看外在事物的形式,心灵之眼主导洞察内在精神的真理,眼睛之所以能够识辨可见与不可见之物,皆因它拥有视觉能力②。亚里士多德进一步确定眼睛的辨形认识能力直接源自人性的求知能力,明确了眼睛的特殊性③。眼睛除肉欲外,还有其他感官不具备的求知欲,在求知这一点上,眼睛成为获得理性的根本途径。

眼睛的求知特性在希腊时代明确,并在中世纪思想家那里得到更充分的阐发。古代与中世纪之交的普罗提诺和中世纪思想的集大成者托马斯·阿奎那都因为认识到眼睛和智力有亲和力,而将眼睛放在所有感官中的第一位。基督教教父哲学的集大成者奥古斯丁则通过辨析"肉欲"和"目欲",详尽分析了眼睛的理性功能:在五官中,其他感官都沉溺于肉体欲望,视觉则在本性上追求知识。肉体欲望的最终目的在于追求感官享受,求知欲望则是为获得知识,二者之所以都被称为欲望,是因为它们都需要借助

---

① 如苏格拉底在讨论造型艺术时就曾提出:"怎么能描绘这种既不可度量,又没有色彩,也没有你刚才所说的任何一种性质,而且还完全看不见的东西呢?"色诺芬《回忆苏格拉底》,吴永泉译,北京:商务印书馆,1984年,第121页。
② "那些所谓最好的东西,就是指不仅它们的结果好,尤其指它们本身好。比如视力、听力、智力、健康,以及其他德性,靠的是自己的本质而不是靠虚名。"柏拉图《理想国》,郭斌和等译,北京:商务印书馆,1986年,第56页。关于柏拉图对两种眼睛的划分,详见高燕《视觉隐喻与空间转向——思想史视野中的当代视觉文化》,上海:复旦大学出版社,2009年。
③ 《形而上学》开篇即说:"求知是人类的本性。我们乐于使用我们的感觉就是一个说明;即使并无实用,人们总爱好感觉,而在诸感觉中,尤重视觉。无论我们将有所作为,或竟是无所作为,较之其它感觉,我们都特爱观看。理由是:能使我们识知事物,并显明事物之间的许多差别,此于五官之中,以得于视觉者为多。"亚里士多德《形而上学》,吴寿彭译,北京:商务印书馆,1959年,第1页。

肉体这个工具来实现。但是，肉体欲望是从肉体出发，止于肉体；求知欲则是从肉体出发，指向超越肉体的理性知识。因此，对求知欲的偏爱使眼睛在五官中具有超越性。不仅如此，奥古斯丁还明确指出视觉超越其他感官的方式，即视觉认识事物的方式被看作具有普遍的有效性和适用性，以至于视觉的认知方式不仅能够代表其他感官的认知方式，甚至能够渗透并涵盖其他领域[①]。所以，当奥古斯丁要在尘世间寻求"三一痕迹"时，他首先想到并认可的肉体感官就是眼睛："所以，不如先选眼睛为例。眼是身体感官中最优秀的，尽管它在种类上与心智智观（Mental vision）有异，却是与它最为亲近的。"[②]肉体之眼在功能原理上与能够观照上帝神性的精神之眼、理性之眼相通，它们也因而在性质上最接近。在中世纪的神学语境中，不仅肉体之眼是通达心灵之眼的中介，而且肉体之眼对物质的观照是心灵之眼实现精神观照的前提。对上帝的无限渴慕和景仰使眼睛在不脱离肉体属性的同时，兼具理性特质，而视觉观看在基于物质世界的同时，秉承理智认知的功能[③]。

---

① "除了上述之外另有一种诱惑具有更复杂危险的形式。肉体之欲在于一切官感的享受，谁服从肉欲，便远离你而自趋灭亡，但我们的心灵中尚有另一种挂着知识学问的美名而实为玄虚的好奇欲，这种欲望虽则通过肉体的感觉，但以肉体为工具，目的不在肉体的快感。这种欲望本质上是追求知识，而求知的工具在器官中主要是眼睛，因此圣经上称之为'目欲'。""'看'，本是眼睛的专职，但对于其他器官，如我们要认识什么，也同样用'看'字。我们不说：'听听这东西怎样发光','嗅嗅这东西多么光亮','尝尝这东西多么漂亮','摸摸这东西多么耀眼'。但对这一切都能通用'看'字。我们不仅能说：'看看什么在发光'，这仅有眼睛能看到；但也能说：'去看看什么在响'，'看看什么在发出香味'，'看看这有什么滋味'，'看看这东西硬不硬'。""我们于此能更明显地确定快感与好奇通过感觉有些什么作用：快感追求美丽、和谐、芬芳、可口、柔和，而好奇则在追求相反的感觉作为尝试，不是为了自寻烦恼，而是为了试验，为了认识。"奥古斯丁《忏悔录》，周士良译，北京：商务印书馆，1963年，第219—220页。
② 奥古斯丁《论三位一体》，周伟驰译，上海：上海人民出版社，2005年，第284页。
③ 例如约翰·德玛斯赛说，当我们观照上帝时，"在看着他的物质形态时，在可能的范围内，我们也能洞悉他的神性的光辉。因为我们具有肉体和灵魂的双（转下页）

经过古希腊思想者和中世纪神学家的阐释,眼睛不仅是五官中最适宜理性认知的器官,而且在性质上就等同于理性。概括起来,眼睛进入理性领域的过程是通过视觉能力的三个层面实现的:首先,在个体经验层面上,视觉是指作为感觉器官的眼睛的基本特点,它是由外界事物以某种方式刺激眼部神经产生的结果,属于个人的感官感觉;其次,在集体经验层面上,它虽基于个人的感官感觉,但同时又被假定为是一种具有普遍约束力和共同效力的规则;最后,在超验层面上,与依附于感官经验的视觉相区分,它指示一种理性和情感参与其中的判断。伴随西方思想对理性的重视和强化,视觉的第三种含义在理性的扩张中逐渐取代前两种,最终与理性合流,演变为理性的代名词。从此,眼睛与理念、视觉与理性、视觉观看与理性认知、视觉的认识原理和思维的逻辑机制之间本质相关[①]。

视觉与理性合流后,在西方思想中突出表现为"视觉中心主义"(ocularcentric)传统,并渗透于现实经验和理论逻辑两个层面上。一方面,视觉中心主义外显于具体的观看活动,在显性层面标识与视觉密切相关的某些文化或某些时期的特征。考察视觉中心主义在不同思想时期表现为不同的文化特征,我们就能得到最为清晰的判断:古典时期是美学领域的"模仿";中世纪和启蒙运动时期是"光"[②];文艺复兴时期是"光""镜子""灯";近代以来,

---

(接上页)重本质。没有物质媒介我们无法认识精神事物。依此途径,通过对物质的观照,我们达到对精神的观照"。塔塔科维兹《中世纪美学》,褚朔维等译,北京:中国社会科学出版社,1991年,第57页。

① 关于此问题可参见 Stephen A. Tyler, "The Vision Quest in the West, or What the Mind's Eye Sees," *Journal of Anthropological Research*, Vol. 40, No. 1, spring, 1984, pp.23-39;叶维廉《中国诗学》,北京:生活·读书·新知三联书店,1992年,第51—55页。

② 康德从理性角度明确指出具有强烈视觉意象的"启蒙"(Enlightenment)(转下页)

对眼睛的表述极大地丰富起来,不仅以前的"模仿""光""镜子""灯"的说法依然被频繁地使用,而且人们还在语义学基础上对眼睛做了引申,产生出大量有关眼睛的表述,这些不同名称在共同指向理性的同时又各自具有独特涵义。例如,黑格尔提出美是"理念的感性显现"①,布洛赫将整个德国古典美学的思维特征称为"纯粹的世界眼光"②,别林斯基强调理性的认识功能就像镜子一样无所不包③,列维-斯特劳斯在论及野性思维的特征时运用镜子意象④,福柯在空间与存在的角度上考察镜子的功能⑤,等等。正是因为不同时期的文化特征都能找到与视觉相关的意象加以表述和对应,斯宾格勒才能够从视觉思维的角度把整个西方文化的精神实质概括为眼睛对光亮世界的追求,他的著述从文化的宏观视角凸显西方文化中的视觉这个重要维度⑥。

(接上页)一词的核心,在于获得摆脱权威的指导而独立运用理性的自由。"启蒙就是人类从他加诸自己的不成熟状态中摆脱出来。不成熟状态是指没有别人的指导,人就不会使用他自己的理解力。要是这当中的原因不是因为缺少理解力,而是离开他人指导就缺乏果断和勇气来运用它,这一不成熟状态就是人加诸自身的了。故而,启蒙运动的座右铭就是:敢于聪明!勇于使用你自己的理解力!" Immanuel Kant, "An Answer to the Question: What is Enlightenment?" Lawrence Cahoone ed., *From Modernism to Postmodernism: An Anthology*, Oxford: Blackwell, 1996, p.51.

① 黑格尔《美学》第一卷,朱光潜译,北京:商务印书馆,1979年,第142页。
② 布洛赫在《论黑格尔的艺术哲学》中说:"'纯粹的世界眼光'是美的凝思器官,它在德国的整个古典主义时期,从温克尔曼到叔本华,甚至在黑格尔的时代,都在起作用。"刘小枫主编《现代性中的审美精神》,上海:学林出版社,1997年,第772页。
③ "从他的理性活动看来,他就更加是思维了,因为在他的理性活动中,像在一面镜子里一般,重复出现着整个存在,整个世界及其一切物质的和精神的现象。"别林斯基《艺术的概念》,伍蠡甫、胡经之主编《西方文艺理论名著选编》中卷,北京:北京大学出版社,1986年,第293页。
④ 列维-斯特劳斯《野性的思维》,李幼蒸译,北京:商务印书馆,1987年,第301页。
⑤ 米歇尔·福柯《不同空间的正文与上下文》,包亚明主编《后现代性与地理学的政治》,上海:上海教育出版社,2001年,第22页。
⑥ "然而,最后在其他一切感觉中发展出一种最高的感觉。在我们的理解(转下页)

另一方面,视觉中心主义内化于复杂的思想运行,在隐性层面展现视觉与理性认知的隐喻关系,即西方思想的演绎逻辑、运思范畴、表述方式和意向指称都需要借助视觉及其相关物完成[①]。从此,观看的基础从肉体之眼转向心灵之眼,观看的空间从现实世界转向精神世界,观看的方向从对外探寻转向对内自省,观看的对象从物质现象转向存在本质,观看的能力从视觉转向理性,观看的行为从具体的生理反应转向抽象的心理思维。在此转向中,视觉摆脱肉身属性和物质涵义,用隐喻的方式直接指称和替换理性思维的全部维度。历史上不同思想者都意识到视觉因与理性的特殊关系而具有不同层面的涵义,他们的分析有助于我们对此问题的理解。例如,圣维克多的雨果把观看分为认识、思考、观照三种方式。可以说,他是在最全面地综合考虑了观看的各种因素之后来分析它的[②]。圣维克多的理查德更注重观看因素中理性的主导力量,他据此将观看分成六种不同类型:想象、理性、理智中分别有两种观照[③]。维特罗把观看分为单纯的看和勤勉的注视两种类型,他在分析观看过程时注意到理性认识中感性经验的

(接上页)意志永远难以接近的**万有**中,某种事物为自己唤起了一种肉体器官。眼睛出现了,在眼睛之中而且与眼睛同存的还有作为它的对立的极、光。关于光的抽象思维可以导致(而且已经导致了)一种理想的光、表现为由光波和光线构成的一幅总图,但这种发展的意义实际上在于,从此以后生活就通过眼睛的光亮世界去加以把握和理解。这是最大的奇迹,它使人类的万事万物成为它们现在的样子。只是由于这种眼的光亮世界,远景才作为色彩和光亮而出现;只是在这种世界中,夜和日、事物和运动,才在被照明了的空间的广袤中成为可见的,才有在地球上空旋绕的无限遥远的众星所组成的宇宙,才有远远伸展到身体附近以外的个体生活的光的视野。"斯宾格勒《西方的没落:世界历史的透视》上册,齐世荣等译,北京:商务印书馆,1963年,第88页。

① 关于视觉中心主义表现为不同时期的文化特征以及视觉隐喻问题,详见本书《视觉隐喻与世界的图像化——当代视觉文化的思想根源》一章。
② 塔塔科维兹《中世纪美学》,第246—247页。
③ 塔塔科维兹《中世纪美学》,第247页。

重要性,带有更多辩证色彩①。现代学者阿恩海姆联系心理学的研究成果详尽而深入地研究绘画、雕塑、建筑等艺术中的视觉特征,认为观看的含义至少有两个层面:在日常生活的感知层面上,观看服务于实践活动,为实践活动提供感知经验②。在思维活动的心理层面上,观看是一种积极选择的理性判断③。通过阿恩海姆的论证,视觉与认知能力、观看与理性判断之间不可分割的关系就不再仅仅是形而上学一厢情愿的假设,而是有心理学提供的翔实而确凿的现实依据。当胡塞尔强调纯粹意识的"呈现"(Präsentation)和"本质直观"(Wesensschau),海德格尔区分"看"与"视"(Sicht),存在的"显现"、"澄明"(Lichten)、"敞开",加达默尔提出"视域"(Horizont)时,他们都是在隐喻的意义上使用视觉的理性涵义。

二、海德格尔与视觉中心主义

综上,在西方思想中,视觉与理性本质关联,规定存在和世界本质的理性不仅变成可被观看的视觉对象,视觉与作为视觉行为的观看本身还成为理性和理性认知的形象化表达,视觉甚至更进一步被直接运用于表达理性在认知过程中所使用的运思机制。

---

① 塔塔科维兹《中世纪美学》,第 325 页。
② "对于日常生活中的实用目的来说,观看是为实践活动指引方向的基本手段。在这个意义上说来,'观看'就是通过一个人的眼睛来确定某一件事物在某一特定位置上的一种最初级的认识活动。"阿恩海姆《艺术与视知觉——视觉艺术心理学》,滕守尧等译,北京:中国社会科学出版社,1984 年,第 47 页。
③ "每一次观看活动就是一次'视觉判断'。'判断'有时候被人们误以为是只有理智才有的活动,然而'视觉判断'却完全不是如此。这种判断并不是在眼睛观看完毕之后由理智能力作出来的,它是与'观看'同时发生的,而且是观看活动本身不可分割的一个部分。"阿恩海姆《艺术与视知觉》,第 2—3 页。

随着柏拉图开启的以理性为核心的形而上学传统成为西方哲学的主导思想,视觉中心主义也进入形而上学传统并在后世不断得到演绎和强化。归纳起来,视觉中心主义从以下三个方面为形而上学传统确立思想基础和理论前提。

第一,视觉观看预设观看主体和观看客体的分裂和对立,非此即彼的主客二分思维模式为形而上学提供理论前提。

观看是发生于主体和对象之间的行为。在观看中,主体和对象分属不同领域,观看主体越出自属空间,指向外在于自身的客体对象,对象相对于观看主体是疏离和异质的,二者彼此对立,界限分明,主体通过向外指涉去把握对象,对象借助主体的统摄来展现自身。所以,没有主体和客体的区分,就无法发生观看行为。不仅如此,在观看中,就观看主体而言,他需要诉诸心灵世界的无形状态,将对象把握为观念性的存在;就观看对象而言,它是现实世界中的可见形体,是可以确定的物质性存在。由此,由于主体与客体所属领域和各自性质不同,观看造成的主客对立又相应衍生出一系列的对立关系:人与自然、理性与感性、主观与客观、精神与物质、本质与现象、能指与所指,等等。可以说,视觉观看造成的主客二分思维模式直接开启了形而上学赖以建构自身的一系列二元对立。

第二,视觉观看预设观看主体对观看客体的优先地位,为形而上学强调主体性确保思想指向。

观看是主体向对象发出的行为,主体在观看中以自己的方式掌控、同化对象。借由主体观看,对象从与主体无涉的自在存在成为被主体表征的自为存在。所以,在观看中,主体决定客体,客体从属于主体。更进一步,观看总是和主体的理性判断活动不可分割。观看的过程就是主体从自身标准出发度量和塑造客体,然后将客体纳入主体的规范之中来。在此意义上,观看活动不仅是为理性判断提供感官材料,而且本身就是一种理性判断活动。因此,视觉观看在预设主体对客体具有绝对优先性的同时,还使与主体相关的理性具有凌驾于他者的自足性,为形而上学的主体性追求提供思想保证。

第三,视觉观看预设自身行为的普适性,为形而上学的普遍有效性确立价值指归。

视觉观看的普适性主要体现在三个递进的层面上。首先,视觉观看可以用来指导和代表其他感官的认知。眼睛、视觉受人的理性思维和理解能力直接支配,并直接体现了人的理性思维和理解能力,这使得视觉在五官知觉中居于首位,其他感官的认知方式都被统括在视觉认知的范围内。其次,视觉经验与语言的关系极为密切。视觉观看事物与语言描述事物在抽象方式和思维机制上有内在一致性,不仅将一个对象视觉化为图像的过程与用词语对对象进行描述的过程在本质上有某种相同之处,而且视觉经验具有语义性,经常要借助语言符号来传达[1]。最后,语言是思想的现实表达,语言直接体现理性的思维活动,视觉与语言的关系就是视觉观看与理性认知的关系。所以,观看不仅能够超出眼睛的范围涵盖所有的感官认知,还越出感官范畴渗透于思维和意识领域,用以指代一切理性认识活动。视觉观看的普适性从视觉隐喻的角度证明了形而上学的普遍有效性。

视觉中心主义在确立和推进形而上学的同时,也为其思想演绎和经验表征埋下了弊端。

从思想演绎的角度看,视觉中心主义导致人类沦落于严峻的思想困境。一是视觉中心主义强调观看具有理性本质,视觉从感

---

[1] 当代学者哈尔·弗斯特将视觉与语言的联系视作眼睛的历史性,他用与"视觉"(vision)相对应的"视觉性"(visuality)来标识。详见 Hal Foster, ed., *Vision and Visuality*, New York: The New Press, 1988, preface, p.4。

官活动进入心灵认识的演变旅程,观看从物质领域到精神领域的转化过程,展示了西方思想的理性化特征,这是人类思想向着被德里达斥为"逻各斯中心主义"发展的必然结果。片面强调和推崇理性,忽略认知的多样性,人类丰富的思想历程就被缩减为单一理性的发展史。二是视觉中心主义强调观看的真理性在于观看到的内容与观看对象要一致,这一模式延伸至理性思维领域就产生了符合论真理观。判断认识与事物是否一致取决于观看主体,于是,以理性为中心的观看使人作为表象主体构成真理和思想的核心,主体性构成人最本质的属性。片面强化和推进主体性,忽略人存在的多维性和人与世界的亲缘性,立体丰满的人就沦为理性的囚徒,成为空泛苍白的单面人,而人在主宰物质世界的同时也被褫夺精神家园。

从经验表征的角度看,视觉中心主义导致人类陷入深重的生存危机。视觉具有内外二分、注重主体向外探寻的天然特性,这一外向性特征决定的思想维度正好契合以对外探求为己任的自然科学的内在理路。所以,当近代西方哲学的开创者笛卡尔将视觉对物的支配功能演化成"我思故我在"的理性全能,使思维着的自我意识的确定性成为存在和哲学演绎的基础时,自然科学便获得思想资源,它代替宗教成为人类精神文化的中心。自然科学对外在世界一味探求,导致以目的论为基本思维指向的工具理性恶性膨胀,把人与世界、他人、自我的分裂和对立推向极端。

鉴于视觉中心主义与形而上学的本质关联,清理西方形而上学的遗害就必须从消解视觉中心主义入手。在海德格尔之前,很多人都从不同角度做过尝试。始自笛卡尔的西方近代哲学借助视觉的主客二分强化主体性,反而进一步推进形而上学的先验立场。进入现代,从尼采到胡塞尔对形而上学的反驳因执着于视觉中心主义而仍然陷入形而上学的藩篱。在海德格尔看来,视觉涉及视觉主体(存在)、视觉客体(外部世界)和观看行为(模仿)三个方面,不论是从主体存在的角度强调客体对主体的关系,还是从经验事实的角度强调客体的正当性,或者从内在心理的角度强调视觉对理性的反抗,抑或从文本的角度强调观看行为的自足性,虽然在一定程度上修正了理性的本体论指向,但是都囿于"在场"的思维定势所设定的非此即彼的对立,根本构不成对以视觉中心主义体现出来的"在场"形而上学的毁灭性冲击。

海德格尔以清理视觉中心主义为契机,着手消除形而上学传统的危害。他首先批评二元化的思维模式和世界的图像化。前者将一切纳入自身体系,通过人为的割裂和强行的等级划分破坏世界的完整性;后者通过标举世界的对象性,终结了世界与存在的始源性关联,遮蔽了存在的本真状态。接着,他通过确定"**美是作为无蔽的真理的一种现身方式**"[①],将胡塞尔含有视觉中心主义假定的"呈现"从哲学领域转向审美领域,在视觉的范围里借助对"存在"之存在状态和艺术作品之存在方式的阐发,建立存在之视觉的观念。一方面,艺术作品在自身中开启非对象性的世界,成为真理的现身方式;另一方面,作为艺术之本质的语言符号从描述者返回古希腊意义上的显示者,成为对存在之在场呈现。最后,他的存在之视觉观念致力于存在本身。其中,"呈现"是存在得以彰显和展开的方式,呈现中的存在超越了主客体对立;在存在论的意义上,观看不仅建立了人之存在与世界的直接关系,而且使人与世界的本真存在获得实现[②]。

在海德格尔影响下,现代西方思想在反拨逻各斯中心主义时都是首先从清算视觉中心主义入手,他们努力消除视觉的理性之

---

① 海德格尔《艺术作品的本源》,孙周兴选编《海德格尔选集》上册,上海:上海三联书店,1996年,第276页。

② 关于海德格尔的视觉思想,详见本书下编《海德格尔对视觉中心主义的消解》一章。

维,又赋予视觉以存在之维。遵循这一运思理路,加达默尔也从存在论角度重新审视视觉。

三、存在之真理与视域融合

加达默尔的全部哲学努力在于探寻存在之真理。海德格尔早已指出,西方传统形而上学的二元化将"物"理解为意识可以表象的对象,造成主体与客体、人的意识与外部世界、观察者与被观察者的分裂和对立。这种思维方式习惯于指向自身之外,忽略了人的存在本身,破坏了人与世界的始源统一。虽然存在总是存在者的存在,但是存在者不等于存在。长期以来的本体论研究实质上是用存在者代替存在,并没有触及存在的本质。整部形而上学史就是存在被遗忘的历史。只有当人停止向外探寻并返回自身时,世界才会在人对自身的领会中向人敞开。因此,他的哲学思考聚焦于长久以来被遗忘的存在[1]。遵循海德格尔的立场,加达默尔提出,存在和对存在的理解是一切人类知识的首要对象与首要任务,存在的普遍性决定以理解存在为目的的阐释学同样具有普遍性,阐释学对存在的理解构成整个人类世界经验的组成部分。

存在需要理解,理解是通达存在的根本方式。海德格尔认为,人不是现实已然的存在物,而是以可能性为存在方式的可能之在。能在在现在的可能性中存在。理解是存在的现实环节,是能在的现实样态。理解从来不是指向外在现成事物的具体认识

---

[1] 海德格尔说:"我们向来已生活在一种存在之领会中,而同时,存在的意义却隐藏在晦暗中,这就证明了重提存在的意义问题是完全必要的。"海德格尔《存在与时间》,陈嘉映等译,北京:生活·读书·新知三联书店,1999年,第6页。

活动，它总是存在对自身能在的展开①。海德格尔从存在本体论的视角认识理解，使理解从一般的具体认识活动转化为此在的基本存在方式，将理解提升为阐释学及其关注的核心。沿此方向，加达默尔通过进一步追问"理解如何是可能的"，表明理解既不是建立主体与对象联系的客观活动，也不是主体认识客体的主观意识，它就是此在自身的存在方式，深化了存在与理解的联系。

从存在之真理的角度看，理解的本质是"视域融合"。理解者在领会历史时，总有对意义和真理的预期，这种预期形成视域，它确立了理解的角度、起点和可能性。理解者和文本各自有不同的视域，理解就是不同视域的融合。"理解其实总是这样一些被误认为是独自存在的视域的融合过程。"②霍埃对此解释为："这是加达默尔历史理解之心理学描述的一个选择。'视界'一词是用以描述释义的情境特征或受语境束缚之特征。"③传统阐释学和近代历史意识都从主客对立的视角出发，将人的存在从历史传统中割裂出来，理解由此成为主体与客体之间的外在关系，当理解者与对象分别处于不同时代时，理解的障碍就由二者之间的时间距离产生。加达默尔借助理解的"视域融合"解决了理解者继承的历史传统与理解者身处的当下现实之间的矛盾。因为，传统不是绝对精神的自我表现，也不是提供分析的客观对象，它是主体和客体相互交融的整体过程。"我们其实是经常地处于传统之中，而且这种处于决不是什么对象化的（vergegenständlichend）行为，

---

① "在生存论上，领会包含有此在之为能在的存在方式。此在不是一种附加有能够做这事那事的能力的现成事物。此在原是可能之在。此在一向是它所能是者；此在如何是其可能性，它就如何存在。"海德格尔《存在与时间》，第167页。
② 加达默尔《真理与方法》上卷，洪汉鼎译，上海：上海译文出版社，1999年，第393页。
③ 霍埃《批评的循环》，兰金仁译，沈阳：辽宁人民出版社，1987年，第120页。

以致传统所告诉的东西被认为是某种另外的异己的东西——它一直是我们自己的东西,一种范例和借鉴,一种对自身的重新认识。"①对对象的理解实际上既是对对象所揭示的存在的理解,也是理解者自我的理解。在视域融合中,新的视域超越原来的理解,带来新的经验和新的领会的可能性,达成传统与现代、历史与现实的沟通,由此,以前阐释学试图弥合的理解者与文本之间的时间鸿沟,现在则表现为在视域融合中实现的历史持续。与古典阐释学要求理解者放弃自己的视域进入文本的视域不同,加达默尔强调理解者的视域在接触传统、领会传统中不断形成、扩展和丰富。视域融合不仅是同一,同时包括差异和交互作用。由视域融合形成的理解,既不完全是文本的原有内容,也不再是理解者的成见。在不同视域的融合中,历史视域获得注入和更新,现代视域也得到扩大。

加达默尔在论述理解与存在的关系时已经涉及视觉观念。这不仅因为,无论是存在的展现方式,还是理解中的视域融合,都需要借助视觉观看加以表达,更是因为理解在通达存在时本质上就是一种视觉活动。理解对存在之真理的揭示最终就是要使存在在自身中无所遮蔽地显示和呈现出来,正如海德格尔所言,"呈现"是存在得以彰显和展开的方式,在呈现中,存在之真理不再是主体与客体、意识与对象、观念与事物之间的符合,而是意味着"它就存在者本身揭示存在者。它在存在者的被揭示状态中说出存在者、展示存在者、'让人看见'($\alpha\pi o\varphi\alpha\nu\sigma\iota\varsigma$)存在者"②。因此,理解与存在的本源联系就是视觉观看与存在的关系。理解通过不同视域的融合呈现存在,存在在视觉观看中显现自身,对存在之

---

① 加达默尔《真理与方法》上卷,第361—362页。
② 海德格尔《存在与时间》,第251页。

真理的探求必然要涉及视觉观看。

四、视觉模仿作为对存在的表现

西方思想的视觉传统源于形而上学对本质的追求。理性总是试图把握事物背后的本质和规律，当这种企图遭遇困难时，借用眼睛对光亮世界的观照就是最好的解决办法。与眼睛相关的光成为抽象本质的生动表达，眼睛在光亮世界的观看方式为理性把握本质提供了可以类比、参照和借鉴的可能。因此，视觉传统进入西方思想是视觉与理性联姻的结果。

在西方思想确立视觉传统的过程中，柏拉图有关眼睛和理性的观念需要特别关注。古希腊人普遍认为，眼睛是五官中最适宜进行理性认知的器官，但眼睛的肉体性质注定它在认知中永远不能像理性那样完善。柏拉图接过这一当时被广为接受的观点，先将眼睛的缺点和优点分离开，然后分别引申到两个不同的领域，形成对应现实世界的肉体之眼和对应理念世界的心灵之眼。在现实世界中，肉体之眼受欲望控制，往往偏离理性陷入错误的认知。在理念世界中，心灵之眼斩断欲望的情愫，是直接观照理念的必然途径。借助心灵之眼和肉体之眼、理念世界和现实世界的对立，柏拉图明确了作为形而上学理论前提的二元划分。而且，由于心灵之眼从肉体之眼分离出来，它既能认识理性，又在某种程度上等同于理性，对抽象理性的表达可以借助心灵之眼完成，柏拉图对两种眼睛的划分使视觉思维进入西方形而上学之中。

正因为柏拉图的视觉观念确立了理性至上的思想准则和二元对立的思维模式，当加达默尔反思视觉模仿时，柏拉图就成为他追溯的源头：

在柏拉图那里,真实的存在被思考为原型,所有的现象的实在性被思考为摹本。如果剔除其陈腐的意义,柏拉图的这些思想说明艺术仍然有令人信服的东西。人们为了把握住艺术的经验,便不断力图返回到神秘的语言宝藏的深处,并且敢于使用新的词语,例如"心象",这是一种适于在其中收摄视觉形象的表达。因为事情正是这样,我们从诸物中看出一个图像与我们把这幅图像构画到诸物中去,这两者实际上是一码事。正是想象力这种人的力量能够构画一幅图像。审美的反思就是靠这种想象力在万物面前遨游。①

柏拉图关于原型和摹本的观念从颠倒的方向上触及了视觉模仿的本质。视觉模仿借助想象力将视觉图像转化为艺术图像,艺术图像既不是现成的客体,也不是唤起审美经验的手段,它是在历史中生成的存在,艺术图像在对存在的展示中实现审美反思。在加达默尔看来,柏拉图"把美认作是最充分地显现出来的东西和吸引人的东西,或所谓的理式的可见性。它是一种首先使别的一切显现的光照,这种自身具有无可置疑的真理性和正确性的光照,是我们所有人在自然和艺术中发现的美的东西。它迫使我们承认:'这是真实的东西。'"②艺术图像中包含的真理,不是柏拉图意指的抽象理念,它不指向自身之外的绝对本质,而是返回自身揭示存在。

艺术图像中蕴涵审美反思孜孜以求的存在之真理,加达默尔在对艺术真理的追问中重新阐释视觉模仿。当我们从描摹对象这一角度理解模仿时,它必然涉及原型和摹本两个方面。原型优

---

① 伽达默尔《美的现实性》,刘小枫主编《现代性中的审美精神——经典美学文选》,上海:学林出版社,1997年,第995页。
② 伽达默尔《美的现实性》,刘小枫主编《现代性中的审美精神》,第992—993页。

于摹本的信念使柏拉图视摹本为双重的模仿,处于卑劣者的地位[1]。加达默尔认为,柏拉图对模仿的理解割裂了原型和摹本的本源关联,摹本仅仅被当作表现原型的手段,原型被表现出来之时就是摹本消亡之际。但从存在的角度看,传统形而上学中本质与现象、本体与属性、对象与再现的主从关系应该倒转过来,曾经被认为附属的东西现在应拥有主导的地位。因此,摹本与原型"不再是任何单方面的关系"[2],摹本是对原型的开启,原型通过摹本得以展示,存在通过描摹得以表现。"原型通过表现好像经历了一种在的扩充"[3],原型在摹本中得到表现,这种表现不是附属的事情,而是属于它自身存在的东西。

摹本和原型的存在论关系也可以用来重新理解艺术作品与它描摹的世界。加达默尔说:"没有作品的模仿,世界就不会像它存在于作品中那样存在于那里,而没有再现,作品在其自身方面也就不会存在于那里。因此所表现事物的存在完成于表现之中。"[4]世界只有在作品的表现中才能获得自身的根本性存在,也只有在作品中,世界才能被展现为我们可以认识和理解的世界;艺术作品只有在被表现、理解、阐释时才具有意义,也只有在被表现、理解、阐释时,才能实现其意义。艺术作品的真理性既不依赖作品本身,也不依赖主体意识,它存在于主体世界与艺术世界的交汇中,存在于主体和艺术的视域融合中,存在于审美意识对作品理解和阐释的无限游戏过程中。从此,艺术作品中的视觉模仿就不再是单纯的描摹性复现,而具有一种卓越的再认识功能。正如普罗提诺在物我之间的观照中看到的那样:

---

[1] 柏拉图《理想国》卷十,郭斌和等译,北京:商务印书馆,1986年。
[2] 加达默尔《真理与方法》上卷,第182页。
[3] 加达默尔《真理与方法》上卷,第182页。
[4] 加达默尔《真理与方法》上卷,第178页。

> 在观照中,我不是在物外,物也不是在我外;凡是以慧眼观物的人都能见到自己心中有物在,不过虽然万物皆备于我,我却不知物在我心,而把它当作外在的事物,把它当作景象来观照,而渴望去欣赏它,既然作为景象来观照,就要在身外来观照了。然而,必须有内视工夫,才能见到物我合一,见到物即是我,正像一个人一旦被阿波罗或什么诗神凭附,就能在自己心中见到神的形象,有了以心视神的能力那样。①

视觉模仿使艺术作品中的世界摆脱现象的偶然性,在本质的提升中得到存在的展现,艺术作品的真理由此确立②。加达默尔认为,亚里士多德关于诗比历史更具有哲学性的论断应在此意义上加以理解。

对艺术经验中真理问题的探讨并不是加达默尔理论的全部,其最终目的是以艺术真理为出发点扩展到精神科学的领域,去发展一种与整个诠释学经验相适应的认识和真理的概念③。在加达默尔看来,一切理解都在语言中进行,能被理解的存在就是语言。不同于当代语言分析哲学有关语言即符号的观点,加达默尔认为,"在某种较难把握的意义上,语词几乎就是一种类似摹本的东西"④。所以,对精神科学领域中真理的探讨不可避免地仍要涉及视觉模仿的问题。语言与世界是摹本与原型的关系,这意味着:

---

① 普洛提诺(即普罗提诺)《九章集》,缪灵珠译,载《美学文献》第一辑,北京:书目文献出版社,1984年,第421—422页。
② "审美经验也是一种自我理解的方式。但是所有自我理解都是在某个于此被理解的他物上实现的,并且包含这个他物的统一性和同一性。只要我们在世界中与艺术作品接触(Begegnen),并在个别艺术作品中与世界接触,那么这个他物就不会始终是一个我们刹那间陶醉于其中的陌生的宇宙。"加达默尔《真理与方法》上卷,第124页。
③ 参见加达默尔《真理与方法》"导言",第19页。
④ 加达默尔《真理与方法》下卷,第532页。

语词只有把事物表达出来,也就是说只有当语词是一种表现(mimēsis)的时候,语词才是正确的。因此,语词所处理的决不是一种直接描摹意义上的摹仿式的表现,以致把声音或形象摹仿出来,相反,语词是存在(ousia),这种存在就是值得被称为存在(einai)的东西,它显然应由语词把它显现出来。①

语言与世界超出了简单的符号和对象、能指和所指的关系。世界只有进入语言中,才能消除与作为审美意识的主体的距离感和陌生感,表现为我们的世界,被我们理解和把握。语言不是指示事物的装饰品,而成了事物的一部分。正如模仿在存在的层面上沟通了艺术作品和世界的关系,语言和世界也在模仿中达成存在意义上的联系。

　　与传统形而上学始终强调视觉活动涉及的视觉主体和视觉对象之间对立和差异不同,加达默尔是在视觉对象对于视觉主体存在的关系中去理解视觉观看。通过加达默尔,视觉观看不再坚守主客对立和主体对客体的优先性,在返诸自身的理解观照中具有了存在论涵义。

五、作为审美观照的游戏

　　加达默尔从存在的角度重新理解视觉模仿,并通过对"游戏"(Spiel)的具体论述建构其视觉存在论。
　　西方思想一直以来都关注游戏。柏拉图和亚里士多德仅仅把游戏作为一种活动来看待,直到康德借游戏的自由与愉快论述美的自由与无功利性,才开始把游戏与审美联系起来。在康德影

---

① 加达默尔《真理与方法》下卷,第523页。

响下,后来对游戏的研究主要集中在从不同角度深化游戏与美的关系上。席勒认为游戏冲动可以消除感性与理性的双重压力,使人获得一种"审美的自由"[①]。斯宾塞提出游戏源于"过剩精力"。不同于席勒、斯宾塞从生物学角度分析游戏的动因,从心理学角度对游戏与艺术关系的探讨则深入到美感领域。移情说的代表人物之一谷鲁斯认为游戏源于一种内摹仿,内摹仿是心灵的游戏,它是审美快感的基本来源[②]。胡伊青加把游戏置于文化-历史的宏阔视野中考察,使游戏与审美的关系成为其论述体系的一个组成部分[③]。

在以上对游戏的审美研究中,游戏和审美观照是异质的。其思维的总体指向是用游戏的特征类比审美观照的特征,游戏只是用来为分析审美观照的性质提供现象学上的方便。这种研究的结果使游戏必然服务于某种不是游戏的东西,成为外指的及物动词。与以上研究游戏的方法和视角不同,加达默尔提出:"如果我们就与艺术经验的关系而谈论游戏,那么游戏并不指态度,甚而不指创造活动或鉴赏活动的情绪状态,更不是指在游戏活动中所实现的某种主体性的自由,而是指艺术作品本身的存在方式。"[④]

[①] 席勒提出的著名论断是:"只有当人是完全意义上的人,他才游戏;只有当人游戏时,他才完全是人。"席勒《审美教育书简》,冯至等译,北京:北京大学出版社,1985年,第80页。

[②] 所谓内摹仿就如一个人看跑马时,他虽然不能真正地去摹仿,却能"心领神会地摹仿马的跑动,享受这种内摹仿的快感。这就是一种最简单、最基本也最纯粹的审美欣赏了"。谷鲁斯《动物的游戏》,转引自朱光潜《西方美学史》下卷,北京:人民文学出版社,1979年,第603页。

[③] 胡伊青加明确地说,他研究游戏的目的"不是要确定游戏在所有其他文化表现中的地位,而是要查明文化本身究竟在多大的程度上具有游戏的特征","力图把游戏的概念整合到文化的概念中去"。胡伊青加《人:游戏者——对文化中游戏因素的研究》"原作者序",成穷译,贵阳:贵州人民出版社,1998年,第2页。

[④] 加达默尔《真理与方法》上卷,第130页。

游戏不再是外在于审美观照的某种东西，对游戏的研究就是对审美观照的研究。在加达默尔那里，游戏从工具性的对象成为敞亮自身的美的存在，具有了视觉本体论的意义。因此，对艺术作品的审美观照就是一种视觉观看的"游戏"，对游戏的研究就是对存在之真理的研究，游戏也因之成为视觉观看揭示存在之真理的方式。"游戏"一词被加达默尔赋予视觉内涵之后，成为其视觉存在论的重要思想。

第一，游戏的本质：审美观照的存在方式。

与自然的自在存在不同，艺术总是由人并且为人而创造。艺术的认识方式不是理性认知，而是一种传达存在之真理的认识。在艺术作品中，我们不仅看到完整的世界，而且通过艺术中的世界学会理解自身。因为，艺术经验的任务就是不断地把自己"整合进人们对世界和对他们自身的自我理解的定向整体之中"[①]。在艺术经验中，此在与其存在相遇。因而，艺术在所有事物中与存在直接相关，艺术是存在的根本形式，艺术作品是对存在真理的表述，对艺术作品的审美观照就是对自我存在的理解。而游戏的存在方式是建立在一切过去的经验与游戏者当下经验结合的基础之上，游戏的最终目的不在于实现可能的意图，而在于实现意图的过程。因此，游戏者的每一次游戏都通过自我表现揭示了游戏被遮蔽的内涵。从此意义上说，游戏中的重复不是单纯的复现，而是不断的自我更新，游戏的存在方式和突出意义就是自我表现[②]。因此在自我表现这一点上，游戏就是审美观照的存在方式。

第二，游戏的结构：无中心的自我增殖。

传统的思维定势把游戏当作一种从事活动的方式，这种想法

---

① 加达默尔《哲学解释学》，夏镇平等译，上海：上海译文出版社，1994年，第102页。
② 加达默尔《真理与方法》上卷，第139页。

的错误在于，一般性的活动总是由作为及物动词的行为和此行为所指涉的对象两部分组成的动宾结构。此结构预设了一个从事活动的主体存在，即一般性的活动在达到活动主体的意图上终结。在游戏中，当我们说"玩游戏"或"做游戏"时，名词中的概念总是要在动词中加以重复，即游戏实质上是一种同义复指结构。这足以说明游戏不同于一般的行为活动，它不是外涉的，而是自足的。所以，作为审美观照，"游戏的真正主体显然不是那个除其他活动外也进行游戏的东西的主体性，而是游戏本身"[①]。

游戏活动本身作为游戏的真正主体，意味着"诚属游戏的活动决没有一个使它中止的目的，而只是在不断的重复中更新自身。往返重复运动对于游戏的本质规定来说是如此明显和根本，以致谁或什么东西进行这种运动倒是无关紧要的。这样的游戏活动似乎是没有根基的。游戏就是那种被游戏的或一直被进行游戏的东西——其中决没有任何从事游戏的主体被把握住。游戏就是这种往返重复运动的进行"[②]。在游戏中没有一个先验的意图或中心，只有无数的作为可能性的意图，游戏者参与游戏的过程就是他自由选择可能的意图的过程。加达默尔对主体性和意图的消解使游戏具有了无中心的自我增殖结构，从而使审美观照摆脱了形而上学为它设定的理性指向和主客对立，成为揭示存在的理解活动。

第三，游戏的表现方式：观照者的在场。

虽然游戏是一种自足的封闭结构，但它在游戏领域中培养出充满游戏精神的活动者，使游戏成为游戏者的自我表现[③]。凡是表现就必须有观者，所以，游戏在表现形式上需要观照者，游戏应

---

① 加达默尔《真理与方法》上卷，第134页。
② 加达默尔《真理与方法》上卷，第133页。
③ 加达默尔《真理与方法》上卷，第139页。

是"由游戏者和观赏者所组成的整体"①。游戏中的观照不是超然旁观,而是一种认同,"同在就是参与(Teilhabe)。谁同在于某物,谁就完全知道该物本来是怎样的。同在在派生的意义上也指某种主体行为的方式,即'专心于某物'(Bei-der-Sache-sein)。所以观赏是一种真正的参与方式"②。在视觉观照的游戏中,视觉本身才赢得了完整的意义。

同时,观者对游戏的参与"具有忘却自我的特性,并且构成观赏者的本质,即忘却自我地投入某个所注视的东西。但是,这里的自我忘却性(Selbstvergessenheit)完全不同于某个私有的状态,因为它起源于对那种事物的完全专注,而这种专注可以看作为观赏者自身的积极活动"③。对对象的忘我专注不同于由好奇心引起的陶醉:观照者与游戏之间有密切的联系,观照者是游戏的组成部分,好奇心的对象与主体则毫不相关,对主体不构成任何意义;观照者因游戏产生的忘我专注是持续的、引人回味的,好奇心引起的陶醉则是短暂的、瞬间即逝的;在对游戏的专注中,观照者自身得到展现,由好奇心引起的陶醉主体因与对象无关而无法展现自身。在此意义上,观照者对游戏的参与就是完全的审美活动,观照者的心灵于其中获得极大的自由。

第四,游戏的真理:对存在的揭示。

游戏就是审美观照,这一结论的根据在于它能向创造物转化。就游戏而言,作为游戏者和观者构成的增殖结构是一个意义整体,能被反复地表现,并在表现中被理解。就创造物而言,它只在被游戏时才能达到完满的存在,即成为意义整体。这两方面的

---

① 加达默尔《真理与方法》上卷,第141页。
② 加达默尔《真理与方法》上卷,第161页。
③ 加达默尔《真理与方法》上卷,第163页。

一致,便使游戏向创造物的转化成为自然。"向真实事物的转化""本身则是解救,并且回转到真实的存在。在游戏的表现中所出现的,就是这种属解救和回转的东西,被揭示和展现的,就是曾不断被掩盖和摆脱的东西"①。作为审美观照的游戏用真理之光烛照存在,因为游戏中"再认识所引起的快感其实是这样一种快感,即比起已经认识的东西来说有更多的东西被认识。在再认识中,我们所认识的东西仿佛通过一种突然醒悟而出现并被本质地把握,而这种突然醒悟来自完全的偶然性和制约这种东西的情况的变异性。这种被本质地把握的东西被认作某种东西"②。游戏在自己构筑的世界里,把现实用现象学加括号的方式悬置起来,以置身于日常生活之外。这样,游戏的世界就脱离了实用功利,转而纯粹地展示存在及其本质。

六、结　　语

加达默尔的视觉存在论破除西方形而上学传统对视觉下的理性魔咒,赋予视觉以存在的内涵,这不仅是其思想演绎的必需,更是对人类生存现实的顺应。加达默尔对视觉存在论的反思给我们带来以下两点启示。

首先,就人在世界中的生存事实而言,观看先于语言。

虽然观看方式总是要受到知识和信念的影响与制约,但是在用语言知识去解释世界和用视觉感受去观看世界之间并不存在一种对等的关系。语言可以把日出、日落解释为地球围绕太阳运动造成的自然现象。然而,当我们用眼睛去看朝阳和落日时,所

---

① 加达默尔《真理与方法》上卷,第145页。
② 加达默尔《真理与方法》上卷,第147—148页。

见景象对视觉产生的冲击以及由此引发的内心感受，无论如何都不可能用语言知识完全表达和涵盖。不论是陶渊明感叹"此中有真意，欲辨已忘言"，还是李商隐感慨"此情可待成追忆，只是当时已惘然"，都表明了知觉感受的丰富、复杂与细腻，它直接诉诸人的内在生命体验，无法用抽象的知识加以概念化表达。人类在拥有语言之前就已经具备了观看的能力，所以，我们与周围世界的联系首先是在观看中建立起来的。观看先于语言，而且观看的内在感受性从来不能被语言完全涵盖。正是因为与人在世界中的存在有着如此本源的关系，海德格尔才将观看作为揭示存在的首要方式："我们用敞亮〔Gelichtetheit〕来描述此的展开状态，'视'就对应于这个敞亮的境界。'看'不仅不意味着用肉眼来感知，而且也不意味着就现成事物的现成状态纯粹非感性地知觉这个现成事物。'看'只有一个特质可以用于'视'的生存论含义，那就是：'看'让那个它可以通达的存在者于其本身无所掩蔽地来照面。当然，每一种'官感'在它天生的揭示辖区都能做到这一点。然而，哲学的传统一开始就把'看'定为通达存在者和通达存在的首要方式。"①在观看中，世界以其本然面目呈现出来，存在也由此摒除一切障碍得以显现。在存在论的意义上，观看不仅建立了人之存在与世界的直接关系，而且使人与世界的本真存在获得实现。美国学者列文把视觉划分为两种类型：一种是抽象、僵化、排他的"独断的凝视"，另一种是强调语境、横向、关切的"解蔽的凝视"②，前者可视作西方形而上学传统的理性视觉，后者则可看作海德格尔和加达默尔试图恢复的存在论视觉。

其次，视觉观看本身事实上也包含着存在论关系。

---

① 海德格尔《存在与时间》，第171页。
② David Michael Levin, *The Opening of Vision: Nihilism and the Postmodern Situation*, New York: Routledge, 1988, p.440.

就观看行为而言，观看不是主体投向客体的单向活动，而是一种双向互涉行为。主体和客体在观看中彼此建构着对方。由此出发，观看对象就是由不同的观看主体以各自不同的观看方式建构起来的总体。在观看对象中，凝聚着不同主体的各种观看方式，这就意味着当我们去观看它们时，我们的观看行为不是只涉及自我的单纯活动，而是始终蕴涵了他者的目光，我们在观看对象的同时也接受了他人观看这个对象的方式。我的观看总是包含了他人的观看，而他人的观看也必然包含了我的观看。在观看活动中，我和他人达成双向的交流。对话中的双向性是一种规范性要求，对话的规则决定对话双方必须建立一种应答关系，这种双向关系不是自发性的，而是强制性的。与此相反，视觉中的双向性是一种必然性本能，作为可见世界的组成部分，我们在确定自己能够观看的同时，也就意识到我们也能够被观看，主体在同化对象的同时也完成了对自身和对客体的实现。"我看青山多妩媚，料青山见我应如是"就是这种视觉双向性的典型。在此意义上，视觉是一种比对话更为根本的双向性活动。

就观看的主客体关系而言，作为一种选择行为，观看的结果就是将看见的事物设置在和主体相关的位置上。通过对自身之外的客体进行选择和对观看内容进行安排，观看将事物从它所处身的周围环境中剥离出来，置于主体可触及的范围内。所谓"触及"远非限于肉体感官的接触这一狭隘意义上，而是指主体能对之发生作用。这样，观看就总是处于主体和客体的相互关系之中，也即眼睛从来不只是看一个事物，而是从主体和客体的关系出发，在以事物为中心的范围里去捕捉事物，将呈现于主体面前的事物建构成与主体相关的事物。詹姆逊将之称为观看的可逆性："'观看'是设置我与其他人的直接关系的方式……'他者'观看我并作为超越我自身存在的一个外力而证实他的存在。然而，

'观看'同时是可逆的;通过交换,我能将'他者'置于同一位置。"[1]在观看中,主体观看客体不可能是直接的和直觉性的,必须借助观看向对象施加影响,使曾经与主体无涉的客观对象成为因主体而存在的主观内容,也使主体之外的对象空间融入主体置身其中的整体生存空间。由于影响力的双向作用,主体和客体彼此融入对方的视线,二者的物质界限渐渐消融,主体通过观看客体这一行为确认自身的存在,而客体也由于被主体的观看行为所涉及而转化为一个当下的、同质的主体。所以,观看是同时对主体与客体的扩展和丰富。在存在的意义上,主体和客体建立起一种均衡、协调和平等的联系。

近代社会以来,人与世界、人与人、人与自身的和谐关系全面沦落,人类正面临前所未有的生存危机,造成这种状况的主要根源之一就是现代世界中诸神的隐退。与此岸世界的感性个体存在构成二歧张力的形上彼岸世界的缺失,导致个体生命的存在根基与在世的正当性不再受到神性之绝对价值的确认,只能返诸现世。加达默尔对视觉存在论的揭示,为沦落于现世黑暗之中的个体生命重新确认存在的本然自足提供了一条可能的途径。

---

[1] 詹姆逊《后现代性中形象的转变》,《文化转向:后现代论文选》,胡亚敏等译,北京:中国社会科学出版社,2000年,第101页。

艺术史中视觉思维的审美呈现

本编前三章探讨了视觉思维与西方传统形而上学之间的亲缘关系,以及视觉思维在西方思想中的理论形态演变和当代视觉文化中的理论主导地位。通过梳理西方传统思想中视觉思维的理论指向,阐释现代西方思想清理视觉思维控制的努力,并揭示后现代思想赋予视觉思维的全新理论内涵,前三章的研究表明视觉思维一直贯穿于西方思想之中,并为不同时期的视觉文化样式提供共同的理论框架和运思范畴。在现代科技和电子传媒高度发达的今天,视觉文化进入了空前的繁荣期,并体现出不同于以往视觉文化的新特征。当代视觉文化的独特特征受制于视觉思维的后现代语境。后现代视觉思维及其理论形态是理解当代视觉文化的思想基础,当代视觉文化则是后现代视觉思维的现实审美表征。从本章开始,本书将进入视觉文化的批评实践领域。本章首先探讨从西方古典时期至19世纪的艺术史,通过分析视觉思维在艺术史的不同发展阶段上所具有的不同审美呈现,深化对视觉思维和视觉文化关系的全面认识。

一、感官等级制

人类的一切认识活动首先需要借助五官。感官接触对象获得感性印象,为理性认知提供实在经验材料。中西方思想都曾关注过五官,并对五官的认定以及在对五官功能的确立上有相当的共识。

在中国,表示肉体性之生理器官的"五官"一词首见于《荀子·天论》:"耳目鼻口形,能各有接而不相能也,夫是之谓天官。心居中虚以治五官,夫是之谓天君。"唐代杨倞注曰:"耳辨声,目辨色,鼻辨臭,口辨味,形辨寒热疾痒。其所能皆可以接物而不能互相为用。官,犹任也。言天之所付任有如此也。"[①]耳(耳朵)、目(眼睛)、鼻(鼻子)、口(口舌)、形(身体)都是人借以接触和感知外界事物的生理基础,它们各谋其任,各司其职,各自独立,并且最终都要统归于心的掌控。

确定了五官的具体内容后,《荀子·正名》进一步详细而明确地辨识了五官的功能:"形体、色、理以目异,声音清浊、调竽奇声以耳异,甘、苦、咸、淡、辛、酸奇味以口异,香、臭、芬、郁、腥、臊、洒、酸、奇臭以鼻异,疾、养(痒)、沧(寒)热、滑(汨)铍(披)、轻、重以形体异,说、故、喜、怒、哀、乐、爱、恶、欲以心异。心有徵知。徵知则缘耳而知声可也,缘目而知形可也。"[②]目具有视觉功能,对应于色;耳具有听觉功能,对应于声;鼻具有嗅觉功能,对应于臭;口具有味觉功能,对应于味;体具有触觉功能,对应于冷热疾痒,不同的认识功能和感知对象将五官彼此区分开来。

在西方,人的官能也主要是指视、听、触、嗅、味这五个方面。据美国学者考斯梅尔考证:"自古典时代以来,对人类知觉的研究就是以五种外部感官为对象,我们的心灵正是通过它们来获得有关外部世界的信息的。这五种感官是:视觉、听觉、触觉、嗅觉和味觉。"[③]五官的类别不同,它们具有的能力也不同。如圣维克多的雨果就

---

① 荀子撰、杨倞注《荀子·天论》,上海:上海古籍出版社影印《二十二子》,1986年,第327页。
② 《荀子·正名》,《二十二子》本,第342页。
③ 考斯梅尔《味觉》导言,吴琼等译,北京:中国友谊出版公司,2001年,第4页。

明确表示:"色彩的美款待视觉,曲调的愉悦抚慰听觉,气味的芳香抚慰嗅觉,味道的甜美抚慰味觉,肉体的圆润抚慰触觉。"①视觉、听觉、嗅觉、味觉和触觉这些生理感官分别对应于色彩、声音、气味、味道、肉体,它们各自的功能也由于作用对象的不同而彼此区分开来。

中西方思想都提出人类的五官不仅类别各自独立,而且功能相互区分。在此基础上,他们都认为每种感官的功能优劣和地位高低也各不相同。

在中国,儒家强调"感官伦理",在承认感官是人的自然欲求这一前提下,要求用人格修养和礼教规范去调整、限制和引导五官,使之符合儒家伦理和社会规范,最终达致心志的和谐中正。道家则强调在道的观照下,五官中的耳目具有认知的理性功能,可以从肉体性的感官提升为精神性的存在,成为道的隐喻式表述。尽管儒家和道家从各自的思想基点出发对五官有不同的理解,但都指明肉体性感官极易受到欲望的诱惑,需要对它进行节制和约束才能正常运行。其中,耳目是五官中最能发挥理性认知功能的器官②。

在古希腊,理性被视为衡量一切的唯一准则,人们从人的理性认知能力出发考察感官的性质。苏格拉底直接说:"脑子才是听觉、视觉和嗅觉的原动力。"③柏拉图提出,要想克服生理感官的认知缺陷,"人应当通过理性,把纷然杂陈的感官知觉集纳成一个

---

① 塔塔科维兹《中世纪美学》,褚朔维等译,北京:中国社会科学出版社,1991年,第244页。
② 详见高燕《视觉隐喻与空间转向——思想史视野中的当代视觉文化》,上海:复旦大学出版社,2009年,第20—31页。
③ 北京大学哲学系外国哲学史教研室编译《西方哲学原著选读》上卷,北京:商务印书馆,1981年,第61页。

统一体,从而认识理念"①。至此,感官必须在理性制约和指导下才能拥有认识能力这一观点被普遍接受,成为西方感官思想的基本原则。

五官和理性的亲疏关系不同,决定了它们各自的地位也不相同。在感性和理性的两极中,眼睛被认为是离理性最近而离感性最远的器官。赫拉克利特说:"眼睛是比耳朵可靠的见证。"②柏拉图强调,作为世界本质的理念之所以能让我们凝视,是"因为视官在肉体感官之中是最尖锐的"③。亚里士多德在《形而上学》开篇说道:"求知是人类的本性。我们乐于使用我们的感觉就是一个说明;即使并无实用,人们总爱好感觉,而在诸感觉中,尤重视觉。"④他将眼睛的辨形认知能力直接确定为源自人性的求知能力。近世的黑格尔也认为:"如果我们问:整个灵魂究竟在哪一个特殊器官上显现为灵魂?我们马上就可以回答说:在眼睛上;因为灵魂集中在眼睛里,灵魂不仅要通过眼睛去看事物而且也要通过眼睛才被人看见。"⑤因此,视觉居于五官的首位,是最适合进行认知和审美的感官。

在西方感官思想中,除视觉被赋予首要地位之外,根据与理性的不同关系,其他感官按照优劣依次排列为听觉、触觉、嗅觉、味觉,形成了西方思想中的感官等级制传统。位居首位的视觉不仅是实现理性认知的最佳途径,而且随着自身功能的不断强化最终与理性合流,成为理性的代言者和同义词。因此,西方思想中

---

① 《西方哲学原著选读》上卷,第75页。
② 《西方哲学原著选读》上卷,第26页。
③ 柏拉图《文艺对话集》,朱光潜译,北京:人民文学出版社,1963年,第126—127页。
④ 亚里士多德《形而上学》,吴寿彭译,北京:商务印书馆,1959年,第1页。
⑤ 黑格尔《美学》第一卷,朱光潜译,北京:商务印书馆,1979年,第197—198页。

的视觉思维由来已久,根深蒂固,其审美表现形态则突出地体现在西方艺术史不同发展阶段的美学观念和创作实践上。

二、视觉思维的文化象征意蕴和审美表现形态

在西方古典时期,视觉思维主要体现在美学领域中的模仿。

希腊时期是万物同质的一元泛神论观念。希腊人认为现实事物是真实的,借助眼睛观看现实世界所形成的艺术形象也是真实的。这一时期对眼睛再现现实这一活动的认识包含以下两方面重要涵义。

第一,艺术形象只依赖现实本身,与超现实的象征无关。艺术和美的本质不在于它们同普通感官知觉对象背后的一种看不见的实在之间具有象征关系,而在于同普通感官知觉对象之间具有模仿关系。在《拉弓的丘比特》这件雕塑中,活泼、顽皮的小爱神在一种非常生动自由的形式中被创造出来。浓密的卷发为他增添了热烈的生命气质,使他的形象更加接近于现世中的人而非彼岸里的神。他的一只手拿着能够让人产生爱情的神奇的弓,另一只手正在拨弄它,跃跃欲试的姿态让人感觉他会随时举弓射箭,让人获得痛并快乐的爱情。人物身体结构合理,姿态动感自然,洋溢着浓郁的生活气息,可以见出雕刻家对人体结构非常熟悉。

第二,人之所以要模仿自然,就是因为人是自然最完善的创造物,自然借助人这面镜子来显现自身。希腊艺术,特别是造型艺术将自然的神性完美、充分地融入人的形象,使人的灵与肉处在相互凝视、倾听的宁静和谐之中。人要在自身中显现自然的冲动就落在了使用眼睛这个最敏锐的器官上面,用眼睛去观看、显现和展示自然成为希腊艺术模仿的不竭动力。因此,这一时期的

审美创造把真实看作最重要的因素。希腊化晚期的雕像《拉奥孔》典型地体现了这个时期追求外在真实的审美观念。拉奥孔是希腊神话中特洛伊城邦的祭司,因警告特洛伊人不要把藏着希腊军队的木马拖进城,激怒了希腊人的庇护神雅典娜,于是她派两条巨蟒咬死了拉奥孔和他的两个儿子。作品将这一在时间上延续的悲剧事件展现为空间中呈现的瞬间动作,选取了悲剧情节即将达到死亡这一高潮之前的时刻加以表现。我们完全能够从身体肌肉的突起程度深切地体会到巨蟒缠绕导致窒息的紧张状态,人物微张的双唇和痛苦的表情昭示出誓与死亡抗争到底的最后意志。强烈的情绪表达、激烈的动作展现和富于包孕性时刻的情节选择,让这幅作品充分表达出动人心魄的悲剧性。德国莱辛在其艺术理论著作《拉奥孔》中专门围绕该雕塑探讨造型艺术和语言艺术的不同艺术表现[1]。西班牙画家埃尔·格列柯也曾画过好几幅有关这一事件的作品[2]。

远古时代的人类在强大的自然面前感到畏惧,眼睛无法穷竭纷繁的现实。当他们把三维的自然现象转换为二维平面上的图像时,实际上是想借助人格化的艺术形象防卫自然的侵犯。这时的看总是带有害怕被征服的畏惧,因而其内部力量占了上风。相比较,古希腊人在万物同质观念的引导下,开始从抵抗逃避自然转向面对并融入自然。自然不再是外在的陌生客体,而是人的内在感觉的延伸。此时,看的内部力量与外部力量就在模仿中达到了某种平衡[3]。

中世纪,视觉思维的审美呈现主要体现为通过对光的展示和

---

[1] 莱辛《拉奥孔》,朱光潜译,北京:人民文学出版社,1979年。
[2] 霍尔《西方艺术事典》,迟轲译,南京:江苏教育出版社,2007年,第293页。
[3] 可参看巴尔(Hermann Bahr)的相关论述。见巴尔《看》,刘小枫主编《现代性中的审美精神》,上海:学林出版社,1997年。

描绘，象征性地表达上帝的存在，让人们从美的观感引导出对天国的感悟。

中世纪的视觉思维仍然承续了古典时期的模仿观念，但内涵却发生根本变化。基督教神学用上帝之光笼罩一切，在彼岸-此岸、精神-肉体、神性-人性的区分中，给予精神前所未有的关注。中世纪的神学家认为精神的再现至高无上，远比物质的再现更有价值。不同于古典意义上的模仿理论旨在为艺术确立一种创作法则，中世纪的模仿理论是在象征意义上为艺术确定一种解释世界的方式。这时，模仿理论的关注点便从提升真实世界的价值转向重建并维持真实世界与现实世界的联系。视觉模仿由此被赋予新的内涵而得到发展。

在创作法则上，中世纪的艺术家认为，不可见世界是内在、永恒、远比可见世界完善，因此，艺术应该模仿不可见世界；如果艺术由于自身性质只能局限于再现可见世界，就应当在可见世界之中寻求内在美的印记。想达到这一目的，就需要采用象征的方法。

在创作理念上，作为神的上帝至高无上，不可窥测。可见之美要想通过模仿能够描绘出不可见之美，需要有一个既来自上帝又能为人所接近的中介，此中介就是被表述为光的理智。

中世纪对视觉的关注就从眼睛的直接活动转向眼睛活动所依赖的外部条件——光或者光的对应物火。理智以光的形象出现，直接从上帝的存在中流溢而出，上帝以理智为中介创造出世界和人。凭借理智，人可以清除肉体屏蔽，重新沐浴在上帝的神圣光辉中。光由于和神的密切关系而被赋予神圣、超然的神秘性质。

既然眼睛的认识能力主要由光决定，相应地，眼睛的审美能力也取决于光。中世纪的思想认为事物之美的根源不再仅仅如古典时期所认为的比例协调,更在于悦目的光辉,光是使事物美的原因。

在以上审美观念影响下,我们首先看到的就是基督教绘画中上帝和众神头上的光环。光环或灵光(Halo)始见于5世纪,最初只用在"三位一体"的圣父、圣子和圣灵三个形象上,后来逐步扩大到使徒、圣者和其他一些人身上。常见的圆形灵光属于圣母玛利亚、天使和圣徒们。中世纪后期至14世纪,这种灵光多被描绘为一个金色的圆盘,上面写有本人的名字[①]。基督教的神像除了给予光环以耀眼夺目的描绘外,基督和众神在看似个人肖像的描绘中丝毫没有展露内心情感和独特个性,反而在追求神圣的共性中都被表现得呆滞无生气。因为这个时期的画家要表现的是人的灵魂而非肉体,为达到这一目的,他们需要将人物身体进行不符合生理结构的变形,对人物面部进行去个性化的抽象,用金黄色的光线使人物脱离实际空间显出超现实性,从而创造无形的精神世界。

贬抑尘世、仰望天国的象征手法还集中地体现在哥特式建筑上。尖尖的塔顶和带肋架的拱顶不是为着建筑的实用功能,而是让人抬头观望时,随着视线被引向无尽的苍穹和交叠的穹顶,内心也随之提高升腾,最后获得一种宗教净化后的宁静和喜悦。教堂内部精细的装饰,特别是彩色玻璃的使用也有着同样的象征目的。阳光透过玻璃变幻成五彩斑斓的炫目色彩,营造出天国的美好景象,让置身其中的人仿佛沐浴在上帝的光辉中,获得心灵的陶冶和净化,最大限度地接近上帝。法国沙特尔大教堂的彩色玻璃也许是中世纪欧洲最出色的,而且至今毫无损毁。

基督教用超自然的世界否定自然现实,使看的外部力量转而

---

① 详见霍尔《西方艺术事典》"光环(Halo)"词条,第194页。

僭越并控制内部力量,这导致"人类更加违背他自己的心愿,而投靠外界。人变得更加只是眼睛,眼睛变得更多地在接受而很少行动。眼睛不再有自己的愿望,它在刺激面前失去了自己,直到最后它完全成为一个被动物,变成了一个自然的纯粹的回声"[1]。

与视觉相关的意象如"光""镜子""灯"虽自古希腊以来就一直存在,但它们在文艺复兴时期得到了更多的重视。柏拉图在《理想国》中曾讨论了一种常用而又简单地制造一切事物的方法:"拿一面镜子四方八面地旋转,你就会马上造出太阳,星辰,大地,你自己,其他动物,器具,草木,以及我们刚才所提到的一切东西。"[2]在柏拉图看来,镜子映现事物只能在外形上毕肖现实,却达不到真正的实体。柏拉图用镜子去比喻图像再现的虚假性。中世纪的宗教思想赋予镜子以超凡的力量,镜像的虚无缥缈常常被作为去肉体化的纯洁灵魂的象征,而纯洁的镜子也被用来类比圣母玛利亚的纯洁无瑕的性质。文艺复兴时期对视觉的看法承袭了自柏拉图以来的镜子说,但却完全没有了柏拉图的那种否定的涵义,也不再具有中世纪的神秘色彩。艺术家们站在充分肯定自然现实具有真实性的立场上接过镜子的譬喻。达·芬奇认为,创作时,"画家的心应该像一面镜子,永远把它所反映事物的色彩摄进来,前面摆着多少事物,就摄取多少形象"[3]。这时的人们在摆脱神的枷锁后,重新获得对自身的认识和信心。人们坚信,自然就是真实的存在,人可以凭借自身的理性实现对自然的认识。

既然自然是绝对真实的,那么艺术唯有忠实地模仿自然才能

---

[1] 巴尔《看》,刘小枫主编《现代性中的审美精神》,第 461—462 页。
[2] 柏拉图《文艺对话集》,第 69 页。
[3] 达·芬奇《笔记》卷二,朱光潜译,伍蠡甫、胡经之主编《西方文艺理论名著选编》上卷,北京:北京大学出版社,1985 年,第 161 页。

实现自己的价值。文艺的真实性正是来自对自然现实的准确把握。在他们的观念中，没有什么比自然更为真实和可信，艺术要想达到真实，唯一的办法就是模仿自然。可见，文艺复兴时期视觉思维的审美呈现仍然表现为模仿的观念。不过，较之古典时期和中世纪，这时模仿关注的对象既不是规定万物的同一本质，也不是凌驾于现实之上的神圣精神，而是人目光所及的外在自然。忠实地模仿自然成为这一时期艺术家的共同信念。

忠实地模仿不等于原样照搬，艺术对自然的再现是一个去芜取精、由表及里的理想化过程。文艺复兴的艺术家们主张，不是所有的模仿都适合于艺术，只有择取最能体现自然规律和本质的并融入艺术家创造性的完美的模仿才能进入艺术的领域。这时，模仿摆脱现实实录的身份，开始具有了创造的涵义。创造内涵的引入，使艺术形象虽以自然为限，但又能比自然更完善。比如费西诺、米开朗基罗就宣称以美化自然为己任，瓦萨里提出自然要被艺术征服。

乔托（Giotto）是意大利文艺复兴早期的画家，从他的《逃亡埃及》《犹大之吻》《哀悼基督》等画作题材上看，他还没有摆脱中世纪绘画的表现程式，但是他对人物姿态的细致刻画和生动表现，精妙地传达出人物的内心世界，让人物摆脱了基督教艺术中刻板的精神象征，秉持了世俗现实的生命气息。他在描绘具体场面时，注重选取充满冲突性的空间关系，并与人物的内心情绪相呼应，从而创造出极富真实性的自然现实。他的作品预示了文艺复兴现实主义艺术的基本特点。

15世纪上半叶尼德兰新现实主义画派扬·凡·艾克（Jan Van Eyck）的《阿尔诺芬尼的婚礼》堪称古典写实绘画视觉观察方式的典范例证。画家用敏锐的目光和独特的感受去观察日常事物，运用一点对焦的方式组织画面要素的基本构图规范，连续的多视点对焦的方式去刻画细节,并依据画面中物像所处的不同空间位置,严谨而精准地去处理它们的光线与色彩,准确而精湛地呈现生活的日常场景,可以见出画家试图运用高超的绘画技巧去纤毫不爽地再现现实的追求。

安东尼奥·波拉约洛(Antonio Pollaiuolo)的《无名女士像》采用古典式侧面头像的表现形式,却注重通过人物面部轮廓和身体线条的对比和呼应关系,深入探索人物的精神和心理。该作品中的肖像并没有沉浸在静穆高贵的氛围中展现古典时代的典范理想,也没有沐浴在庄严神圣的光辉中象征神的理性,而是融入画家独特创造力的真实的个体存在。我们在画中看到的是一位机灵活泼的女性形象,她似乎正在对画家的描绘做出内心和表情的呼应。

启蒙运动时期再一次标举理性之光,不同的是,理性之光脱离了上帝的属性,直接存在于现世之中的人本身,它是指人类借助自身的理性摆脱自己的不成熟状态,光已经从指向外在上帝的救赎转变为指向人自身的内省。这一时期的视觉思维主要体现为审美创造中对光影的强调,对古典主义庄严、朴素风格的追求,对情欲和过分雕饰的否弃。

卡拉瓦乔(Caravaggio)的《以马忤斯的晚餐》描绘了复活后的基督在晚餐桌上被信徒认出的场面。画家抓住人物转瞬即逝的某个时刻的反应加以描绘,强光的使用让这一场景的事件性突显出来,阴影部分隐没了与此事件关联不大的次要部分,让观看者的注意力集中在事件的秩序安排和事件所蕴含的意义上。伦勃朗(Rembrandt)的《夜巡》将戏剧性的光影效果发挥到了极致。画家采用从人物侧面45度角打光的方式,让柔和的光线漫布于整个空间,使不同的空间位置在柔光的调和中统一为可感可触的整体,空间便从包容人物和动作的场所转变为无法与人物和动作分割的有机整体,充分实现了借助光去塑造现实的理想。这一富于造型性的独特打光方式后来被称为"伦勃朗光",常常被当代的人像摄影和电影借鉴。作为新古典主义代表人物的安格尔(Jean Auguste Dominique Ingres)则开始从描绘社会事件转向纯艺术的表达。他的《泉》用严谨规整的构图、纤柔和谐的光线、稳重典雅的色彩、不引起任何情欲的身体描绘,把观者带入"高贵的单纯,静穆的伟大"的古典式审美之中。少女的身姿与陶罐之间的动力平衡关系,少女形体的柔美曲线与水流干净利落的直线之间的线条对比,明朗娇柔的女性身体与黯淡坚硬的背景和地面之间的质感对比,以及站立的人物与倾泻而下的水流之间的动静对比,造成极富韵律感的画面。

文艺复兴和启蒙运动时期,对人自身的信念和对理性的信仰使艺术家试图在外部事物中打上自己观看的烙印,对外在事物的模仿是对现实真实性的忠实再现和对内心独特性的个性传达这两者的结合与统一。阿恩海姆在分析这两个时期的审美创造时指出:"这些艺术家所创造的人体形象之间是很少有什么共同之处的。有机体所具有的形状和姿态是稍纵即逝的。它们的躯体轴线和结构骨架是不能改变的,但是个别部分的轮廓线和色彩却很少能预先规定。要为这种身体结构创造一个形象,就必须为它设计一个大概性的构图,这个构图既要反映出艺术家的'意图',又不能侵犯原型的基本视觉概念。"[①]艺术家的个人观感和普遍理念通过复杂精湛的技术手段转化为视觉图像上的栩栩如生,观看的外部力量和内部力量在表面上的对峙与均衡中更多地倾向于内部力量。

[①] 阿恩海姆《艺术与视知觉——视觉艺术心理学》,滕守尧等译,北京:中国社会科学出版社,1984年,第206页。

进入现代以来,强调内部力量的表现主义在面对世界时遁入自我,强调外部力量的印象主义则放弃自我逃进世界。方兴未艾的当代视觉文化则提出了新的观看原则和观看方式,本书将在后面对当代时尚文化、电影和电视剧的分析中进一步探讨。

正如英国艺术史家里德所言:"整个艺术史是一部关于视觉方式的历史。关于人类观看世界所采用的各种不同方法的历史。"[①]艺术在不同发展阶段上的审美表现,受制于人类不同历史时期观看方式的基本特征,体现了视觉思维的根本思想指向。所以,本章并非是对西方艺术史的全面、系统梳理,而是着眼于视觉思维的审美呈现这一角度,借助艺术史的审美观照去分析和解释视觉思维的理论内涵和现实表征,帮助我们准确地认识和把握视觉思维。

---

① 里德《现代绘画简史》,刘萍君译,上海:上海人民美术出版社,1979年,第5页。

媒介叙事与世界的景观化

在科技高度发达的当今时代，现代化媒介层出不穷，如电影、电视、数码照相机、DV、网络、短信、广告、时装秀、游戏机、时尚杂志、动漫影像及书籍、宣传招贴画、超市的商品海报和购物旅游指南、产品说明书、智能手机、短视频，等等，大众媒介制造和传播的各种符号、图像正在迅速地侵入我们日常生活的每一个角落，占据着人类生存的一切空间，成为俯拾即是的生活内容。可以说，现实生活越来越多地被大众传媒塑造成为一种物质现实与意识表象、物理真实与电子虚拟交织渗透的视觉景观。

生活在这种景观社会中，观看早已超出一种单纯的身体行动，成为人们确认自身和把握外在的根本存在方式。制造图像的电子传媒决定、引导甚至控制着人们观看的内容、观看的方式以及观看的效果，导致人们从外部显性的行为习惯到隐秘幽深的情感判断都要依赖于图像的媒介叙事逻辑。

日常生活中的图像增殖、个体生存中的观看行为凸显和意识领域中的媒介操控到底会给我们带来怎样的后果？贡布里希抱怨说："以往任何时代也不像我们今天这样，视觉物像的价值竟至这样如此的低廉。招贴画和广告画，连环漫画和杂志插图，把我们团团围住，纷至沓来。通过电视屏幕和电影，通过邮票和食品包装，现实世界的种种面貌被再现在我们眼前。"[①]他站在文化精

---

① 贡布里希《艺术与错觉》，范景中等译，杭州：浙江摄影出版社，1987年，第7页。

英主义的立场上指责随处可见的图像破坏了视觉原初的新奇感。形态各异的图像通过占据和划分不同的生活空间,将丰富复杂的世界单一化为令人眼花缭乱的图像景观,图像数量上的增加必然造成图像价值的贬损,观看行为的霸权必然会削减人生的多重维度。最后,人们不仅不能在所谓眼见为实的图像观看中通达真理,反而迷失在电子传媒不动声色的诱导之中,正如《老子》所言,"五色令人目盲","是以圣人为腹不为目"[①]。在贡布里希这样的文化精英看来,无论是图像时代,还是景观社会,都因将人生推向了背离真相的危险边缘而应该受到否定。

可是,图像时代已然降临,景观社会业已生成。置身于此种环境中,我们只能遭受戕害,而无半点受益吗?图像原本是实体的表征,实体是在场的真实存在,而图像则是不在场的虚拟再现。但是凭借大众电子传媒的技术支持和认知重塑,曾经意味着实体在时空中缺席的图像,在自身的扩张和对实体的僭越中,直接取代了实体而本身成为在场的实体。相应地,意味着在场的直接显现的实体自身则消退成为时空中的缺席。实体的在场与图像的不在场被媒介制造的世界景观置换,图像与其代表的实体、现世生活与彼岸世界全都借助符号表达置身于相同的现实空间中而达成共识。图像脱离实体的自足消解了实体的权威地位,打破了传统本质论对世界做出的总体性设定,正好契合了后现代主义的运思理路。尼采要求重估一切价值,德里达力主解构在场形而上学,利奥塔试图消除元叙事,所有这些后现代主义思潮的先驱和主要理论家都致力于破除规则的标准化和认知的单一化,重新恢复现实的多元化面貌。从此,语言游戏、生活形式、世界图景、认知观念、知识体系不再像以前那样表现为一元的统一景观,而是

---

① 《老子·十二章》,上海:上海古籍出版社影印《二十二子》本,1986年,第2页。

呈现为局部的、独特的、需要分别对待的多元的个别现实。

通过以上分析可以看出，媒介对世界的控制和图像对生活的入侵，有助于我们摆脱传统权威和中心的束缚，在多元化的审美价值取向中获得多样性的生活感受。当代的审美文化，特别是当代的大众娱乐和消费文化，典型地体现出后现代主义拒绝崇高的平民化倾向和追求差异的非本质主义理念。不过，正如贡布里希等文化精英主义者所担心的那样，由于借助电子传媒进行展现和表达的图像和景观并非是纯粹中立、客观的，它们也体现着并受制于媒介所承载的意识形态。所以，我们不能简单地全盘接受或者全面否定媒介图像和符号景观，也不能简单地赞成或者反对作为其审美表现形态的大众娱乐文化，而应该针对具体现象进行批判性分析。本章试从当代深受传媒影响的三个大众日常生活个案入手，探讨媒介叙事和景观世界的本质，以及我们可以采取的态度。

一、性别中性：时尚风潮体现的社会进步

图像时代引起视觉文化的空前繁盛。当代视觉文化有其独特的思想指向和审美形态。具体地说，以视觉观看设定的主客二分以及主体对客体的优先性构成一切视觉文化的基本思维方式，但是由于媒介符号和图像景观对传统权威的消解，当代视觉文化不仅强调外指性的观看，更重视内省式的自视。于是，视觉在返诸自身的观照中重新引出了久已被弃置的身体。对身体的关注和重塑不仅是当代视觉文化的重要审美形态，而且也是消费文化和时尚娱乐的热点话题。

近些年来，随着流行文化的推进和大众娱乐的造势，中性化

作为一种审美取向愈演愈烈,从物质层面的穿衣打扮、时尚风潮,到精神层面的生活态度、人生理念,中性化已经渗透到日常生活之中,成为当代社会中重要的审美现象。

中性化的审美风格并不是什么刚刚出现的新事物,早在20世纪70年代发展起来的朋克文化(Punk Rock)就显示出了对中性化的追求。朋克本来是一种摇滚乐风格,它标榜颠覆一切传统、权威的精神,采用颓废的方式,以期坚守摇滚乐最初诞生时张扬的叛逆和反抗。对朋克们来说,借助音乐传达出的理念远比音乐本身的形式和技巧更为重要。朋克文化独立于西方当代的主流文化,在观念上,他们主张反叛和粗俗,以对抗世俗的正统;在生活上,他们用颓废表达自己的处世态度;在衣着上,他们用中性化的风格颠覆既定的性别差异。他们的影响已经远远超出了音乐领域,成为青少年亚文化中的重要一支。

如今,朋克已沉淀在历史的河流中。但是,他们在审美取向上追求的中性化风格却没有随之沉寂,反而在时尚和娱乐的联手打造下,重新站到了大众审美的风口浪尖上。随手翻翻报亭里的时尚杂志,VOGUE、ELLE或BAZAAR,封面女郎一改往日的妖娆妩媚,而皆以烟熏妆、硬朗的西服领带、钉扣配饰,佐以冷漠的眼神亮相。再看看全球各大时装发布会,从一贯以性感著称的女装品牌 Versace、Prada,到致力于塑造艺术气质的男装品牌 Giorgio Armani、Vivienne Westwood,中性之风横扫T型舞台。

在中国,一档宣称"不设门槛""想唱就唱"的平民化娱乐节目"超级女声"创造了电视传媒的收视狂潮,而参赛选手的中性化装扮,也迅速成为超女粉丝以及众多年轻人效仿的样板。可以说,超女们为中性化在中国的流行起了推波助澜的作用。长期流行的"女人的身体,男人的目光",一跃而变成"中性的身体,众人的目光"。

何谓中性化？从衣着打扮的现象上讲，是指女性的男性化和男性的女性化。面对帅气的女生和柔媚的男生，我们大可不必惊呼责怪，斥为世风日下，美丑不分，摆出一副保守持重的面孔；也用不着为它摇旗呐喊，以为男女解放、性别平权、世界大同的日子已经为期不远。所谓"趣味无争辩"，就像当初朋克文化的产生有它特定的社会背景一样，当前的中性化风潮也体现了 e 时代大众审美趣味的多样化要求。女性的阴柔和男性的阳刚早已在历代的文学、艺术、时装、娱乐中被演绎得淋漓尽致，看惯了帅男靓女后，大众的审美难免产生疲劳。在现代传媒极度发达的今天，求新、求变已经普遍成为一种思维方式和生活态度，渴望打破传统的性别区分、在自身中展现异性风采的中性化自然也是在这种背景中产生的审美要求。多样化的审美风格，多元化的审美取向，多层次的审美趣味，标识着社会文化的多元共生，而对这些多种多样的审美追求采取包容的态度，正是社会进步的一个重要标志。试问，如今还有谁愿意再回到黑、灰、蓝与中山装一统天下的那个年代呢？

中性化不仅是流行时尚，透过这一社会现象，我们还可以解读出它背后隐藏着的价值判断和精神追求。中性化不是简单地强调男女换位，而是要求重新界定社会性别(Gender)。自然性别(Sex)是天生的，它以身体的生理特征为标识，我们对此无法选择；但社会性别不是天生的，而是家庭、社会、文化、时代等因素后天塑造的结果。男人为什么一定要骁勇强悍？女人为什么必须千娇百媚？对性别特征的划分不仅仅是生理上天然形成的区别，还是社会与文化赋予我们的规定。中性在追求雌雄同体的行为中抹杀了社会性别间的差异，揭示出女性身上凸显的男性气质和男性身上流露的女性气质，为我们更好地认识自己提供了另一种方式。

因此，不能把审美庸俗化为一种时尚行为和娱乐现象，审美本身是一种反思性的情感判断。对审美现象一味地跟风，或者简单拒斥，都不是真正的审美态度，重要的并不是肯定或者否定的态度，而是我们从这些现象中获得的思考。

二、世博审美：人群在游荡中体验惊奇

鲍德里亚（Jean Baudrillard，又译波德里亚、博德里亚尔）曾以迪士尼乐园为例，分析了景观世界中的拟像（simulacrum）和仿真（simulation）①。相对于迪士尼乐园对真实世界的取代和再造，历史更加悠久的世界博览会不仅通过全面展示人类文明的物质和文化成果，构造出比迪士尼更加浓缩而典型的景观世界，而且还通过建筑空间设计规范并制约着人们的参观体验，确立了对景观世界的审美方式和态度。

自1851年英国伦敦举办万国工业博览会以来，世界博览会已经走过了一个半世纪的发展历程。作为汇集全人类文明成果的舞台，世界博览会不仅仅展示世界各国在经济、科技和文化方面取得的新成就、新技术和新观念，它还致力于营造一个具有召唤结构的空间。在此空间中，琳琅满目、新颖奇特、充满爆发力和堆积感的物质景象构成其触手可及的感性表层，而趣味迥然、情态各异、极具地域色彩和民族风格的文化氛围形成其需要玩味和体会的想象底层，这两个层面借助狂欢式的节日庆典吸引游览者持续不断地参与其中，在游览者的漫游、观看、体验、沉醉中实现

---

① Jean Baudrillard, "Simulacra and Simulations," in *Jean Baudrillard: Selected Writings*, Mark Poster, ed., Stanford: Stanford University Press, 2002, pp.171-172.

相互交融,共同构筑博览世界的雄心和梦想。

2010年上海世博会创造了参加国家和组织最多、自建馆数量最多、志愿者人数最多、世博会园区面积最大等十项世界之最。当人们不畏长途跋涉的疲劳、不惧排队等候的无奈、不怕烈日酷暑的折磨,兴致勃勃地从四面八方汇聚而来之时,无数的场馆、物品、影像、表演和美食会在顷刻间奔涌而出,让人一时间无法应付,不知道从何开始。这时,一个问题自然浮现出来:我们应该怎样去参观世博会?抛开网络上铺天盖地的世博游园攻略不谈,不同的人带着不同的心理预期和观看目的,会采取不同的游览方式。其中,审美的方式和态度因其无目的、非功利的超脱或许为人们审视世博会提供一个别样的视角。科技产品、传世名作、地域特产、文娱表演以及承载这些物质和文化产品的场馆建筑构成审美观看的视觉景观,人群的聚散、拥堵、等候和游荡构成审美主体的行为方式,而赞叹、惊奇则构成审美体验的情感内核。

游览时首先跃入眼帘的是如波涛般汹涌的人群。来自天南海北、素不相识的人们熙熙攘攘,摩肩接踵,完全被外部的物象占据了注意力,彼此间却视而不见,听而不闻。人群以无形的边界、超人的力量时而聚集在人行道上,时而分散在场馆之间,随处是面孔、眼睛、步履、呼吸和喧嚣,建构出游览环境的新生态。随着人群的移动,时紧时慢的脚步踏出新的节奏与韵律,如音乐般轻盈流畅。沸腾的人群是赋予博览会以生命的灵魂,一切建筑和产品的展示都在人群的流动中变得生动起来。拥挤的人群也是产生现代世界转瞬即逝之美的所在,于是,便有了美国诗人庞德为人群中一闪而过的美丽脸庞的魂牵梦绕,也才有了法国诗人波德莱尔对一位交臂而过的妇女的念念不忘。

对于陷入人群中的人们来说,游荡不失为一种最恰当的审美态度和方式。就行为规则而言,世博会是展现与观看的结合。观看者既要置身其中,直接接触,又要保持一定的审美距离冷静旁观。因为,过于沉浸在外部的景观世界中,容易如看热闹者一般迷失自我,丧失个性,沦为茫茫人群与匆匆看客中的一员。然而,游荡者不同于看热闹者,他以自己的兴趣和爱好为导向,在清醒意识和明确目标指引下,自由地穿行在热闹的人群中,游走于各式建筑间,跟随人群却不随波逐流,四处观看却不眼花缭乱,被纷繁奇幻的景象吸引却不致神魂颠倒、物我不分。

  人群中的游荡者最强烈的审美体验是惊奇。世博会是一种混搭方式,它让强调时间延续的传统与关注当下的现代并置,崇尚理性、客观的科技与追求感觉、风格的时尚结合,驻足永恒、凝固价值的艺术与诉诸消费、依赖于使用的商品同台,巨大的世界在精心设计的展览园区中被浓缩成为一个小小的地球村。诚如马歇尔·麦克卢汉所言:"通过广播、电视和电脑,我们正在进入一个环球舞台,当今世界是一场正在演出的戏剧。我们整个的文化栖息场,过去仅仅被认为一个容器,如今它正在被这些媒介和空间卫星转换成一个活生生的有机体。它自身又包容在一个全新的宏观宇宙之中,或一场超地球的婚姻之中。个体的、隐私的、分割知识的、应用知识的、'观点的'、专门化目标的时代,已经被一个马赛克世界的全局意识所取代。"[①]时空变幻、色彩纷呈、光影舞动、景象迭出,面对比真实世界还要逼真的模拟场景,人们禁不住心潮澎湃、兴奋不已。惊奇就是在这种物我交融状态时的审美愉悦,它既是由外物突如其来的现身带来的视觉冲击,也是观看者毫无心理防备的情感震撼。

---

① 埃里克·麦克卢汉、秦格龙编《麦克卢汉精粹》,何道宽译,南京:南京大学出版社,2000年,第389页。

三、灾难叙事：幻象对生命的威胁

如果说文艺复兴时期，人类在重申曾经被压抑和贬损的人性的同时，还在由衷地赞叹着自然的崇高和伟大，那么，当启蒙运动用理性之光烛照人类的生命之途时，在理性的指引下，生命的欲望和潜能被最大限度地释放出来。在以开发和攫取为目的的工具理性支配下，自然从曾经与人和谐共处的整体世界蜕变为人力作用的对象，生命的尊严也似乎在对自然的不断征服中获得前所未有的提升。对自然的敬畏和向往被对自然的肆意掠夺和重新改造所代替，人类比以往任何时候都更加确信自己是自然的精华、万物的灵长。

现代都市的发展，进一步验证了人类可以任意征服和改造自然的想法。生活在城市中的人们用钢筋水泥再造了一个生存的世界，并用人造的公园和绿地象征性替代了那个曾经与人类亲密无间而如今已经渐渐逝去的自然世界。正如鲍德里亚感慨的那样，如今人类生活在他们自己制造的模拟物和仿真环境中，已经丧失了对真实和幻象、自然和符号的辨识能力[①]。在悠然的自我陶醉中，人类似乎能够毫无顾忌地确信，我们不仅可以征服自然，甚至可以再造自然。

当美国电影《后天》的虚幻景象转变为一场现实的自然事件时，人类的优越感和自豪感在瞬时被击得粉碎。2004年，由地震引起的海啸在极短的时间里袭击了南亚和东南亚的许多国家，造成20多万人死亡。街道被淹没，房屋被冲毁，树木被折断，生命

---

① 详见 Jean Baudrillard, *Fatal Strategies*, trans. Beitchman & Niesluchowski, New York: semiotext, 1990.

被毁灭。城市,这个人类一直引以为豪的人工乐土,被认为是人类可以脱离自然而生存的明证,在自然灾难的面前竟脆弱得不堪一击。而面对记者的采访,劫后余生的人们所表达的感受更令人震惊:"我感觉好像在逃命","《后天》里的景象真的发生了",等等,所用的语句都指向媒介观看。

类似的灾难叙事不止一次。2007年,美国弗吉尼亚理工大学发生校园枪击案,震惊全世界。事件中,一名英语系的四年级学生先后两次在学校宿舍和教室枪杀师生32人,随后饮弹自杀。面对记者的采访,惊魂未定的幸存者们表达了同样的感受:"就像好莱坞的大片","跟电影里发生的一样"。不仅如此,从亲历者的细节描述、凶手的照片和录像,到案发现场的照片与手机的实景拍摄片段,媒体连篇累牍的报道更强化了这场"真实的电影"的视觉效果,似乎对枪击案的戏剧性描述远远超过了关注因无辜生命受害而引起的心灵震撼。

在对以上自然灾难和社会灾难的媒介叙事中,不管是亲历者的描述,还是媒体的报道,给人的感觉是,好莱坞科幻大片和枪战大片里的场景分别在印尼海滩和弗吉尼亚理工大学现场被还原。人们不是在模拟逃生和枪杀的表演,而是灾难真实发生了;不是自然和生活在模仿电影,而是电影在虚拟的世界中再现自然和生活。大量图片和细节描绘满足着观众各种真实的与虚构的想象,观众的好奇心与窥视欲被极大限度地挑动起来,同时,他们的真实感受也在不知不觉间被削弱了。一场灾难性事件被叙述成了一个视觉奇观。难道众多生命遭遇毁灭和屠杀,留给我们的仅仅是图像和电影大片的感慨吗?道德良知和价值判断在图像的瞬息万变中被击得粉碎。

无论是面对自然灾难还是社会灾难,现代社会中人们的反应不得不令人产生疑问:在现代传媒极度发达的今天,难道人们的感受力和表达力蜕化到如此严重的地步，以至于不借助虚拟的电影场景作为参照，就无法确切地传达自己？如果现代人类真的迷失于自己制造的模拟世界，在被迫重新面对现实自然和生活时，竟然丧失了区分真实与虚幻的能力，那么我们又该如何理解和反思媒介的图像化叙事和景观化功能呢？

自然的威力和生活的苦难在不危及生命的旁观行为中会产生能够洗礼灵魂的崇高感受，但是，当它们作为生命的毁灭力量出现时，便成为刻骨铭心的灾难。当生命的尊严遭遇自然的伟力和社会的暴力时，沉浸在自己构筑的仿真和幻象中的人类是否到了该从这些灾难中清醒过来的时候呢？生命的尊严不在于对自然的无限索取和破坏，更不在于无知地囿于自己的世界中而沾沾自喜。从媒介制造的幻象中走出来，在对自然的重新回归和生活的真实感受中再次确认生命的尊严，这或许是我们应该采取的态度。

高效、多样且快速更新的当代媒介包围着我们，其结果就是费尔巴哈所断言的，在当今这个时代，"影像胜过实物、副本胜过原本、表象胜过现实、外貌胜过本质"[①]。德波指出，这个断言已经被20世纪的发展实践彻底证实，时代已进入"景观社会"："在现代生产条件无所不在的社会，生活本身展现为**景观**（spectacles）的庞大堆聚。直接存在的一切全都转化为一个表象。"[②] 身处充斥着媒介制造的幻象的世界中，如何增强自我的反思和批判能力，让人类制造的媒介为人类服务而不是控制人类，值得我们深长思之。

---

① 费尔巴哈《基督教的本质·1843年第二版序言》，荣震华译，北京：商务印书馆，1984年，第20页。
② 德波《景观社会》，王昭凤译，南京：南京大学出版社，2006年，第3页。

电影空间论

没有哪门艺术会像电影那样带给人们独特而强烈的时间和空间感受。电影不仅在空间-时间的有机整体中进行叙事,而且形成了区别于现实时空的电影时空。法国电影理论家马尔丹虽然把电影首先确定为时间的艺术,但在强调电影空间必须依赖时间的前提下,也将电影视为独特的空间艺术:"建筑、雕塑、戏剧与舞蹈都是空间中的艺术;相反,电影却是一种空间的艺术——这种区别是十分重要的。我是想说,电影是相当现实主义地重新创造真实的具体空间,但是,此外它也创造一种绝对独有的美学空间。"[①]与其他借助空间进行造型和表达的艺术门类相比,作为第七艺术的电影在扩展和表现空间上具有其他艺术样式无法比拟的优越性。以往对电影时空的研究多注重电影时间,认为线性延展的、流动的时间是影像的根本特质,静态、固定的空间只是屈从于时间的叙事要素。但是,随着电影观念的不断发展,电影艺术探索的不断更新,特别是现代技术对电影展现时空的有力支持,电影的空间在不脱离时间叙事和影像再现的前提下,具有相对独立的自我呈现。不仅如此,对空间的处理也构成了电影独特的审美风格。本章拟从以下四方面探讨电影空间的特点及其审美效果,深化对电影的艺术理解。

---

① 马尔丹《电影语言》,何振淦译,北京:中国电影出版社,2006年,第205页。

一、与人物、动作相结合的动态表现元素

早期的电影还停留在利用摄影成像的技术特点去机械、客观地记录现实的层面上,纤毫不爽地再现自然现实构成早期影像对观众产生魔力的最大卖点。卢米埃尔兄弟的电影都是将镜头对准日常生活,《工厂大门》《火车进站》《玩纸牌》《水浇园丁》等生活场景的记录,将空间从人的生活世界中剥离出来,重新在银幕的二维平面上构造出来。这时,空间还仅仅作为人物活动的场所和动作进展的背景而存在。梅里爱将电影镜头从生活转向舞台,人工布景的大量使用,强化了环境的造型作用和演员的表演,却淡化了观众对电影中现实空间的感知。

随着电影的发展和对电影特性认识的不断深入,电影手段开始在空间上延伸叙事范围。固定镜头所展示的有限空间既不能再现完整的真实空间,也限定了人物活动的范围。当摄影机开始进行运动拍摄时,"在这种影片里,空间不仅是表现人物和物件的背景,而且它本身也具有真实性和某种不依赖它所包容的物象而独立存在的意义"[1]。如埃德温·鲍特的《铁路浪漫曲》(1902)表现一对男女在火车车厢后面的平台上谈恋爱,然后在火车上举行婚礼。他们前面的摄影机始终在拍摄行进的火车。影片用沿途变化的风景代替了对心理状态的交代。这种以自然环境代替舞台背景的做法,通过摄影镜头拓展出直接可见的环境之外的空间[2]。于是,借助景深和移动摄影,电影利用空间关系的可能性得

---

[1] 巴拉兹《电影美学》,何力译,北京:中国电影出版社,1982年,第127页。
[2] 参见伯奇《电影实践理论》,周传基译,北京:中国电影出版社,1992年,第22—23页。

到扩大,电影艺术的范围也随之扩大。电影空间不再是静态的背景,而是与人物、动作相结合的动态表现元素。

在移动摄影被广泛使用后,空间开始成为电影探索自身艺术可能性的重要因素。同固定镜头中有限的空间背景相比,"摇镜头却永远不会让我们离开它所表现的空间。由于合一的力量,我们便随着摄影机去搜索整个空间,并利用我们的时间感测出各个拍摄对象之间的距离。我们在这里感受到的是空间本身,而不是有纵深度的空间画面"①。如汤姆·提克威的影片《罗拉快跑》中,摄影机的持续运动对应着电影表达的两个层面:罗拉奔跑的现实世界和罗拉内心活动的精神世界。镜头的移动速度呼应了人物的身体运动节奏和心理活动状态,空间由此突破了框架边界的限制,被塑造为具有自身叙事节奏的、生气灌注的空间世界。此时,观众和演员表演之间的隔阂消除了,观众不再作为旁观者去观看电影中的生活,而是在电影空间的引领下直接深入生活的核心,充实并加强了艺术感染力。电影空间不是单纯的背景,画面也不仅仅是二维的再现物,它是活动的空间,非但不独立于其内容,反而同在内容中发展的人物紧密相连。电影的空间不仅具有戏剧或者心理价值、象征意义,而且具有形象和造型价值,是电影美学的重要方面。

当代电影对空间的探索更加深入。在所有电影类型中,动作电影以行动作为叙事基础,在涵盖自然地貌和城市布局的世界图景中展现身体动作,在多重行动推演和奇观影像再现中构造了一个基于真实空间的"电影空间",实现人物活动与生存空间的交互依存、真实空间和电影空间的辩证互释。最典型的动作电影如《碟中谍》和《谍影重重》系列影片,它们不同于战争片将行动冲突

---

① 巴拉兹《电影美学》,第 126 页。

建基于传统和政治授权的民族斗争,也不同于灾难片将主人公根本无法控制的自然空间强化为碾压人类的异己力量,而是"以压倒性的方式描绘了当代城市生活环境中的街头冲突"[①]。在动作电影中,空间在某种程度上超越行动,具有更为本质的主导功能和支配地位。

二、经过观念整合的主观空间

电影空间经历了从机械再现到观念整合的演进。爱因汉姆曾指出,"早期电影吸引人的地方在于银幕上的活动形象是跟现实生活中的原物不仅在外貌上维妙维肖,而且在动作上也是分毫不差的",这是因为,"对于一般人来说,视力在日常生活中只是用以找出他自己在自然界里的位置的手段。他所看到的周围事物,大体上说来只是他为达到这个目的所必须看到的那些"[②]。在这种功利目的驱使下,没有受过训练的眼睛就很难看到事物内部的深刻本质和事物之间的必然联系,以及事物的形式美。于是,早期电影关注的是拍摄对象本身,对事物的表现停留在清晰和完整上。这时,电影作为记录生活的工具聚焦在承担人眼的物理-生理机能上,它能给人提供的只是生活的原生态。如果仅仅停留于此,电影似乎就失去了存在的必要,因为它对现实的记录功能无论如何是不能与眼睛相提并论的。只有当电影摆脱了实录功能的束缚而成为表现生活的形式后,才有机会成为真正的艺术。而这一转变过程实现的关键便是电影对空间处理方式的改变。正

---

① Nick Jones, *Hollywood Action Films and Spatial Theory*, New York: Routledge, 2015, p.5.
② 爱因汉姆(也即阿恩海姆)《电影作为艺术》,杨跃译,北京:中国电影出版社,1981年,第34、35页。

如普多夫金所说的那样,电影能够极其广泛地表现事件,"电影似乎竭力要使观众突破人们惯常的感受范围",这是电影的一个显著特点①。要想突破观众的感知范围,就要对电影空间进行主客观融合的整合表现。电影空间不是客观现实的机械再现,而是经过观念整合的主观空间,强化了对现实的表现力。

银幕空间是被限定在方形幕布之内的有限空间。这在客观上决定了在电影中不能毫无选择地对现实进行一览无遗的记录,而是要像文学作品那样选择具有特征和典型性的景物来加以表现。巴拉兹明确表示:"在电影里是依靠方位和角度的艺术来揭示每一个物体的这种拟人的特征的;电影艺术中的基本信条之一就是:任何一个画面都不允许有丝毫中性的地方,它必须富有表现力,必须有姿势、有形状。"②除了要对空间进行选择外,电影还要在原生态的现实空间基础之上,以主观观念为参数,利用电影和现实生活之间的差异对其进行改造、重组,去创造形式上同样具有意义的电影空间形象,把观众的注意力锁定在事物的形式上,其审美效果正如俄国形式主义者指出的那样:观众由于对日常生活早已习惯而失去敏感力的眼睛,在电影对生活所做的陌生化中再次恢复对世界的艺术感受力,"艺术的目的是提供作为视觉而不是作为识别的事物的感觉"③,也即爱因汉姆强调的:"使观众注意到:问题不仅在于看到'那儿站着一个警察',而且还要看到'他是怎样站着'和这个画面对一般警察的特点刻划到何等程度",从而"观众便变得善于观察入微了"④。所以,电影空间绝

---

① 普多夫金《电影导演与电影素材》,多林斯基编注《普多夫金论文选集》,罗慧生等译,北京:中国电影出版社,1962年,第87页。
② 巴拉兹《电影美学》,第76—77页。
③ 什克洛夫斯基《艺术作为手法》,托多罗夫编《俄苏形式主义文论选》,蔡鸿滨译,北京:中国社会科学出版社,1989年,第65页。
④ 爱因汉姆《电影作为艺术》,第36页。

不是纯粹的客观现实,它始终是经过意识观念整合的主观空间。如在《战舰波将金号》中,影片从未展示过任何全景使观众明确波将金战舰距离敖德萨码头台阶的距离,我们也不可能对敖德萨全城、它的港口和海湾的地理位置有明确概念。但是,爱森斯坦从这些真实空间的片段出发,通过大量重复剪辑的蒙太奇组接,将屠杀与逃命发生的具体空间人为地扩展了,创造了一个不同于现实空间的虚拟电影空间,让观众在这个被有意识拓展的、统一的电影空间中感受强烈的情感,获得深刻的理解。

如今,电影借助先进的技术手段能够更加自由地创造空间。马歇尔·麦克卢汉曾站在技术的角度指出,现代电子传媒全球覆盖、瞬时即达的特性已经将世界浓缩为一个小小的地球村,"现在,我们不仅可以两栖生活在分割和区别的世界之中,而且可以多元化地同步生活在许多世界和文化之中"[①]。电影与空间的本质联系和电影的媒介性质使得它在同时呈现不同区域的空间上独具优势。我们只需花数个小时去观看电影,就能悉数游览全世界的名城胜景,领略世界不同民族和文化风情。当代电影在展示一系列存在于明确空间中的场景时,不是单纯地去呈现这些地点之间的变换,而是赋予这些地点以情节发展的可理解性,进而将不同地域、不同类型、不同性质的空间整合为一整套具有自己逻辑和规则的空间整体。在此空间整体中,每一个单独空间的意义和价值都取决于空间整体设定的意义场域。

三、对现实空间的拓展

虽然电影对空间的表现在物质上受限于银幕的范围,但并不

[①] 埃里克·麦克卢汉、秦格龙编《麦克卢汉精粹》,何道宽译,南京:南京大学出版社,2000年,第190页。

等于说电影空间就是银幕空间,它还包括银幕外的空间。银幕外空间包括六个区域:前四个区域的直接边界就是画面的四个框边,并且相应于投射到四周空间的虚线构成的截顶金字塔形的四个面。第五个面是在"摄影机背后"有一个画外空间。第六个区域包括存在于场景或场景中的客体后面的空间①。这六个区域的存在,使得电影画面具有了双重性质:一方面,从物质的角度讲,它是二维平面的,摄影机的拍摄就是把立体的现实空间转换成二维平面;另一方面,画外空间的存在,又使电影画面成为三维立体的。这种二重性质让电影在展现空间方面具有了独特的优越性。巧妙、充分地运用画外空间是电影成为名副其实的空间艺术的核心所在。可以说,电影对空间表现的开拓,为我们感知和理解空间开启了全新的视角。

例如,安东尼奥尼的电影最令人印象深刻的特征是,通过摒弃电影叙事中的戏剧冲突和情节结构,用人物的内心感受主宰电影的节奏和进程,去拒斥现代社会日益程式化、机械化的事实,去还原生活自由、随意、流动不居的本来面目。为此,安东尼奥尼的电影有独特的空间叙事方式。仅以《一个爱情的故事》中对画外空间的精彩运用为例:一对恋人在桥上策划谋杀的场景中,两人轮流出画入画,通过画内的人朝那个离开画面的人的方向望去而延长了出画的运动,人物的行动与空间结合成有机整体,行动在整体空间中实施,空间因行动而存在,从而使那段画外空间虽不能目见,却因行动而鲜活起来,成为观众真切感受的现实。

从以上分析可见,电影空间由于其自身的二重性质也同时间一样成为影像的根本要素。巴赞在论述影像本体论时表明:"想象与现实两者之间合乎逻辑的区别趋于消失。任何形象都应被

---

① 详见伯奇《电影实践理论》,第15页。

感觉为一件实物,任何实物都应被感觉为一种形象。……因为摄影取得的影像具有自然的属性:一种真正的幻像。"[1]电影空间越出单纯图像的范围,既隶属形象领域,又被现实领域统管。借助空间,电影影像就不再局限于虚拟再现,而是深入现实生活之中,成为对人生和世界的深层表达。

除了关联图像空间和现实空间外,电影空间对现实空间的拓展还表现在对意象空间的塑造。如《碟中谍1》一开场对布拉格的描绘,观众看到机械臂上的摄影机俯拍出一个哥特式教堂和巴洛克式建筑鳞次栉比的全景镜头。无论开场对布拉格这座城市的公共空间进行全景扫描,还是接下来对特工们谋划机密的私人空间进行近景呈现,这些空间都没有标识出所处城市的独特之处。去掉开场字幕,我们完全可以把这些空间设置在欧洲任意一个城市。电影中的布拉格与其说是一个位于东欧的首都城市,有着悠久历史、深厚文化积淀、风格多样的建筑、独具特色的市民文化,不如说是冷战思维主导下表征恐怖和极权的意象城市。鹅卵石铺就的道路通向不可预期的死亡,矗立在道路两旁风格各异的建筑组成令人无法抵达目标的迷宫,三三两两、拘谨严肃的路人和偶尔从阴影中一冲而出、步履踉跄的醉鬼徒增环境的惊悚诡异,横跨在伏尔塔瓦河上的大桥在孤寂空旷中上演谋杀,弥漫于城市中的青色烟雾在升腾变幻中昭示着末世的阴郁。电影中的布拉格被剥夺了历史维度、文化传承、社会生活和生命内涵,被强行置于敌我两极对立中的一极加以重塑,从而由影像再现为意识形态的能指。布拉格这座城市的独特特点就在于它在电影中作为意识形态隐喻的共性。第五部结尾处的决战之地伦敦再次呼应了这种被同质化的典型空间,电影中的伦敦不再被描述为老牌资本

---

[1] 巴赞《电影是什么》,崔君衍译,北京:中国电影出版社,1987年,第14页。

主义国家的辉煌之都,幽暗的灯光、冰冷的路面、阴森的烟雾、黑暗中的建筑、鬼魅般的行人、随时待命的杀手,这一切哥特式风格的空间意象处处散发着危机和死亡的气息,将伦敦同样呈现为危机四伏的恐怖空间。

列斐伏尔说:"空间从来不是空的:它总是体现出一种意义。"[1]我们可以将这一表达转换为:电影空间从来都不是空洞的场所,它总是体现出一种意义,引导电影面向生活,走向社会。电影空间拓展了现实空间,增强了艺术表现力,丰富了生活的意义。

四、时间化的空间

和其他造型艺术相比较,电影空间的美学特点非常明显。建筑和雕塑虽然占据一定的空间,但它们并不通过空间形成,而只是在空间中发挥自己的形态。戏剧和舞蹈都是将空间当作纯粹物质性的场所,因而舞台剧的场面调度和舞蹈的排练主要是在一种既定的表现结构中安排各种运动的关系。对于以上这些造型艺术而言,空间只不过是它们进行美学表现的依托,无法成为美学表现自身的因素。因此,它们只能被称为空间中的艺术[2]。与此相反,电影则通过镜头的空间呈现,将不同空间按照电影的总体叙事逻辑组合成可被理解的空间整体。空间不仅是电影中人物活动的场所和行动展开的环境,还是电影实现影像再现的根本方式。在此意义上,如何安排空间,如何再现空间,如何表达空间,就不仅仅是情节编排的一般问题,而是电影进行审美创造的根本问题。因而,电影是一种空间的艺术。

---

[1] Henri Lefebvre, *The Production of Space*, Trans. Donald Nicholson-Smith, Oxford: Blackwell, 1991, p.154.
[2] 详见马尔丹《电影语言》,第 204—205 页。

电影作为空间艺术并不意味着空间可以在电影中独立存在。鉴于所有的空间都处在时间的流程中,脱离开时间的纯粹空间根本不存在,所以,电影中的空间和真实空间一样,在本质上都是一种时空复合体,即是一种空间-延续时间的连续。这不仅因为空间片段的排列本身便是时间的延续,还因为电影中空间可以被时间化。电影中,空间的时间化可以借助剪辑实现在几个不同的空间中分别表现同一时间中发生的事件,或者不同时间发生在同一空间中。王家卫的《花样年华》中女主人公陈太太给邻居周先生煲粥的片段,上一个镜头是陈太太在厨房中煮粥,下一个镜头是她拎着装粥的保温瓶在厨房门口与周相遇,观众本以为是同一天,但通过对话发现时间已是第二天。这种利用相同空间化解时间的做法打破了观众的心理期待,对情感造成强烈的冲击。而在陈太太和周先生一起创作武侠小说的片段里,摇动的镜头始终对准同一个空间,但每次演员的服装和走位都不同,表明每一次镜头中的空间都处在不同的时间,空间没有变化,但是时间却在悄然流逝,将观众的注意力从情节转向情绪,营造了诗一般的隽永意境。

电影中,空间的时间化还可以借助现代交通工具和倒计时的叙事模式来实现。现代交通工具不仅极大地缩短了人们出行的时空距离,也极大地改变了人们的时空观。人们对距离的理解不再是空间距离,而是以时间长短衡量的时间距离。如此,速度即距离,空间即时间。电影主人公乘坐现代交通工具,在极短的时间内跨越世界不同地区,空间范围的长距离移动被转换为时间流逝的瞬间长短。借助交通工具的高速运行,空间被转换为时间度量,具体体现在电影中就是倒计时的情节叙事模式,也即给人物的空间行动设定时间限度,主人公必须在有限的时间里借助交通工具跨越自身无法跨越的不同空间,由空间移动和地点转换构成的情节紧张感就来自有限时间的急迫感。

综上,当代电影的空间早已摆脱作为电影叙事的物质场所,成为与人物、动作结合起来的动态表现元素。借助在二维虚拟银幕上展现三维真实空间的二重特性,电影空间将图像空间与现实空间关联起来,并借助观念表达将不同空间整合成为追求意义的主观空间,分别拓展了图像空间和现实空间,既增强了电影的艺术表现力,又丰富了生活的意义,成为影像呈现的根本元素。电影空间始终不能脱离时间,是一种时间化的空间。电影影像在时间化的空间中成为时空的有机整体。以上对电影空间的分析,有助于我们了解电影的审美特征。

视觉文化与镜像认知
——以电视剧《空镜子》为中心

20集电视连续剧《空镜子》是国产电视剧中的佼佼者。该剧于2001年播出,由万芳编剧、杨亚洲导演,2002年获第20届中国电视金鹰奖优秀电视剧奖,2003年获第22、23届中国电视剧飞天奖长篇电视剧二等奖。2012年10月,在"北京电视剧辉煌三十年"活动中被评选为"三十五部经典电视剧"之一。飞天奖代表政府最高表彰,金鹰奖代表行业最高成就,经典电视剧的评选在很大程度上体现了观众的认可。该剧以"空镜子"命名,剧中也多次出现相关镜头,剧中人物的自我认知也与镜子构成隐喻,因此有必要立足文艺实践,以该剧为中心,分析视觉文化与镜像认知的关系。

一、中西方文化中的镜子及其隐喻

镜子是我们日常生活中随处可见的物品。镜面反射区别于其他反射的最显著特征,就是镜子能最大限度地保留它所反射的原初光线的物理属性,使得镜像与被反射对象高度一致。在清晰、逼真这方面,镜面反射区别于所有其他模糊或失真的反射。正是因为镜像毕肖原物,人类才会相信他们在镜中所见之物就是镜前的真实事物本身。因此,镜子就不仅仅是具有物质实体的单纯客观对象,它还被认为是人类进行自我认知的最佳方式。

中国的镜子文化源远流长。据当代学者考察,先秦时期,表示照镜、镜子含义的字多为"监""鑑""鉴","镜"则是后起字。镜子在长期的演变中被大致用于七个方面：整理妆容的器具，清正廉洁的象征，驱邪照妖的法宝，人际关系（尤其是夫妻关系）的信物，破除黑暗的殉葬品，占卜凶吉的工具，宫殿建筑的装饰；又从揽镜自照，引申出以史为镜、以人为镜，镜子因此而具有政治意味和道德含义①。《尚书·周书·酒诰》载周公之告诫："古人有言：'人无于水监，当于民监。'今惟殷坠厥命，我其可不大监抚于时。"②此处把民众作为镜子来反省自身，强调要借鉴商朝灭亡的事实，镜子已经含有认识自我的意义，是在把他人作为自我的镜像。《庄子·应帝王》篇："至人之用心若镜，不将不迎，应而不藏，故能胜物而不伤。"又《天道》篇："圣人之心静乎！天地之鑑也，万物之镜也。"③至人之所以能用心不劳、不伤于外物，圣人之所以能静心不动，皆因心若明镜，虚空平静，不迎送外物，只是如实映照外物，故其心可作为天地和万物的明镜。后来传入中国并影响深远的佛教也用镜子类比人的意识，"明镜"的观念深入人心（详见后文），成为中国人认识自我的普遍意识。

在西方，古希腊苏格拉底最早关注镜像与自我认知的关系。他提出，镜子是人们借以规范自己的行为、保持正常心理状态的道德工具④。柏拉图认为，物质层面的镜子只能反射事物外形却

---

① 聂世美《菱花照影——中国镜文化》，上海：上海古籍出版社，1994年，第38—64页。
② 阮元校刻《十三经注疏》上册，上海：上海古籍出版社影印本，1997年，第207页。
③ 郭庆藩《庄子集释》，王孝鱼点校，北京：中华书局，1961年，第307、457页。
④ 可参见萨宾·梅尔基奥-博奈的论述："然而，如果使用得当，镜子就能帮助人对自身进行道德沉思。第欧根尼告诉我们，苏格拉底敦促年轻人照镜子，这样一来，如果他们长得好，就会懂得珍惜自己的美，如果他们长得丑，就会懂得如何通过学习隐藏自己的不光彩。作为一个'认识你自己'的工具，镜子引导人们不会将自己误认为上帝，也会让人们认识自己的局限性而避免骄傲自大，从而让人们提升自身。因此，苏格拉底之镜就不是一面被动的模仿之镜，而是一面主动的变形之镜。"Sabine Melchior-Bonnet, *The Mirror: A History*, Trans. Katherine H. Jewett, London: Routledge, 2001, p.106.

无法触及实体①,但在理式层面,人能在映射神的灵魂之镜中抵达真正的自我②。中世纪奥古斯丁站在完全肯定的立场上用镜喻表明,人的心灵是上帝的缩影,人类在《圣经》这面镜子中既能观照上帝也能认清自己③。文艺复兴时期,人的感觉取代上帝成为自然万物的源泉,人借助感官之镜不仅能真实地认知世界和自我,还能创造出美④。对于拉康的现代精神分析学而言,镜像阶段是用以自我确立的主体性结构。拉康将镜子的认知功能从表层的形象观看和外在的道德警示推进到深层的心理人格和内在的意识过程,极大地拓展并深化了镜子和自我认知的关系⑤。

可见,没有哪样日常用品能像镜子一样与人类的自我认知关系如此密切,以至于其意义早已超越物质性的使用功能而更多地具有精神性的认知功能。由此,我们不难理解,无论东方还是西方,镜子因其独特的反射特性而早已进入意识和文化领域,成为一种文化符号,运用镜子去隐喻人生状态和人的自我建构则是一种普遍的人类文化现象。正如彭德格拉斯特所言:"镜子是无意

---

① 柏拉图在《国家篇》第十卷中说:"要是你愿意带上一面镜子,那就是最快的方式了。用这面镜子,你能很快造出太阳、天上的事物、大地、你本人、其他动物、人造物、植物,以及我们刚才提到的一切事物。"用镜子制造出来的事物只是影像呈现,并非真实实体。《柏拉图全集》(增订版)中卷,王晓朝译,北京:人民出版社,2018年,第316页。
② 参见柏拉图《蒂迈欧篇》对神造人的论述,《柏拉图全集》(增订版)中卷,第766页。
③ 参见 Mark Kauntze, "Seeing Through a Glass, Darkly: The Interpretation of a Biblical Verse in Augustine of Hippo," in Miranda Anderson ed., *The Book of the Mirror: An Interdisciplinary Collection exploring the Cultural Story of the Mirror*, Newcastle: Cambridge Scholars Publishing, 2007, pp.60-69。
④ 如达·芬奇认为,在创作时,"画家的心应当像一面镜子,将自己转化为对象的颜色,并如实摄进摆在面前所有物体的形象"。《芬奇论绘画》,戴勉编译,北京:人民美术出版社,1986年,第28页。
⑤ 拉康在参加1936年墨尔本第14届国际精神分析学大会的论文中最早提出有关镜像阶段(The Mirror Stage)的理论。

义的,除非你去照它。因此,镜子的历史实际上就是照镜子的历史。我们在这些神奇的表面中所感知到的东西能够告诉我们很多关于我们自身的事情——我们从哪里来,我们想象什么,我们怎样思考,我们渴望什么。镜子贯穿于人类历程中,作为自我认知和自欺的手段而存在。我们一直用这种可反射的表面去揭示和隐藏现实,而镜子也已经找到进入宗教、民俗、文学、艺术、魔法和科学的途径。"[1]

本章并非去探讨镜子作为文化符号的一般含义,而是探寻视觉文化中镜像与自我认知之间的关系。基于此,本章分别从论述镜子最为深刻的东方佛教和西方拉康的视角去阐释镜子对自我认知的隐喻意义,并分析这一隐喻意义是如何通过当代视觉文化被体现和实现的。之所以会选择当代视觉文化,是因为我们不得不承认,镜像是诸如摄影、电影和电视剧这类当代视觉文化的核心主题。正如詹姆逊所言,包括视觉文化在内的当代文艺的所有形式都是晚期资本主义的文化逻辑,也就是所谓的后现代性。后现代性区别于现代性的最为显著的特征就是时空观念[2]。因此,当代视觉文化既是展现镜像认知的典型案例,又为我们从后现代性的时空角度重新审理镜像认知的新含义提供路径,而电视剧《空镜子》就是这样的典型作品。

二、为什么是《空镜子》?

这部获得广泛认可的电视剧围绕一对亲生姐妹孙丽和孙燕

---

[1] Mark Pendergrast, "Mirror Mirror: A Historical and Psychological Overview," in Miranda Anderson ed., *The Book of the Mirror*, p.1.
[2] Fredric Jameson, "The End of Temporality," *Critical Inquiry*, 29, Summer 2003.

各自的情感历程和人生经历展开。姐姐孙丽魅力十足、能力出众,身边始终不乏追求者。她深爱着自己的初恋,却出于现实考虑,嫁给了高学历、有令人羡慕的体面工作的另一个人。天生的不安分驱使她永远不满足于现状而选择去美国留学深造。在那里,她结识了富有的美国老头。为了能留在美国,她离婚后嫁给了他。孙丽的个人奋斗以一无所获地回到故乡北京而告终。相形之下,妹妹孙燕是个再普通不过的女孩。她崇拜姐姐,并一直渴望成为姐姐那样的优秀女孩。她经人介绍认识了第一位男友,却因为姐姐瞧不起他而最后分手。她后来嫁给一名中学同学,却又因两人不同的生活观念而离婚。之后,她爱上了姐姐的前男友和前夫。最终,她还是在第一任男友那里找到了幸福并嫁给他。

该剧不仅以镜子命名,而且剧情也与镜子密切相关。镜子既是贯穿全剧的重要道具,也是理解剧中人物的核心观念,更是阐释剧作主题的具有普适意义的文化符号。可以说,该剧为我们提供了一个作为文化符号的镜子和镜像认知的典范例证。本章从剧中镜子的这三个功用入手,通过文本细读,分析剧作和镜像认知之间的互证互释关系,从而揭示作为隐喻的空镜子在该剧中的文化符号价值,进而论证该剧如何从时空两个维度上展现镜像认知的后现代性。

三、什么是"空镜子"?

空镜子同时包含了"空"的思想和"镜子"的观念。这一名称促使我们去关注"空"、"镜子",以及"空"与"镜子"的关系。在深受佛教影响的汉语语境中,电视剧《空镜子》的名称自然会让人联想到佛教观念。

佛教的形而上思想中最核心的观念就是"空",认为世间的一切都是因缘和合、生灭无常、变易无住。一方面,现象界的一切都是在时间流转中的生灭异变,没有确定性和永恒性;另一方面,人心对外在世界的认知也因感官的局限和对象的无常而流于执妄。由此,时间的虚妄和人心感知的虚妄这两个方面都指向了外在经验世界的虚幻。因此,真正的本原是超越知识、经验和体验的绝对存在,是"不有不无"[1]。

作为佛教对终极本质的界定,"空"的涵义精微玄妙,非理性和语言所能穷尽与涵盖,于是用生动的形象加以类比,就成为阐释佛法义理的有效手段。由于镜中之相具有虚幻飘渺的特征,而镜子本身能映出世间万象的形相却又具有本质为"空"的特性,因此,以"镜"喻"空"成为佛教惯常使用的譬喻方式,"空"的诸种微妙涵义都在镜喻中得以彰显,镜意象也因承载"空"的观念而具有了形上价值。

镜子在佛教中有诸多含义。与本论题相关的含义主要有以下三个方面。

首先,镜子代表法身或佛祖的真身,具有纯洁(镜面不受污染)和智慧(镜子毫无差别地反射一切对象)的特征。在此意义上,镜子代表正确的思想和根本的智慧。《大乘庄严经论》说:"一切诸佛有四种智:一者镜智,二者平等智,三者观智,四者作事智。彼镜智以不动为相,恒为余三智之所依止。"[2]"镜智"表现为虚静不动,是其他一切智慧的根本和归宿。

其次,佛教思想还认为意识在本质上就像镜子,可以纤毫不爽地再现事物,因此,意识本身就是一面镜子。在中国佛教思想中,作为意识的镜子被称为"明镜",以镜子隐喻那些美丽、明亮、

---

[1] 详见葛兆光《中国思想史》第一卷,上海:复旦大学出版社,2001年,第407—418页。
[2] 波罗颇蜜多罗译《大乘庄严经论》卷三,《大正藏》第三十一册,台北:台北佛陀教育基金会出版部,1990年,第606页。

平静的事物或者能够提供明晰和洞见的事物。中国佛教徒还常用磨镜、拭镜来说明心性修养的道理①。

最后,"镜花水月"这一在中国广为人知的表达是镜子的第三层含义,指明镜子与"空"之间的关系。它意指幻想、幻觉和幻影,就像镜中之花、水中之月,只能让我们看见,却没有物质实体。《维摩诘所说经》指出:"诸法皆妄见,如梦如炎,如水中月,如镜中像,以妄想生。"②正如葛兆光归纳的那样:第一,镜中本无相,犹如空性;第二,镜中相随缘成相,犹如有相;第三,镜中相是假象,能引起人的好恶喜忧;第四,镜子本性是空③。

在电视剧中,孙丽和孙燕这对姐妹都在现实世界中不断寻找爱情和追求理想,她们的所作所为就是在人生这面镜子中留下暂时的镜像。镜本为空,一切追寻最后也流于空无。

就姐姐孙丽而言,她的情感历经了初恋、丈夫、情人的不同对象,她的生活空间从故乡北京转换到异乡美国,她的自我认知从信心满满到迷惘否定。孙丽人生的起与伏、升与降、辉煌与黯淡、进攻与防守、激进与妥协、成功与失败,都可以表述为在理性与感性、精神与物质角逐的场域中进行的自我确认。她不断在人生这面镜子中上演因缘生灭流转之戏,然而,戏剧再精彩,她演得再卖力,也不过是镜中之相,最终归于虚无。

就妹妹孙燕而言,她固守在自己的生存空间中,用一种试探性的方式打量世界,她从凭借感觉追求爱情到执着理想而陷入幻想。她经历了多种选择后,和初恋最终组成了家庭,又回到了人生探寻的起点。在人生这面镜子中,孙燕用一种静态的方式展现了时间的流转、因缘的偶然与巧合。

---

① 详见孙昌武《禅思与诗情》第七章"喻禅与喻诗",北京:中华书局,2006年。
② 鸠摩罗什译《维摩诘所说经》卷上《弟子品》,《大正藏》第十四册,第541页。
③ 葛兆光《中国思想史》第一卷,第410页注②。

剧中两姐妹的人生经历，不仅仅是戏剧性结构决定的情节要求，更是对"空镜子"这一文化符号的叙事学表达。姐姐是完美人生的体现，可是她最后也不得不承认这个完美人生的残缺与破碎。妹妹在各种选择中纠结徘徊，最终还是在做了一个圆周运动后回到起始点。该剧的原作小说在结尾处的描述，更加明确了"空镜子"作为文化符号的含义："五月的艳阳非常明媚，天空晶莹闪亮，像一面大圆镜子，映照着地上发生的一切，那是一面神奇的镜子，什么也看不到，除了无限的宽广辽阔。"[1]在空镜子这个终极本原的观照下，一切具象的人生演绎虽各有不同，但都有相同的虚无本性。

四、拉康的镜像理论与人物的镜像关系

中国佛教中"空镜"的本质含义帮助我们理解电视剧《空镜子》的主旨，法国理论家拉康基于镜像的自我确认理论则有助于我们阐释电视剧中的人物关系。镜子意象不仅是理解整部电视剧的关键，还贯穿于情节中，是角色得以成立的依据，也是人物发生联系的根本推动力。在镜像与个人主体的关系问题上，拉康的论述最为深刻。拉康在分析个人自我的主体建构时提出，主体意识的确立需要借助作为他者的客体实现。在想象域阶段，这个他者是主体意识想象性投射的结果。自我通过认同对应物或者镜像完成建构，因此，"认同"是想象域中的重要方面。"想象的、自恋的、镜像式的认同是三个不同阶段——这三个形容词是等价的。"[2]在

---

[1] 万芳《空镜子》，北京：北京十月文艺出版社，2007年，第98页。
[2] Jacques Lacan, "Freud's Papers on Technique 1953–1954," in Jacques-Alain Miller ed., *The Seminar of Jaques Lacan*, Book I, trans. John Forrester, New York: Norton & Company, 1991, p.188.

象征域阶段,这个他者是语言规范和他人视线的结果。"首先必须强调的是,每个能指都代表另一个能指的主体。能指在*他者*领域中生产自己。"①在与他者的认同中,个人主体完成了自我确立②。《空镜子》的人物设置,正对应了拉康的镜像理论。

电视剧一开场,就通过妹妹的旁白表明了姐妹俩是一体两面的二元镜像关系:姐姐生下来就漂亮,人见人爱,妹妹却一无是处,妹妹觉得要是有姐姐的一半就满足了。姐姐漂亮、聪明、高学历(毕业于大学英文系)、有时髦的职业(在一家旅行社工作),是父母的掌上明珠,总能吸引男孩子的关注。相对于姐姐这个完美、完整的形象,妹妹长相一般,没有高学历,做着再普通不过的工作(在工厂食堂卖饭票),默默无闻,无人关注。在妹妹心目中,姐姐是完美的偶像,是自己不完美形象在想象中的完美化身。她们分别代表了一个人的两面:理想的完美形象和现实的不完美形象。

在对姐姐这个完美形象的观照中,妹妹的自我建构经历了以下两个阶段。

第一个阶段是想象域中的本原认同。姐姐就是拉康的镜子中完满自足的自我镜像,妹妹则是拉康的镜子前面那个对自己只有零散残缺认知的婴儿,在对镜中的完整自我进行观照时,她崇拜并渴望成为镜中姐姐的形象。在内在意识层面,她沉浸在错觉中不断尝试进行自我形象的重塑。比如,她常常照镜子,在镜子中想象自己如姐姐般美丽的容颜。所以,剧中时常出现的镜子不仅是作为物质实体的重要道具,更是人物追求自我实现时依恃的

---

① Jacques Lacan, "The Four Fundamental Concepts of Psychoanalysis," in *The Seminar of Jaques Lacan*, Book XI, trans. Alan Sheridan, p.207.

② Jacques Lacan, "The Four Fundamental Concepts of Psychoanalysis," in *The Seminar of Jaques Lacan*, Book XI, p.107. 参见译者注释, pp.279-280。

符号媒介。在现实行为层面,她通过模仿获得形象认同。比如,她看了姐姐男朋友的情书,很受感动,也学着给自己的男朋友写情书;她上夜校拿文凭,从工厂调到出版社当会计,想变成像姐姐那样有学识的人。在感情层面,她用错位的角色扮演完成自我形象的建构。比如,她因为姐姐看不起潘树林,最终和他分手;她喜欢上姐姐的前男友和前夫,甚至想和姐姐的前夫结婚。在这一阶段中,妹妹看到并承认自身的匮乏不足,也看到并承认姐姐的完美充分,于是自发地产生向那个预见先定的姐姐趋同的内在冲动。

第二个阶段是象征域中的继发认同。电视剧中,围绕姐妹俩还有其他人物设置。这些人或者作为权威话语(父母),或者作为异性参照(男友、丈夫、情人),都为孙燕的自我认同设定了他人的目光之镜。母亲是权威话语的代表,她以长女孙丽为骄傲,不断地向次女孙燕重复同一个论断:你看你姐多优秀,你再看看你呢?你怎么能和姐姐相比?同样,作为姐姐的男友和长期情人的马黎明也不断向孙燕炫耀,自己能有这么优秀出众的女友该是多么令人艳羡。孙丽的丈夫也对孙丽百般宠爱,出于对她的欣赏而一味容忍她的放纵和不忠。这些人对孙丽的推崇和肯定,都在不断强化孙丽形象的完美。在这个阶段中,妹妹对姐姐的认同是由生活中的他人强加给她的。由于他人目光之镜中的典范形象,与自己自发认可的完美形象重合,妹妹便在双重自我认同中完成主体建构。

相对于妹妹这个角色,姐姐也并非只是妹妹的静态镜像。根据拉康的分析,个体用以自我确立的客体,既非笛卡尔限定于纯粹意识的"我思"(Je pense/Ego cogito),也非黑格尔在主奴辩证法中所指的另一个主体意识,而是如婴儿在镜中看到的自我镜像,是主体意识的想象性投射,是一种幻象和异化的自我。镜像僭越了真我(Real-Ich)的位置,将自己先在地认定为真我。真我在对镜像的认同过程中被异化的自我掌控①。比如,姐姐看不起妹妹的男友潘树林,奚落他的品味差,指责他的性情粗暴,妹妹也因为这些原因最终和潘树林分手。在得知妹妹也对马黎明有好感时,姐姐流露出对妹妹的蔑视之情,严重刺伤了妹妹的自尊心,被妹妹扇了一巴掌。当丈夫翟志刚给孙燕设定的自我形象不同于孙燕认定并不断趋同的自我形象时,离婚则是这种差异的必然结果。

无论是出自内在冲动的自我认同,还是迫于外在压力的他者认同,都致力于建立自我主体。在姐妹的镜像关系中,妹妹是否最终完成了主体确立呢?在剧末,当姐姐用无奈又羡慕的口气对妹妹说出"你真幸福"时,这个完美的镜像就在不完美的真我面前被彻底消解(这个不完美的真我已经在多次自我认同中被异化为个人主体),妹妹已经建立起来的自我主体也因认同对象的消解而流于无形。正如拉康所言,"真实是不可能的"②,真我没有始源,人一旦踏上追寻真我之路,就会在多重异化中越走越远。真我不仅是镜像中的"空",更是本身为"空"的镜子。在一切皆为虚无这一点上,拉康和佛教达成对话。

通过以上分析,我们可以看出,该剧虽然是以女性的视角进行叙事,在故事层面上呈现为女性的身份认同和性别意识建构,但在镜像主题的隐喻下,却超越了女性话题,清晰地展现为具有普遍意义的个人的自我认同。

---

① "*真我*被构想为不是由整个生物体,而是由神经系统支持,以一个预先规划的、客观化的主体为特征。"Jacques Lacan,"The Four Fundamental Concepts of Psychoanalysis," in *The Seminar of Jaques Lacan*, Book XI, p.164.
② Jacques Lacan, "The Four Fundamental Concepts of Psychoanalysis," in *The Seminar of Jaques Lacan*, Book XI, p.167.

五、现时当下与多重空间：
镜像的后现代叙事

在当代全球化语境中，时间斩断了线性的延绵，缩减为现实当下，空间也从时空一体中释放出来，展现为多重空间的并置。时空的新形态成为标识后现代的重要特征。正如詹姆逊指出的："时间成为现时代或说现代主义的主导，而空间则成为后现代的主导。"[1]《空镜子》的叙事在时间和空间维度上都赋予镜像主题以这种后现代特征。

镜像主题的时间特征：现时性。

在时间的维度上，人生就是一支射向死亡这个终点的利箭，只能在时间的延绵中无法回头地向前运动。构成人生的每一个瞬间，都以现时当下的形态呈现，过去是已经完成的现时当下，未来是尚未进行的现时当下。作为个人，我们既无法留住往昔，也不能把握未来。所以，人生的时间特征就是现时性和当前性，它从过去走来，又不间断地流向未来。在人生这个单向度运动的时间延绵中，无论孙丽还是孙燕，都用一个又一个现时态的奋斗与追求构筑自我人生的图景。在该剧中，现在时态的强化是通过三个层面完成的。

首先是影像化的叙述媒介。作为当代视觉艺术的典型，电影和电视剧都通过影像的方式叙事，当一个个分属不同时态的影像活生生呈现在观众面前时，它们的现时性特征也随之展现。所以，电影和电视剧的叙述是一个"永恒的现在时态"。

其次是日常生活化的叙述视角。该剧抛弃了强调主次、轻

---

[1] Jameson, "The End of Temporality," p.696.

重、悬念、冲突的戏剧性范畴，采用"生活流"的方式，将真实细节的生活场景作为情节片段连缀成叙事结构。于是，生活本身变成了戏剧性的场景，它不仅本身以现在时的时态存在，而且也以现在时的方式在观众面前呈现。

最后是隐喻化的内涵嵌入。如果按照该剧剧名揭示的那样，人生就是一面镜子，个人的生活经历是映照在镜子中的印记，那么，镜子只映现当前现时的有形事物，不会对已经逝去的过去和尚未到来的将来留存任何痕迹，所以，一个个在时间延绵中展现的具体人生就被浓缩为镜面中呈现的现时当下的镜像。没有过去和未来，只有当下，如此，该剧镜像主题的现时性时间特征就鲜明地凸显出来。

镜像主题的空间特征：同质与异质的多重空间并存。

时间和空间是人生建构和自我确认的两个参照系。时间为我们提供内在的生命体认，空间为我们提供外在的身份定位。在这部电视剧中，空间并非只是提供人物行动的场地，也并非只是同质的单一场所。在镜喻主题的观照下，纷繁的镜像折射出不同的空间形态：男性与女性互为参照的性别空间，精英与民众相互区隔的阶层空间，权威与受众之间操纵和被操纵的话语空间，故国和异国对照的地理空间，传统与现代并存的文化空间，镜像与人生互释的符号空间，戏剧虚构与生活现实彼此呼应的叙事空间。多重空间交叉、重叠、并置，确立了镜像主题的后现代空间特征。

综上所述，电视剧《空镜子》运用镜子隐喻对人生做出了具有文化共通性的后现代表达。镜子中空无一物，甚至镜子本身也并不存在。当代视觉文化，特别是影视作品惯常采用镜像进行叙事，既典型地体现了镜子的自我认知功能，又从时间和空间的双重维度深化了这一功能，呈现出后现代特征。

参考文献

一、中文古籍（以《四库全书》分类法为序）

《尚书》，阮元校刻《十三经注疏》，上海：上海古籍出版社影印本，1997年。

《荀子》，《二十二子》本，上海：上海古籍出版社影印，1986年。

《老子》，《二十二子》本，上海：上海古籍出版社影印，1986年。

《庄子集释》，郭庆藩集释，王孝鱼点校，北京：中华书局，1961年。

《庄子今注今译》，陈鼓应注译，北京：中华书局，1983年。

《大乘庄严经论》，波罗颇蜜多罗译，《大正藏》第三十一册，台北：台北佛陀教育基金会出版部，1990年。

《维摩诘所说经》，鸠摩罗什译，《大正藏》第十四册，台北：台北佛陀教育基金会出版部，1990年。

《梁溪漫志》，费衮撰，傅毓钤标点，太原：山西人民出版社，1986年。

《陆机集校笺》，陆机撰，杨明校笺，上海：上海古籍出版社，2016年。

《增订文心雕龙校注》，刘勰撰，杨明照校注拾遗，北京：中华书局，2000年。

《诗品集注》，钟嵘撰，曹旭集注，上海：上海古籍出版社，2011年。

二、现代中文文献（以作者姓名的汉语拼音为序）

冯宽平《〈庄子〉里的"遊"和"藏"》，《青海民族学院学报》1995年第

2期。

高燕《视觉隐喻与空间转向——思想史视野中的当代视觉文化》，上海：复旦大学出版社，2009年。

葛兆光《中国思想史》，上海：复旦大学出版社，2001年。

陆扬《欧洲中世纪诗学》，上海：上海社会科学院出版社，2000年。

倪梁康《胡塞尔现象学概念通释》，北京：生活·读书·新知三联书店，1999年。

聂世美《菱花照影——中国镜文化》，上海：上海古籍出版社，1994年。

孙昌武《禅思与诗情》，北京：中华书局，2006年。

孙向晨《〈精神现象学〉中的"主体世界"》，《学术季刊》1994年第2期。

滕守尧《审美心理描述》，北京：中国社会科学出版社，1985年。

童庆炳《艺术创作与审美心理》，天津：百花文艺出版社，1992年。

万芳《空镜子》，北京：北京十月文艺出版社，2007年。

王先霈、王又平主编《文学批评术语词典》，上海：上海文艺出版社，1999年。

王岳川《后现代文学：价值平面上的语言游戏》，《文学评论》1993年第5期。

徐复观《中国艺术精神》，沈阳：春风文艺出版社，1987年。

叶维廉《中国诗学》，北京：生活·读书·新知三联书店，1992年。

俞吾金《马克思主体性概念的两个维度》，《复旦学报》2007年第2期。

张汝伦《现代西方哲学十五讲》，北京：北京大学出版社，2003年。

郑树森《现象学与文学批评》，台北：东大图书股份有限公司，1984年。

《中国大百科全书·外国文学Ⅱ》，北京：中国大百科全书出版社，

1982年。

《中国大百科全书·哲学Ⅰ》,北京:中国大百科全书出版社,1987年。

朱光潜《西方美学史》,北京:人民文学出版社,1979年。

——《文艺心理学》,《朱光潜全集》第一卷,合肥:安徽教育出版社,1991年。

朱立元《接受美学导论》,合肥:安徽教育出版社,2004年。

三、外文文献及中译本

马克思《1844年经济学哲学手稿》,《马克思恩格斯全集》第四十二卷,北京:人民出版社,2016年。

马克思《〈经济学手稿(1857—1858年)〉导言》,《马克思恩格斯全集》第四十六卷,北京:人民出版社,2016年。

恩格斯《致敏娜·考茨基》,《马克思恩格斯全集》第三十六卷,北京:人民出版社,2016年。

北京大学哲学系外国哲学史教研室编译《西方哲学原著选读》,北京:商务印书馆,1981年。

北京大学哲学系美学教研室编《西方美学家论美和美感》,北京:商务印书馆,1980年。

伍蠡甫、胡经之主编《西方文艺理论名著选编》,北京:北京大学出版社,上卷,1985年;中卷,1986年;下卷,1987年。

(以下以作者姓名的拉丁字母为序)

(M. H. Abrams)艾布拉姆斯《镜与灯:浪漫主义文论及批评传统》,郦稚牛等译,北京:北京大学出版社,1989年。

Miranda Anderson, ed., *The Book of the Mirror: An Interdisciplinary Collection exploring the Cultural Story of the Mirror*, Newcastle: Cambridge Scholars Publishing, 2007.

(Rudolf Arnheim)鲁道夫·爱因汉姆《电影作为艺术》,杨跃译,北京:中国电影出版社,1981年。

——阿恩海姆《艺术与视知觉——视觉艺术心理学》,滕守尧等译,北京:中国社会科学出版社,1984年。

(St. Thomas Aquinas)阿奎那《〈物理学〉诠释》,塔塔科维兹《中世纪美学》,褚朔维等译,北京:中国社会科学出版社,1991年。

——*Summa Theologica*, trans. Fathers of the English Dominican Province, New York: Benziger Bros., 1947.

(Aristotle)亚里士多德《形而上学》,吴寿彭译,北京:商务印书馆,1959年。

——《物理学》,张竹明译,北京:商务印书馆,1982年。

——《诗学》,陈中梅译注,北京:商务印书馆,1996年。

(Friedrich Ast)阿斯特《诠释学》,洪汉鼎主编《理解与解释——诠释学经典文选》,北京:东方出版社,2001年。

(Erich Auerbach)奥尔巴赫《摹仿论——西方文学中所描绘的现实》,吴麟绶等译,天津:百花文艺出版社,2002年。

(Saint Augustine)奥古斯丁《忏悔录》,周士良译,北京:商务印书馆,1963年。

——《论三位一体》,周伟驰译,上海:上海人民出版社,2005年。

(Hermann Bahr)巴尔《看》,刘小枫主编《现代性中的审美精神——经典美学文选》,上海:学林出版社,1997年。

(Bakhtin)巴赫金《陀思妥耶夫斯基诗学问题:复调小说理论》,白春仁等译,北京:生活·读书·新知三联书店,1988年。

(B. Balázs)巴拉兹《电影美学》,何力译,北京:中国电影出版社,1982年。

(Noël Barch)诺埃尔·伯奇《电影实践理论》,周传基译,北京:中国电影出版社,1992年。

(Roland Barthes)巴特《文学符号学》,钮渊明译,《哲学译丛》1987年第5期。

——《批评与真实》,温晋仪译,上海:上海人民出版社,1999年。

——《叙事结构分析导言》,塞尔登《文学批评理论——从柏拉图到现在》,刘象愚等译,北京:北京大学出版社,2000年。

Jean Baudrillard, "Symbolic Exchange and Death," in Lawrence Cahoone, ed., *From Modernism to Postmodernism: An Anthology*, Cambridge: Blackwell, 1996.

——*Fatal Strategies*, trans. Beitchman & Niesluchowski, New York: semiotext, 1990.

——"Simulacra and Simulations," in *Jean Baudrillard: Selected Writings*, Mark Poster, ed., Stanford: Stanford University Press, 2002.

——博德里亚尔《完美的罪行》,王为民译,北京:商务印书馆,2000年。

(André Bazin)安德烈·巴赞《电影是什么》,崔君衍译,北京:中国电影出版社,1987年。

(Vissarion Belinsky)别林斯基《艺术的概念》,伍蠡甫、胡经之主编《西方文艺理论名著选编》中卷,北京:北京大学出版社,1986年。

——《一八四七年俄国文学一瞥(第一篇)》,《别林斯基选集》第六卷,辛未艾译,上海:上海译文出版社,2006年。

(Daniel Bell)贝尔《资本主义文化矛盾》,赵一凡等译,北京:生活·读书·新知三联书店,1989年。

(E. Betti)贝蒂《作为精神科学一般方法论的诠释学》,洪汉鼎主编

《理解与解释——诠释学经典文选》,北京:东方出版社,2001年。

(E. Bloch)布洛赫《论黑格尔的艺术哲学》,刘小枫主编《现代性中的审美精神》,上海:学林出版社,1997年。

(H. G. Blocker)布洛克《美学新解》,滕守尧译,沈阳:辽宁人民出版社,1987年。

(Carolyn Bloomer)布鲁墨《视觉原理》,张功钤译,北京:北京大学出版社,1987年。

(Nicolas Boileau-Despreaux)布瓦洛《诗的艺术》,伍蠡甫、胡经之主编《西方文艺理论名著选编》上卷,北京:北京大学出版社,1986年。

(B. Bosanquet)鲍桑葵《美学史》,张今译,北京:商务印书馆,1985年。

(Edward Bullongh)布洛《心理距离》,《西方美学家论美和美感》,北京:商务印书馆,1980年。

(Edmund Burke)伯克《崇高与美——伯克美学论文选》,李善庆译,上海:上海三联书店,1990年。

(E. F. Carritt)卡里特《走向表现主义的美学》,苏晓离等译,北京:光明日报出版社,1990年。

Noël Carroll, *Beyond Aesthetics: Philosophical Essays*, Cambridge: Cambridge University Press, 2001.

(Ernst Cassirer)卡西尔《人论》,甘阳译,上海:上海译文出版社,1985年。

(L. Castelvetro)卡斯特尔维屈罗《亚里斯多德〈诗学〉的诠释》,伍蠡甫、胡经之主编《西方文艺理论名著选编》上卷,北京:北京大学出版社,1980年。

Evelyn Nien-Ming Ch'ien, *Weird English*, Cambridge, MA:

Harvard University Press, 2005.

(R. G. Collingwood)科林伍德《艺术原理》,王至元等译,北京:中国社会科学出版社,1985年。

Jonathan Crary, "Modernizing Vision," in Hal Foster, ed., *Vision and Visuality*, New York: The New Press, 1988.

(B. Croce)克罗齐《美学原理》,朱光潜译,北京:外国文学出版社,1983年。

——《美学纲要》,韩邦凯等译,北京:外国文学出版社,1983年。

(Jonathan D. Culler)卡勒《结构主义诗学》,盛宁译,北京:中国社会科学出版社,1991年。

F. Darsey, *The Prophetic Tradition and Radical Rhetoric in America*, New York: New York University Press, 1997.

(Guy Debord)德波《景观社会》,王昭凤译,南京:南京大学出版社,2006年。

G. Delanty, *Handbook of Contemporary European Social Theory*, London: Routledge, 2006.

(John Dennis)丹尼斯《诗歌批评的基础》,塞尔登编《文学批评理论》,刘象愚等译,北京:北京大学出版社,2000年。

Jacques Derrida, "White Mythology: Metaphor in the Text of Philosophy," trans. Alan Bass, *Margins of Philosophy*, Chicago: University of Chicago Press, 1982.

——德里达《文学行动》,赵兴国等译,北京:中国社会科学出版社,1998年。

——《论文字学》,汪堂家译,上海:上海译文出版社,1999年。

——《声音与现象》,杜小真译,北京:商务印书馆,1999年。

——《人文科学谈话中的结构、符号和活动》,朱立元总主编《二十世纪西方美学经典文本》第三卷,上海:复旦大学出版社,

2001年。

(René Descartes)笛卡尔《谈谈方法》,王太庆译,北京:商务印书馆,2000年。

(Denis Diderot)狄德罗《论戏剧诗》,伍蠡甫、胡经之主编《西方文艺理论名著选编》上卷,北京:北京大学出版社,1986年。

(W. Dilthey)狄尔泰《精神科学引论》,童奇志等译,北京:中国城市出版社,2002年。

——《历史中的意义》,艾彦等译,北京:中国城市出版社,2002年。

——Descriptive Psychology and Historical Understanding, trans. R. Zaner & K. Heiges, The Hague: Martinus Nijhoff, 1977.

(Dobrolyubov)杜勃罗留波夫《黑暗王国的一线光明》,《杜勃罗留波夫选集》第二卷,辛未艾译,上海:上海文艺出版社,1959年。

(Mikel Dufrenne)杜夫海纳《美学与哲学》,孙非译,北京:中国社会科学出版社,1985年。

——《审美经验现象学》,韩树站译,北京:文化艺术出版社,1996年。

(Terry Eagleton)伊格尔顿《后现代主义的幻象》,华明译,北京:商务印书馆,2000年。

(Ludwig Feuerbach)费尔巴哈《基督教的本质》,荣震华译,北京:商务印书馆,1984年。

(J. G. Fichte)费希特《全部知识学的基础》,王玖兴译,北京:商务印书馆,1986年。

——《评〈埃奈西德穆〉》,梁志学译,梁志学主编《费希特著作选集》第一卷,北京:商务印书馆,1990年。

——《知识学新说》,沈真译,梁志学主编《费希特著作选集》第二卷,北京:商务印书馆,1994年。

P. C. Finney, *The Invisible God: The Earliest Christians on Art*, Oxford: Oxford University Press, 1997.

(Stanley E. Fish)费什《读者反应批评:理论与实践》,文楚安译,北京:中国社会科学出版社,1998年。

Hal Foster, ed., *Vision and Visuality*, New York: The New Press, 1988.

(Michel Foucault)福柯《不同空间的正文和上下文》,包亚明主编《后现代性与地理学的政治》,上海:上海教育出版社,2001年。

(Manfred Frank)弗兰克《个体的不可消逝性》,先刚译,北京:华夏出版社,2001年。

(Hans-Georg Gadamer)加达默尔《哲学解释学》,夏镇平等译,上海:上海译文出版社,1994年。

——《真理与方法》,洪汉鼎译,上海:上海译文出版社,1999年。

——伽达默尔《美的现实性》,刘小枫主编《现代性中的审美精神》,上海:学林出版社,1997年。

——伽达默尔《解释学与历史主义》,严平编选《伽达默尔集》,上海:上海远东出版社,2003年。

(J. W. von Goethe)歌德《歌德谈话录》,伍蠡甫、胡经之主编《西方文艺理论名著选编》上卷,北京:北京大学出版社,1986年。

——《浮士德》,钱春绮译,上海:上海译文出版社,1989年。

(E. H. Gombrich)贡布里希《艺术与错觉》,范景中等译,杭州:浙江摄影出版社,1987年。

Nelson Goodman, *Languages of Art: An Approach to a*

Theory of Symbols, Indianapolis: Hackett Publishing, 1992.

(James Hall)詹姆斯·霍尔《西方艺术事典》,迟轲译,南京:江苏教育出版社,2007年。

Ihab Hassan, "The Culture of Postmodernism," *Theory, Culture & Society*, Vol.2, No.3, 1985.

Hazelton, "Believing is Seeing: Vision as Metaphor," *Theology Today*, Vol.35, No.4, January 1979.

(G. W. F. Hegel)黑格尔《逻辑学》下卷,杨一之译,北京:商务印书馆,1976年。

——《哲学史讲演录》第一卷,贺麟等译,北京:商务印书馆,1978年。

——《精神现象学》,贺麟等译,北京:商务印书馆,1979年。

——《美学》第一卷,朱光潜译,北京:商务印书馆,1979年。

——《黑格尔早期神学著作》,贺麟译,北京:商务印书馆,1988年。

(Martin Heidegger)海德格尔《海德格尔选集》,孙周兴选编,上海:上海三联书店,1996年。

——《在通向语言的途中》,孙周兴译,北京:商务印书馆,1997年。

——《存在与时间》,陈嘉映等译,北京:生活·读书·新知三联书店,1999年。

(E. D. Hirsch)赫施《解释的有效性》,王才勇译,北京:生活·读书·新知三联书店,1991年。

(D. C. Hoy)霍埃《批评的循环——文史哲解释学》,兰金仁译,沈阳:辽宁人民出版社,1987年。

(Johan Huizinga)胡伊青加《人:游戏者——对文化中游戏因素

的研究》,成穷译,贵阳:贵州人民出版社,1998 年。

(David Hume)休谟《论审美趣味的标准》,《西方美学家论美和美感》,北京:商务印书馆,1980 年。

(E. Husserl)胡塞尔《笛卡尔的沉思:现象学导论》,张宪译,台北:桂冠图书股份有限公司,1992 年。

——《逻辑研究》,倪梁康译,上海:上海译文出版社,第二卷第一部分,1998 年;第二卷第二部分,1999 年。

——《欧洲科学危机和超验现象学》,张庆熊译,上海:上海译文出版社,2005 年。

(Roman Ingarden)英加登《对文学的艺术作品的认识》,陈燕谷译,北京:中国文联出版公司,1988 年。

(Wolfgang Iser)伊泽尔《审美过程研究——阅读活动:审美响应理论》,霍桂桓等译,北京:中国人民大学出版社,1988 年。

(Fredric Jameson)詹姆逊《文化转向:后现代论文选》,胡亚敏等译,北京:中国社会科学出版社,2000 年。

——"The End of Temporality," *Critical Inquiry*, 29, Summer 2003.

(H. R. Jauss)姚斯、霍拉勃《接受美学与接受理论》,周宁等译,沈阳:辽宁人民出版社,1987 年。

——耀斯《审美经验与文学解释学》,顾建光等译,上海:上海译文出版社,1997 年。

Martin Jay, *Downcast Eyes: the Denigration of Vision in Twentieth-Century French Thought*, Berkeley: University of California Press, 1993.

Mark Johnson, ed., *Philosophical Perspectives on Metaphor*, Minneapolis: University of Minnesota Press, 1981.

Nick Jones, *Hollywood Action Films and Spatial Theory*,

New York: Routledge, 2015.

Immanuel Kant, "An Answer to the Question: What is Enlightenment?" In Lawrence Cahoone, ed., *From Modernism to Postmodernism: An Anthology*, Oxford: Blackwell, 1996.

(Corolyn Korsmeyer)考斯梅尔《味觉》,吴琼等译,北京：中国友谊出版公司,2001年。

Jacques Lacan, "Freud's Papers on Technique 1953-1954," in Jacques-Alain Miller ed., *The Seminar of Jaques Lacan*, Book I, trans. John Forrester, New York: Norton & Company, 1991.

—— "The Four Fundamental Concepts of Psychoanalysis," in *The Seminar of Jaques Lacan*, Book XI, trans. Alan Sheridan.

(Susanne K. Langer)苏珊·朗格《情感与形式》,刘大基等译,北京：中国社会科学出版社,1986年。

Henri Lefebvre, *The Production of Space*, Trans. Donald Nicholson-Smith, Oxford: Blackwell, 1991.

(G. E. Lessing)莱辛《拉奥孔》,朱光潜译,北京：人民文学出版社,1979年。

David Michael Levin, *The Opening of Vision: Nihilism and the Postmodern Situation*, New York: Routledge, 1988.

(Emmanuel Levinas)勒维纳斯《上帝·死亡和时间》,余中先译,北京：生活·读书·新知三联书店,1997年。

(Claude Levi-Strauss)列维-斯特劳斯《野性的思维》,李幼蒸译,北京：商务印书馆,1987年。

(Theodor Lipps)立普斯《论移情作用》,《西方美学家论美和美感》,北京:商务印书馆,1986年。

(Longinus)郎加纳斯《论崇高》,伍蠡甫、胡经之主编《西方文艺理论名著选编》上卷,北京:北京大学出版社,1986年。

(Georg Lukács)卢卡契《审美特性》第一卷,徐恒醇译,北京:中国社会科学出版社,1986年。

——《艺术与客观真理》,塞尔登编《文学批评理论》,刘象愚等译,北京:北京大学出版社,2000年。

Jean-François Lyotard, *Phenomenology*, trans. Brian Beakley, Albany: SUNY Press, 1991.

(Marcel Martin)马赛尔·马尔丹《电影语言》,何振淦译,北京:中国电影出版社,2006年。

(Marshall McLuhan)马歇尔·麦克卢汉撰,埃里克·麦克卢汉、秦格龙编《麦克卢汉精粹》,何道宽译,南京:南京大学出版社,2000年。

Sabine Melchior-Bonnet, *The Mirror: A History*, Trans. Katherine H. Jewett, London: Routledge, 2001.

Iris Murdoch, *The Sovereignty of Good*, London: Routledge, 2001.

(Manfred Naumann)瑙曼《接受理论》,范大灿编《作品、文学史与读者》,北京:文化艺术出版社,1997年。

(F. Nietzsche)尼采《希腊悲剧时代的哲学》,周国平译,北京:商务印书馆,1994年。

——《权力意志——1885—1889年遗稿》,孙周兴译,北京:商务印书馆,2007年。

(Plato)柏拉图《文艺对话集》,朱光潜译,北京:人民文学出版社,1963年。

——《理想国》,郭斌和等译,北京:商务印书馆,1986年。

——《美诺篇》,《柏拉图全集》(增订版)上卷,王晓朝译,北京:人民出版社,2018年。

——《国家篇》,《柏拉图全集》(增订版)中卷,王晓朝译,北京:人民出版社,2018年。

——《蒂迈欧篇》,《柏拉图全集》(增订版)中卷,王晓朝译,北京:人民出版社,2018年。

(Plotinus)普洛提诺《九章集》,缪灵珠译,《美学文献》第一辑,北京:书目文献出版社,1984年。

——普罗提诺《九章书》,塔塔科维兹《古代美学》,杨力等译,北京:中国社会科学出版社,1990年。

——普罗提诺《九章集》,塞尔登编《文学批评理论》,刘象愚等译,北京:北京大学出版社,2000年。

(Pudovkin)普多夫金《电影导演与电影素材》,多林斯基编注《普多夫金论文选集》,罗慧生等译,北京:中国电影出版社,1962年。

(H. Read)里德《现代绘画简史》,刘萍君译,上海:上海人民美术出版社,1979年。

(Paul Ricoeur)利科《虚构叙事中时间的塑形:时间与叙事第二卷》,王文融译,北京:生活·读书·新知三联书店,2003年。

——《活的隐喻》,汪堂家译,上海:上海译文出版社,2004年。

——利科尔《解释学与人文科学》,陶远华等译,石家庄:河北人民出版社,1987年。

——利科尔《言语的力量:科学与诗歌》,朱立元总主编《二十世纪西方美学经典文本》第三卷,上海:复旦大学出版社,2001年。

Robert Rivlin & Karen Gravelle, *Deciphering the Senses: The Expanding World of Human Perception*, New York:

Simon & Schuster,1984.

(R. Rorty)罗蒂《哲学和自然之镜》,李幼蒸译,北京:生活·读书·新知三联书店,1987年。

(Jean-Jacques Rousseau)卢梭《忏悔录》,黎星译,北京:商务印书馆,1986年。

(Bertrand Russell)罗素《西方哲学史》,上卷,何兆武、李约瑟译,北京:商务印书馆,1963年;下卷,马元德译,1976年。

(G. Santayana)桑塔耶纳《美感——美学大纲》,缪灵珠译,北京:中国社会科学出版社,1982年。

(F. Schelling)谢林《先验唯心论体系》,梁志学等译,北京:商务印书馆,1976年。

(J. von Schiller)席勒《论素朴的诗与感伤的诗》,曹葆华译,《古典文艺理论译丛》第二册,北京:人民文学出版社,1961年。

——《审美教育书简》,冯至等译,北京:北京大学出版社,1985年。

(Friedrich Schleiermacher)施莱尔马赫《诠释学箴言》,洪汉鼎主编《理解与解释——诠释学经典文选》,北京:东方出版社,2001年。

——《诠释学讲演》,洪汉鼎主编《理解与解释——诠释学经典文选》,北京:东方出版社,2001年。

(William Shakespeare)莎士比亚《哈姆雷特》,《莎士比亚全集》(5),朱生豪译,南京:译林出版社,1998年。

(P. B. Shelley)雪莱《为诗辩护》,伍蠡甫、胡经之主编《西方文艺理论名著选编》中卷,北京:北京大学出版社,1986年。

(Shklovsky)什克洛夫斯基《艺术作为手法》,托多罗夫编《俄苏形式主义文论选》,蔡鸿滨译,北京:中国社会科学出版社,1989年。

(Philip Sidney)锡德尼《为诗辩护》,伍蠡甫、胡经之主编《西方文艺理论名著选编》上卷,北京:北京大学出版社,1986年。

(Georg Simmel)西美尔《金钱、性别、现代生活风格》,顾仁明译,上海:学林出版社,2000年。

(O. A. G. Spengler)斯宾格勒《西方的没落:世界历史的透视》,齐世荣等译,北京:商务印书馆,1963年。

(H. A. Taine)丹纳《英国文学史》,塞尔登编《文学批评理论》,刘象愚等译,北京:北京大学出版社,2000年。

(W. Tatarkiewicz)塔塔科维兹《古代美学》,杨力等译,北京:中国社会科学出版社,1990年。

——《中世纪美学》,褚朔维等译,北京:中国社会科学出版社,1991年。

——塔达基维奇《西方美学概念史》,褚朔维译,北京:学苑出版社,1990年。

(Paul Tillich)保罗·蒂利希《艺术与绝对现实》,刘小枫主编《现代性中的审美精神》,上海:学林出版社,1997年。

(Tzvetan Todorov)托多罗夫《巴赫金、对话理论及其他》,蒋子华等译,天津:百花文艺出版社,2001年。

(L. Tolstoy)托尔斯泰《什么是艺术?》,丰陈宝译,《列夫·托尔斯泰文集》第十四卷,北京:人民文学出版社,2000年。

(Tschernyschewski)车尔尼雪夫斯基《艺术与现实的审美关系》,伍蠡甫、胡经之主编《西方文艺理论名著选编》中卷,北京:北京大学出版社,1986年。

Stephen A. Tyler, "The Vision Quest in the West, or What the Mind's Eye Sees," *Journal of Anthropological Research*, Vol.40, No.1, spring, 1984.

(Eugène Véron)欧仁·维龙《什么是艺术》,蒋孔阳主编《十九世纪西方美学名著选》(英法美卷),上海:复旦大学出版社,

1990年。

（G. Vico）维柯《新科学》，朱光潜译，北京：商务印书馆，1989年。

（Leonardo da Vinci）达·芬奇《笔记》，朱光潜译，伍蠡甫、胡经之主编《西方文艺理论名著选编》上卷，北京：北京大学出版社，1986年。

——《芬奇论绘画》，戴勉编译，北京：人民美术出版社，1986年。

（Max Weber）韦伯《学术与政治：韦伯的两篇演说》，冯克利译，北京：生活·读书·新知三联书店，1998年。

（René Wellek）韦勒克《近代文学批评史》第四卷，杨自伍译，上海：上海译文出版社，1997年。

——威莱克《西方四大批评家》，林骧华译，上海：复旦大学出版社，1983年。

Wolfgang Welsch, *Undoing Aesthetics*, trans. Inkpin, London: SAGE, 1997.

（W. Wordsworth）华兹华斯《〈抒情歌谣集〉一八〇〇年版序言》，伍蠡甫、胡经之主编《西方文艺理论名著选编》中卷，北京：北京大学出版社，1986年。

——《〈抒情歌谣集〉一八一五年版序言》，伍蠡甫、胡经之主编《西方文艺理论名著选编》中卷，北京：北京大学出版社，1986年。

——《序诗》，《湖畔诗魂——华兹华斯诗选》，杨德豫译，北京：人民文学出版社，1990年。

（W. Worringer）沃林格《抽象与移情》，王才勇译，沈阳：辽宁人民出版社，1987年。

（Xenophon）色诺芬《回忆苏格拉底》，吴永泉译，北京：商务印书馆，1984年。

（Émile Zola）左拉《戏剧中的自然主义（1880）》，塞尔登编《文学批评理论》，刘象愚等译，北京：北京大学出版社，2000年。

后　记

本书是我多年研究美学和视觉文化的一个阶段性总结。书中的多数篇章曾先后发表在《上海大学学报》《四川大学学报》《复旦学报》《中山大学学报》《思想战线》《符号与传媒》等刊物上。感谢这些刊物在我的学术之路上给予的帮助。

本书能够完成,特别要感谢我在复旦大学的两位导师朱立元教授和张德兴教授一如既往的帮助。朱立元先生是我的博士导师,多年来指导我的学术,关心我的工作和生活。张德兴先生是我的硕士导师,一直关心我的学术和个人成长。他的鼓励和教导总能让我在想要懈怠放弃之时再次鼓起勇气。无论在学术还是生活上,两位先生都让我受益良多。

感谢国家留基委的资助,让我能够在美国加州大学伯克利分校英文系做访问学者。在伯克利的一年里,我为本书的写作搜集了许多资料。学术联系导师 Charles Altieri 教授为我的访学提供了便利和帮助。每次课间和午餐时与他的交谈,都能开拓我的思路。每次提交的研究报告,都能得到他细致的批改。感谢 Altieri 教授给予我的学术指导和生活关心,让我在伯克利度过了充实而收获颇多的一年。在伯克利期间,我参加了英文系、哲学系和比较文学系的课程。其中,Judith Butler(朱迪斯·巴特勒)教授的课程给了我许多启发,在此一并感谢。

本书由复旦大学艺术教育中心资助出版。衷心感谢中心的两位领导岳娟娟老师和包春雷老师。

最后，感谢责任编辑宋文涛博士，他的敬业和细致让本书能够顺利出版。

高　燕

2020年7月12日夜于上海新江湾

图书在版编目(CIP)数据

空镜:主客体之辨与视觉文化研究/高燕著. —上海:复旦大学出版社,2020.10
ISBN 978-7-309-15265-4

Ⅰ.①空… Ⅱ.①高… Ⅲ.①美学思想-研究 ②视觉艺术-文化研究 Ⅳ.①B83 ②J06

中国版本图书馆 CIP 数据核字(2020)第 159492 号

空镜:主客体之辨与视觉文化研究
高 燕 著
责任编辑 宋文涛

复旦大学出版社有限公司出版发行
上海市国权路 579 号 邮编:200433
网址:fupnet@ fudanpress.com http://www.fudanpress.com
门市零售:86-21-65102580 团体订购:86-21-65104505
外埠邮购:86-21-65642846 出版部电话:86-21-65642845
上海四维数字图文有限公司

开本 890×1240 1/32 印张 13.625 字数 318 千
2020 年 10 月第 1 版第 1 次印刷

ISBN 978-7-309-15265-4/B·731
定价:65.00 元

如有印装质量问题,请向复旦大学出版社有限公司出版部调换。
版权所有 侵权必究